나는 이렇게 믿는다

나는 이렇게 믿는다

이 성 헌 지음

가리온

나는 이렇게 믿는다

초판 1쇄 인쇄 · 2002. 10. 15
초판 1쇄 발행 · 2002. 10. 20

지은이 · 이성헌 / 펴낸이 · 양우식 / 펴낸곳 · 가리온

서울특별시 금천구 독산동 1000-7
전화 · (대)892-7246 / 팩스 · 892-7247
등록 · 제 17-152 호 1993. 4. 9.

총판 ; (주)두란노
서울특별시 용산구 서빙고동 95
전화02)749-1059 팩시밀리080-749-3705

저작권자 ⓒ 2002 이성헌
이 책의 저작권은 저자에게 있습니다.
서면에 의한 저자의 허락 없이 내용의 일부를 인용하거나 발췌하는 것을 금합니다.

ISBN 89-8012-041-9 03230
* 잘못된 책은 바꾸어 드립니다.

추천사

김 경 원 목사
(웨스트민스터 신학대학원대학교 총장, 서현교회)

  한국교회에는 내로라 하는 탁월한 목회자들이 많다. 그 많은 목회자 중에서 가장 존경하는 목회자를 꼽으라고 하면 본인은 주저하지 않고 이성헌 목사님을 손꼽는다. 물론 한 교회(대구 서문교회)에서 40년이 넘게 목회하셨다는 것만으로도 놀라운 일이지만, 특히 설교자로서의 목사님은 어느 누구보다 탁월한 분이시다. 기라성 같은 설교자들이 있어도 현 한국교회에서 가장 뛰어난 설교자는 이성헌 목사님이라고 생각한다.
  본인은 고등학생 시절 처음으로 목사님의 설교를 접했고, 그 후 총신 신대원에서 설교학을 배우면서 설교자로서의 기초를 닦았다. 목사님은 설교학 이론에 정통하신데, 흔히 설교이론에만 밝고 실제 설교는 제대로 못하는 경우가 많지만 목사님은 이론 이상으로 위대한 설교자이시다.
  학교 졸업 후 3년간 목사님 밑에서 목회수업을 하던 부교역자 시절에 나의 주된 관심사는 목사님의 설교였다. 목사님 설교의 특징을 나름대로 분석하면 무엇보다도 본문을 보시는 예리한 관찰력을 들

수 있다. 보통 사람들이 발견하지 못하는 사실들을 본문에서 끄집어 내신다. 그리고 설교의 실제에 있어서는 먼저 전제(Preposition)를 기막히게 한 문장이나 사건으로 제시하면서 설교의 전체 방향을 말한다. 다음으로 철저한 논리적 전개와 다양한 언어구사로 묘사해 가는 데는 타의 추종을 불허하신다. 그래서 문학이나 역사책 읽기를 후학들에게 많이 권하셨다. 또한 표현하실 때, 때로는 산잔함으로, 때로는 폭포수같이 회개를 외치는 준엄함이 있는가 하면, 한편으로는 가슴이 뭉클해지도록 전해지는 감동이 있다. 부족하지만 본인이 이만큼의 목회를 하고 설교자가 된 것은 목사님의 영향이 가장 컸음을 부인할 수 없다. 목회 초년병 시절엔 목사님 설교를 모방도 많이 했고, 지금도 내 설교의 여러 부분에 목사님의 영향이 나타나고 있다. 조용히 옛날의 그 말씀들을 묵상하면서 혼자 음미해 볼 때도 있다.

여러 번 목사님께, 설교집을 내셔서 후배들과 성도들에게 그 감동을 전해 주시라고 했는데 계속 사양하셨다. 만약 남기지 않으신다면 보화를 묻어 버리게 되는 큰 손실로 생각했는데 이번에 설교집이 발간된다고 하니 너무 기쁘다.

지금도 이 설교를 접하는 목회자들은 설교의 새로운 안목을 가질 것이고 평신도들은 무한한 은혜의 감동을 체험하리라 믿으며, 설교집 발간을 축하드리면서 모두에게 읽도록 권하고 싶다.

박 현 식 목사(대길교회)

"천둥과 번개를 종이 위에 옮길 수 있으랴?"

이 시대 진정한 스승이시며 설교의 대가이신 이성헌 목사님께서 열화와 같은 후학들의 요청에 부응하시어 옥고를 내어주심으로 마침내 설교집을 발간하게 된 것을 한국교회 강단의 일대 경사로 생각하여 진심으로 감축드립니다.

서문교회에서 부목사로 모시고 있는 동안 거의 매주 오전 1·2·3부 예배에 자리를 바꾸어 가며 경청하였으며, 목사님이 집회를 가실 때에는 즐거이 동행하여 앞자리에서 은혜를 받았던 추억이 있습니다. 몇 번을 들어도 새로운 것은 설교에 혼이 살아 있기 때문이며, 날마다 자신을 쳐서 복종시키는 복음적인 열정이 뜨거웠기 때문입니다.

특히 한국교회에 남자들을 살리고 지성인들에게 도전을 주며 세상을 향한 강하고도 폭넓은 감동과 접촉점을 심어 주는 메시지는 타의 추종을 불허합니다. 교회를 핍박하고 백안시하였던 한 중년이 목사님의 설교 테이프를 들은 후에 변하여 지금은 본 교회 중견 집사가 되었습니다. 지금도 생각납니다. 언제까지 잊을 수 없을 것입니다. 목회자와 평신도 모두에게 물으시는 말씀,

"아담아, 네가 어디에 있느냐?"

대구서문교회 설립 90주년을 맞이하여 기념사업 중 하나로 근 50년간의 저의 설교를 책으로 엮자는 당회의 결정을 통고해 왔습니다.

원고래야 테이프뿐인 것을, 평소에 원한적도 없고, 계획해 본적도 없고, 또 가능성도 상상해 본적이 없는 일을 당회장 이상민목사와 사랑하는 대길의 박현식목사의 열심과 출판사 가리온의 양우식집사님의 적극적인 주선으로 녹취하여 우선 이 작은 책이 나오게 되었습니다.

하나님께 영광과 감사를 바치며 여러분께도 감사하는 마음을 보냅니다.

이 책의 내용은 제가 국내, 국외 사경회 때 전한 말씀들 중에서, 특히 서울 사랑의 교회에서 전한 말씀을 중심으로 하여 몇 편을 골라 모아 놓은 것입니다. 말씀을 전하면서 의도 한 것은, 평소 한국교회의 신앙이 너무 추상적이고, 관념적이고, 환상적이라고 느껴왔기에 좀더 구체적이고 실제적이며, 신자의 인격 속에 자리한 사건이어야 한다는데 초점을 맞추어 논리를 펴 보았습니다.

특별히 독자 여러분께 양해를 구할 것은 녹취로 된 문장이라는 점을 참작하여 주실 것과 한평생 서문교회 수준을 벗어나 보지 못한 목회자의 제한된 어휘, 상식, 지식, 표현, 수준 또한 감안하여 주시기를 부탁 드립니다.

하나님께서는 베드로와 바울을 통하여 각각 다른 은혜를 땅에 전하심 같이 이왕 천만가지 부족한 종을 통하여 영광 받으신 하나님, 이 작은 책자를 통하여서도 영광 받으시옵기를 간절히 기도합니다.

2002. 10. 5   대구 서문에서

이 성 헌

차 례

- 예수님 그분은 누구신가 ········· 11
- 교회란 어떤 곳일까 ········· 30
- 성경은 어떤 책인가 ········· 48
- 인생의 뿌리 ········· 76
- 무엇을 어떻게 믿을 것인가 ········· 106
- 후회없는 인생 ········· 146
- 성도의 모습 ········· 185
- 하나님의 뜻을 아는 법 ········· 201
- 내게도 여호와 이레가 있는가 ········· 218
- 내 믿음은 주님께 인정받을 만한가 ········· 245
- 하나님의 구원 경륜 ········· 274
  - 내 성경으로 돌아가자 ········· 275
  - 우주의 비밀 ········· 290
  - 성부하나님의 구원 계획 ········· 315
  - 성자하나님의 구원 성취 ········· 346
  - 성령하나님의 구원 적용 ········· 358
  - 구원 얻은 자의 보증과 증거 ········· 374

예수님, 그분은 누구일까?

태초에 말씀이 계시니라 이 말씀이 하나님과 함께 계셨으니 이 말씀은 곧 하나님이시니라 그가 태초에 하나님과 함께 계셨고 만물이 그로 말미암아 지은바 되었으니 지은 것이 하나도 그가 없이는 된 것이 없느니라 그 안에 생명이 있었으니 이 생명은 사람들의 빛이라 빛이 어두움에 비취되 어두움이 깨닫지 못하더라. 하나님께로서 보내심을 받은 사람이 났으니 이름은 요한이라 저가 증거하러 왔으니 곧 빛에 대하여 증거하고 모든 사람으로 자기를 인하여 믿게 하려 함이라 그는 이 빛이 아니요 이 빛에 대하여 증거하러 온 자라 참 빛 곧 세상에 와서 각 사람에게 비취는 빛이 있었나니 그가 세상에 계셨으며 세상은 그로 말미암아 지은바 되었으되 세상이 그를 알지 못하였고 자기 땅에 오매 자기 백성이 영접지 아니하였으나 영접하는 자 곧 그 이름을 믿는 자들에게는 하나님의 자녀가 되는 권세를 주셨으니 이는 혈통으로나 육정으로나 사람의 뜻으로 나지 아니하고 오직 하나님께로서 난 자들이니라 말씀이 육신이 되어 우리 가운데 거하시매 우리가 그 영광을 보니 아버지의 독생자의 영광이요 은혜와 진리가 충만하더라

(요 1:1~14)

참 반갑습니다. 지금 제 자신 나이를 꽤나 먹고 보니 자연히 제 신앙을 자꾸 이렇게 정리하고 있습니다.

'내가 믿는 것이 바로 믿는 것인가? 잘못 믿는 것은 아닌가? 또 믿는다고 하는데 그것은 과연 근거가 있는가? 근거없이 나 혼자, 내 기분대로 떠들고 있는 것은 아닌가?'

마치 고3 아이가 대학교 입학 시험을 앞두고 지금까지 공부해 온 것을 전부 다 점검하는 것처럼 저는 제 인생 마무리를 앞두고 점검하면서 자연히 '아, 이것은 아무래도 우리가 한 번 깊이 생각할 문제다. 나만이 아니라 우리 믿음의 가족들 모두가 다 한번 생각할 문제다' 라고 생각하는 것입니다.

오늘 읽어드린 이 본문 속에만도 한 열일곱 가지 정도 예수님의 특색, '그분은 어떤 분일까?' 하는 물음에 대한 특징적인 대답이 적혀 있습니다.

'예수님 그분은 누구일까?' 그분은 태초부터 계신 분이다. 그는 하나님과 함께 계시는 분이다. 그는 하나님의 말씀이다. 그분은 만물을 창조하셨다. 그분에게는 사람에게 주는 생명이 있다. 그분에게는 사람에게 주는 빛이 있다. 각 사람에게 그 빛이 비치는 분이다.

그러나 세상이 알지 못하는 분이다. 세상이 영접하지 아니하는데 만일 세상이 영접한다면 영접하는 그 사람을 하나님의 아들, 자녀가 되게 하시는 분이다. 그러나 그것은 혈통으로나 육정으로나 사람의 뜻으로 될 수는 없다. 하나님께로서만 되는 것이다. 말씀이 육신이 되신 분이다. 우리 가운데 거하시는 분이다. 하나님의 독생자이다. 하나님의 영광이 가득한 분이다. 은혜가 충만한 분이다. 진리가 충만한 분이다.' 이렇게 열일곱 가지 특색을 대답해 놓았습니다. 과연 예수님 그분은 누구일까요?

지금까지 이 지구에는 950억이나 되는 사람들이 와서 살다가 가고, 와서 살다가 가고, 또 와서 살다가 가고, 지금은 약 60억 정도 되는 사람들이 다닥다닥 달라붙어서 살고 있습니다. 그 많은 사람이 왔다 가고, 왔다 가는 그 중에 '예수라는 사람이 한 명 왔다가 갔느냐?' 한번 그렇게 의문을 붙여 봅시다.
　그분은 보통 분이 아니라, 아마도 종교의 점쟁이인가 보다. 희생적인 사랑을 실천하신 분인가 보다. 흔히 말한 대로 박애, 아주 넓고 넓은 사랑을 실천하신 분이다. 아니면 3대 성인중의 한 분이다. 아니면 지구상에 가장 존경받을 수 있는 많은 사람들이 오고 간 중에서 가장 존경받을 수 있는 위대한 사람이다. 이런 등등 예수님에 대해서 아마 좋은 말들로 표현할 수 있을 것입니다.

　그러나 따지고 보면 예수님보다 더 위대한 사람도 많이 있습니다.
　어쩌면 삼강오륜을 가르치는 공자는 예수님의 도덕보다 앞섭니다. 팔만대장경을 남겨놓은 석가는 예수님보다 앞섭니다. 그럼 냉정히 따져봅시다.
　삼강오륜을 남겨 놓은 공자는 예수님보다 도덕에 있어서는 앞섭니다. 신비로운, 철학적인 진리를 남겨 놓은 석가에게는 예수님보다 더 앞서는 점이 있습니다. 그외에도 알렉산더 대왕이나 시저나 나폴레옹이나 징기스칸과 같은 사람은 세계를 주름잡는 위대한 공헌을 이 땅 위에 남기기도 했습니다. 넬슨과 같은 제독은 적의 함대를 격파하여 사람들의 존경을 받고 있기도 합니다. 소크라테스나, 칸트나, 헤겔과 같은 사람은 철학의 아버지로서 그분들의 깊은 생각, 그 넓은 학문을 모두가 존경하고 있습니다. 셰익스피어와 같은 사람은 많은 책을 남겼고 그의 위대한 저작은 예수님보다 앞섭니다. 그렇다면 무엇 때문에 우리는 예수님을 그렇게 존경하고, 오늘날 세계의 수많은 사람들은 예수님을 존경하는 걸까요?

우리가 역사를 계산할 적에, 예수님이 나시기 이전을 'B.C'라 하고 예수님이 나신 이후를 'A.D'라고 합니다. 주전·주후, 역사의 중앙에 우뚝 서서 역사 이전을 계산할 때도 그분을 기점으로 1년, 2년, 3년, 4년, 이렇게 거슬러 올라가고, 역사가 오늘날까지 흘러오면서 1년, 2년, 3년, 4년, 2002년으로 계산을 해오니 도대체 그분은 누구일까요?

아마 누군가가 너무너무 존경하다가 그분에게 초인적인, 인간이 할 수 없는 그런 얘길 갖다 붙여 꾸며낸 얘기가 아닐까요?

그러나 거짓말이 10년 동안 참말로 대접받는 법은 없습니다. 예수님에 관한 얘기가 전부 거짓말이고 꾸며낸 얘기라면 2천 년 긴 세월 동안 아직도 인류 앞에 진리로 높이 평가받고 있겠느냐? 그것입니다.

많은 학술들이 일어났다가 몇 년이 지나면 가물가물 물거품처럼 사라져 버립니다. 공산주의도 72년 만에 가물가물 사라져 버렸습니다. 어떤 학문이요, 학설이요, 주의요, 사상이든 그것은 백 년을 넘지 못하고, 거짓말이 10년 가는 것을 못 봤습니다.

만일, 예수님 얘기가 거짓말이라면 어떻게 아직도 그분이 인류의 존경을 받고 있을까요? 더구나 우리는 과학 시대에 살고 있습니다. 이치에 안 맞는 소리는 안 받아들입니다. 과학적으로 비판해 보아서 과학적인 근거가 있으면 오케이 하지만, 과학적인 근거가 없다면 '그것은 미신이요, 신화요, 전설이다' 그렇게 심판하는 시대에 우리는 살고 있습니다.

예수 그분은 누구일까? 한번 냉정히 따져 보자고요. 우리가 행여나 잘못 믿으면 큰 낭패가 아니냐 말입니다.

그럼, 그 대답으로 성경에는 그런 예수님에 관해서 어떻게 말하고 있는가?

 예수님은 나시기 7백 년 전에 이미 나실 것에 대하여 예언이 되신 분이십니다. 동정녀 마리아에게서 나실 것도 예언되신 분입니다. 베들레헴에서 나실 것도 예언되어 있는 분입니다. 애굽으로 피난 갈 것도 예언되어 있는 분입니다. 누가 세상에 나기 7백 년 전에 날 것에 대한 예언을 받고 태어났습니까? 공자도 아니요, 석가도 아니요, 마호메트도 아니요, 아무도 없습니다.

 예수님은 이상한 분입니다. 열두 살이 되어 예루살렘에 올라가 성전에서 많은 학자들과 토론을 벌일 적에, 그 박학다식한 많은 학자들의 입이 딱딱 벌어질 수밖에 없을 만큼 지혜로운 말씀을 하셨다고 성경에는 기록되어 있습니다. 공생활을 시작하면서 어느 잔칫 집에 가서 포도주가 떨어지자 물로써 포도주가 되게 하신 분입니다. 어느 벌판에서는 많은 사람들이 모여 와 아이들과 부인들은 빼고 장정들만 5천 명. 그러니까 한 만 5천 명 정도는 되지 않았겠나 하는 생각을 해봅니다. 그 벌판에서 물고기 두 마리와 보리떡 다섯 덩이로 굶주리고 있던 그 사람들을 먹였다고 성경은 말하고 있습니다. 죽은 사람을 사흘 만에 살렸습니다. 바다를 지나가다가 물결이 흉용할 때 야단치니 바다가 조용해졌습니다. 바람이 몰아칠 때에 호령하니 바람이 멎었습니다. 약 한 번 쓰신 적이 없지만 수없이 많은 병자들을 덜컥덜컥 고쳐 주셨습니다. '상담학'이라는 학문도 모를 때입니다만 고민하는 자, 갈등하는 자가 찾아왔을 적에 마음에 평안을 가질 수 있도록 대화 속에서 풀어주신 분입니다. '정신의학'이라는 단어도 모를 때입니다만 정신병자, 미친 사람, 귀신 들린 사람이 왔을 적에 그저 말씀으로 덜컥덜컥 고쳐 건강한 사람으로 만들어 돌려보내 주셨습니다. 어떤 때는 바다 위를 걸어가기도 했습니다. 그분은 누구일까요?

 다시 성경으로 돌아가서, 그분의 죽으심에 대해서도 우리에게 말

해주고 있습니다. 초라하고 불쌍한 열두 제자를 거느리고, 유명하지도 않았습니다. 그렇게 인기가 있지도 않았습니다. 초라한 어부 출신, 세리 출신, 사회적으로 찌꺼기 대접받는 열두 사람을 거느리고 갈릴리로 갔다가 예루살렘에 왔다가, 예루살렘에 왔다가 갈릴리로 갔던 초라한 그분, 그러다가 제자 중 한 사람에게 배신을 당하고 그만 십자가에 못박히게 되었습니다.

로마 병정들이 포승으로 결박을 했습니다. 어느 로마 병정은 예수님의 얼굴에 침을 뱉었습니다. 어느 로마병정은 예수님의 뺨을 손으로 때렸습니다. 이 법정, 저 법정 재판을 받으면서 애매한 누명을 쓰고 십자가를 지고 골고다로 갔습니다. 산의 여우도 굴이 있고 공중에 나는 새도 깃들일 곳이 있건만, 머리 둘 곳 없이 산 그분은 마지막에 남의 무덤, 아리마대 요셉의 무덤을 빌려 장례를 지냈습니다.

그러나 그분은 죽음으로 끝나지 않았습니다. 다시 살아나셨습니다. 흰구름 타고 승천했다고 성경은 말합니다. 그리고 말씀하시기를 "언젠가 내가 다시 너희들을 데리러 오겠다"고 약속하시며 가신 그분, 도대체 그분은 누구일까요? 사람일까요? 아닐까요?

'그게 다 성경 얘기요? 미신이요, 신화요, 전설이니까, 이 목사! 그걸 고함쳐가면서 그렇게 역설할 필요 없소, 우린 그거 다 알아' 라고 한다면, 그럼 거기까진 그냥 봅시다.

그러나 내 신앙을 정리하면서 내가 다음으로 말씀드리려고 하는 문제 앞에서는 '이상하다' 내 머리가 스스로 수그러지면서 그분은 사람이 아니라고 하는 항복을 하게 됐습니다. 뭐냐하면 그분이 왔다 가신 지 2천년, 지금도 그분이 지구에 끼쳐 놓은 생생한 증거가 나타나고 있는 사례들을 나는 더듬어 보았습니다.

인류 문화, 오늘의 문화를 소급해 올라가면 세 군데 발원지를 발견하게 됩니다. 마치 물이 올라오는데 올라가면 발원지가 있듯이, 현대문명을 소급해 올라가면 율법과 법률과 정치는 로마를 발상지로 하고 있습니다. 율법과 로마의 법률과 정치가 발전하고 발전해서 오늘날 법률과 정치 사회를 이루고 있다는 것입니다. 학문과 교육을 소급해 올라가면 아덴에 도착합니다. 아덴을 발상지로 해서 교육과 학문이 발전하고 발전해서 오늘의 이 현대 문명을 이루어 놓고 있는 것이지요.

그 중의 또 하나는, 딱히 그것을 뭐라고 정의할 수는 없지만, 법률과 정치, 그 속에 꿈틀거리는 그것, 교육과 학문 속에 꿈틀거리는 그것, 그것을 소급해 올라가 보면 예수께로 돌아간다는 것입니다.

법률과 정치는 로마를 발상지로 오늘까지 발전해 왔습니다. 그 발전 속에 예수가 끼친 영향을 뽑아 버린다면 38선 이북의 법률과 정치가 될지도 모르겠습니다. 교육과 학문이 발전해 온 그 속에 예수님이 끼친 영향을 뽑아 버린다고 하면 과연 그 교육과 학문은 어떤 것이었을지 알 수 없는 것입니다.

다시 말해, 만약에 예수님의 영향이 없었다면 우리 인간이 존경하는 페스탈로치라든지 미켈란젤로, 헨델, 모차르트, 셰익스피어, 우리가 손꼽아 존경할 만한 위대한 사람들은 배출될 수 없었을 것입니다. 마치 현대문명에 아름답게 꽃피어 있는 그 아름다운 꽃의 뿌리 밑을 파보면, 예수라고 하는 거름이 현대문명의 꽃을 피워 놓고 있다는 겁니다. 이것은 예수님을 믿는 사람들만의 얘기가 아닙니다. 일반적으로 문화를 연구하는 사람들도 공감하는 문제입니다.

도대체 그는 누구이기에 현대문명의 뿌리 속에서 이렇게 아름답게 꽃 피울 수 있는 비료 역할을 하셨던가? 더 구체적으로 한번 따져 봅시다.

예수님은 한평생 글 한 줄을 쓰신 적이 없었습니다. '어떤 죄인이

끌려와 돌멩이에 맞아 죽을 위험에 처했을 때 땅 바닥에 글을 쓰셨다.' 그것 이외에는 예수님께서는 글을 한번도 쓰신 적이 없었습니다. 그가 왔다가 가신 뒤 오늘날 그의 이름 아래 쓰여진 책들을 한번 상상해 보셨습니까? 만화책이나 교과서나 정치, 경제, 교육, 이런 전문서적을 제외하고, 어떤 한 사람, 직접으로나 간접으로 한 사람의 영향 아래 이렇게 많은 책이 쓰여진 적이 없습니다. 도서관에 가보면 알 겁니다. 교과서나 만화책이나 소설이나 월간 잡지나 이런 것 말고 어떤 한 사람에 관한 책으로 공자에 관한 책은 그렇게 많지 않습니다. 석가에 관한 책도 그렇게 많지 않습니다. 마호메트에 관한 책도 그렇게 많지 않습니다. 그러나 그 한 분에 관한 책은 너무너무 많습니다. 도대체 그분은 누구일까요? 평소에 글 한 줄 써본 적이 없는 분입니다. 제 나름대로 제가 예수님과의 관계를 분석하면서 생각해 볼 때 저도 깜짝 놀랄 수밖에 없는, 도대체 그분은 누구일까요?

그는 평소에 노래를 부른 적이 없었습니다. '감람산을 내려오면서 찬미하고 내려왔다' 고 하는 그 한 구절 외에는 노래를 작사한 적도 작곡한 적도 없고 노래를 부른 적도 없습니다. 그러나 이 땅 위에서 오늘날 온 인류에게 적어도 좀 수준 높은 사람들에게 주옥과 같이 불려지고 사랑받고 있는 헨델의 곡, 모차르트의 곡, 바하의 작곡, 고전이라고 하는 유명한 음악가들의 아름다운 노래들은 모두가 다 그분의 영향 아래 작곡된 것이요, 그분의 영향 아래 작사되어졌다는 것을 누가 감히 부인하겠느냐 말입니다. 물론 바하가 작곡하고, 헨델이 작곡할 때에는 지금보다는 좀 전시대이지만 말입니다. 도대체 그 분은 누구일까요?

그분은 학교 문턱에도 가본 적이 없는 분입니다. 그러나 가만히 생각을 해보니 그분의 이름 아래 세워진 학교들 케임브리지 대학, 옥스

퍼드 대학, 하버드 대학, 예일 대학, 프린스턴 대학, 연세대학, 숭실대학, 서강대학, 명지대학, 계명대학, 이화대학 등등, 학교 문턱에도 못 가보신 그분이 가신 뒤에 그 이름 아래 세워진 이 땅의 학교들은 전부가 다 명문 대학들이요, 이 지구에 대표적인 지도자들을 길러낸 학교라는 사실을 누가 부인하겠느냐 그것입니다. 도대체 그분은 누구일까요?

내가 어리석은 생각에서 이런 것 저런 것 설명하고 있다고 여러분들이 판단하면 나는 할말이 없습니다만, 내 나름대로 내 신앙을 분석하면서 '그분은 누구일까?' 하고, 과학시대에 살면서 비과학적이거나 비논리적이거나 이런 것을 배격하는 입장에서 냉정히 따져볼 때 이 사실에 대해 뭐라고 대답할 것인가, 뭐라고 대답할 것인가?

그분은 사상을 남긴 것이 없습니다. 단순한 생활 얘기를 남겼을 뿐입니다. 철학을 남긴 것도 아닙니다. 어떤 주의나 학설을 남긴 것도 아닙니다. 그분이 왔다가 간 뒤에 이 이름 아래 유명한 박사들, 그 이름 아래 유명한 역사학자들, 철학자들, 교육가 등등, 도대체 그분은 평범한 생활 얘기밖에 하지 않았습니다. 평범한 생활 얘기밖에 한 것이 없건만 그 분이 왔다가 가신 2천 년 세월이 지난 오늘에 와서 얼마나 많은 학자들이 그 이름 아래 박사학위를 받고, 그분의 이야기에 대한 것으로 박사 학위를 받고, 그 분의 이름 아래 책을 씁니다. 도대체 그분은 누구일까요? 공자가 흉내도 내지 못한, 석가가 냄새도 피우지 못한, 그분은 누구일까요?

그는 한번도 창칼을 쓴 적이 없었습니다. 그런데 그 이름이 가는 곳에, 그 이름이 번쩍거리는 곳은 전쟁이 평화로 바뀌었습니다. 사람 잡아 먹는 식인종들이 그 이름 앞에 문화인이 되었습니다. 바다에서 배를 몰며 해적질하던 사람들이 그 이름 앞에 대영제국 신사가 되었습니다. 산 도둑질 해먹던 게르만족이 그 이름, 그분을 만나 관계를 맺더니만 이 땅 위에서 가장 근면하고 정직한 나라가 되었습니다.

프랑스와 독일과 덴마크가 전쟁을 했습니다. 바이킹족들이 배를 몰고 도전을 해서 전쟁이 벌어졌습니다. 그러나 덴마크가 졌습니다. 홀스타인과 같이 덴마크의 가장 기름진 땅을 전부 독일과 프랑스에 빼앗겨 버렸습니다. 모래 언덕만 남게 되었습니다. 사람들이 '이제 우린 죽었다.' 하고는 완전히 타락, 타락… . 그래서 술을 먹고 도박하고 그냥 망해 가고 있을 때입니다. 달가스라고 하는 청년과 그랜드 휘쉬라고 하는 목사님이 한 손에는 괭이 들고 한 손에는 성경 들고 우리 조상이 칼로 잃어버린 조국, 예수님으로 찾자고 했습니다. 우리 사랑하는 조국, 우리 조상들이 칼로 잃어버린 조국, 괭이로 찾자고 했습니다. 그 민중운동에 호응한 덴마크 사람들은 집결하고 단결하여 낙농국가를 만들어, 한때 지상 낙원이라고 부를 정도로 변화를 시켜 놨습니다. 그 절망의 민족에게 소망을 준 그분은 누구일까요?

아르헨티나와 칠레 사이에 지금은 국경이 달라진 것 같아요. 우리가 잘 아는 대로 '리오데 자네이루', 세계 제일 유명한 항구 중의 하나이지요. 바다에서 북쪽을 바라보면 조그마한 산봉우리가 하나 있고, 그 위에 하얀 예수님의 동상이 한쪽 손은 아르헨티나를 축복하고 다른 한쪽 손은 칠레를 축복하고 있습니다.

옛날 그 산 하나를 가지고 소유권 문제로 두 나라 사이에 피비린내가 그칠 날이 없었습니다. 하룻밤에 이쪽 군대가 올라가 점령을 하면 그 다음날엔 저쪽 군대가 올라와서 점령을 하고, 그러니까 점령을 하면 뺏기지요. 그러면 그 산에는 시체가 쌓이고 피로 물드는 거예요. 어떤 성직자가 두 나라를 왔다갔다하면서 화해를 시켰습니다. 타협이 되었습니다. 쇠붙이 가지고 예수님의 큰 동상을 만들었습니다. 전쟁하려고 준비된 청년들이, 두 나라의 청년들이 다 함께 모였습니다. 동상을 밀어 올려 그 산꼭대기에다가 우뚝 세우고 그 아래에 뭐라고 써놓았느냐 하면, '이 산이 말라 사라져 없어지는 날까지 우리는 다시 싸우지 않기로 당신 앞에 엄숙히 서약합니다.' 그날 이후 전쟁은 사라졌다는 얘기입니다.

그분의 상징인 십자가, 적십자가 휘날리면 적군도 아군도 없습니다. 적군도 아군도 없어집니다. 도대체 그분이 누구기에 전쟁을 평화로 바꿨으며, 야만인을 문화인으로 바꿨으며, 바다 도적을 신사국가로 바꿨으며, 산도적을 가장 정직하고 근면한 민족으로 바꾸어 놓았느냐? 도대체 그분은 누구인가 말입니다. 그건 내가 만들어 낸 얘기가 아닙니다. 지금 현재 우리가 겪고 있는 사실입니다.

오늘날 우리가 손꼽아 존경하는 인물들 중에 아까 말한 베토벤이나 모차르트, 바하, 헨델이, 미켈란젤로, 밀톤, 셰익스피어, 슈바이쳐, 나이팅게일, 파스칼, 카라 힐, 도스토예프스키 등은 모두 다 그분의 영향을 받은 사람들입니다.

영국의 재상 글라스톤은 이런 말을 했습니다. "현대 위인 95명을 내가 아는데 그 중에 87명은 모두 다 예수와 관계되는 사람들이다."

그분은 누구일까요? 이렇게 역설할 때, 그분은 3대 성인 중의 한 분이라는 대답 가지고는 넉넉지 않습니다. 박애주의자라는 말 가지고도 넉넉지 않아요. 희생적인 사랑을 실천해 주고 가신 분이라는 말 가지고도 넉넉지 않습니다.

성경은 말합니다. '하나님의 아들, 말씀이 육신이 되어 우리 가운데 거하시는 하나님의 아들'이라고 대답해 주고 있습니다. 또 내가 이렇게 역설할 때 여러분의 마음속에도 그렇다는 긍정이 가리라고 생각합니다. 아무리 냉정히 따져보고 생각하더라도 부정할 수는 없습니다. 만일 부정할 수 있는 논리적인 근거가 있으면 항의해 주시기를 바랍니다.

나는 항복을 했습니다. 그 분이 왔다 간 2천 년 어간에 남겨 놓은 그분의 업적을 말입니다.

그러나 그보다 더 심각한 것은 지금 당장 그분이 나와 만나 주고 있다는 사실입니다. 그 분이 남긴 글을 내가 읽을 수가 있습니다. 그 분은 현재 나와 당장 만나서 내가 찬송할 때 내 문제에 대해 대답을 주시는 분입니다. 분명히 '주 안에 있는 나에게 딴 근심 있으랴 십자가 밑에 나아가 내 짐을 풀었네' 찬송을 부르면서 내 영혼이 가다듬어질 적에 그분은 찬송 속에서 나를 만나 주고 계십니다.

그분은 누구일까요? 그분은 누구일까요? 내가 답답하고 괴로울 때, 혹은 즐거워 감사하면서 기도의 무릎을 꿇고 조용히 심령을 가다듬을 때, 거기에 그분이 나를 만나 주십니다. 여러분도 기도생활에서 그분을 만나본 경험이 있잖습니까. 찬송을 부르면서 그분을 만나 찔찔 눈물 흘린 적이 있잖습니까.

그분은 누구일까요? 사람이 아닙니다. 이보다 더 다른 어떤 증거도 없습니다. 그 분이 사람이 아니라는 증거. 나는 찬송하면서 그분을 만나고 기도하면서 그분을 만나고 성경을 읽다가 그분을 만납니다. 내 등을 툭툭 치면서 나에게 위로와 용기를 주시는 그분, 그분은 누구일까요?

처음으로 우리 교회에 나오는 할머니가 한 분 있었어요. 한 두 달쯤 교회에 나왔는데 뭔지 모르지만 교회 오니까 너무 좋아요. 모두들 예배드리려고 조용히 기다리는 예배 시작하기 1분 전인데, 할머니가 뒤에서 "여기가 천당이 아니면, 천당이 또 어디 있노?" 하면서 사투리로 고함을 치고 들어오는데, 그분이 왜 그런 말을 했겠습니까? 너무 너무 좋다는 것 아닙니까. 뭐라고 표현은 못하지만 그 괴롭던 불신 생활과 달리 그 답답하던 문제가 해결되어지고 천당이 바로 자기 가슴속에 이루어지는 변화를 주는, 그분은 누구일까요?

내가 어떤 이유로 고민하면서 하나님과 멀어져서 뭔가 답답할 적에 그분은 나에게 "아무 것도 염려하지 말고 오직 모든 일에 기도와 간구로 너희 구할 것을 감사함으로 하나님께 아뢰라. 그리하면 모든 지각에 뛰어난 하나님의 평강이 그리스도 예수 안에서 너희 마음과 생각을 지키시리라." 이 능력이 넘치는 음성으로 나의 괴로운 가슴에 대답을 주시는 그분, 나의 암담한 심령에 대답을 주시는 그분, 나의 구질구질한 생활을 이길 수 있는 능력을 주시는 분, 어떤 양심의 문제를 가지고 '아, 내가 왜 그랬나, 내가 왜 그랬나?' 양심의 괴로운 문제를 가지고 다만 머리를 들고 하늘을 보기가 두렵고 사람 앞에 얼굴 들고 나서기가 힘든 어떤 어려운 문제에 절망하고 있을 때 "내가 세상에 온 것은 의인을 부르러 온 것이 아니라 죄인을 불러 구원하러 왔단다. 수고하고 무거운 짐진 자들아, 다 내게로 오라. 내가 너희를 편히 쉬게 하마." 그 분이 내게로 와서 은은히 들려주시는 그 음성. 공자는 흉내도 못 내지요. 석가는 이런 말 흉내도 못 냅니다. 그분은 누구일까요?

오늘날까지 신앙생활해 오면서 천번입니까? 만번입니까? 우리는 경험하면서 살아오지 않았습니까? 하나님과 나를 화해시켜, 두려운 하나님에서 이제는 '아바 아버지'라 부를 수 있도록 관계를 회복해 준 그분은 누구일까요?

'3대 성인 중의 한 분', 막연하게 '하나님의 아들', 성경 지식이나 교리 지식이 아닌, 영접할 때에만 그분과 나와의 그 관계가 맺어지는 것입니다. 병중이나 이런저런 실패, 혹은 사업 부진으로 어려움 속에 빠져 있을 때 "누가 나를 그리스도의 사랑에서 끊으리요. 환란이나 기근이나 곤고나 핍박이나 칼이랴, 이 모든 일에 우리를 사랑하시는 이로 말미암아 넉넉히 이기느니라." 누가 이 용기를 우리에게 주시겠느냐 그겁니다.

제가 아는 어떤 장로님 한 분은 교도소에서 사형수만 교화하는 책임을 지고 지도하시는 분입니다. 그분이 이런 말을 해요. 가령 예를 들어, 한 10명의 사형수를 교화시켜 사형장으로 보내는데, 그 중에 한 사람은 완전히 넋이 빠져 식물인간이 되어 가지고 그냥 흐느적거리면서 사형장으로 가고, 한 사람은 발악을 하면서 '내가 죽어 귀신이 되어 가지고 너희들 다 잡아먹을 것이다' 하고 발악, 발악을 하고 사형장으로 간다는군요. 그 중에 두 사람 반쯤은 '나무아미타불 관세음 보살' 하고 사형장으로 가더래요. 그 중에서 다섯 사람 반은 "너희는 마음에 근심하지 말라. 하나님을 믿으니 또 나를 믿으라. 내 아버지 집에 있을 곳이 많도다. 그렇지 않으면 너희에게 일렀으리라. 나는 길이요, 진리요, 생명이니 나로 말미암지 않고는 아버지께로 올 자가 없느니라" 하고 성경 말씀을 외우면서 평화로운 얼굴로 자연스럽게 사형장으로 가는 것을 보았다는 간증을 했었습니다.

사형장으로 가는 놈에게 위로를 주는 그분, 죽으러 가는 자에게 소망을 주는 그 분, 공자가 못했고, 석가가 못했고, 마호메트가 못해도 도대체 사형장으로 가는 사람에게 소망과 위로를 주는 그분은 누구일까요?

성경으로 돌아가 그분은 바로 하나님의 아들, 우리 구주 예수님. 그분이 하나님의 아들임을 안다는 것이 귀한 게 아닙니다. 입으로 '나의 구주 예수님' 이라고 말하는 것이 귀한 게 아닙니다. 그보다 더 깊이 내려가서 "그를 영접하는 자 곧 그 이름을 믿는 자", 그를 영접하는 자, 영접하는 그분이 하나님의 아들이라는 사실을 이제 객관적인 증거를 들어서 말씀드렸는데, 그분이 나와 관계를 맺기 위해서는 그를 영접해야만 합니다.

'영접'이란 무엇입니까? 그 분을 내가 음식같이 그냥 먹을 수 있는 것도 아니고 머리에 이고 다닐 수 있는 것도 아니고 짊어지고 다닐 수 있는 것도 아닌데 영접한다는 게 뭡니까? 내 속에 영접한다? 내가 뭡니까? 몸뚱이는 내가 아닙니다. 몸뚱이는 내 몸뚱이니까, 몸뚱이 주인은 따로 있는 겁니다. 손은 내가 아니요, 내 손이니까 손의 주인은 따로 있는 거예요. 그럼 내가 뭐냐? 생각하는 그게 나예요. 생각하고 있는 그게 나예요. 나는 흔히 이 네 가지를 말합니다. 생각하는 그것이 납니다.

둘째로 의지, '나도 한번 그렇게 되어 살아 봐야지.' 어떤 고상한 의지. 뜻을 가지고 그냥 뭔가를 지향하는 그 의지, 그게 납니다.

셋째로 양심, 그게 나예요. '옳다, 그르다, 참되다, 거짓되다' 판단하는 양심, 그게 납니다.

넷째로, 느끼는 그게 나예요. 느끼는 것, 뭔가 사랑을 느끼는 것, 뭔가 행복을 느끼는 것, 불안을 느끼는 것, 이 네 가지가 나인데 이 네 가지 속에서 예수님이 영접되어야 합니다. 막연하게 '믿습니다, 영접한다' 그 말이 아니라 내 인격 속에 예수님을 영접하는 인격 속의 사건이라고 했습니다.

'인격'이란 뭡니까? 생각하는 인격이요, 의지적인 인격이요, 양심이라고 하는 인격이요, 마음. 느낌이라고 하는 이 인격, 이 속에 예수님이 영접되어서 예수님이 내 생각의 중심에 앉아, 내 의지의 중심에 예수님이 앉아, 양심의 중심에 예수님이 앉아, 느끼는 마음의 중심에 예수님이 앉아, 내 생각이 예수님께 지배되어지고, 내 의지가 예수님께 지배되어지고, 내 양심이 예수님께 지배되어지고, 내 마음. 느낌이 예수님께 지배되어져야만 비로소 예수님을 영접한 자입니다.

그렇게 영접되어질 적에 그 영접되어진 내 인격이 영접되어지니까

이 몸, 이 나의 소유인 몸뚱이가, 그 예수님이 영접되어진 내 몸뚱이는 예수님의 도구가 되어져 내 손이 예수님의 도구가 되고, 내 발이 예수님의 도구가 되고, 내 입이 예수님의 도구가 되어야만 비로소 내 생활 속에 예수님이 살아 움직이게 되는 것입니다. 막연하게 믿습니다가 아닙니다.

우리 한국 교회의 신앙은 너무 관념적이고 너무 추상적이고 막연하고 환상적이고, 나아가 환청이나 환각이나 이런 것들 때문에 잘못되고 있다는 것을 지적해 봅니다. 예수님을 영접하는 자, 내 인격 속에 예수님을 영접할 때에, 인격이 뭐냐? 생각하는 그 인격, 의지적인 인격, 양심적인 인격, 마음 느낌의 인격, 그 한 중앙에 예수님이 앉아, 그 예수님의 영향 아래 내 인격이 피동되어질 적에 비로소 내 몸뚱이가 그 도구가 되어 "내가 육체 가운데 사는 것이 내가 사는 것이 아니라 내 속에 예수께서 사심으로 내가 산다." 그것이 신자라는 말입니다.

우리와 예수님과의 관계, 그 예수님에게 빛이 있습니다. 본문에 보면 그랬지요. "함께 계셨고 만물이 그로 말미암아 지은 바 되었으니 지은 것이 곧 하나도 그가 없이 된 것이 없느니라. 그 안에 생명이 있고 생명은 사람의 빛이라." 애당초 사람이 지음을 받았을 때 빛이 있었습니다. 하나님의 모양대로 지음받고, 하나님의 형상대로 지음받고, 하나님이 생기를 불어넣어 생령으로 지음을 받았을 때 빛이 있었습니다. 그 빛은 하나님을 볼 수 있는 빛입니다. 영원을 볼 수 있는 빛입니다. 하나님과 함께 살 수 있는 빛입니다. 그런데 하나님과 사람과의 관계가 삐뚤어지면서 그 빛은 꺼져 버렸습니다.

애당초 사람이 지음받을 때 동물로 지음받지 않았습니다. 사람은 하나님의 형상대로 지음받았습니다. 하나님이 동물이 아닐진대 하나님의 형상대로 지음을 받은 사람이 동물일 수 없습니다. 하나님의 모양대로 지음 받았습니다. 하나님이 동물이 아닐진대 하나님의 모양으로 지음받은 사람이 동물일 수 없습니다.

그 밑에 보면, "하나님이 생기를 불어넣어 생령이 된지라" 하였습니다. 동물이 아니라 생령(living soul), 우리가 분명히 알 것은 하나님과 동질의 생령으로 지음을 받아 하나님과 같이 얘기하고, 하나님과 같이 살고, 하나님과 같이 울고, 하나님과 같이 자유롭고, 하나님과 같이 즐거울 수 있는 생령으로 지음을 받았다는 것입니다. 그대로만 잘 길렀더라면 그것이 하늘나라 백성이 되는 건데, 하나님과의 관계가 비뚤어지면서 그 생령이 생령의 기능을 잃어버렸습니다.

로마서 1장 19절에, 하나님을 알 만한 그 뭔가 희미한 것만 조금 구석에 남았고 그만 생령의 기능을 잃어버렸다고 했습니다. 창세기 6장 1절에, '사람이 육체가 된지라' 몸뚱이가 주체가 되어 버렸습니다. 그때 사람은 하나님과 관계가 단절되어 버렸습니다. 그래서 사람은 비참하게 되었습니다. 사람은 불행하게 되어 버렸습니다.

사랑하는 여러분이여, 예수님을 영접하여 하나님과 바른 관계를 맺어야 합니다. 하나님과 바른 관계를 맺도록 해주기 위해, 생령으로 지음을 받아 생기를 잃어버린 인간, 빛 가운데 지음을 받아 신령한 빛을 잃어버린 인간에게 예수님이 빛을 가지고, 예수님이 생명을 가지고 인간에게 들어오시어 중생을 통하여 생명을 우리에게 주고, 구원의 은총을 통하여 빛을 우리에게 주어서 하나님과 바른 관계로 회복해 주기 위하여 하나님의 아들로서 사람의 몸을 입고 이 세상에 오신 것이 바로 예수님입니다.

그분은 하나님의 아들, 우리 구주 예수님, 그분이 우리에게 빛을 주십니다. 하나님이, 영원히 보이는 그분이 우리에게 생명을 주십니다. 아담이 잃어버렸던 리빙 소울(living soul), 아담이 잃어버렸던 그 생령, 예수님을 통하여 중생으로, 그리스도 안에 새로운 피조물로 우리에게 생명을 주어, 우리에게 영생을 주시려고 성자 예수님이 사람의 몸을 입고 인간에게 찾아오신 것이 그분의 모습인 것입니다.
  그분은 우리를 위해 십자가의 대속 제물이 되시며, 한 손에 우리의 손을 잡고 한 손에 아버지의 손을 잡고 화해시켜, 그분을 통해 하나님을 향하여 '아바 아버지' 라 부르면서 나갈 수 있는 길을 열어 주신 분입니다.

  내가 말씀드리는 것은 상식적으로, 성경 지식으로 다 아시는 부분일 겁니다. 중요한 것은 영접하는 것입니다. 지식으로 말고, 관념으로 말고, 내 생각 속에 예수님이 영접되어지고, 내 의지 속에 예수님이 영접되어지고, 내 양심 속에 예수님이 영접되어지고, 내 마음 속에 예수님이 영접되어져 그분이 내 주인이 되고 내 몸뚱이는 그분의 도구가 되어 내가 이제 육체 가운데 사는 것이 내가 사는 것이 아니라 내 속에 그분이 사심으로 내가 살아, 내 속에 그분이 사심으로 내 생각이 그분으로 생각되어지고, 내 의지가 그분으로 의지가 되고, 내 뜻이 그분으로 정해지고, 내일을 바라보면서 꿈꾸는 지향이 그분의 것으로 지향되어지고, 양심의 판단이 그분의 판단으로 바로 판단되어져야 합니다.

  베들레헴 벌판의 다윗은 다 같은 김씨네 목동, 최씨네 목동, 박씨네 목동이 이 자리 저 자리에서 양떼를 몰고 풀을 뜯기고 있는데, 유독 남들이 풀을 볼 적에 그는 다른 것을 보았습니다. 남들이 물을 볼 적에 다른 것을 보았습니다. 풀을 뜯는 양떼를 볼 적에 그는 다른 것을 보았습니다. "여호와는 나의 목자시니 내가 부족함이 없으리로다. 그가 나를 푸른 초장에 누이시며 쉴만한 물가으로 인도하시는도다."
  예수님이 나의 빛이 되실 적에, 예수님이 나의 생명이 되실 적에, 내 생활 환경이 달라지는 건 아니지만 내게 비춰 오는 의미는 달라지는 겁니다. 어제 해가 오늘 그 해건만 예수님이 내게 영접되어질 적에 그 의미가 달라지는 것입니다. 어제 장미가 오늘 그 장미, 달라진 건 없지만 내게 닥쳐오는 의미는 달라지는 것입니다.

무디는 주일학교 선생님에게 전도를 받고 하룻밤 고민한 뒤 예수님을 영접해 드리고 아침에 일어났을 때 온 천지가 달라졌다고 했습니다. 몸에 스치고 지나가는 바람의 의미가 달라져, 밝은 해의 의미가 달라졌답니다. 하기야 슈바이쳐 박사도 그랬지요. 음악공부와 철학공부로써 출세하려고 했지요. 그러나 어느 날 밝은 아침에 일어나, 맑은 공기 밝은 햇살 앞에서 건강한 몸을 꿈틀거리면서 다른 것을 깨달았습니다. '이 몸 가지고 저 햇빛 아래 이 맑은 공기 속에 어떻게 살 것인가?' 그때부터 의과대학 공부를 시작해서 8년간의 의과대학을 마치고, 아프리카에 가서 버려진 사람들과 친구가 되어 예수 사랑을 실천으로 옮기며 살았습니다.

예수님이 나에게 영접되어지면 가난이 가난으로 느껴지지 않습니다. 외로움이 외로움으로 느껴지지 않습니다. 내가 봉변을 당해도 억울하게 느껴지지 않습니다. 실패가 실패로 느껴지지 않습니다. 예수님을 영접해 드렸다고 해서 가난한 자가 당장 부자가 되는 것이 아니라, 가난을 가난으로 느끼지 않는다는 겁니다. 외로운 것이 당장 번창해지는 건 아니지만 외로움을 외로움으로 안 느껴, 의미가 달라지는 겁니다. 여러분의 생활에 예수님이 영접되어짐으로서 여러분의 생활의 의미가 달라지기를, 부엌에서 다윗과 같이 시편 23편을 자작하는 여러분이 될 수 있도록, 여러분의 가게에 앉아 시편 23편의 다윗과 같이 다른 의미를 발견하고 신앙고백을 할 수 있는 이 은혜가 예수님을 영접함으로 말미암아 여러분의 생활에 나타날 수 있기를 간절히 바랍니다.

교회란 어떤 곳일까?

가라사대 너희는 나를 누구라 하느냐 시몬 베드로가 대답하여 가로되 주는 그리스도시요 살아계신 하나님의 아들이시니이다.

예수께서 대답하여 가라사대 바요나 시몬아 네가 복이 있도다 이를 네게 알게 한 이는 혈육이 아니요 하늘에 계신 내 아버지시니라.

또 내가 네게 이르노니 너는 베드로라 내가 이 반석 위에 내 교회를 세우리니 음부의 권세가 이기지 못하리라.

내가 천국 열쇠를 네게 주리니 네가 땅에서 무엇이든지 매면 하늘에서도 매일 것이요, 네가 땅에서 무엇이든지 풀면 하늘에서도 풀리리라 하시고 이에 제자들을 경계하사 자기가 그리스도인 것을 아무에게도 이르지 말라 하시니라

(마 16:15-20)

교회와 예배당은 다릅니다. 가정과 주택은 다릅니다. 주택은 클 수도 있고 작을 수도 있으며, 그 주택 안에 가정이 있습니다. 귀한 것은 주택이 아니라 가정입니다. 어떤 성질의 가정이냐? 어떤 높은 뜻을 가진 가정이냐? 가정이 중요합니다.

예배당은 클 수도 있고 작을 수도 있고, 또 새로울 수도 있고 낡을 수도 있습니다. 그러나 교회는 예배당 안의 구성원입니다. 그 예배당 안에 모여 있는 믿음의 가족들, 그것을 '교회'라 그럽니다. 보이는 것을 예배당이라고 합니다. 그러면 과연 오늘 아침에 이 두 가지를 합쳐서 '교회란 어떤 곳일까?' 생각을 해보려고 합니다.

아마 서울에도 조금 높은 언덕에 올라가서 내려다보면 그저 건너 뛰기 좋을 만큼 특색 있는 뾰족한 종각 십자가가 달린 교회가 수없이 많을 것입니다. 모든 건물은 용도가 있고 목적이 있습니다. 병원은 건강을 주기에 필요하고, 학교는 지식을 주기 위해 필요하고, 아파트는 우리의 생활 주거로 필요하고, 공장은 우리 생활에 필요한 것을 만들어 공급해 주는 등등, 모두가 다 목적이 있고 용도가 있습니다.

그러면 교회는 뭘 하는 곳이냐? 적지 않은 면적을 차지하고 앉아 일 주일에 몇 차례 문을 열고, 그리고 늘 문 닫아 놓는 교회는 무얼 하는 곳이냐? 조금 우리가 생각해 볼 만한 문제입니다. 목적이 무엇이냐?

해방되던 그 해에 김구 주석은 중국에서 한국으로 들어온 뒤 아현동에 있는 성결교신학교 대강당에서 환영예배를 가졌습니다. 그분이 나와서 인사를 하면서 이런 말을 했습니다. "경찰서 10개 짓지 말고 교회 하나를 지어라" 그분이 얼마나 깊이 알고서 그런 말을 했는지는 모르지만, 어쨌든 경찰서가 하지 못하는 일을 교회가 한다는 말입니다. 경찰서 10개가 하지 못하는 일을 한 교회가 한다 그 말이지요.

사실 그렇습니다. 경찰 방망이는 사람을 개과천선시키지 못합니다. 경찰들이 가지고 있는 쇠고랑이 도둑질하는 사람을 하나님의 아들로 만들 수는 없는 것입니다. 중요한 것은 경찰서가 아니라 사람을 바꾸어 놓는, 변화시키는 능력을 가진 교회가 더 필요하다는 의미로 말한 줄 압니다.

요한복음 1장 1절에 "말씀으로 말미암아 천지가 창조되었다." 이 천지는 하늘나라 백성을 양성하는 학교입니다. 이렇게 천지를 만들어 하늘나라 백성을 양성해 가다가 신구약 성경의 맨 끝 책이 뭡니까? 요한계시록이지요. 요한계시록에 턱 가보면 새 하늘과 새 땅으로 하늘나라가 완성됨으로써 신구약성경은 양끝이 딱 붙어 버리는 것입니다. 창세기 1장 1절부터 계속되는 하늘나라 건설계획을 쭉 진행하다가 하늘나라 건설계획이 완성되면, 요한계시록 끝장 끝절에 "주 예수여 어서 오시옵소서" 하고서 신구약 성경이 끝나는 것입니다.

그러면 신구약 성경의 골자는 무엇인가? 그 중심 요지는 무엇인가? 하나님의 나라입니다. 그 하나님의 나라 건설과정에 하나님의 아들이 사람의 몸을 빌려서 이 세상에 오시어 하나님과 화해 관계를 이루어주셨습니다. 물론 그 아담과 관계, 아까도 제가 말씀을 드렸습니다만 화해 관계를 이루어 인간의 모든 죄 문제를 대속하셨습니다. 왜냐하면 사람은 하나님의 아들이 될 수 있는 혈통이 안 됩니다. 육정으로는 안 되고 사람의 뜻으로는 안 됩니다. 하나님께로 난 자라야 하나님의 아들이 되기에, 예수 그리스도를 영접함으로 하나님의 아들과 딸이 되는 과정을 이루어 놓으시고, 그리고 십자가에 죽었다가 부활하시어 흰구름 타고 하늘로 올라가 버렸습니다.

그러면 이 땅에서 그 일을 누가 계승하느냐? 계승을 위해 교회를 이 땅에 허락하신 것입니다. 하늘 나라 계획, 하늘 나라를 건설하기 위한 계획의 일환으로 1차 예수님이 오셨고, 그 다음에 교회를 통하여 "내가 내 교회를 세우리니." '내 교회', '예수님의 교회', 오늘 이 본문에 보면 '내가 내 교회를 이 반석 위에 세우겠다' 라고 하신 '내 교회' 라는 말은 예수님의 일을 계승한다는 말입니다. 교회는 더도 말고 덜도 말고 예수님의 일을 계승하는 곳입니다. 학교가 못하는 일을, 도서관이 못하는 일을, 어떤 문화관도 못하는 일을, 꼭 예수님만이 한 그 일을 계승하기 위해 세상에다 교회라고 하는 것을 허락해 주셨습니다.

오늘 본문에 보면 그랬어요. 그런 의미에서 오늘 본문을 분석해봐야 되겠습니다. "가라사대 너희는 나를 누구라 하느냐? 주는 그리스도시요 살아 계신 하나님의 아들입니다. 바요나 시몬아 네가 복이 있도다. 이 일을 네게 알게 한 이는 혈육이 아니요" 마태복음 1장 13절에 "혈육으로도 되는 게 아니요, 육정으로도 되는 게 아니요, 사람의 뜻으로 되는 게 아니요, 하나님께로 난 자라" 그래서 바로 그 말과 같이 예수님에 대하여 바른 신앙 고백을 하는 것은 네 혈육으로 되는 것이 아니고, 하나님이 이 사실을 고백하셨는데 "너는 반석이라. 이 위에 내가 교회를 세우겠다" 즉, 바른 신앙고백 위에 세워진 것이 교회입니다.

첫째, 여기에서 생각할 것은 교회는 하나님의 백성의 가정이요, 교회는 하늘나라 백성의 학교요, 교회는 하늘나라 백성의 병원이라는 것입니다.
예수 그리스도를 영접해 드리어 하나님의 아들과 딸이 된 우리들이 땅에 사는 동안에 하늘나라 백성으로서 성숙해 가는 과정입니다. 지금 자라가고 있습니다. 자라 가는 과정 중에 어디서 자라느냐? 우리 아이들은 가정에서 자라고, 학생들은 학교에서 자라고, 기술자는 공장에서 자라고, 하늘나라 백성들은 교회 안에서 자라는 것입니다.

교회는 하나님을 아버지로 모시고 예수님과 한 핏줄로 연결되고, 성령으로 공감대를 이루어 너도 그렇게 느끼고 나도 그렇게 느끼고, 너도 그렇게 감사하고 나도 그렇게 감사하는 이것은, 한 성령님으로 공감대를 이루어 한 핏줄로 연결된 한 하나님을 아버지로 모신 하나님의 백성의 가정입니다. 교회와 멀어지면 하늘나라 백성은 외로워서 못삽니다. 교회는 귀중한 곳입니다.

교회는 하늘나라 백성의 학교입니다. 하늘나라 백성은 학교에서 지식을 배우는 것이 아닙니다. 하늘나라 백성은 교회에서 지혜를 얻습니다. 여기에서 지식을 얻고 교육을 받게 되는 것입니다. 교회와 멀어지면 하늘나라 백성은 교육을 받을 곳이 없습니다.

교회는 하늘나라 백성의 병원입니다. 하나님의 아들과 딸들이 땅에 사는 동안에 이런 저런 병이 듭니다. 육체적인 병말고 영혼의 병, 정신의 병, 물질문제 때문에 생기는 병, 남녀문제 때문에 생기는 병, 직업문제 때문에 생기는 병, 살아가는 과정에 있어 이런저런 역경으로 생겨난 병, 지금도 여러분은 그런 병을 가지고 있는지 모릅니다. 그 병을 고칠 수 있는 병원은 교회입니다. 우리 교회에서 하나님의 아들과 딸들로 건강하게 자라가야 되는 것입니다.

그러기 위하여 오늘 본문에 말한 이 교회는 "내가 내 교회를, 내가 내 교회를" 교회의 주인은 예수님입니다. 우리가 이 자리에 오는 것은 목사 만나러 오는 것이 아니고, 장로님 만나러 오는 것이 아니고, 예수님 만나러 오는 것입니다. 다만 목사는 예수님을 여러분에게 소개해 드리는 심부름꾼에 불과한 입니다. 목사가 예수님은 아닙니다.

목사는 예수님을 여러분에게 만나게 해드리는, 안내해 드리고, 소개해 드리고, 손잡게 해드리고, 얼굴 맞대게 해드리고, 서로가 마음을 통해 놓고 대화할 수 있도록 심부름해 드리는 것이 사명입니다.

또 장로님들도 그 사명 위에서 장로님의 직분이 있는 것입니다.

교회의 주인은 예수님입니다. "내가 내 교회를" 요한계시록 1장 12절로 20절까지 쭉 보면 예수님께서 일곱 교회 한가운데 서서 일곱 별을 오른손에 잡고 일곱 촛대 사이에 내왕한다 그랬습니다. 그 일곱 촛대는 서아시아에 있는 일곱 교회이고 일곱 별은 일곱 교회의 사자들이라고 했습니다.

목사도 사람입니다만 교인들 누구보다 지식이 모자랄지도 모릅니다. 건강이 나쁠지도, 말이 나눌한지도 모릅니다. 그러나 목사는 예수님의 손에 잡혀 있는 별입니다. 어쨌든 예수님의 손에 잡혀 있는 별입니다. 장로님은 교회에서 선택하지만, 목사는 교회에서 청빙할 수 있지만 목사 장립은 교회가 하는 것이 아닙니다. 예수님의 권한을 대행하는 노회에서, 총회에서 절차를 밟아 직분을 맡기는 그 까닭은 하나님께로부터 선택된 사람인, 예수님의 오른 손에 잡혀있는 스타가 그 교회의 사자요, 오른손에 잡고 있는 별입니다. 그렇다고 해서 그 별을 그냥 영광스럽게 해주기 위해서 예수님의 손에 잡고 있는 것이 아니라 부려먹으려고, 주의 사자들은 주의 손에 붙들려 있는 종들입니다. 그리스도의 사신이지요.

그러면서 교회를 관리하는 일곱 촛대 사이에 내왕하시는, 이 촛대에 갔다가 저 촛대로 갔다가 교회 사이에 내왕하시는 이는 교회 주인인 예수님입니다. 이 교회 갔다가, 저 교회 갔다가, 어느 교회 갔다가, 교회를 관리하는 이는 예수님입니다. 교회 주인은 목사가 아니요, 재력 있는 유력한 장로가 아닙니다.

어떤 교회는 그런 분이 있어요. 목사님 한 분이 내게 와서 "목사님, 나는 목회 못하겠습니다." 당회장이 소신을 가지고 일을 좀 해봐야 되겠는데 뭘 좀 하려고 하면 브레이크를 거는 분이 있다는 것입니다. 장로님이 한 분 계시는데, 목사님이 "당회장이 그만한 권리도 없습니까?" 하고 물으면 "당회장 위에 설립자 있는 것 모르세요?"라고 야단을 치더랍니다. 왜냐하면 그 교회를 설립한 이가 그 장로님이거든요. 어느 교회에서 분쟁이 일어나 떨어져 나오면서 그 장로님이 앞장서서 돈을 많이 내어 교회를 하나 설립을 했다고 합니다. 그러니까 '나는 설립자다' 라는 주장이지요. 천벌받을 짓입니다. 교회 설립자는 예수님입니다. 설사 어느 장로님이나 목사님이 수고했다손 치더라도 설립자는 아니요, 심부름꾼이에요. 교회의 주인은 예수님입니다.

우리가 교회에 나오는 것은 교회 주인 되시는 예수님을 만나기 위해서입니다. 기도 속에서 그분을 만나야 되고, 찬송 속에서 그분을 만나야 되고, 설교 속에 그분을 만나야 되는 것입니다. 목사는 그분을 여러분에게 소개하려고, 만나게 해드리려고 애를 쓰는 것입니다. 교회의 주인은 예수님입니다.

둘째로, 이 교회의 특성은 신앙고백의 집단입니다. 예수님께 대한 고백의 집단입니다. "주는 그리스도시요, 살아 계신 하나님의 아들입니다." 그 밑에 내려가 "네가 반석이니 네 위에 내가 내 교회를 세우겠다"고 말씀했습니다. 베드로가 그렇게 말할 때에 "주는 그리스도시요, 살아 계신 하나님의 아들입니다." 그렇게 말했을 때 "네 육체가 네게 알게 한 것이 아니라 하늘에 계신 내 아버지께서 이것을 네게 알게 했다. 내가 네 위에 내 교회를 세우겠다." 카톨릭에서는 베드로 위에다가 교회를 세웠다고 해서 베드로를 제1대 교황으로 지칭합니다. 그래서 대를 이어 몇 대, 몇 대, 지금까지 교황이 베드로를 계승했기 때문에 카톨릭만이 진정한 카톨릭 처치, 정교회라고 고집합니다.

그런데 우리가 성경을 읽어보면 '베드로' 란 말은 바위라는 뜻입니다. 여기에 보면 잘 아시겠지만 베드로는 '피트로스' 라고 말하고, 그 밑에 내려가 "베드로야 이 반석 위에"라고 할 때의 반석은 '피트라' 라고 그랬습니다. 베드로는 바위고, 피트라는 반석입니다. 바위와 반석은 다릅니다.

이 말은 무엇인가? "베드로야, 바위 같은 베드로야, 네가 신앙 고백한 이 반석 위에 내가 교회를 세우겠다." 베드로 위에가 아닙니다.

그래서 베드로라는 말은 '움직일 수 있는 바위' 아무리 크지만 지렛대 가지고 움직이면 움직일 수 있는, 피아노가 아무리 크더라도 지렛대가 움직이면 움직일 수 있는, 움직일 수 있는 바위는 반석이라 그러지 않습니다. 그것은 '바위' 라 그럽니다. 베드로란 말은 '바위' 라는 말입니다.

그런데 그 밑에 내려가서 네가 고백한 신앙은 반석, 신앙고백 그것이 반석입니다. '움직일 수 없는 반석' 베드로가 고백한 그 반석, 그 위에 교회를 세우겠다. 교회의 기초는 베드로가 아닌 베드로가 고백한 그 신앙, 주님께 대해 어떤 감정을 가지느냐? 주님께 대해서 어떤 마음을 가지느냐? 주님에 대해서 어떤 의지를 가지느냐? 주님께 대해서 어떤 생활을 가지느냐? 그 고백, 그것이 귀중한 것입니다. 만일 이 신앙고백이 없으면 그것은 교회가 아닙니다.

제가 미네아 폴리스에서 공부하면서 장로교회 목사니까 낙스라고 하는 목사님이 목회하는 하일랜드 파크 장로교회에 한 번 나가봤습니다. 교인이 한 70명 모이는데 목사님이 강대상에서 예배를 시작해서 진행을 하다가 설교시간이 됐는데, 성경 한 절 읽고 내려와 복도에 왔다갔다하면서 교인들과 대화를 주고받고 해요. 그리고 얼마쯤 대화를 하다가 시간이 되니까 "오늘은 이쯤 합시다" 하고 단 위에 올라가 이렇게 저렇게 하고 예배를 끝냅니다. 뭐 대화도 그날 읽은 성경말씀 가지고 대화를 한다면 그것도 또 모르겠는데, 생활문제나 사회문제, 자녀문제, 이런 것을 주제로 대화하다가 그 다음에 예배를 마치고 헤어지는 겁니다. 너무 이상해서 그 목사님께 "당신은 어떻게 예배를 인도합니까?"하고 물으니까 "설교 중심의 예배는 목사 중심의 예배요, 목사 중심의 예배는 교인들이 소외감을 느끼기에 교인들이 안 모입니다. 그래서 교인으로 하여금 예배의식에 참여를 해서 무언가 이렇게 나도 말을 하고 대화하고 그러면 교인들이 흥미를 가지고 몰려옵니다"고 그러더군요. 그래서 물었습니다.

"당신은 이 교회에 온 지 몇 해 되었습니까?" "3년째 됩니다." "처음에 올 때는 몇 명이나 모였습니까?" "그때도 한 50~60명 모였습니다." "그런 방법으로 해서 3년 지나서 얼마나 더 모았습니까?"라고 물으니 그분의 대답이 "이 밑에 내려가면 제4침례교회 닥터 클리어 워터라고 하는 70세 된 영감님이 목회하는 교회는 4부 예배를 드리는데도 매 예배 때마다 천 명씩 넘어 가득 차는데 그 교인들이 교회 올 적에 뭔가 참여의 기쁨을 찾기 위해서 오는 것이 아니지 않습니까? 교회는 우리 주님과 바른 관계를 맺어주어 주님 만나 웃을 수 있고, 주님 만나 즐거울 수 있고, 주님 만나 우는 문제를 웃음으로 바꿀 수 있고, 주님 만나 절망이 소망으로 바뀌어지도록 해주는 거기에 교회의 본질이 있지 않습니까?"하고 대답을 해서 교회에 대해서 토론한 적이 있습니다.

교회의 생명은 신앙고백입니다. 찬송 속에서 신앙고백, 기도 속에서 신앙고백, '주여! 주여!' 입의 말로 '주여'가 아니라 '내 주여' 입니다. 그럴 때에는 '나는 당신의 소유입니다. 나는 당신의 노예입니다. 나는 당신이 그저 죽으라면 죽고 살라고 그러면 삽니다.' 그분과 나와의 관계에서 이 깊은 신앙의 고백, 그것이 교회의 밑바탕인 것입니다.

나다나엘의 신앙고백과 베드로의 신앙고백을 비교해 봅시다. 어구상에는 별차이가 없습니다. 베드로는 "주는 그리스도시요, 살아 계신 하나님의 아들입니다."라고 했으나, 나다나엘은 "당신은 하나님의 아들이요, 이스라엘의 임금입니다."라고 했습니다. 어구상 별차이가 없습니다. 그런데 베드로의 신앙고백은 예수님께서 그렇게 기뻐 칭찬하시고 영광스러운 약속을 주었습니다. 그러나 요한복음에 내려가 나다나엘의 신앙고백은 예수님께서 달갑게 받지 않았습니다. 어구 상에는 별 차이가 없는데 어떠한 이유가 있었을까요?

보세요. 나다나엘이 어떻게 그 신앙고백을 했습니까? 처음 빌립이 나다나엘을 데리고 예수님께로 오자 예수님께서는 보자마자 "간사함이 없는 이스라엘 사람이라."하고 칭찬했습니다. 간사함이 없는 참 이스라엘 사람이라고 칭찬했을 때 기분 나쁠 것은 없지만 이상한 것은 '나는 생전 처음 보는데 저분이 어떻게 나를 알고 저렇게 평가할까?' 그래서 나다나엘이 예수님께 물었습니다. "난 당신을 처음 뵙는데 어떻게 나를 아십니까?" "너는 나를 오늘 처음 만나겠지만 나는 네가 무화과나무 아래 있을 때 보았다."

교회 앞에 무화과나무가 한 그루 있다고 합시다. 여름 땡볕에 너무너무 뜨거워서 그 밑에 앉아 조금 땀을 말리고 갔다면 김 목사님이 지나가다 볼 수도 있고, 최 장로님이 지나가다가 볼 수도 있고, 박 장로님이 지나가다 볼 수 있고, 다 볼 수 있는 거니까 내가 무화과나무 아래에 있을 때 보았다고 한들 놀랄 것은 아무것도 없지요. 뭐 놀랄 게 있습니까? 그때 내가 거기 무화과나무 아래에 앉았을 때에 그 앞으로 지나가다가 나를 보았구나. 아무것도 놀랄 것이 없습니다.

그러나 나다나엘은 무화과나무 아래 앉은 경험이 없습니다. 아무리 생각해도 무화과나무 아래 앉은 경험이 없으니, 가만히 생각했습니다. 몇 년 전, 혹은 몇 달 전에 하도 하나님의 백성들의 꼬락서니가 절망적이라, 또 종교적인 하나님을 섬긴다고 하는 제사장, 대제사장, 종교 지도자들이 부패하고 타락해 있고, 민생은 로마제국에 착취를 당해 도탄에 빠져있으니, 이 젊은 나다나엘은 너무너무 기가 차고, 이러면 어떻게 하나 마음이 너무너무 컬컬하고 답답해 인왕산을 올라갔겠지요. 또 너머 삼각산을 넘어갔겠지요. 또 넘고 넘어 그저 하염없이 가다가 어느 무화과나무 아래에 엎드려 '아버지여 이 백성은 어찌됩니까?' 안타깝게 울면서 기도한 것밖에 무화과나무 아래에 앉은 적이 없습니다. 내가 설명을 하는데 이거 진짜인가, 아닌가는 이 다음에 하늘나라 가서 나다나엘에게 물어 본 후에 바른 대답 드리기로 하고… .

그런데 문제는 그 무인지경에 사람이 올 수도 없고, 흔히 오는 데도 아니고 저분이 거기에 오실 리도 없고 올 일도 없고 올 수도 없는 거기에, 내가 무화과나무 아래 앉았는데 저분이 어떻게 봤단 말인가?

'아하 저분은 서울에 앉아 부산을 보는 눈을 가진 분이야, 저 분은 서울에 앉아 평양을 보는 눈을 가진 분이야, 저 분은 도시에 앉아 산 너머를 보는 눈을 가진 분이야, 저 분이야말로 보통 분이 아니구나'

그래서 경이의 감정, 어떤 놀라운 일 앞에 깜짝 놀라는 경이의 감정, 경외의 감정, 누구에게나 있을 수 있는 그것, 그것으로써 나다나엘이 "내가 보니 당신은 하나님의 아들이요, 이스라엘의 임금이로소이다"라고 고백했기 때문에 예수님께서 "내가 너를 무화과나무 아래 있을 때 보았다 함을 믿느냐?" 그것으로 안 됩니다. 하늘이 열리고 하나님의 사자가 인자 위에 오르락내리락하는 영통의 세계가 없이는 신앙고백은 하나님 앞에 통하는 신앙고백이 될 수 없다는 것입니다. 그것이 바로 베드로가 신앙고백한 '네게 혈육, 육체가 이것을 네게 알게 함이 아니라 하늘에 계신 네 아버지가 이것을 네게 알게 했다. 혈통으로 나거나, 육정으로 나거나, 사람의 뜻으로 난 것이 아니라, 하나님께로 난 자' 라는 말과도 같은 맥락입니다.

신앙고백은 성령의 감동으로 내 모습에 참모습을 바로 인식하고, 이 절망적인 모습이 주님을 붙잡고 늘어지는 고백이요, 이 소망 없는 내가 주님의 손을 붙잡고 소망을 찾는 고백이요, 하나님 앞에 진노와 저주받고 있는 내가 예수님의 십자가의 보혈 공로를 붙잡고 의지하는 고백이요, 입에 말의 고백이 아니라 인격 속에 사건으로써의 고백, 이것이 신앙고백이고 오늘날 이것이 말랐다 그것입니다. 교회가 의식으로는 능숙해졌는데, 성경 지식으로는 깊어졌는데, 내 영혼 속에 사건으로써의 이 신앙고백이 메말라 버렸다는 것입니다.

교회는 뭐냐? 예수님이 주인이고 예수님의 하시던 일을 계승하는 곳이고, 그런 관계는 바로 신앙고백으로써 관계가 맺어지는 곳입니다. 교회는 시설에 있는 것 이전에, 무슨 제도에 있는 것 이전에, 한 사람 한 사람이 '주여!' 이 한마디 속에 눈물이 핑 도는, '주여!' 이 한 마디 속에 가슴이 뜨거워지는, '주여!' 이 한마디 속에 인간적인 모든 암흑에서부터 탈출하는 이 놀라운 사건들이 우리 속에 연속적으로 일어나는 이 신앙고백이 교회의 바탕입니다. 교회의 바탕. 이것 때문에 목사는 심부름하느라고, 주님과 관계 맺어 이 고백이 있도록 심부름하느라고 애를 쓰는 분들입니다.

그 다음에 셋째로 뭐라고 그랬습니까? 이렇게 고백하는 베드로에게 "이 반석 위에 내가 교회를 세우겠는데 음부의 권세가 이기지 못한다" 이 말은, 교회에 영권이 주어진다는 말씀입니다. 신앙고백 있는 그 자리에, 우리 주님이 주인되는 그 교회에, 신앙고백이 성령으로 말미암아 말씀을 통하여 신앙고백이 있는 그 교회에 영권이 주어지는, 영적인 권능이 주어지는, 음부의 권세가 이기지 못하는 영권이 주어진다는 것입니다.

그렇다면 음부의 권세가 뭡니까? 첫째는 공중의 권세 잡은 자, 악령 사탄이 음부의 권세의 최고 지도자입니다.

둘째는 그 악령 사탄의 행동대원인 세상, "세상과 벗된 것이 하나님과 원수 된 줄 알지 못하느냐?" 이 세상이라고 하는 것이 악령 사탄, 음부의 권세 사령관의 행동대원입니다. 이 세상은 악령 사탄의 행동대원입니다. 눈에 보이는 것, 귀에 들리는 것 전부가 악령 사탄의 음부의 권세의 행동대원들이 우는 사자와 같이 우리를 에워싸고 그냥 삼키려고 노리고 있습니다.

거기에 또 원통한 것 하나는 내 속에 있는 부패하고 타락한 근성이라는 놈이, 언제나 이놈이 간첩 역할을 합니다. 내가 아무리 부정해도 이놈은 내 속에서 사라지지 않습니다. 이놈은 내가 아무리 결심을 하고 맹세를 해도 내 속에서 떠나가지 않습니다. 손가락을 잘라 혈서를 세 번, 네 번, 다섯 번 써도 이 사탄의 간첩 노릇하는 부패하고 타락한 근성이 내 속에서 빠져나가지를 않습니다.

음부의 권세도 삼위일체라. 악령 사탄이 권세를 잡고 행동대원 세상을 거느리고 내 속에 간첩을 파견해 내 속에서 구리구리한 냄새가 나면 쇠파리가 달려들 듯이 내 속에도 구리구리한 냄새가 나는 이것은 악령 사탄이 당장 그것을 포착하고 그 다음 행동대원 세상에게 명령을 내려 공격개시하라고 합니다. 거기에 남아날 사람이 없습니다. 어떤 의미에서는 우리의 생각도 음부의 권세의 지배 아래 있습니다.

내 생각을 얽어매고 있는 음부의 권세의 쇠사슬에서 누가 나를 해방시켜 줄 수 있는가? 음부의 권세가 이기지 못하는 말씀의 권능으로, 음부의 권세가 이기지 못하는 성령의 권능으로, 그 성령의 권능은 주인 되시는 예수님을 만나 내가 바른 신앙을 고백할 적에 거기에, 음부의 권세가 이기지 못하는 그 권능이, 영권이 교회에 주어져 있는 것입니다.

대학교 강단에도 그 권능은 없습니다. 도서관에도 그 권능 없습니다. 경찰서에도 그 권능 없습니다. 청와대에도 그 권능은 없습니다. 그 권능은 오직 교회에만이 주어져 있습니다. 왜? 하늘백성을 기르기 위한 하나님의 특별한 섭리로 세워졌기 때문입니다.

교회는 보통의 장소가 아닙니다. 우리가 이 자리에 앉아 예배드리는 것이, 그냥 의자에 앉았다가 예배순서나 진행하고 가는 그것이 아닙니다. 여기에는 바로 권능의 용광로 속에, 새까만 쇠덩어리가 용광로 속에 척 들어가게 되면 그냥 녹아지듯이 나를 얽매고 있는 음부의 권세가 박살이 날 수 있는, 이 시간도 여러분의 음부, 여러분의 생각을 얽어매고 있는 음부의 권세가 박살날 수 있기를 바랍니다. 여러분의 마음을 얽어매고 있는 음부의 권세가 박살날 수 있기를 바랍니다. 내 말에 그런 권능이 있는 것이 아니라, 종이 지금 전하고 있는 이 말씀을 통하여 역사하는 성령의 권능으로 말미암아 음부의 권세가 박살날 수 있기를 바랍니다. 이것이 교회만이 가지고 있는 특권이지요.

그 다음에 넷째로 보면 '교회에다가 천국의 열쇠를 주었다' 고 했습니다. 사람이 땅에 살아가는데 사람이 해결할 수 있는 어떤 문제는 '정치' 라고 하는 열쇠로 해결할 수 있습니다. 어떤 문제는 '경제' 라고 하는 열쇠로 해결할 수 있습니다. 어떤 문제는 '교육' 이라는 열쇠로 해결할 수 있습니다. 어떤 문제는 '과학' 이라는 열쇠로 해결할 수 있습니다.

그러나 사람의 어떤 방법으로도 해결할 수 없는 문제들이 사람에게는 있습니다. 아담의 후손이기 때문에 우리 사람들에게는 그 아담의 후손으로서의 타락한 근성을 타고나 살고 있기 때문에 교육의 열쇠로도 열리지 않는, 경제의 열쇠로도 열리지 않는, 정치의 열쇠로도 열리지 않는, 과학의 열쇠로도 열리지 않는 문제가 있습니다.

하나님과 나 사이의 문제입니다. 죄와의 문제입니다. 영원한 생명의 문제입니다. 구원의 문제입니다. 우리가 거룩하게 사는 문제입니다. 하나님의 아들과 딸답게 자라나는 문제입니다. 이런 문제는 세상의 어떤 열쇠로도 열 수 없는 문제입니다.

교회에는 이 열쇠가 주어져 있습니다. 목사는 그 열쇠를 가지고 열어 드리려고 지금 애를 쓰고 있는 사람입니다. 그 열쇠는 바로 예수님이 주인 되시고 그 주인 되시는 예수님께 우리가 바른 신앙고백을 하게 될 적에 성령님의 놀라우신 역사, 말씀을 통한 성령님의 놀라운 역사라고 하는 열쇠가 하나님과 나 사이의 문제를 덜커덕 열어 줍니다.

내 죄 문제에 대하여 덜커덕 열어 줍니다. 영생의 문제에 대하여 덜커덕 열어 줍니다. 구원문제에 대하여 덜커덕 열어 줍니다. 악령 사탄을 이길 수 있는 문제에 대하여 덜커덕 열어줍니다. 이 시간 하늘의 열쇠가 천국의 열쇠가 여러분의 속에서 그저 덜커덕덜커덕 열어 드리는 축복이 있기를 바랍니다.

우리가 이 땅에 사는 동안 정말 누가 하나님의 아들과 딸다워지고 하나님의 아들과 딸답게 살 수 있는가? 교회생활에 성실해야 됩니다. 교회와 멀어지면 하나님과 멀어집니다. "두세 사람이 내 이름으로 모이는 곳에 나도 함께 있겠다"고 약속하셨습니다. 물론 나 혼자 있을 때도 주님이 나와 안 계신 것은 아니지만, 특별히 교회라고 하는 이 특성 속에서 우리는 가정에서 누리지 못하는, 직장에서 내가 기도하면서 누리지 못하는, 나 혼자 산기도 가서 누리지 못하는 축복이 교회 안에 주어져 있는 것입니다.

교회는 하나님의 아들과 딸들의 가정입니다. 교회와 멀어지면 외로워집니다. 교회는 하나님의 아들과 딸들의 학교입니다. 교회와 멀어지면 하나님의 아들과 딸로서 무식쟁이가 됩니다. 교회는 하나님의 아들과 딸들의 병원입니다. 교회와 멀어지면 병을 못 고칩니다. 내가 고민하는 이 병을 못 고칩니다. 습관적으로 죄 된 생활을 하고 있는 이 병을 못 고칩니다. 내가 가지고 있는 하나님의 아들 딸답지 못한 문제에서 탈출할 수 없습니다.

왜 그럴까요? 이 교회는, 하늘나라 백성을 양성하기 위하여 성자 예수님을 세상에 보내시어 하나님의 아들들과 딸들을 택해 놓으시고 그것을 기르시는 방법을 맡기신 곳입니다. '내 교회', 주님의 교회입니다. 주님께 내가 신앙고백함으로 주님과 관계가 맺어집니다. 주님과 관계가 맺어질 적에 영권이 내 속에 역사하십니다. 하늘의 열쇠가 내 속에 역사 하시게 됩니다.

끝으로, 교회를 성경에는 '포도나무' 에다 비교했습니다. 구약에는 이스라엘 백성을 포도나무에 비교했습니다. 그러나 신약에 와서는 교회, 구원 얻은 하나님의 아들들과 딸들을 포도나무에 비교했습니다. 포도나무에는 몇 가지 특색이 있습니다.

첫째, 포도나무는 농부가 있어야 포도나무 구실을 합니다. 다른 나무는 농부 없이도 제 맘대로 자라고 꽃 피우고 다 합니다만 포도나무는 농부가 없이는 포도나무로서 꽃 피우고 잎 피우고 열매 맺지를 못합니다. 때로는 가지를 잘라 주어야 되고 때로는 약을 뿌려 주어야 되고 때로는 물과 비료를 뿌려 주어야 되는 것입니다.

'교회는 포도나무' 라는 말은 하나님은 포도원의 농부요, 우리 주님이 교회의 주인이라는 뜻입니다. 이 교회는 농부 없는 열려진 광야가 아닙니다. 집단입니다.

둘째로, 포도나무의 특색은 목적이 열매입니다. 포도나무로써 기둥감 만들려고, 석가래감 만들려고 포도나무 기르지 않습니다. 관상용으로 포도나무를 기르지도 않습니다. 오직 열매입니다. 교회는 오직 열매입니다. 하나님의 아들과 딸다워지는, 하나님의 백성다워지는 사람들로서 성숙해 가는 것, 그것이 교회의 특색입니다.

셋째로, 포도나무의 특색은 아주 약합니다. 줄기도 약하고 원줄기도 약하고 뿌리도 약합니다. 그러나 태풍이 불면 소나무는 뽑히고 버드나무는 꺾여져도 포도나무가 꺾이는 법은 없고 뽑히는 법도 없습니다. 왜냐하면 얽어매기 때문입니다. 서로가 가지가지마다 얽어매어 바람이 불어도 가지는 흔들릴지언정 꺾여지지 않습니다. 교회는 얽어매는 것입니다. 감정으로 얽어매는 것이 아니라 사랑으로 얽어매지는, 기도로 얽어매는 것입니다.

포도나무처럼 얽어매지만 사랑으로 얽어매어 한덩어리가 되는, 기도로써 얽어매어 한덩어리가 되는, 서로에게 주는 봉사로써 얽어매어 한덩어리가 되는, 그래서 교회는 공동체가 아닙니다.

공동체는 똑같은 개체들이 어떠한 제도 아래에 모여, 똑같은 개체들이 어떤 조직 안에 모여 공동의 유익을 위하여 움직이는 것을 말합니다. 교회는 똑같은 개체가 아닙니다. 가정은 공동체가 아닙니다. 유기체입니다.

아버지의 아픔에 아들이 아픔을 느끼고, 아들의 아픔에 어머니가 아픔을 느낍니다. 손가락이 아픈데 왜 내가 아파? 발가락이 찢어졌는데 왜 내가 아파? 목사가 아픈데 왜 장로가 아파? 장로가 아픈데 왜 권사가 괴로워? 이것은 공동체의 특성이 아닙니다. 이것은 유기체의 특성입니다. 그래서 예수님을 머리로 하고 우리가 모두 지체가 되어 한덩어리로 이루어진 것입니다.

콩바가지, 바가지라고 하는 제도 아래 천개가 담겨 있거나 만개가 담겨 있는 게 공동체입니다. 개체 개체가 그대로 똑똑히 살아 있습니다. 그것이 공동체입니다. 바가지가 기우뚱하고 엎어지면 콩알은 낱알이 다 흩어져 사라집니다. 그 콩을 부수어 가루로 만들어 한덩어리를 만들어 놓으면 이리 만져도 한덩어리 저리 만져도 한덩어리, 교회는 한덩어리이지 공동체가 아닙니다.

요즈음에 와서 공동체는 사회적인 용어로 쓰입니다. 저 남미의 한 신학자가 사용한 용어입니다. 별로 분석 없이 받아들여 공동체, 공동체 그러는데 그것은 사회적인 용어입니다. 어떤 의미에서 공동체라고 말할 때도 있습니다만 그러나 근본적으로 교회는 공동체가 아닙니다. 유기체입니다.

손이 아플 때 발이 아픔을 느끼는, 권사가 아플 때 집사가 아픔을 느끼는, 그래서 위해서 기도해 주지 않고는 못 견디는, 무엇인가 사랑으로 감싸주지 않고는 못 견디는, 그것이 바로 공동체가 아닌 유기체의 특성입니다.

이 교회는 하나님의 자녀들, 하늘나라 백성들을 양성하기 위해서 존재하는 곳입니다. 교회, 그냥 건물 하나가 아닙니다. 여기에 모여 있는 이 결집된 집단이 어떤 것인지 말씀드렸습니다. 성경이 말하는 교회의 본질과 구색을 갖추어 이 자리에 하나님의 아들들과 딸들이 행복하게 살고, 행복하게 성숙해 가고, 행복하게 거룩해 가고, 행복하게 능력 있어 가고, 행복하게 하늘의 열쇠를 가지고 덜커덕 열고 감사, 덜커덕 열고 감사, 감사가 넘치는 교회, 오늘이 그렇듯이 앞날도 그렇게 되기를 주님의 이름으로 축원합니다.

성경은 어떤 책일까?

또 네가 어려서부터 성경을 알았나니 성경은 능히 너로 하여금 그리스도 예수 안에 있는 믿음으로 말미암아 구원에 이르는 지혜가 있게 하느니라. 모든 성경은 하나님의 감동으로 된 것으로 교훈과 책망과 바르게 함과 의로 교육하기에 유익하니 이는 하나님의 사람으로 온전케 하며 모든 선한 일을 행하기에 온전케 하려 함이니라

(딤후 3:15~17)

언젠가 조지 버나드라고 하는 사람이 쓴 책을 읽은 적이 있습니다. 그 서두에 이런 얘기가 하나 있습니다. 어떤 사람이 큰 가마솥을 두 개 걸고, 한 가마솥에는 찬물을 다른 가마솥에는 뜨거운 물을 담은 뒤 개구리 두 마리를 잡아 가지고 동시에 두 가마솥에다 '퐁' 하고 던졌습니다. 뜨거운 물에 던져진 개구리는 깜짝 놀라서 '이거 죽겠구나' 그냥 뛰어 달아나서 도망갔습니다. 그러나 찬물에 던져진 개구리는 시원하니까 헤엄을 치며 돌아다닙니다.

잠시 후 가마솥 밑에다가 불을 때기 시작하는데, 천천히천천히 불을 때니 찬물이 미지근해집니다. 미지근하던 물이 따뜻해집니다. 따뜻한 물이 따끈따끈해집니다. 거기에 몸을 담고 있는 개구리는 찬물이 미지근해지는 변화를 깨닫지 못합니다. 미지근한 물이 따뜻해지는 그 변화 과정을 깨닫지 못해, 따뜻한 물이 따끈따끈 해지는 그 변화 과정을 깨닫지 못해 마지막에는 삶겨 죽고 말았다는 풍자적인 얘기를 읽은 적이 있습니다.

오늘 세계 교회가 그렇다는 것입니다. 세계 교회가 그래요. 서서히 세속이 변해 가니까 변해 가는 세속 속에 몸을 담고 있는 사람들은 신앙생활 한다고는 하지만 그 세속이란 놈이 서서히 자꾸 부패해 가니까 썩는 줄 모르고 썩어간다는 겁니다. 죽는 줄 모르고 죽어 간다는 거예요. 하얗던 것이 점점 회색이 되어가는 줄 모르게 변해서 마지막에 새까맣게 되었건만 새까맣게 된 줄을 깨닫지 못한다는 것입니다. 오늘날 우리 신앙 이대로 좋은가? 우리 모두 냉정하게 반성해 봐야 할 것 같습니다.

언젠가 구마고속도로 현풍휴게소에서 조금 쉴 시간이 있어서, 언덕에 올라가 낙동강이 흘러가는 것을 바라보았습니다. 낙동강, 굉장히 큰 강이지요. 그런데 썩어버려서 냄새나고, 쓰레기가 떠내려 오고, 고기가 죽어서 썩은 냄새가 진동하는 완전히 죽음의 강이 되었습니다. 그렇게 낙동강을 바라보다가 내가 이런 말을 했습니다. "낙동강아! 낙동강아! 황지로 돌아가자."

황지가 어디입니까? 낙동강 7백 리를 거슬러 올라가면 태백시 북쪽에 조그마한 못 하나가 있고, 못 한가운데 물이 퐁퐁 솟는 그곳이 바로 '황지'이지요. 거기에서 솟는 물은 얼마나 맑은지 그냥 마셔도 괜찮습니다. 그 흐르는 물가에 미나리 나고, 모인 물에 송사리와 붕어떼가 노는 그 맑은 물이 7백 리 긴 길을 흘러오느라고 이 계곡에서 썩은 물, 저 계곡 위 목축장에서 썩어진 물, 그렇게 모여모여 낙동강 물의 양은 커졌지만 물의 본질은 잃어버렸어요. 양 자랑하지 말고 '낙동강아 황지로 돌아가자'. 물의 가치는 양에 있는 것이 아니고 맑은 본질에 있는 게 아니겠는가!

2천 년 기독교가 흘러오는 동안에 여기 이 신학자 저기 저 신학자, 여기 이 이단 저기 저 사설, 별의별 것이 다 들어와 세계적인 종교가 되기는 됐으나, 분석을 해볼 적에 낙동강과 같이 썩어서 본질이 변하여 우리 신앙이 뭔가가 잘못되어 가는 듯합니다. 그래서 '낙동강아 황지로 돌아가자. 오늘의 교회야, 초대교회로 돌아가자. 성경으로 돌아가자.' 그렇게 혼잣말로 넋두리를 해 본 적이 있습니다.

성경을 떠난 종교는 부패하고 타락합니다. 종교개혁이란 뭡니까? '성경으로 돌아가자' 는 운동이었습니다. 기도하고 성경으로 돌아가자. 이 운동이 일어나서 종교개혁이 유럽을 중심으로 세계를 막 뒤흔들어 놓는 세력으로 불길같이 일어났던 것입니다. 그러다가 한 2백 년 넘어서면서부터 그만 종교개혁 교회는 차츰 차츰 생기를 잃고 변질이 되었습니다.

제가 독일에 갔을 때, 어떤 유명한 교회라고 가자고 해서 방문했습니다. 60세가 넘는 연세 많은 사람 한 12명이 앉아 있는데 젊은이는 한 사람도 없습니다. 거기에 목사는 공무원이라 나라에서 월급이 나오니까 지금은 모르겠습니다만, 그러니까 뭐 연구할 것도 없고 애쓸 것도 없고 초상나면 장례지내 주고 결혼식 있으면 주례해 주고 그것 뿐이에요. 그러니까 맥없는 목사의 설교, 거기에 늙어 기진맥진하는 노인 몇 분, 젊은이는 하나도 없는 게 당연한 일이지요.

이것저것 다 그만두고라도 제네바에 갔을 때, 종교개혁이라고 하면 우리는 루터라고 그러지요, 칼빈이라고 그러지요, 또 쯔빙글리라고 그러지요. 이런 사람들이 "성경으로 돌아가자", 성경을 파헤쳐서 기도하고 성경 읽고 해서 종교개혁교회가 일어났는데 그 중의 대표적인 교회가 제네바의 칼빈이 목회하던 교회입니다.

역대 이래로 칼빈 만한 신학자가 난 적이 없고, 칼빈 만한 주경학자가 난 적이 없고, 칼빈 만한 경건한 신자가 난 적이 없고, 경건한 목회자가 난 적이 없는 정말로 귀중한 주의 사자! 그가 목회하던 교회가, 다른 사람은 몰라도 그가 목회하던 교회가 빈집만 남아서 예배드리는 것도 없고 빈의자에는 먼지가 뽀얗고 칼빈이 앉았던 의자는 한국에서 가는 목사님들이나 세계에서 순례를 오는 기독교인들이 자꾸 거기에 앉으니까 앉지 말라고 줄을 매 놓고 강대상에도 올라가지 말도록 막아놨습니다. 높은 강대상인데 억지로 올라가 봤습니다. 먼지가 뽀얗게 쌓여 있어, 다른 교회는 다 그만 두고라도 그렇게 위대한 목회자, 위대한 신학자, 위대한 주석가 칼빈이 목회하던 교회가 왜 빈집이 되었는가, 왜 빈집이 되었을까? 거기 유럽 교회가 왜 그렇게 몰락이 했을까요?

그 다음에 내려와서 미국으로 건너가며 봅시다. 유럽 교회가 몰락할 때 거기에서 일어난 청교도들이 '우리 신앙 이래서는 안 되겠다, 아무래도 우리 신앙 이대로는 죽겠다.' 영국의 플리머스 항구에서 '메이플라워 호'라는 작은 배에다 백수십 명을 태우고 출발하여 목숨을 걸고 대서양을 가로질러 미국 메사추세츠 주에 있는 어떤 항구에 도착해서 그 항구 이름을 '플리머스'라고 이름붙여 놨지요. 거기에 도착한 청교도들은 성경 읽고 기도하고, 성경 읽고 기도하면서 미국생활을 시작했습니다.

개척 초기에 괴질, 맹수, 인디언, 그저 하루 지나면 또 죽어가고 또 죽어가는데도, 남은 식구들이 더 경건하게 더 철저히 신앙생활하면서 밑자리를 놓아 미국 교회가 시작된 것입니다. 그렇게 시작이 된 거기에는 기적이 많았습니다.

보리, 밀이 한창 자라 이삭이 나올까 말까 할 그런 무렵이었습니다. 어디에서 무슨 바람소리와 같이 '쏴~' 하는 소리가 나서 머리를 들고 바라보니 서쪽 하늘에 뭔가 구름같이 까맣게 몰려오고 있었습니다. 기다려 보니 메뚜기떼가 몰려와서는 보리밭, 밀밭에 내려앉으면서 순식간에 보리밭과 밀밭이 작살이 나는 것입니다.

둘러선 청교도들, "하나님! 우리가 이 땅에 잘 먹고 잘 살라고 오지 않았습니다. 민주주의 하려고 오지 않았습니다. 데모크라시가 아니라 데오크라시(신정국가)를 건설하려고 여기에 왔습니다. 최소한 우리 먹을 것은 하나님이 보장해 주셔야 되지 않습니까? 메뚜기떼가 저것 다 먹어 버리면 우리는 뭐 먹고 삽니까?" 누가 시키지도 않았고 사회자도 없었건만 밀밭, 보리밭에 둘러서서 기도했습니다.

한참을 기도하는데 어디에서 또 바람 소리가 '쏴~' 하고 납니다. 깜짝 놀라 바라보니 아까보다 더 까맣게 하늘을 덮은 뭔가가 날아옵니다.

'아이고, 큰일났구나, 이제는 마지막으로 남은 것마저 작살내려 오나보다' 걱정을 하고 바라보는데, 어디서 갈매기떼 수만 마리가 날아와서 그 밭에 내려앉더니만 그 메뚜기떼를 순식간에 다 잡아먹어 버립니다. 거기에 둘러선 청교도들, 하나님의 응답에 감격하여 눈물을 안 흘릴 수가 없었습니다. 때가 지나고 추수 때가 되어 보릿단 걷어 모아오고, 밀단 걷어 모아 세워 놓고 보니 입에 넣기가 아까울 정도로 낟알 낟알이 하나님의 축복이요, 이삭 이삭이 하나님의 은혜였지요. 누가 시키지도 않았고 사회도 없었건만 거기 둘러서 예배를 드린 것이 감사예배의 시작이었습니다. 그것이 감사예배의 시작이었습니다.

이렇듯 경건하게 살았기 때문에 하나님의 기적적인 권고하심이 이루 말할 수 없이 많았건만, 이런 교회가 자라 한 180년, 200년 넘어서면서부터 그만 교회가 쇠하기 시작합니다. 부패하기 시작합니다. 뭔가 잘못되기 시작합니다. 지금의 미국 교회는, 다는 아니지만 대다수의 교회가 내리막을 만나고 있습니다.

언젠가 총회에서 미국의 정통 장로교단에서 열리는 무슨 총회에 총회를 대표하는 사절로 가서 인사를 하고 오라고 해서 갔었습니다. 전도부장이 나와서 보고를 하는데 "금년에 우리 교단에서 몇 교회가 줄었습니다." 하고 보고를 합니다. 그런데 박수를 치더군요. 세상에, 교회가 줄었다는데 왜 박수를 치는가? 나는 이해가 안 가고 도무지 이상해서 내가 뭔가 잘못 들었는가 생각하고 나와 같이 갔던 분에게,
"왜 저렇게 박수를 치느냐?"
"나도 모르겠다."고 해서 어떤 목사님에게 물었습니다.
"어떻게 금년 한해 동안에 몇 교회가 줄었다고 그러는데 왜 박수를 치느냐?"
"아, 목사님! 작년보다 덜 줄었으니까 박수를 친 것입니다." 그것은 내가 평생에 잊지 못할 대답이었습니다. 작년보다 덜 줄었으니 박수를 친다는 겁니다. 미국 교회는 내리막을 만난 것입니다.

꽤 오래 전에 시카고에 갔었습니다. 사랑하는 후배가 구경하러 나가자고 해서 차를 몰고 구경을 갔는데 꽤 큰 교회였습니다. 시뻘건 벽돌로 지은 큰 교회인데 앞에 검은 쇠창살로 담장이 되어 있고 대문

이 있는 거기에 포 세일(For sale, 팝니다) 이라고 써 붙여 놨습니다. 나는 생각하기를 '저 큰 교회가 부흥해 가지고 자리가 비좁아서 새 예배당을 짓고 옛 건물은 팔려고 내놨나 보다', 예배당 판다는 소리는 들어 본 적이 없었거든요. 한국 목사로서 누가 그런 소리 들어봤습니까? 나는 그렇게 해석하고 그렇게 말을 하니까 나를 안내하는 제자가 "그게 아니고요, 그 교회가 천수백 명 모이던 교회였는데 지금은 26명이 남았어요. 그 건물 유지비가 안 나오고 자꾸 퇴락이 되어서 이러다가 마지막에 그냥 폭삭 내려앉을 것 같아서 퇴락하기 전에 그렇게 팔려고 의논하고 '팝니다' 라고 써붙여 논 겁니다"

그때는 아직까지 한국에서 이민 간 사람들이 많지를 않아서 그런 것을 한국 교인들이 덜컥덜컥 사버리지 못했습니다. 지금은 그냥 났다고 그러면 사 버립니다. 그래서 미국 사람들이 본 예배당을 차지하고 앉았다가 팔게 되면 그 사람은 문간방으로 밀려나고 한국 사람이 안방을 차지하고 들어가는 통쾌한 일이 많이 생긴답니다.

문제는 유럽 교회가 왜 그렇게 불이 일 듯이 일어나서 세계를 주름잡는 운동을 일으켰는데도 몰락됐는가? 미국 교회가 그렇게 부흥해서 세계에 선교사를 보내고 우리 한국에도 선교사를 파송해 복음의 씨를 뿌려줘 이렇게 한국 교회가 승승장구하고 있는데, 미국 교회는 왜 그렇게 몰락이 됐는가? 그 이유 중에 제일 큰 이유는 딱 한 가지, 기도 안 하고 성경 안 읽기 때문입니다.

'기도 안 하고 성경 안 읽기 때문에 교회는 차츰차츰 몰락합니다. 유럽 교회는 몰락했고, 미국 교회도 지금 몰락 직전에 있다고 느껴질 정도입니다' 라고 하더군요. 내가 잘못 들었는지 몰라도 미국 교회의 교인 평균치를 내는데 전부 합산해서 평균을 내면 한국 교회는 평균 40~50명 넘지 못한데, 미국은 평균을 내면 60명쯤 된다고 그럽니다. 그 미국의 교인 숫자도 한국교회의 교인 숫자보다 조금 더 많을 뿐, 미국교회가 왜 저렇게 됐는가? 기도 안 하고 성경 안 읽기 때문입니다.

유럽인이나 미국인이나 초기에 그들은 다 유목민들이요, 또 농촌을 벗으로 삼는 농사를 짓는 사람들이었습니다. 농사를 짓는 사람이나 유목민들은 자연 속에서 살기 때문에 자연히 종교적이었습니다. 그러니까 그저 산을 보고 석양을 바라보며 밀레의 만종과 같이 그냥 석양 앞에서 경건해질 수밖에 없었고, 자연 앞에 경건해질 수밖에 없었고, 그 속에 사는 사람들의 가정도 신성하게 느껴지고 그래서 자연히 종교적이었습니다.

그런데 농경사회와 유목민의 생활이 끝날 무렵 이렇게 농사만 지어먹고, 양 새끼나 먹이며 젖이나 빨아먹고 살면 안 되겠다, 무언가 생산을 해야 되겠다고 해서 산업사회가 시작되면서부터 사람들은 모여 살기 시작합니다. 그러면서 점점 자연에서 떠나게 됩니다. 그러니까 도시가 형성되고 뭔가 생산품이 나와 무역이 이루어지면서 물질적인 풍요와 사회생활이 안정됐습니다. 목축업이나 농사를 지을 때는 넉넉지 않아 겨우겨우 살아갔습니다만 산업사회가 들어서면서부터 물질적으로 풍요해지고, 자연의 위협이나 공포감 같은 것이 없어지고 사회생활이 안정되어지니까 물질적인 풍요와 사회생활의 안정 때문에 기도의 필요를 느끼지 않고, 바빠서 성경 읽을 여가가 없어졌습니다.

우리도 마찬가지입니다. 내가 가난하게 살고 고생스럽게 살 때는 그래도 하나님 앞에 매달리는 시간, 뭔가 하나님 앞에 물어 보고 하나님의 도움을 바라고 안타깝게 부르짖는 시간이 많았는데, 이제 먹을 만하게 배가 불러지자 다리 쭉 뻗고 잠을 잡니다. 편안해졌습니다. 기도의 시간은 까먹어 버렸습니다. 성경 읽을 필요가 없고, 기도

할 필요가 없어지니 신앙은 죽어 가는 것입니다. 이것이 종교개혁 교회가 몰락한 첫째 병적인 요인입니다. 미국의 개척교회가 개척초기에는 자연과 싸우면서 생활이 얼마나 어려웠는지 모릅니다. 물질적으로 풍요해졌습니다. 점점 지하자원을 개발합니다. 점점 문화가 향상되어 물질적으로 풍요해지고 먹을 것이 넉넉하고 입을 것이 넉넉하고 사회생활에 안정이 오니까 그 경건한 청교도들이 성경 읽지 않게 되고 기도하지 않게 되었습니다.

둘째 단계는, '이왕 살 바에는 즐겁게 살자.' 그래서 일어난 것이 쾌락주의 생활철학입니다. 산업사회가 들어서면서부터 물질적인 풍요와 사회 생활이 안정되자 그 다음에 쾌락주의 생활철학이 따라 왔습니다. 쾌락주의! 그저 즐겁게 살자! 그것이 유럽 교회가 몰락한 둘째 병적인 요인이었고, 미국 교회가 몰락한 둘째 병적인 요인도 똑같습니다. 역사는 물과 같이 흘러 내려간 그 패턴 따라 흘러가는 것입니다. 앞서 흘러간 물 따라 뒷물이 흘러가듯이 역사도 그런 겁니다. 유럽 교회가 몰락한 그 길로 미국 교회가 몰락하고 있습니다.

셋째는, '도덕적인 불감증'이라는 것입니다.

'양심적이다, 선하다, 참되다, 뭐 그런 건 다 전시대의 유물이고 사람은 그저 자연스럽게 살아야 돼. 그 도덕이라고 하는 그것을 가지고 얽매이게 되면 사람이 부자연스러워져. 사람도 생물인데 그저 자연스럽게 살아야 돼.'

자연스럽게 산다는 것은 무엇입니까? 인간의 타락한 근성, 그것을 갖다 붙여 '자연스럽다'라고 하니 결국 도덕적인 불감증이지요. 그 내용에 대해서는 내가 여기에서 설교하는 입에다 담을 수도 없으려니와 말할 필요도 없는 그런 생활을 하면서, 그래도 얼굴이 간질간질하거든요. 그렇게 노골적인 말을 하기가 얼굴이 조금 붉어지고 그러니까 거기에다가 뭐라고 붙여 놨느냐? '문화'라는 단어를 붙이는 겁니다.

제가 대학에 다닐 때만 해도 '문화'라는 단어는 상당히 고상한 단어였습니다. '문화' 그러면 그 속에 얼이 있고, '문화' 그러면 그 속에 무슨 피가 있고, '문화' 그러면 거기에 아주 깊이가 있는 단어로 썼는데, 지금은 문화라는 단어를 안 붙이는 데가 없습니다. 음주문화, 오락문화, 섹스문화, 무슨 문화… 전부 문화라는 단어를 붙여서 자기 얼굴 간지러운 것을 조금 만회해 보려고, 이것이 도덕적인 불감증의 표현, 문화라는 단어를 붙여서 부정적인 면을 감추어 보려고도 합니다.

넷째로, 보다 더 심각한 것이 뭐냐하면 '과학적인 비판과 합리적인 사고방식'입니다. 산업사회가 점점 성숙해 가면서 물질적으로 풍요하고 쾌락주의 생활철학에 도덕적인 불감증은 더해 가고, 그 반면에 또 사람의 지식은 자꾸 올라가서 이것이 참된 것이냐, 거짓이냐, 바르냐, 잘못됐냐? 하는 판단 기준에서 그것은 과학적이냐, 아니냐? 과학적이면 오케이. 과학적이 아니면 그것은 미신이요, 신화요, 전설이다. 이것은 엄연한 지금의 심판입니다. 과학이 하나님의 위치에 앉아서 심판을 하고 있습니다. 거기에 따라서 합리적인 사고방식으로 이치에 맞느냐? 맞으면 오케이, 이치에 안 맞느냐? 안 맞으면 쓸데없는 소리하지 말아라. 무식한 소리하지 말아라고 합니다.

이 과학이 들어와 교회를 심판하고, 이 과학이 들어와 성경을 심판하고, 이 합리적인 사고방식이 들어와 교회를 심판하고, 이 합리적인 사고방식이 들어와서 성경을 심판하게 되었습니다. 그러니까 자연히 과학에 아부하느라고, 합리적인 사고방식에 아부하느라고 성경을 해석할 때에도 그렇게 해석합니다.

'물고기 두 마리에 보리떡 다섯 덩이, 그것은 사실상 예수님이 기도함으로써 5천 명 양식이 된 게 아니고, 유대 사람의 풍속으로는 다 어디 가든지 최소한 도시락은 가지고 다니는 거요. 그런데 다 도시락은 가지고 왔는데 예수님의 얘기가 너무 재미 있어 가지고 입에 침을 흘리면서 그냥 시간 가는 줄 모르고 그 얘기를 듣고 있는데 2시가 넘어가고 3시가 넘어가니 철없는 아이 하나가 '배고프다, 밥 먹자' 하고 고함을 질러서, 정신이 확 들어 '맞다, 맞다. 밥 먹자, 밥 먹자.' 그래서 가지고 왔던 도시락을 끄집어내어 다 까먹고 남은 부스러기를 모으니 12광주리가 됐다' 라는 해석을 합니다. 이게 합리적인 사고방식에 아부하는 성경 해석법이요, 과학적인 비판 앞에 아부하는 교회의 속화요, 타락입니다.

'사람이 어떻게 물 위로 걸어가? 예수님이 산에 기도하러 올라가고 깜깜한 밤에 제자들이 배를 몰고 영차 영차 노를 저어, 깜깜한데 방향이 없으니 다만 생각건데 저쪽 건너편 저기가 무슨 벳세다 생각을 하고 이제 노를 저어 간 것이지, 하지만 바람이 불어 배 앞머리가 휙 돌아 가지고 강 언덕 쪽으로 가는데 그것을 제자들이 모르고 노만 자꾸 저으니 한 시간쯤 지나니까 '강 한가운데쯤 왔겠다' 생각했지만 사실은 배머리가 비뚤어져 가지고 언덕으로 가고 있었던 것을 제자들은 몰랐어. 그래서 예수님이 산에서 기도하다가 내려가 언덕 아래 가까이 오니까 제자들의 생각에는 바다 위로 걸어온다는 착각을 한 것이야.'

이것은 성경을 합리적으로 해석하는 합리적인 사고방식에 아부하는 성경해석법입니다. 성경을 전부 그런 식으로 해석하니 성경의 권위가 땅에 떨어져서 믿을 것이 있습니까? 과학적인 비판과 합리적인 사고방식 때문에 교회는 심판을 받고 성경은 난도질을 당합니다.

그러니까 다섯째로는, 교회가 속화되어 버렸습니다. 그렇거나 말거나 하나님의 말씀은 권위를 가지고 하나님의 말씀대로 선포를 해야 되겠는데 그만 과학의 비위를 맞추려고, 합리적인 사고방식에 비위를 맞추려고 그러다가 교회는 속화되고 말았습니다.

문제는 내가 왜 이 말을 하느냐 하면, 누가 그런 말을 했습니다. "유럽 교회를 가니까 예수님이 떠난 지가 벌써 오래됐더라, 미국 교회에 가보니까 조금 전에 예수님이 떠나셨더라, 한국 교회 와보니까 이제 예수님이 떠나시려고 짐을 꾸리고 계시더라"

분명히 지금 한국교회도 유럽 교회가 몰락한 그 길로, 청교도 미국 교회가 몰락한 그 길로 한국 교회도 가고 있습니다.

우리도 물질적인 풍요와 사회생활의 안정 때문에 기도할 시간이나 성경 읽을 시간이 별로 없습니다. 재미가 없으니까, 또 그럴 필요를 안 느끼니까, 게다가 쾌락주의 생활철학, 우리 한국 사람만큼 쾌락 좋아하는 사람 없습니다. 쾌락 때문에 남의 나라 가서 곰 발바닥 삶아 먹다가 국제 망신시키고, 뱀도 잡아먹어라, 개구리도 잡아먹어라, 지렁이도 고아먹어라. 쾌락주의 생활철학 때문에 신앙이 박살나고 성경이 난도질당하고 게다가 도덕적인 불감증으로 도덕인은 없습니다.

한국에도 젊은층이 교회 나오는 숫자가 자꾸 줄어져 갑니다. 유럽 교회가 몰락될 때 젊은층이 끊어지면서부터 남아 있는 사람이 세상 떠나니까 뒤따라오는 교인이 있을 수가 없지요. 미국 교회도 꼭 그랬습니다. 한국 교회도 지금 젊은층이 교회와 점점 멀어져 가고 있습니다. 유년 주일학생이 줄어들더니 중학생이 그 반이 되었습니다. 중학생이 고등학생 되니까 또 그 반, 고등학생이 대학생 되니까 그 반만 남아, 대학 졸업하니까 남는 것이 아무도 없습니다. 한국 교회 실정입니다.

유럽 교회가 간 쪽으로 미국 교회가 가고, 미국 교회가 간 쪽으로 한국 교회가 가고 있는데 문제는 성경을 안 읽기 때문에 이렇게 되는 겁니다. 그래서 내가 그런 말을 했습니다. "이러한 위기를 어떻게 극복할 수 있겠는가? 이제는 교인의 숫자 가지고 자랑하지 말고 일당백으로 확신의 사람을 길러라. 확신의 사람을 길러라. 예수에 미친 사람을 길러라." 그 한 사람이 백을 당해 내는 겁니다. '나는 하나님의 아들이다' 라는 확신에서 오는 긍지와 자부심, 천만 시민이 사는 장안 한가운데로 걸어가면서 '천하야 날 봐라! 하나님의 아들이 여기 걸어간다. 내가 지게를 지고 품팔이를 할망정 나는 하나님의 아들이다. 길가에 앉아서 노점상을 하고 찢어지게 가난하게 살망정 기 꺾이지 않고 주눅들지 않는 까닭은 이래 봬도 내가, 하나님의 딸이 여기 지금 사장노릇하고 앉았다'는 확신.

우리가 이 어려운 시대를 통과하려면 확신의 사람, 적어도 하나님의 말, 성경이 하나님의 말씀이라고 하는 이 확신이 있어야 합니다. 이것 붙잡고 '하나님이 이렇게 말씀하셨다', 이것 붙잡고 늘어지는 이 확신이 있어야 되는 겁니다. 말씀에 대한 확신과 구원의 확신, 이 두 가지밖에 이 위기를 극복하고 살아남을 수 있는 처방은 없습니다. 이 위기를 극복하고 하나님의 아들과 딸들로, 생명 있는 하나님의 딸들로 살아남을 수 있는 어떤 처방도 없습니다.

우리는 과학적인 비판과 합리적인 사고방식 때문에 성경, 하나님의 말씀을 액면 그대로 믿고 받아들이지 못하는 병에 걸려 있습니다. 이 과학적인 문제를 조금 짚고 넘어갑시다. 이 시대는 과학시대입니다. 우리가 전부 사는 것이 과학의 혜택입니다. 이 옷도 과학의 산물이요, 전기불이라든지 확성기라든지 편안하게 앉은 의자라든지 전부가 과학, 과학의 혜택을 입고 우리는 지금 편안하게 살고 있습니다. 그래서 사람들이 시편 23편을 뒤집어서 여호와는 나의 목자시니가 아니라, '과학은 나의 목자시니 내게 부족함이 없으리로다. 과학이 나로 하여금 푸른 풀밭에 눕게 하시고 과학이 나로 하여금 잔잔한 물가으로 인도한다'고 과학을 예찬합니다.

물론 과학의 공은 큽니다. 우리는 과학의 혜택을 많이 입고 있습니다. 과학이 하나님의 위치에 올라서 심판을 하고 앉아 있습니다만, 어떤 학자의 말과 같이 과학의 공은 공과 과실이 반반이라고, 과학이 인간에게 주는 좋은 점이 반이라면 인간을 해롭게 하는 것도 반이 된다고 했습니다.

그 한 예로 노벨상 제도를 설명했습니다. 노벨이라는 사람이 다이너마이트를 발견했지요. 노동자들이 땀을 흘리며 손이 그냥 불어터져가면서 곡괭이질을 해도 이만한 바위를 뜯어내는데 얼마나 시간이 걸리는데, 그냥 그 속에 구멍을 뚫고 다이너마이트를 집어넣은 뒤 팡 터뜨리니까 수십 명이 달려들어 오랫동안 일을 해도 다 끝내기 어려운 일을 삽시간에 팡팡 터뜨려 대니까 노벨이 얼마나 유명해졌는지 모릅니다. 그 다이너마이트로 돈을 얼마나 벌었는지 모릅니다. 거부가 됐는데 얼마 안 가서 그 다이너마이트가 폭탄이 됩니다. 그 다이너마이트가 대포알이 되고 총알이 됩니다. 사람을 도매금으로 죽입니다. 그러니 과학의 공과 과실이 반반이지요. 유익도 반이지만 사람을 헤치는 것도 반이라, 이 노벨이 너무너무 마음이 아플 수밖에요. 내가 뭔가 인류를 위해서 공헌하노라고 해놓았던 것이 이렇게 인간에게 악의 씨앗이 될 줄 누가 알았느냐, 속죄하는 마음으로 '다이너마이트 팔아 모은 돈 전부 내놓고 노벨상 제도를 만들어 사람에게 유익을 주는 사람들에게 상주는 일을 해라' 그게 노벨상 제도 아닙니까? 모든 과학은 공과 과실이 반반입니다. 공과 과실이 반반이에요.

어쨌든 그 과학이 만능이라는 것이 문제입니다. 하나님 위치에다 과학을 올려놓고 과학은 만능인 것같이 말을 합니다만 과학은 한계가 있습니다. 할 수 있는 일이 있고 할 수 없는 일이 있습니다.

자, 봅시다, 귀한 아기가 병이 들었습니다. 막내둥이라고 그럽시다. 여기 귀여운 것이, 그냥 쥐면 꺼질 세라 놓으면 날 세라 애지중지 그러던 것이 병이 들었습니다. 열이 40도가 넘습니다. 숨소리가 이마에 닿습니다. 옆에 앉아 있는 어머니가 그 모습을 들여다보니 오만 간장이 다 녹아내립니다. '내가 네 대신 병들어 주면 좋겠건만 그게 안 되잖아. 네가 뭘 잘못해서 이 병을 앓느냐, 내가 잘못해서 다 벌을 받는 것이 아니겠느냐!' 그만 오만 간장이 다 녹아내립니다. 눈에서 눈물이 두둑두둑 떨어집니다. 아인슈타인 혹은 어떤 과학자야, 저 여인의 눈에 떨어지는 저 눈물이 뭔지 한번 분석을 해봐라, 과학자가 있는 힘과 기술을 총동원해서 그 눈물을 분석한들 염분 얼마와 수분 얼마의 액체에 불과합니다. 분명히 과학의 눈으로는 염분 얼마와 수분 얼마의 액체에 불과합니다.

그러면 병든 아기를 들여다보며 머리맡에 앉아서 울고 있는 어머니의 눈에서 떨어지는 눈물이 염분 얼마와 수분 얼마의 액체 그것뿐인가? 천배 만배 값진 어머니의 애정이 거기에 스며 있고, 안타까움이 숨어 있고, 대신 죽고 싶은 간절한 마음이 숨어 있건만 과학의 눈에는 안 보입니다. 그렇다고 해서 어머니의 눈에서 떨어지는 그 눈물의 의미가 없다고 부인할 수 있겠는가 말입니다. 이것이 과학의 한계입니다.

색깔만 하더라도 그렇습니다. 무슨 색깔과 무슨 색깔을 합하면 무슨 색깔이 되고, 무슨 색깔과 무슨 색깔과 합하면 어떤 색깔이 되고, 어떤 색깔은 앞에 칠하고 어떤 색깔은 뒤에 칠하면 원근감이 두드러지고, 어떻게 어떤 색깔을 진하게 하거나 터치를 강하게 하면 그림에 생동감이 있고 등등의 설명을 합니다. 과학적으로는 다 설명을 할 수 있습니다.

피카소의 그림을 한 장 내놓고 "과학자여, 이것이 왜 피카소의 그림인지, 이것이 왜 그렇게 값진지 한번 평가를 해주십시오." 피카소의 그림의 미술적 가치는 과학의 눈에는 보이지 않습니다. 어찌 과학의 힘으로 피카소 그림의 가치를 평가할 수 있겠습니까? 색깔의 세계는 과학이 논할 수 있으나 미술의 세계는 과학이 손을 못 댈 수 없습니다.

음악만 해도 그렇습니다. 어떤 사이클로 증폭하면 어느 높이의 음이 되고, 어떤 사이클로 증폭하면 어느 높이의 음이 되고, 어느 음과 어느 음은 화음이 되고, 어느 음과 어느 음은 화음이 안 되는 등, 과학적으로 다 설명할 수 있습니다. 그러나 그 음이 모여서 대합창, 심포니의 우렁찬 음악이 터져 나올 때 가슴이 뜨끈뜨끈하고 등이 오싹해지면서 음악적인 충격이 내게 부닥쳐 올 때 "과학아 이것이 뭐냐?"고 묻는다면 "몰라". 음의 세계는 과학이 논할 수 있으나 음악의 세계는 과학이 논할 수 없는, 한계 밖의 일입니다.

하나님에 관한 것도 과학의 한계 밖의 일이요, 믿음도 과학의 한계 밖의 일이요, 성경의 얘기도 과학의 한계 밖의 일인데, 과학이 성경을 심판한다는 것은 어머니의 눈물을 분석하는 것과 마찬가지이지요. 음악의 세계를 분석하려는 것과 마찬가지입니다. 미술의 세계를 심판하려는 것과 마찬가지입니다. 한계 밖의 일입니다. 그렇기 때문에 과학이 뭐라고 지껄인다고 해서 그것 때문에 우리가 겁낼 것도 없고 두려울 것도 없는 겁니다.

또 한 가지, 과학은 발견할 뿐입니다. 그리고 응용할 뿐입니다. 뉴턴이 길을 가다가 떨어지는 사과를 바라보았습니다. '왜 저게 떨어져? 지구의 인력이라는 것이 있구나.' 그래서 그 중력의 법칙을 얘기했습니다. 그렇다고 해서 뉴턴이 중력의 법칙을 창작한 것이냐? 그것은 아닙니다. 발견한 것입니다. 뉴턴이 중력의 법칙을 이해하기 이전에도 사과는 떨어지고 있었습니다.

한창 옛날에는 지구가 도는 것이 아니라 하늘이 돈다, 하늘이 움직인다고 그렇게 믿어 왔고, 그렇게 알고 있었습니다. 코페르니쿠스가 "하늘이 도는 것이 아니라 지구가 돈다." 그럼 코페르니쿠스가 지구가 돌도록 창작했느냐, 그렇게 만들었느냐? 아닙니다. 발견한 것입니다. 코페르니쿠스가 지구가 돈다고 말하기 이전에 지구는 돌고 있었습니다. 모든 과학은 발견입니다. 창작은 없습니다. 다만 응용을 해서 인간의 삶을 편리하도록 도와주는 것뿐입니다.

이 우주를 가리켜 과학자들은 말하기를 과학적으로 이루어졌다, 우주는 전부가 과학적으로 이루어졌다는 것입니다. 달과 지구와의 거리 때문에 썰물과 밀물이 일어나는 거라든지, 태양에 대한 지구의 회전속도가 시속 천 마일로 12시간 낮과 12시간 밤이라든지, 또 지구가 태양과의 거리가 어느 정도가 되어서 지구의 온도가 어느 정도 된 것, 별의 위치가 있는 것, 어떤 움직이는 별은 궤도에 의해, 정확한 법칙에 따라 과학적으로 이루어졌다는 것입니다. 과학은 발견했습니다.

그러면 '과학, 네가 말하는 대로 과학적으로 이루어진 이 우주는 그럼 어떻게 생겨났느냐?' 그것은 자연이라고 그럽니다. 과학사전에서 자연이라는 말이 나오는 동안에는 아직까지 과학은 만능은 아닙니다. 원인 없는 결과가 없다는 것이 과학의 명제라면 모든 결과는 어떤 원인 때문에, 그렇다고 규명을 해야 되겠는데 우주적인 모든 비밀이 자연히 됐다는 그 말은, 그 원인은 우리가 알 수 없다는 항복입니다.

이렇게 과학적인 우주는 이 과학자가 만든 것이 아니요, 발견했는데, 그럼 과학적인 우주는 누가 만들었는가? 하나님이 만드셨으니 하나님은 과학적인 우주의 창조자요, 과학적인 과학의 주인이십니다. 우리가 믿는 하나님이 과학 위에 있습니다. '돈키호테 같은 소리 하고 있네.' 안 그렇다면 또 한 번 변론해 봅시다.

의사들도 수술실에 들어갔다 나와서는 의사의 기술 이상의 어떤 결과가 나왔을 때, 기대하지 않았던 결과가 나왔을 때 그건 신비로운 일이라고 합니다. 신비라는 것이 뭡니까? 하나님의 비밀이라는 말 아니에요? 그러기에 과학이란 만능이 아니라는 것입니다.

'이 목사! 암만 그래도 성경을 읽어보면 그것은 다 신화요, 전설이야. 하나님이 태초에 천지를 창조하셨다. 뭐 그냥 전부 다 신화요, 전설이라고.'

프랑스의 무신론 철학자 볼테르는 "성경은 20세기 말엽 쓰레기통에 다 내어버려지는 날이 올 것이다."라고 고함치고 다녔습니다. 그러나 볼테르는 죽었어도 볼테르가 말했던 그 강당이 지금은 '대영성서공회 세계 본부'가 되어 성경책을 번역하고 인쇄해서 세계에다 반포하는 이상한 일이 벌어지고 있습니다.

성경이 신화요, 전설이라고? 그럼 한번 물어 봅시다. 바벨론에 신화와 전설이 있었습니다. 그리스에 신화와 전설이 있었습니다. 로마에 신화와 전설이 있었습니다. 이집트에 신화와 전설이 있었습니다. 어느 민족이고 어느 국가고 그 역사를 소급해 올라가 보면 신화 없는 민족이 없고 신화 없는 나라가 없습니다.

한때 그 신화는 신화의 주인들이 정치 위에서 생살권을 지배했습니다. 신화를 신봉하는 사람들이 정치 위에서 생살권을 좌우했던 것입니다. 그렇게 신화와 전설이 굉장한 세력을 가지고 바벨론 사람들을 지배했고, 그리스 사람들을 지배했고, 로마 사람들을 지배했고, 애굽 사람들을 지배했는데 20세기 문명 앞에 그 모든 신화는 다 벼락맞았습니다. 이제는 누구도 바벨론 신화 그것을 진리인 양, 그리스 신화 그것이 진리인양, 로마의 신화 그것이 어떤 진리인 양, 인정하는 사람도 없고, 신봉하는 사람도 없고, 주장하는 사람도 없고, 강조하는 사람도 없습니다.

그렇습니다. 신화와 전설은 다 20세기 합리적인 사고방식과 과학적인 비판 앞에 다 벼락맞고 사라지고 말았습니다. 그러면 성경이 신화와 전설이라면 성경도 바벨론 신화와 함께 없어져야 되고, 성경이 신화와 전설이라면 그리스 신화와 함께 없어져야 되고, 로마 신화와 이집트 신화와 함께 성경 얘기도 없어져야 되겠는데 아직도 성경은 이 지구 위에 베스트셀러로, 제일 많은 말로 번역된 것이 성경입니다.

제일 많은 나라 사람들이 읽는 것이 성경입니다. 제일 많은 부수가 인쇄되는 것이 성경이요, 다른 서적은, 정치와 경제, 교육 서적은 그

전문가들에게는 가치 있게 읽혀지지만 전문가가 아닌 사람에게는 소 귀에 경 읽기이지요. 춘향전이나 심청전 같은 것은 또 그런 수준의 사람들에게는 재미있는 글이지만 대학교수들에게는 시시꺼벙한, '아이고 그것 저 쓰레기와 같은 것' 하고 거들떠보지도 않습니다.

나는 주일날 설교할 때 천 수백 명 앉아 있는 교인들 앞에서 설교를 합니다. 거기에 보면 앞에는 할머니들이 앉았고, 할아버지들이 앉아있습니다. 중고등학생들이 앉았고, 한 40명되는 의사들이 앉았고, 대학 교수들이 앉아 있습니다. 또 이상하게도 중고등학교 선생님들이 많이 앉았는데, 나는 나 혼자 설교하는데 모두가 다 공감합니다. 같이 눈물 흘리며 듣습니다. 같이 고개를 끄덕이고 듣습니다. 춘향전 읽어서 그렇게 되지 않습니다. 심청전 읽어서 그렇게 되지 않습니다. 논어 읽어서는 그렇게 되지 않습니다. 팔만대장경 읽어도 그렇게 되지 않습니다. 거기 해당되는 사람들에게만 조금 부딪히지만 성경은 만인들에게 공감을 주는, 세상에서 가장 신비한 책입니다.

나는 내가 생각해도 신비함을 느낍니다. 내가 설교를 하면, 이렇게 설교를 하고 예배를 마치고 나가 문간에 서서 교인들을 보내느라고 악수를 하는데, 그날 내가 성령님의 도우심으로 은혜롭게 설교를 하면 나가는 사람들이 악수를 할 때 힘을 주어 꽉꽉 내 손을 잡아주고 나갑니다. 그럴 때마다 하나님 앞에 얼마나 감사한지 모릅니다. '이 못난 놈을 오늘도 하나님이 사용하셔서 하나님의 자녀들의 마음에 뭔가 영적인 양식을 줄 수 있게 해주시니 감사합니다.' 기쁩니다. 그러나 어떤 때는 피식거리고 잡는 둥 마는 둥 지나가 버립니다. 그럴 때는 그냥 온몸에 땀이 막 흐릅니다. '내가 오늘도 또 범죄했구나, 오늘도 내가 실수했구나.' 1부 예배 때 그러면 2부 예배 들어갈 때는 원고를 다시 정리합니다. 2부 예배 때 그러면 3부 예배 가기 전에 또 한 시간쯤 여유가 있으면 또다시 원고를 정리해 봅니다. 이렇게 몸부림치는 까닭은 하나님의 말씀을 다루는 종이기 때문에 두렵고 떨림으로 다루고자 하기 때문입니다. 다시 말하지만 어째서 천 수백 명이 똑같이 공감할 수 있느냐? 그것입니다. 이것을 뭐라고 설명해야 할까요?

　사람은 하나님 앞에 똑같듯이 하나님의 말씀은 사람에게 꼭 같습니다. 그러기에 성경은 하나님의 말씀입니다. 이 말씀을 무시하고는 우리가 하나님의 아들들과 딸들로 자랄 수 없습니다. 신화와 전설이라? 천만예요. 아직도 인류의 태양으로, 아직도 인류의 생명으로, 어떤 베스트셀러 작가가 책을 하나 냈는데 그것이 아주 명작이라 베스트셀러가 됐다고 칩시다. 최소한 3년 동안 베스트셀러가 되는 책을 나는 들어본 적이 없습니다. 1년 정도 베스트셀러가 되면, 그 다음에는 다른 베스트셀러가 나오게 마련입니다. 한 1년 동안 베스트셀러로 명맥을 유지하다가 한 해쯤 지나면 그 다음에 서점 한쪽 구석으로 밀려 나는 거지요. 그러나 성경은 2천 년이 되어도 아직 베스트셀러입니다. 뭐라고 설명을 하겠느냐 이 말입니다. 하나님의 말씀입니다.

　'이 목사! 암만 그래도 성경은 비과학적이야. 성경에서는 이 땅이라고 하는 것이 그냥 넓은 널빤지 같아 가지고 가다가도 낭떠러지에 뚝 떨어지고 땅끝이 있는 것같이 그렇게 묘사를 했는가 하면 아까 말한 대로 지동설이 아니라 하늘이 돈 것이다라고 말을 하잖아?' 라고 누군가 반문하겠죠.

　그러나 비과학적인 것은 아닙니다. 인간이 가지고 있는 그때의 지식, 인간이 가지고 있는 그때의 경험, 인간이 가지고 있는 그때의 생각, 그걸 바탕으로 밥이든지 국이든지 그게 문제가 아니야, 구원의 진리를 가르치라는 게 목적이니까. 성경에 비과학적인 용어가 있다손 치더라도 하나님이 무식해서 그런 것도 아니고, 굳이 하나님이 별을 몰라 별 얘기를 성경에 안 담았겠습니까? 하나님이 지구의 연륜을 몰라서 지구의 연륜 얘기를 안 담았겠습니까? 그건 우리 구원과 상관없는 것이기에 우리가 아는 대로 내버려 두었던 겁니다. 문제는 구원에다 목적을 둔 교훈이기 때문에 성경에는 비과학적인 용어가 있다손 치더라도 성경의 권위를 허는 것은 아닙니다. '얼마나 멋진 아버지 하나님이야, 우리가 알아먹을 말을 하셨으니까, 성경에 비과학적인 용어가 있다손 치더라도 그것을 가지고 트집잡지 마라' 내가 이렇게 말하게 되면 그럴싸하다고 생각하다가도 그 다음에 또 다른 트집거리를 만들겠지요.

성경은 우리의 구원의 교과서로 주신 것입니다. 그래서 아버지가 보낸 편지는 학교 갔다 와서 또 한 번 읽습니다. 자기 전에 또 한번 읽고, 단어가 어려워서 읽고 또 읽습니까? 문법이 복잡해서 읽고 또 읽습니까? 한번 읽으면 다 알지만 읽을 때마다 아버지가 만나지니까, 읽을 때마다 아버지의 격려가 내 가슴에 와 닿으니까 읽고 또 읽는 겁니다. 왜 성경을 자꾸 읽으라고 그래? 읽을 때마다 아버지가 만나지니까. 읽을 때마다 나에게 주는 아버지의 음성이 들리니까, 내가 거기에서 용기를 얻을 수 있으니까, 구원의 교과서를 주셨으니 성경을 자꾸 읽으라는 겁니다.

'이 목사, 암만 그래도 성경을 읽다 보면 이치에 안 맞는 소리가 많아. 예수 죽은 것이 나와 어떻게 관계가 돼. 이치에 안 맞잖아.' 합리적인 사고방식 때문에 성경이 난도질을 당한다고 그랬지요? '성경을 읽으면 이치에 안 맞아, 이치에 안 맞아.' 그래요. 예수님이 십자가에 죽으신 것이 어떻게 나와 관계되느냐? 2천 년 전 예수와 2천 년 후에 사는 내가 어떻게 관계되느냐? 이것은 막연한 소리가 아니야? 골고다 언덕에 되어진 십자가가 대한민국 어느 동네인가 사는 나와 어떻게 관계를 이룰 수가 있는가? 이치에 안 맞는 소리 아닌가? 그렇습니다. 분명히 말씀드리는 것은, 사람의 이치와 하나님의 이치는 같지 않다는 것입니다.

하나님의 이치는 영원을 장중에다 두고 척척 일을 해가시기에 어떤 대목을 볼 때 이치는 안 맞는 것 같지만, 그러나 영원이라고 하는 하나님의 법칙의 이치에 맞춰 볼 때 하나님은 바보가 아닙니다. 이치가 다릅니다.

 가령 내가 여기에 섰는데 개미라는 놈들이 수천 마리 모여서 '아, 이성헌 목사는 어떻게 생기고 어떻게 생기고….' 개미의 경험과 개미의 말로써 나를 설명한다고 그럽시다. 도가도 비상도(道可道非常道)요, 도를 사람이 도라 그럴 때는 사람의 말로 표현할 때 그것은 객관적으로 있는 도는 아니야, 벌써 사람이 말한 도니까 객관적으로 있는 도가 아닙니다. 그래서 도가 도이면 비상도라 그 말이에요.
 내가 여기에 서 있는데 개미가 나를 설명하면 그것은 '개미적인 나' 지, '객관적인 나' 는 아니더라 그겁니다. 개미의 이치에 맞게 설명하고 개미의 경험에 맞게 설명하면 개미적인 나지, 객관적으로 있는 나는 아니더라 그겁니다. 그리고 우리가 하나님의 이치를 사람의 말로 표현할 수도 없으려니와 벌써 표현한다라고 하면 그건 벌써 개미가 나를 설명하는 거와 마찬가지이지요. 그러니까 성경은 알아라고 주신 책이 아니라 믿으라고 주신 책입니다.
 아까 내가 잠깐 2천 년 전 예수님과 어떻게 관계가 되느냐, 골고다와 내가 어떻게 관계가 되느냐고 했습니다. 우리 인간에게는 옛날과 오늘날 시간의 차이가 있고, 공간적인 거리가 있습니다만 성경 안에는 시간이 없습니다. 공간이 없습니다. 성경 안에는 오직 현존이 있을 뿐입니다. 시간적인 거리와 공간적인 거리를 초월하여 성경이 역사할 때 2천 년 전 예수님을 현장에 내가 만나게 되는 것이고 골고다의 십자가 현장에서 내가 만나게 되는 그것이 하나님의 법칙이요, 하나님의 이치인 것입니다.
 왜 내가 이 말을 합니까? 물고기 두 마리에 보리떡 다섯 덩이로 5천 명의 양식이 됐다. '기적이야, 기적이야.' 사람들은 그렇게 말했습니다. 없는 가운데 만물을 만드신 하나님께서 볼 때는 내가 개미

보고 한 말과 같이, 너희 세계에는 그것을 기적이라고 하느냐? 내게 있어서 그까짓 것은 아무것도 아니란다. 사람이 바다 위로 걸어갔다. 기적이야, 기적이야. 바다 위로 걸어갈 수 있습니다. 사람은 누구나 다 '야 듣던 중 반갑군. 그 방법 좀 가르쳐 주시오. 걸어서 한강 왔다 갔다 하면 얼마나 좋습니까. 자동차 물결 속에 그냥 빠지지도 않고...' 가르쳐 드릴까요? 그래요, 오른발 빠지기 전에 왼발 들고, 왼발 빠지기 전에 오른발 들고, 오른발 빠지기 전에 왼발 드는 이것이 과학의 이론입니다. 이 인간의 과학이란 막대기로 하나님의 하시는 일을 재려는 것은 어리석은 일입니다. 땅에 있는 것은 30cm 자로 잴 수 있지만 달과 별까지의 거리를 30cm 자로 재려는 건 바보지요.

하나님의 세계는 인간의 이치로는 잴 수 없고, 하나님의 하시는 일은 인간의 능력으로는 잴 수 없습니다. 성경에 있는 얘기를 하나님이 하셨다는 차원에서 볼 적에 못 믿을 것이 어디 있습니까. 하나님이 하셨다 그겁니다. 없는 가운데 만물을 만드신 하나님께서 못하실 일이 뭐 있겠느냐 그것입니다. 그래요, 이적은 하나님이 하시는 일입니다.

그러면 성경에 대한 우리의 태도는 어떻게 해야 되겠는가? 성경은 알라고 주신 책이 아니라 믿으라고 주신 책입니다. 내 머리에 담을 수 있는, 하나님을 내 머리에 담을 수 있다면 그 하나님은 필요없어요, 굿바이! 내가 하나님을 알 수 있다면 그런 하나님 내게 필요없습니다. 그럼 내가 하나님보다 더 크잖습니까. 하나님은 커서 인간의 지식의 대상이 아니요, 하나님은 전능하셔서 인간의 지식의 대상이 아니요, 하나님은 영원하셔서 인간의 지식의 대상이 아닙니다.

멸치 새끼 한 마리가 '세상에 내가 태어났으니 큰일을 해 봐야지.' 하고 태평양 바닷물이 얼마나 되는지 재보겠다고 바가지를 가지고 측량하는 공상을 한다면 그게 말이 될 소리입니까? 태평양 바다는 멸치보다 너무 커서 멸치의 지식의 대상일 수가 없습니다. 하나님은 커서 인간의 지식의 대상이 아니요, 하나님은 영원하셔서 시간세계의, 인간의 지식의 대상이 아닙니다.

하루 종일 비가 온 뒤에 비가 멎었습니다. 반은 응달, 반은 양달인 그런 집모퉁이에 날파리 한 마리가 나와서 펄펄 날고 있었습니다. 아주 기분 좋게 날고 있었습니다. 하루살이가 날아와서 또 끼어들어 가지고는 같이 주고받고 얘기를 하면서 하루를 잘 지냈습니다. 해가 서산에 거물거물 넘을 때 날파리 하는 말이,
"우리 오늘 잘 놀았다. 그치?"
"너 참 좋은 친구다. 어두우니까 이제 더 못 놀잖아, 아쉽다."
그러니까 날파리가, "내일 또 만나자."
하루살이가, "그게 무슨 말인데?"
"내일 또 만나잔 말이야"
하루만 살다가 죽는 하루살이 사전에는 '내일'이라는 단어가 없거든요. 그러니까 하루살이가 알아먹을 수가 없지요.
인간의 사전에는 '영원'이 없어요. 영원이 없는 인간이 어떻게 영원하신 하나님을 안단 말이에요. 얼토당토 않는 소리입니다. 하나님은 우리에게 '알라'고 요구하시는 것이 아니라, '날 믿으라' 하십니다.
옛날 약속은 구약, 새 약속은 신약. 옛날 약속, 새 약속 그것뿐입니다. 그것 외에는 우리가 믿을 이유도 없고 조건도 없습니다. 뭘 믿느냐? 하나님을 믿습니다. 그 하나님이 뭐라고 약속을 했느냐? 그 약속을 믿는 거예요.

자, 한국은행은 아주 최고의 공신력을 가진 은행입니다. 아주 신실하고 정직하고 정확하고 부도날 걱정 없고 나라가 뒷받침하는 가장 좋은 은행입니다. 한국은행에 대해서 모든 걸 다 알고, 아무리 좋은

은행이라고 하더라도 그 한국은행을 아는 것이 내게 아무 유익이 없습니다. 밥그릇에 쌀 한 톨이 불어나는 것도 아니요, 국그릇에 고기 한 점 늘어나는 것도 아니요, 아무 유익이 없습니다. 다만 그 한국은행 총재가 시뻘겋게 도장을 찍은 10억이나 된 자기앞 수표를 하나 탁 내 주머니에 넣었다고 그럽시다. 그러면 무슨 의미가 생깁니까? 믿음이 생깁니다. 신용이 생깁니다. 약속이거든요. 한국은행 총재가 서명한 10억짜리 약속어음을 하나 내 속에 탁 집어넣으면 그때 비로소 한국은행의 공신력은 내 힘이 되는 것이고, 진실성은 내 힘이 되는 것이고, 그 든든함은 내 힘이 되는 것이고, 내 자랑이 되는 것이고, 우쭐댈 수가 있는 것입니다. 약속 때문에 그렇습니다.

하나님이 나에게 뭐라고 약속했는가? 그 약속을 내 주머니에 턱 넣을 때 이 약속 때문에 하나님과의 관계가 달라지는 거예요. 약속 때문에 하나님이 나의 힘이 되고, 약속 때문에 하나님이 나의 자랑이 되고, 약속 때문에 하나님이 나의 영광이 되고, 약속 때문에 하나님이 나의 희망이 되는 거예요.

약속! 간단한 겁니다. 이유를 따지지 말라, 하나님의 약속이다! 논리를 캐지 말라, 하나님의 약속이다! 붉은 불이 켜지면 차가 못 간다. 푸른 불이 켜지면 차가 간다. 그럼 붉은 불이 내 자동차의 엔진에다 고장을 일으키나? 푸른 불이 켜지면 내 자동차 엔진에 무슨 에너지가 충전이 되나? 아무 이유 없어. 약속이에요. 이유를 묻지 마라. 붉은 불이 켜지면 못 가는 것, 약속이다. 푸른 불이 켜지면 자동차가 가는 것, 이유를 묻지 마라. 약속이다.

세상에서 우리는 약속 때문에 사는 것이 한두 가지가 아닙니다. 우리가 믿는 믿음으로 구원을 얻는다! 그건 이유를 캐지 말아라, 하나님이 그렇게 약속한 거예요. 논리를 펴지 마라, 하나님이 그렇게 약속한 거예요. 인간의 이치로 따지지 마라, 하나님이 그렇게 약속한 것입니다. 그것을 믿으라 그 말이에요. 믿으라 그겁니다. 안 믿고 따지면 어떻게 할 거예요? 그래서 성경이 하나님이 나에게 주시는 하나님의 약속이라는 것을 확실히 믿는 이 믿음, 이것이 말세에 이 어려운 시기를 통과할 수 있는 신앙의 기초요, 저력이요, 이것이 바로 원동력인 것입니다.

성경이 하나님의 말씀인 것을 다섯 가지로 설명할 수 있습니다. 첫째로, 성경에 '하나님이 가라사대' 그랬으니까 하나님의 말씀이지요. 둘째로, 성경은 '하나님의 영감'으로 주셨다, 감동으로. 바울이 바울의 지식과 바울의 용어를 가지고 썼습니다. 그러나 성령님이 그를 감동해서 그 말을 동원해 하나님의 뜻을 받도록 하셨으니까 내가 말을 할지라도 그것은 성령의 감동으로 하나님의 의미를 담아 말할 수 있게 됐어요. 성경은 하나님의 말씀이다, 그렇지요. 하나님의 말씀입니다. 셋째로, 성경이 이루어진 역사를 더듬어 보면, 신구약 성경이 모두 몇 권입니까? 66권. 신구약 성경을 다 기록하는데 몇 사람이 기록했는지 압니까? 35~36명. 창세기 1장 1절부터 요한계시록 끝장 끝절까지 기록한 그 연대가 몇 년 걸렸는지 아십니까? 1,500년. 그런데 1,500년 전에 모세가 쓸 때 어떤 재료가 있어서 보고 쓰고 그 다음에 '사무엘아, 이거 참고해서 써라', 그 다음에 '이사야야 이거 참고해서 써라', '말라기야 이거 참고해서 써라', '바울아 이거 참고해서 써라'. 어떤 텍스트나 어떤 참고서도 없었습니다. 다만 모세는 하나님의 감동으로 1,500년 전에 썼고, 사무엘은 그 뒤에 연락도 없습니다. 안면도 없습니다. 서로 한자리에 모여서 의논한 적도 없습니다. 더러는 어부이고, 세리도 있고, 의사도 있고, 왕족도 있고, 목동도 있고, 각양각층의 사람입니다. 사람이란 삶의 경험 따라 말의 개념이 다르고 어휘에 사용하는, 애용하는 어휘가 다를 수 있습니다. 이상하게도 1,500년 동안 35~36명의 사람들이 동서남북에 흩어져, 안면도 없고 의논도 없고 한자리에 모여 모의한 적도 없이 각각 썼습니다만, 하나님의 방법으로 모여 신구약 성경 한 권을 이루었습니다. 성령의 방법으로, 놀라운 것은 신구약 성경을 합해 핵심이 뭡니까? 딱 하나. 중심 목적이 뭡니까? 하늘나라, 하늘나라. 그 하나님의 나라를 목적으로 하고 모든 얘기가 어쩌면 1,000년 전 사람과 1,000년 후의 사람의 말의 개념이 차이가 없을 정도로 같은 맥락에서 얘기한 것이 모여 신구약 성경이 이루어졌습니다.

어떻게 이럴 수 있느냐? 한 사람이 쓴 글도 젊을 때 쓴 글하고 늙을 때 쓴 글하고 경험이 달라지니까 그 말의 의미의 차이가 생기는 법인데, 전혀 다른 35~36명의 사람이 1,500년 동안 동서남북의, 안면도, 의논도 없는 사람들이 썼는데, 어떻게 한 목적을 향하여 한 사상으로 관통되는 한 권의 성경이 이루어질 수 있느냐? 이것은 기적입니다.

적어도 어떤 한 사람이 '모세야 네가 이렇게 써라', '사무엘아 이렇게 써라', '다윗아 이렇게 써라', '이사야 이렇게 써라', 밧모섬의 요한에게 가서 한 사람이 코치해 주기 전에는 이런 글이 나올 수 없습니다. 그럼 누구 한 사람 코치한 분이 있는가? 성령님께서, 한 성령님이 모세에게, 한 성령님이 사무엘에게, 한 성령님이 이사야에게, 한 성령님이 바울에게, 한 성령님이 밧모섬의 요한에게, 그러기에 한 사상으로 관통된 성경이 이루어졌다는 사실, 그러기에 성경은 하나님의 말씀입니다.

그 다음에 보존의 역사를, 그 성경이 우리에게 주어진 뒤로 오늘날까지 히틀러와 같은 사람, 무솔리니와 같은 사람, 스탈린과 같은 사람, 공산주의와 같이 창칼을 들고 성경을 말살하려고, 진시황의 분서 사건 모양으로 불태워 없애려고 얼마나 많은 핍박을 했건만 히틀러는 죽어도 성경은 아직 살아있어요. 스탈린은 죽었어도 성경은 아직 살아 있습니다. 공산주의는 72년 만에 깃발을 내렸습니다만 성경은 아직도 살아 있습니다. 성경이 그렇게 짓밟히던 저 소련 땅에 불길 같은 성경운동이 일어나고 있습니다. 도대체 어떻게 성경이 이런 힘을 가지고 이 지구 위에 모든 핍박과 어려움을 극복하고 아직도 아침해와 같이 빛나고 있느냐?

그 영향력, 그 보존의 역사, 이것은 하나님의 말씀이 아니고는 이루어질 수가 없다는 결론을 내릴 수밖에 없다는 것입니다.

이 밤 본문에 '성경을 상고해라, 구원 얻는 지식을 얻는다. 성경을 상고해라, 교훈을 받는다. 성경을 상고해라, 능력을 얻는다. 성경을 상고해라, 성숙해진다.'는 사실을 되새기면서 성경 좀 읽읍시다. 좀 기억에 담읍시다. 그리고 길을 가거나 혹은 일을 하더라도 그 말씀을 좀 새김질합시다. 그것 이외에는, 종교개혁 교회가 몰락되었듯이 내가 몰락되고 한국교회가 몰락됩니다. 미국의 청교도 교회가 몰락됐듯이 우리도 몰락될 수밖에 없습니다. 그들은 성경과 멀어지고 기도하지 않다가 그렇게 되었습니다.

사랑하는 여러분, 성경을 읽읍시다. 기억에 담읍시다. 새김질합시다. 성경 속에 하나님의 아들들과 딸들로 지혜 얻고, 능력 얻고, 성숙해져서 이 장안에 '하나님의 아들이 여기 걸어간다, 날 봐라. 하나님의 딸이 여기 걸어간다, 날 봐라. 너희들만큼 고급 옷은 못 입었다만, 너희들만큼 고급 화장품은 못 썼다만 나는 이래 봬도 하나님의 아들이야, 나는 하나님의 딸이야!'

당당한 확신 속에 긍지와 자부심을 가지고 장안을 누빌 수 있는 믿음의 가족들과 신앙의 생활이 될 수 있기를 간절히 바랍니다.

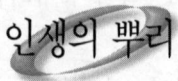

인생의 뿌리

그들이 날이 서늘할 때에 동산에 거니시는 여호와 하나님의 음성을 듣고 아담과 그 아내가 여호와 하나님의 낯을 피하여 동산 나무 사이에 숨은지라 여호와 하나님이 아담을 부르시며 그에게 이르시되 네가 어디 있느냐 가로되 내가 동산에서 하나님의 소리를 듣고 내가 벗었으므로 두려워하여 숨었나이다 가라사대 누가 너의 벗었음을 네게 고하였느냐 내가 너더러 먹지 말라 명한 그 나무 실과를 네가 먹었느냐 아담이 가로되 하나님이 주셔서 나와 함께하게 하신 여자 그가 그 나무 실과를 내게 주므로 내가 먹었나이다

(창 3:8 - 12)

은혜란 무엇입니까? 은혜는 감정 흥분이 아닙니다. 은혜는 목사의 설교를 듣다가 가슴이 찡하게 다가오는 어떤 진리에 대한 공명, 진리에 대한 공감, 그것만이 아닙니다. 간단하게 정의하면, 은혜는 사건입니다. 지식이 아니요, 관념이 아니요, 감정 흥분이 아니요, 어떤 진리에 대한 공감이나 공명이 아니라, 사건입니다. 내 영혼에 부딪혀오는 사건입니다. 내 인격에 부딪혀 오는 사건입니다. 이 사건 앞에 내 인격이 달라져야 하고, 내 품성이 달라져야 하고, 내 생활이 달라져야 하는 사건입니다.

어느 날, 무디 목사님이 설교를 하는데 분위기가 은혜로웠습니다. 설교를 다 마치고 내려와서 기도한 다음 친구 목사에게,

"오늘 나는 하나님께 감사한다. 내가 설교할 때 청중들에게서 뭔가 철그렁 철그렁 하는 소리가 나더라."

"그게 무슨 소리냐?"

"하나님께서 부족한 종을 통하여 오늘 저녁에 앉아 있는 수많은 사람들을 얽매고 있던 죄악의 쇠사슬이 끊어지는 철그렁철그렁하는 소리가 나더라."고 얘기했습니다.

은혜라는 말은 사건이라는 말입니다. 여러분의 인격과 품성과 생활을 얽매고 있는 죄악의 쇠사슬이 철그렁철그렁 끊어지는 사건을 경험하는 기회가 되기를 바랍니다. 그런데 이와 같은 은혜를 사람은 여러분에게 줄 수 없습니다.

몇년 전, 필라델피아의 반 하우스라는 유명한 목사님이 우리 교회에 와서 부흥회를 한 적이 있습니다. 그분이 첫시간에 이런 말을 했습니다.

'이 단에는 여러 사람이 설 수 있습니다. 말 잘하는 사람, 잘 못하는 사람, 말을 아주 유창하게 하는 사람, 어눌하게 하는 사람, 목소리의 톤이 굵은 사람, 혹은 그렇지 않고 쨍쨍 쇳소리가 나는 사람 등 여

러 모양의 사람이 설 수 있으나 여기에 선 사람이 할 수 있는 일은 똑같습니다. 여기서 할 수 있는 일은 확성기를 통해 공기에 파동을 일으켜 앉아 계시는 여러분의 고막을 울려 주는 것까지만 할 수 있지, 여기에 선 사람이 무디든, 피니든, 누구든 간에 더 이상 할 재간을 가진 사람은 없습니다.'

고막에 들려오는 그 말씀을 내가 눈을 깜박깜박하며 머리로 생각하고 이성으로 날카롭게 비판하고 받아들인다면, 혹 새로운 진리나 성경의 교리 같은 것을 머리에 받아들여 '기독교 신앙이란 그런 교리적인 바탕이 있구나!' 그런 정도 얻어 가지고 돌아갈 것입니다. 그것은 은혜가 아닙니다.

그 다음에 내가 여기서 무슨 말을 하든 그 말이 귀에 들려와 고막을 두드릴 때, 기도하는 마음으로 성령님께 인도되어 그 말씀이 심령에 와 닿을 때, 분명히 머리로 가는 것이 아니라 심령에 와 닿을 때, 거기에 사건이 일어난다는 것입니다. 거기에 회개라는 사건이 일어나는 것입니다. 거기에 변화라는 사건이 일어나는 것입니다. 인격이 달라지는 사건이 일어나는 것입니다. 성령님의 역사 없이는 은혜란 감정, 흥분에 속기 쉽습니다. 자기 나름대로 소위 자아 체면에, 어떤 환상에, 광증 속에 스스로 자기를 속이는 그런 시간은 될지언정 성령 없이는 은혜라는 말을 이해도 할 수 없습니다.

반 하우스 목사의 말에 조금 더 설명을 붙였습니다. 바라기는 이번 기회에 성령님께 기회를 드려 진실한 자세로 성령님께 자신을 맡기고, 자신의 문제를 아뢰어, 성령님의 인도로 부족한 종이 여기에 서서 무어라고 말씀을 전하든 그 말씀이 여러분의 심령에 와 닿아 사건으로써의 은혜가 여러분들께 있기를 간절히 바랍니다.

오늘 저녁에는 '인생의 뿌리' 라는 제목으로 말씀을 드리려고 합니다. 사람의 뿌리. 소가 아니요, 개가 아니요, 돼지가 아닌, 사람의 뿌리란 무엇인가? 결론적으로 말해서 하나님과의 바른 관계입니다. 사람이 사람이라면 하나님과의 바른 관계를 떠나서는 사람다울 수가 없다는 것입니다.

저를 아시는 분들은 저의 별명이 무엇인지를 압니다. 우리 교회 교인들은 압니다. 내 버릇, '하나님과 바른 관계'. 어느 주일이고 이 말을 빼는 주일이 없고, 어느 설교에도 이 말을 빼는 설교가 없습니다. '하나님과 바른 관계!' 그것은 나의 신학이요, 나의 교리요, 나의 신조요, 나의 신앙이요, 나의 인생철학입니다.

솔로몬은 영광스러웠습니다. 호화로웠습니다. 멋진 인생을 향락했습니다. 한때 그것이 인생의 최고봉인양 거들먹거리기도 했습니다. 그러나 경험이 쌓이고 생각이 깊어 가면서, '이것이 인생의 본분일까? 사람의 사람된 도리가 이것뿐일까?' 깊이 생각하다가 마침내 '헛거야, 헛거야. 공동묘지 안짝만 생각하는 인생에게는 천번 생각하고 만번 생각해도 헛거야, 헛거. 모든 육체는 풀이요. 그 모든 영광은 풀에 피는 꽃이요. 풀은 마르고 꽃은 떨어진다. 헛거야 헛거.'
그러다가 마침내 전도서 12장 13절에 "하나님을 경외하고 그 명령을 지킬지어다. 이것이 사람의 본분이니라." 이것이 사람의 뿌리니라, 생명의 근원이니라, 존재의 근본이니라. "하나님을 경외하고 그 명령을 지킬지어다. 그것이 사람의 본분이니라." 이것이 제가 오늘 저녁에 말씀드리려고 하는 내용의 요지입니다.

오늘날 사람은 왜 비극의 주인공이 되어 있을까요? 아담은 왜 그렇게 초라해졌습니까? 아담은 왜 그렇게 불안해졌습니까? 아담은 왜 하나님을 피해 나무 숲속으로 숨어 들어가야만 했을까요? 하나님과 바른 관계가 삐뚤어졌기 때문입니다.
하나님께서는 "아담아 네가 어디 있느냐?" 하고 찾아오셨습니다.

"아담아 네가 어디 있느냐?" 하나님께서 아담이 지금 어느 나무, 어느 숲속에 쪼그리고 앉아 바들바들 떨고 있는 것을 모르셔서 물으시는 것이 아닙니다. "아담아 네가 어디 있느냐?" 하고 물으시는 그 물음은 공간적인 위치의 대답을 듣고 싶어서 물으신 것이 아닙니다. 하나님은 다 보고 계십니다. 다 알고 계십니다. 그러면서도 "네가 어디 있느냐?"고 물으셨습니다. 그 물음의 의미는 다른 데 있습니다.

가령, 내가 한강 고수부지 쪽으로 지나가는데 붕어새끼 한 마리가 모래밭에 뒹굴고 있습니다. 온몸에 모래를 뒤집어쓰고 헐떡헐떡 버둥거리고 있습니다. 붕어새끼를 들여다보다가 "야, 붕어새끼야! 네가 어디에 있느냐?"

'네가 어디에 있느냐?'고 묻는 내 물음의 의미는 딴 데 있습니다. 붕어가 대답하기를 "예. 한강 고수부지 모래밭에서 모래를 뒤집어쓰고 뒹굴고 있습니다." 그 대답을 듣고자 물어 본 것이 아닙니다. '네가 어디 있느냐? 네가 있을 자리에 있음에도 불구하고 숨이 그렇게 가쁘더냐? 네가 있을 자리에 있음에도 불구하고 온몸에 모래를 뒤집어쓰지 않고는 못 배기겠더냐? 네가 있을 자리에 있음에도 불구하고 그렇게 버둥거리지 않고는 못 배기겠더냐? 네가 어디에 있느냐? 네가 있을 자리는 여기가 아니라, 저 물 속이 아니냐. 네가 어디 있느냐?' 라는 의미입니다.

'아담아 네가 어디에 있느냐? 네가 나와 바른 관계에 있음에도 불구하고 내가 그렇게 무서워지더냐? 네가 있을 자리에 있음에도 불구하고 네 인생이 그렇게 초라해지더냐? 네가 있을 자리에 있음에도 불구하고 네가 그렇게도 비굴해지더냐? 네가 어디에 있느냐?'

자기 자신을 돌아봅시다. 부족이 되풀이되고 있고 불결이 되풀이되고 있으며 한심스러운 꼴이 되풀이되고 있는 내 모습이라면 하나님께서 물으시는 음성을 들으시기 바랍니다.

'네가 나와 바른 관계에 있음에도 불구하고 네 인생이 그렇게 초라하더냐? 네가 나와 바른 관계에 있음에도 불구하고 네 인생이 그렇게 비참하더냐? 네가 나와 바른 관계에 있음에도 불구하고 돈 몇 푼 때문에 웃었다, 울었다, 그렇게도 비겁하더냐? 네가 나와 바른 관계에 있음에도 불구하고, 가령 의복 한 벌 때문에 인생을 도박하는 그런 비겁한 짓을 하게 되더냐?'

우리가 하나님과 바른 관계에 있다면 우리에게 한숨이 있을 이유가 어디에 있습니까? 우리에게 갈등이 있는 이유가 어디에 있습니까? 고민하는 이유가 어디에 있습니까? 분명히 우리가 뿌리에서 떠났기 때문입니다. 하나님과의 바른 관계가 잘못됐기 때문입니다.

저는 이 물음에 대해서 누가복음 15장의 탕자의 탄식을 떠올립니다. "나는 여기서 주려 죽나이다." 하나님께서 인류의 대표로서 아담에게 "네가 어디에 있냐?" 라는 물음에 탕자는 인류를 대표해, "나는 여기서 주려 죽나이다."하고 대답했습니다. 여러분의 여기는 어디입니까? 오늘 저녁에 여러분의 '여기' 를 하나님 앞에 고백하시기를 바랍니다. '기도하지 않는 여기에서 나는 주려 죽나이다. 성경 읽지 않는 여기에서 나는 주려 죽나이다.' 여러분의 여기는 어디에 있는지 생각해 보십시오. 여러분의 여기를 여러분이 인정하게 될 겁니다. '아, 그래서 내가 이 꼴, 이 모양이구나.' 그 여기를 이 밤에 하나님 앞에서 고백할 수 있기를 바랍니다.

그런데 저는 이 "아담아 네가 어디 있느냐?" 하나님과 바른 관계라고 하는 말을 상고하면서 '죄' 라는 말과 관계를 맺게 됩니다.

공부를 하는데 너무 따분하고, 지루하고, 짜증도 나고, 공상을 하다가 책상 위에 놓여있는 두툼한 웹스터 영어사전을 보았습니다.

한 페이지를 대충 헤아려 보니 80단어가 있습니다. 책 전체의 페이지를 뒤져보니 약 2천 페이지가 됩니다. 그래서 곱셈을 해보니 웹스터 영어사전에 수록된 단어는 16만 단어 정도 되는 것 같습니다.

자, 이렇게 많은 말 중에 '제일 좋은 말은 무슨 말일까?' 하고 또 공상을 합니다. 제일 좋은 말, 아마 그건 사랑일 거야. 아니야. 사랑은 눈물의 씨앗이라고 했는데… .

사랑이란 것이 얼마나 좋은 것 같지만 얼마나 고약한 것인지 모릅니다. 요즘 흔히 사랑, 사랑 그러는데 대부분 유치한 감정의 장난을 사랑으로 표현한 경우가 많은 것 같습니다. 유치한 감정의 장난이지요. 나는 그 사랑이라는 말보다 더 좋은 말을 골랐습니다.

마침내 '은혜(grace)'라는 단어. 은혜! 은혜! 아, 은혜라는 단어에 너무나도 감격해합니다. 입에다 아주 단 사탕을 넣고서 녹이는 감미와 같은 그런 감미로움을 다시 한 번 음미하면서 아버지의 은혜, 어머니의 은혜, 스승의 은혜, 조국의 은혜, 하나님의 은혜, 십자가 대속의 은혜, 모든 은혜는 너무나도 좋다는 생각입니다.

은혜라는 단어를 골라 놓고서 그 다음에 반대로 '제일 더러운 단어는 무슨 단어일까?' 생각하다가 결국 '죄'라는 단어를 골랐습니다. 그러면서 이제 또 공상을 하는 시간이니까, '죄! 죄! 그 죄라는 게 무엇인가?' 그래서 역사 위에 왔다간 위대한 사람들이 죄에 대하여 직접, 간접 내려놓은 정의를 이모저모 더듬어 봅니다.

먼 옛날 아테네의 철학자 소크라테스는 '무지가 죄'라고 했습니다. "사람이 잘못되는 것은 몰라서 잘못되는 것이다. 아는 것이 힘이다. 너 자신을 알라. 아는 지식이 부족한 것, 무지가 죄다."라고 얘기했습니다.

그러나 바울 사도는 "원하는 선을 행치 못하고 원치 않는 악을 행한다"고 했습니다. 악이 악인 줄 몰라서 악을 행하고 선이 선인 줄 몰라서 선을 행하지 않는 것이 아닌데, 알고도 못하는 것이 인간인데 소크라테스 영감님의 얘기는 별로 매력이 없습니다.

그래서 오는 길에 저 인도에 들러서 석가님에게,

"석가님, 죄가 뭡니까?"

"욕심이 죄지."

욕심이 죄라는 말 맞습니다. 성경에도 '욕심이 잉태한즉 죄를 낳고 죄가 장성한즉 사망에 이른다' 고 그랬으니까. 그래도 또 조금 내 마음에 다른 욕심이 생겨납니다.

"그래도 그 욕심은 어느 정도 문제가 아니겠습니까?" 물었습니다.

"모든 것을 부정, 부정, 부정. 그래서 무아의 경지에 가서 해탈을 하는 것이고 열반을 얻지"라고 얘기합니다. 그러면 "배고플 때 밥 먹고 싶은 것도 죄고, 물 마시고 싶은 욕심도 죄고, 나이가 열일곱, 열여덟에 총각 친구 사귀고 싶은 것도 죄고, 처녀 친구 사귀고 싶은 것도 죄라면, 나무 막대기가 되라는 말이고 돌 뭉치가 되라는 말이지. 그것이 어떻게 사람이라고 그럴 수가 있습니까?"라고 해도 그것이 죄라고 합니다. 그 의견이 좋다고 하더라도 난 좀 마음에 안 맞습니다.

그리고 오는 길에 중국에 들러서 공자님께, "죄가 뭡니까?" 하고 물었습니다.

공자님이 하는 말이, "부도덕이 죄지."라고 말합니다.

부도덕이 죄라는 말은 우리 여기 앉아 있는 사람치고 누구도 이의가 없을 겁니다. 그래도 나는 좀 까다로워 가지고 "그럼 도덕이란 것이 뭡니까?" 그래서 내가 이제 생각하기를, '서양의 도덕이 동양에서는 안 도덕이 되기도 하고, 동양의 도덕이 서양에서는 안 도덕이 되기도 하고…' '안 도덕' 이라는 말은 사전에 없는 말입니다. 내가 만든 말입니다. 그리고 옛날의 도덕이 오늘에 안 도덕이 되기도 하고, 오늘의 도덕이 옛날에는 도덕 아닌 적도 있었습니다. 도덕이란 것이 절대적인 게 아니란 말입니다.

 인도 친구하고 한 기숙사에 있는데, 우리가 볼 때 이것이 도덕이라 생각하는데 인도 사람에게는 예사롭더군요. 예사로운, 그런 아주 이상한 풍속을 얘기하는데 사회에 따라 도덕이 다르고, 시대에 따라 도덕이 다르고, '옛날에는 남녀 칠세 부동석이라.' 하며 '남녀 칠세 부동석'을 말하던 것이 도덕이라고 생각했던 시대, 오늘 와서 그렇게 생각하는 사람이 누가 있어요? 아이들을 기르는데 나이가 열일곱, 열여덟 살 먹은 남자아이가 처녀 친구 하나 못 사귀어 오면 '너 병신이야!' 하는 시대입니다.

 그러니까 도덕이라는 것은 절대적인 것이 아닐진대 도덕을 기준으로 하고 규정하는 죄도 절대적인 것은 아니지 않느냐? 그렇다면 죄 때문에 뭐 겁이 날 것도 없지 않는가? 이런 억지를 또 공자님에게 쓰고서 쓸쓸히 일어서서 루소에게 가서 물어 보니, "죄라는 것은 사회적인 산물이다", 니체에게 가서 물어 보니 "마음 약한 자의 생각하기 나름이다" 등등 죄를 정의하는데 다 시원치가 않습니다.

 다시 성경으로 돌아가서, 성경 앞에 무릎을 꿇고 "아버지여 죄가 뭡니까?" 하나님이 나에게 대답하기를 "아담아 네가 어디 있느냐?" 자, 이것을 설명한다면 성경에 죄라고 하는 단어가 여러 가지 있는데 이중에 헬라어로 '하마르티아'라는 단어가 있습니다.

 이 단어는, 저 시계 위에 까만 점이 하나 있는데, 활에다 화살을 메긴 뒤 지그시 한쪽 눈을 감고 그 까만 점을 겨눕니다. 그리고 화살을 팽하고 놓습니다. 화살이 횡하고 소리를 내면서 날아가 옆으로 비뚤어지게 꽂혔습니다. 비뚤어지게 맞춘 것은 결과요, 비뚤어지게 맞춘 원인은 비뚤어지게 누웠다. 표적이 비뚤어졌다. 그러니까 '하마르티아'라는 말은 '표적이 비뚤어졌다, 바른 관계가 비뚤어졌다.' 죄라는 말은, 하나님과 바른 관계가 비뚤어진 그것이 바로 죄라는 말입니다.
　성경이 죄라고 할 때, '사기해 먹었으니 죄다, 협잡해 먹었으니 죄다, 횡령해 먹었으니 죄다.' 그것은 엄격한 의미의 죄가 아니고, 죄의 결과입니다. 그리고 결과가 파생되어진 원인은, 하나님과 바른 관계가 삐뚤어졌기 때문입니다.

　우리는 흔히 그런 말을 묻습니다.
　"죄를 지었기 때문에 죄인이냐? 죄인이기 때문에 죄를 짓느냐?"
　불교나 유가에서는 '죄를 지었으니 죄인' 이라고 그럽니다. 그러나 성경은 '죄인이기 때문에 죄를 짓는다' 고 합니다. 윤리적인, 도덕적인, 사회적인 죄는 벌써 그 원인으로써 죄인이기 때문에 그런 죄를 짓는 것이고, 그런 죄를 지을 수밖에 없는 원인은 무엇인가? 죄인이기 때문입니다. 그 죄인이기 때문이라고 하는 그 죄인은 무엇인가? 하나님과 바른 관계가 비뚤어졌기 때문이라는 것입니다.
　가령, 교회 근처에 하수도 공사를 한다고 땅을 파놓았습니다. 새벽에 나오다가 헛디뎌서 절뚝절뚝 겁니다. 절뚝절뚝 절어서 다리가 부러졌는가? 다리가 부러져서 절뚝절뚝 저는가? 말이 되네요. 그런데 공자님이나 석가님은 절뚝절뚝 저는 것을 회개하라고 합니다. 성경은 절 수밖에 없는 부러진 다리를 회개하라고 합니다. 이것을 알아야 해요. '부러진 다리를 회개하라.' 부러진 다리는 뭐냐? "네가 어디에 있느냐?" 하나님과 바른 관계가 근본적으로 비뚤어졌다, 뿌리가 비뚤어졌다, 그것을 회개하라는 말입니다.
　여기에 성경은 과연 하나님의 말씀이라고 하는 항목이 나옵니다. 인간의 죄가 뭐냐? 하나님과의 바른 관계가 비뚤어진 것입니다. 오늘날 사회악은 하나님과 바른 관계가 비뚤어진 결과인 것입니다.

　어떤 교회의 두 집사님은 같은 여학교 동창입니다. 시집을 갔는데 한 사람은 건축업을 하는 남편을 만났고, 다른 한 사람은 건축자재상을 하는 남편을 만났습니다. 건축하는 사람에게 건축자재상을 하는 사람이 재료를 많이 대주었습니다. 그런데 건축 하는 사람이 자기 일이 조금 잘못되어서 돈을 못 갚았습니다. 남편끼리 싸우는 문제가 부인에게도 전염되어서 동창이면서 한 교회의 같은 집사인데도 원수가 되어서 3년 동안 보기만 하면 이를 갈고, 보기만 하면 눈에 불을 켜서 아옹다옹 풀지를 못합니다. 예배를 드려도, 기도를 해도, 그것은 거짓말입니다. 당회가 의견을 내서 조정을 하려고 해도 말을 안 듣습니다.

어느 날 저녁에 설교를 듣다가 하나님과의 바른 관계의 이야기가 그 집사님의 마음에 와 닿았습니다. 하나님을 향하여 자기의 모습을 고백하고 자기의 있는 상태를 고백하고 자기의 잘못을 고백하게 되었습니다. 하나님과 바른 관계가 훤하게 정립이 된 것입니다. 마침 옆을 보니까 그 원수진 여집사님이 앉아 있습니다. 전 같으면 꿍하고 이를 갈 판인데, 그 순간 볼 때에 불쌍한 생각이 들었습니다. 측은한 생각이 들었습니다. 그 여집사님을 그렇게 괴롭게 만든 것이 자기의 죄과라는 생각이 들었습니다. 설교를 마친 뒤에 가서,

"언니야, 내가 잘못했어."

3년 만에 언니라는 말을 들으니 이 사람도 가슴이 꽉 그냥 깨지면서 "어이쿠, 언니야" 부둥켜안고 통곡이 벌어지는데, 그날 그 새벽시간에 야단이 났습니다. 그리고 그날 점심은 특별히 대접하겠다고 해서 대접을 잘 받은 적이 있습니다.

자, 왜 원수지간이냐구요? 그것은 결과이고, 그 원수지간의 원인은 하나님과 바른 관계가 비뚤어졌기 때문에 기도를 해도, 찬송을 불러도, 성경 말씀을 들어도, 하나님과 바른 관계가 비뚤어졌기 때문에 그 결과로 원수지간이 된 것입니다.

죄가 뭐냐? 하나님과의 바른 관계가 비뚤어진 것, '하마르티아'. 오늘의 모든 고민과 비극과 갈등은 하나님과의 바른 관계가 비뚤어진 데에서 파생된 것입니다. 공중에 나는 새를 저렇게 자유롭게 하신 하나님께서, 들의 백합화를 저렇게 아름답게 기르신 하나님께서, 하나님의 형상대로 지어 놓은 사람, 십자가의 대속으로 구원하여 하나님의 아들과 딸로 삼아 놓은 이 하나님의 아들과 딸들에게서 눈물을 보기를 원하실까요? 한숨 소리를 듣기 원하실까요? 한숨 쉬는 가슴의 고민을 보기 원하실까요? 어느 부모가 자식 눈의 눈물을 보기 원하며, 자식 입의 한숨 소리를 듣기 원하리요!

인간도 그렇거든 하물며 더욱이 하나님은 오늘도 우리의 울음의 원인인, 우리의 한숨의 원인인, 고민과 갈등의 원인인 하나님과 바른 관계를 밝혀 주실 양으로 "네가 어디 있느냐?"고 이 밤도 우리를 향하여 묻고 계십니다. "아담아 네가 어디 있느냐?" 이 밤에 우리는 모두 날 부르시는 하나님의 음성을 들을 수 있기를 바랍니다.

자, 그러면 둘째로, 하나님이 나를 부르시는 음성을 들을 수 있느냐? 옛날에는 하나님이 아담에게 직접 하나님의 음성으로 불러 주셨고, 또 모세에게도 음성으로 불러 주셨고, 어떤 때에는 꿈으로 불러 주시고, 환상으로도 불러주시고, 어떤 때는 특수한 방법으로 불러 주시는데, 오늘 우리에게는 언제 꿈으로 불러 주시더냐? 환상으로 불러 주시더냐? 어떤 특수한 음성으로 불러 주시더냐? 오늘날 어떻게 하나님께서 우리를 불러 주시느냐?

어떤 사람들은 산에 기도하러 올라가서 하나님이 부르시는 음성을 들으려다가 마귀소리를 듣고 오는 경우도 많습니다. 하나님께서 나에게 뭔가 증거를 보여 주시는 것을 보려고 몸부림치다가 잘못된 것을 보고 와서 정신이 돌아 버리는 사람도 적지 않습니다.

우리가 분명히 알 것은, 성경이 주어지기 전에는, 성령님이 이 땅에 충만하게 파송되기 전에는, 하나님께서 때로는 환상으로, 때로는 특별한 방법으로 부르셨습니다. 그러나 이제는 성경이 주어졌습니다. 성령이 이 땅에 충만히 파송되었기에 이제는 꿈으로 부르시지 않습니다. 환상으로 부르시지 않습니다. 말씀과 성령을 통하여 우리를 부르신다는 것을 꼭 명심하시기를 바랍니다.

그럼 과연 하나님께서 성령과 말씀을 통하여 우리를 어떻게 부르시는가? 그 내용을 네 가지만 말씀드리겠습니다.

첫째로, 양심을 통하여 부르십니다. 사람은 다른 동물과 다릅니다. 사람은 '인격성', 그 인격이라는 것은 머리로 생각하고 가슴으로 느끼는 거라고 말하겠지요. 그렇습니다. 인격의 기능은 사물을 관찰합니다. 관찰을 하면서 생각하고 분석합니다. 분석을 하면서 이것은 이렇고 저것은 저렇고, 원인이고 결과이고, 결과와 원인을 판단합니다. 그러면서 생활에 그것을 취사선택, 적용을 해서 살아가는 것이 인격의 기능입니다. 이 인격의 기능을 우리는 지. 정. 의라 하여 머리를 중심한 지성과 가슴을 중심한 정의, 마음, 양심, 그 다음에 마음과 머리 중간에 의지적인 결단력, 그런 것을 생각할 수 있을 것입니다.

그런데 우리가 살아가는데 머리를 중심으로 한 이성이나 의지는 100% 내 인생을 위하여 수종을 들어 줍니다. 전혀 거부반응이라는 것이 없습니다. 내 머리의 생각은 내 인생을 위하여 최선을 다합니다. 내 가슴의 의지는 내 인생을 위하여 최선을 다해 나를 밀어 주고 결단하고, 설사 잘못됐다 하더라도 박력있게 우리를 살아갈 수 있도록 이끌어 주는 것이 머리를 중심으로 한 이성의 기능이요, 의지의 기능인 것입니다.

그런데 양심은 그렇지 않습니다. 양심이 때로는 날 책망합니다. 양심이 때로는 날 부끄럽게 합니다. 양심이 때로는 나에게 잠이 안 오도록 고통을 줍니다. 양심이 때로는 나에게 밥맛이 떨어지게 하는데 모래알을 씹는 것과 같습니다. 양심이 때로는 나를 불안하게 만듭니다. 괜히 사람 속에 섞여 끼어들기가 무엇인가 불안하도록 만듭니다. 양심이 때때는 내 얼굴이 벌겋도록 창피를 줍니다.

생각해 봅시다. 만약에 양심이 내 것이라면 왜 나를 이렇게 괴롭힐까요? 누가 자기 손으로 자기 눈을 찌르는 사람이 있을까요? 양심이 만일 내 것이라면 왜 나를 이렇게 괴롭힐까요? 분명히 알 것은, 완전하지는 않지만 하나님의 형상대로 지음을 받은 우리 속에 하나님의 형상이, 아직도 하나님을 알 만한 것이 남아 있는 양심은 하나님의 음성이요, 내 속에 있는 양심은 하나님의 눈인 것입니다. 그래요, 내 속의 양심은 분명히 하나님의 음성으로써 나를 책망하고, 때로는 나에게 부끄러움을 주고, 나를 불안하게 만들고, 나에게 경고합니다. 분명히 우리 인격 속에 거룩한 것이 있다면 그것은 양심이에요. 선한 것이 있다면 그것은 양심이라는 것입니다. 의로운 것이 있다면 그것은 양심입니다.

오늘도 우리 속에 있는 양심으로 우리를 부르십니다. 때로는 가책으로 우리를 부르십니다. 때로는 불안으로 우리를 부르십니다. 때로는 창피한 부끄러움으로 우리를 부르십니다. 물론 때로는 진선미를 느끼면서 흐뭇한 감정으로 우리를 부르십니다.

다윗이 왕위에 앉았습니다. 생사권을 쥐고 있습니다. 못할 것이 없습니다. 누가 감히 그에게 책망을 할까 보냐? 그러나 양심의 책망은 피할 길이 없어서 잠을 못 잤고, 음식을 먹지 못했고, 하염없이 흐르는 눈물이 침상을 적셨고, 마침내 피골이 상접하리만큼 메마른 데까지 책망을 받았습니다. 양심을 통하여 나를 부르시는 하나님의 음성이 무엇인지? 이 밤 각자 가슴속에서 들려오는 양심을 통하여 나를 부르시는 하나님의 음성을 들을 수 있기를 바랍니다.

사람은 대체로 세 가지 세계에 관계를 가지고 삽니다. 가령, 제가 대구에서 40년 살았으니까 서문교회의 교인은 물론 대구에 있는 알 만한 사람들은 "아, 서문교회 목사!", 그래서 더러는 존경도 하고 뭐 속으로는 존경하는지 안 하는지 몰라도 칭찬을 하고, 그렇게 또 대우도 해줍니다. 그러나 그것은 내가 아닙니다. 대구 시내가 아는 나, 서문교회 교인이 아는 나, 그것은 의복인지는 모르나 참 내 모습은 아닙니다.

그 다음 단계로, 나를 아는 사회는 가족사회입니다. 언제나 같이 먹고 같이 사는 가족. 가족은 보다 더 나를 깊이 압니다. 가령, 서문교회 교인은 나를 "목사님, 목사님!"이라 하고, 대구 시민들 중에 아는 사람들은 "목사님, 목사님!" 하지만, 우린 장로님이 한 40명이 되니까 당회를 한번 모이면 보통 3시간 이상 됩니다. 한 장로님이 한 분씩 말을 해도 한 40분 말을 하니까 그것을 다 '옳다, 그르다' 조화를 시켜 어떤 결론을 내리려면 술 취한 사람 모양으로 흐느적흐느적할 정도예요. 일이 잘 안 되면 피곤해 가지고 집으로 돌아오지요. 오면 밥이 굳다든지, 국이 좀 짜다든지, 찌개가 맵다든지, 그러면 "이것도 국이라고 끓여 놓았어? 찌개야, 국이야?, 이것이 밥이야, 생쌀이야? 죽이야, 떡이야?" 이렇게 트집을 잡으면 우리 집사람은 "목사가 뭐 그래?"라고 투덜거립니다.

그러나 서문교회 교인은 나보고 안 그럽니다. 서문교회가 아는 나보다도 우리 가족이 아는 나는 좀더 노골적이고 보다 더 참된 모습입니다. 그러나 그것도 큰 문제가 아닙니다.

그 다음으로는 나만이 아는 나. 대구 시내가 나를 보고 뭐라고 하든지 그것은 겉껍데기입니다. 우리 가족이 나를 보고 뭐라고 하든지 그것도 속껍데기입니다. 그러나 속알맹이는 나만이 아는 나, 이 밤에 양심을 통하여 나만이 아는 나에게 "네가 어디 있느냐?"고 하나님은 물으십니다. 참된 하나님의 자녀의 자유를 원하신다면 이 밤에 내가

"여기에 있나이다."라고 대답할 수 있기를 바랍니다. 참으로 여러분을 얽매고 있는 일상생활의 결심으로도 끊어지지 않고 맹세로도 끊어지지 않는 여러분의 영적인 자유와 인격적인 자유를 구속하고 있는 것들이 여러분들에게서 끊어지기를 원하신다면 나만이 아는 내 모습을 향하여 "네가 어디 있느냐?"고 물으시는 하나님의 물으심에 솔직히 대답할 수 있기를 바랍니다. 하나님은 우리의 뿌리입니다. 하나님과 바른 관계가 없는 곳에 하나님의 아들과 딸의 생명은 있을 수 없습니다.

둘째로, 하나님은 자연을 통하여 우리를 부르십니다. 자연을 통하여 우리를 부르신다는 말을 쉬운 말로 비유를 들어 말씀드려 보겠습니다.

가령, 어떤 집에서 귀한 삼대 독자 외아들을 하나 낳았습니다. 어머니가 품에 안고 길러 두 살, 세 살을 먹었습니다. 이제는 아장아장 걸어다닙니다. 어느 날 아버지가 집을 나가시는데 대문이 삐걱하고 너무 무겁습니다. 우리 귀염둥이 드나드는데 너무 힘들세라 대문 문고리에다가 장치를 해서 문이 부드럽게 열리고 닫힙니다. 그 문이 부드럽게 닫히고 열리는 거기에 아버지의 마음이 있습니다. 아버지의 이야기가 있습니다.

문턱이 한 15센티미터 높습니다. 어른들은 넘나들 수 있습니다. 그러나 아이들은 드나들기가 힘이 듭니다. 아버지가 땀을 뻘뻘 흘리면서 한 5센티미터 정도로 문턱을 낮게 낮추어 놓았습니다. 우리 귀염둥이가 걸려서 엎어지지 말고 잘 드나들도록 낮은 문턱에 아버지의 마음이 있습니다. 아버지의 말이 있습니다.

마당에 들어섰습니다. 요즘엔 그런 것을 볼 수 없습니다만 제가 자라날 때에는 농촌의 흙마당에 돌멩이가 뾰죽뾰죽 흙 밖으로 나와 있습니다. 아버지가 하루는 '어이구 우리 귀염둥이 여기 걸어다니다가 돌부리에 채여 엎어지겠다' 싶어 떡메를 가지고서 꽝꽝 때려서 돌멩이가 전부 흙 속으로 들어가게 만들고 흙을 판판하게 만들어 놓았습니다. 그 판판하게 만들어 놓은 마당에 아버지의 마음이 있습니다. 아버지의 말이 있습니다.

'귀염둥이 부디부디 잘 자라거라.' 그리고 마당을 지나서 마루에 올라서려는데 마루의 높이가 한 30센티미터가 되니, 보통 어른이야 올라갈 수 있지만 이 어린것이 오르내리는데 너무 힘들세라 거기에다가 계단을 만들고 카펫을 깔아서 아주 푹신푹신하게 해놓았습니다. 기어 올라오더라도 힘이 안 들도록 만들어 놓았습니다. 거기에 아들을 위한 아버지의 마음이 있습니다. 말이 있습니다.

여기에다가 온 집안에 끼니때마다 찾아오는 어머니의 마음이 있습니다. 어머니의 말이 있습니다. 계절 따라 바꿔 입혀 주는 의복 속에 어머니의 마음이 있고 아버지의 말이 있습니다. 주는 용돈 속에 어머니의 마음이 있고 아버지의 말이 있습니다.

이 우주는 우리 아버지의 집, 나는 아버지 집의 귀염둥이. 저 하늘에 아버지의 마음이 있습니다. 아버지의 말이 있습니다. 밤하늘에 반짝이는 저 별 속에 아버지의 마음이 있습니다. 아버지의 말이 있습니다. 허공중천에 둥 떠 있는 저 지구가 공전하고 자전하는 그 법칙 속에 우리에게 주시는 아버지의 말과 마음이 있습니다. '밤하늘에 영롱한 별들아 너희가 어찌 그리 영롱하냐?'고 묻는다면 '너희들에게 전하는 아버지의 마음을 전하기 위해 나 이렇게 캄캄한 밤에라도 빛나고 있단다' 라고 대답할 것입니다.

꽃피는 봄에, 녹음 무성한 여름에, 오곡백과가 무르익은 가을에, 눈 내려 쉴 수 있는 겨울, 아버지의 말없는 데가 없고 아버지의 마음 없는 데가 없습니다. 넘실거리는 바다, 높은 산, 깊은 계곡, 흐르는 냇물, 확 피어 퍼져 있는 벌판, 모두 모두에 우리를 사랑하사 우리에게 "내 맘 좀 알아다오. 그러지 말아라. 저러지 말아라" 하시며 아버지 하나님과 바른 관계 속에서 복되게 살도록 만들 양으로 우리를 부르시는 아버지 음성이 우주에 꽉 차여 있습니다. 좋은 것만 아니라 천재지변 속에도 아버지의 말과 마음이 있습니다.

왜 장마냐? 홍수냐? 가뭄이냐? 태풍이냐? 해일이냐? 거기에 하나님의 마음이 있고 말이 있습니다. 우리는 성령님의 조명하심으로 그 자연 속에서 나를 부르시는 하나님의 음성을 들을 수 있기를 바랍니다.

어느 토요일 오후, 초등학교 반장 아이가 반아이들을 다 돌려보내고 학급일지를 써서 담임 선생님에게 갖다 주었습니다. 담임 선생님이 학급일지를 보다가,

"아, 오늘 토요일이구나. 너 내일 또 예배당 가겠구나?"
"예배당 가야지요."
"너희 하나님 정말 살아 계시냐?"
"예, 살아 계시지요."
"너희 하나님 정말 잘못하면 벌주고 잘하면 상주냐?"
"예. 그렇습니다."
"야 이놈아! 시시한 소리하지 마라. 엊저녁에 우리 학교 뒷산 저 낭떠러지에 있는 소나무가 벼락맞은 거 알지? 사람이 벼락맞았다면 사기, 횡령해 먹다가 벼락맞은 줄 알겠지만 왜 소나무 벼락맞았냐? 사기해 먹었냐 횡령해 먹었느냐?"

그 학생은 말문이 막혀 머리를 벅벅 긁었습니다. 한참 있다가,
"선생님, 오늘 우리 숙제 안 해왔다고 화 많이 났죠?"
"그럼 화났지."
"그런데 숙제는 우리가 안 해왔는데 선생님은 왜 회초리를 들고 칠

판을 딱딱 때리면서 그렇게 화를 내셨습니까?"
"그거야 이 다음에 숙제 한번만 더 안 해오면 매를 때린다고 하는 경고지."
"맞습니다, 선생님. 엊저녁에 소나무가 벼락 맞은 거요. 선생님이 회개하라고 경고로 때렸습니다. 선생님이 회개 안 하면 다음에 때린다고 하는 경고입니다."
선생님은 얼굴이 벌겋게 되어 가지고 소리쳤습니다.
"에이, 고약한 놈!"

웃음으로 받아넘길 수 있는 얘기이나, 흉년에는 의미가 있습니다. 풍년에는 의미가 있습니다. 가뭄에 의미가 있습니다. 칼빈의 말과 같이 길가에 버려진 돌 하나도 무의미하게 던져 있질 않습니다. 새 한 마리 날아가다가 땅에 떨어진 것, 길가에 피었다가 말라지는 백합 한 송이 무의미하지않습니다. 모든 자연 속에 우리를 부르시는 하나님의 음성이 있습니다.
꽃을 보면서 꽃 너머의 그 소리를 못 듣는 것, 성도가 아닙니다. 산을 보면서 산 너머의 그 소리를 못 듣는 것 성도가 아닙니다. 조화롭게 변천되는 삼라만상 자연 속에서 자연현상만 보고 현상 너머를 보지 못한다면 그는 성도가 아닙니다. 여러분에게 자연을 통하여 날 부르시는 하나님의 음성을 들을 수 있는 귀가 있기를 바랍니다. 눈이 있기를 바랍니다.

'미운 자식 떡 하나 더 준다' 는 말이 있지요. 그 말은 '사랑을 베풀어 이만하면 너 내 맘 알겠지 하는 어머니의 심정을 전하자' 는 의도에서 나온 말입니다. 미운 자식 떡 하나 더 줘라. 미운 자식에게 사랑을 베풀어 이만하면 너 내 마음 알겠지 하는 어머니의 애타는 심정을 이해시키기 위한 방법으로 그런 격언이 전해지고 있습니다.

왜 우리에게 풍년을 주시는가? 인간의 죄를 제대로 보응하신다면 저 벌판에 곡식 한 톨 결실되지 않아야 마땅하겠지만, 죄인을 죄인대로 괴롭히지 않고 또 풍년을 주시는 이유는 이만하면 내 맘 알겠지? 하나님께서 자연을 통하여 우리를 부르시는 음성이 없는 곳이 없습니다.

어느 집에 귀한 아들을 하나 키웠습니다. 너무너무 귀한 외동아들이라 귀엽게 키우다가 그만 버릇이 없어져 나이가 열일곱, 열여덟 그래도 아주 버릇이 없습니다. 아버지가 생각을 했습니다. '내가 잘못 길렀구나. 이러다가는 사람 안 되겠다.' 옳고 그른 것을 분별하면서 때로는 책망하고 때로는 칭찬도 하는 동안에 이 아들의 마음속에는, 아버지가 날 미워하시나 보다, 이렇게 반항심이 생기기 시작해서 짐짓 자꾸 반항을 하다 보니 아버지는 점점 더 노여워지게 되어 매를 들게 됐습니다.

어느 날 이 아들은 고의적으로 잘못을 크게 저질렀습니다. 아버지는 화를 내면서 매를 들고 후려치며 "너는 내 자식이 아니다. 나가거라" 하고 때렸습니다.

이 아들은 이제 맞기까지 하자 반항심에 "아, 그럼 내가 나가라면 나갈 데 없을까 봐" 하고 후딱 나가버렸습니다. 나쁜 친구와 어울려 돌아다니다가 끔찍한 잘못을 저지르고 형무소에 들어갔습니다. 3년 징역을 사는 동안에 자기의 잘못을 반성하고 뉘우치면서 출감하는 날 좋은 자식이 되려고 다짐을 했습니다.

출감 날이 다가오는데 문득 큰 걱정이 생깁니다. 3년 전에 어줍지 않은 일로도 '너는 내 자식 아니다'라고 하시던 아버지. 전과자가 되어 돌아가면 집 안에 들어서지도 못하게 할 것 같아 걱정이 되어, 생각다 못해 편지 한 장을 썼습니다.

'불효막측한 놈이 징역을 살고 아무 날 출감을 하는데 징역살이하면서 이렇게 회개하고 마음을 가다듬어서 돌아가는 날 효성스런 자식이 되겠노라고 다짐을 하였습니다만, 3년 전의 일이 생각나서 나 같은 전과자를 받아 주지 않을 것만 같아서 염치 불구하고 편지를 올립니다. 아무 날이면 내가 기차를 타고 집 앞을 지나갑니다. 만에 하나라도 아버지께서 저를 용서하신다는 사랑의 마음, 용서하신다는 마음이 있으시면 우리집 앞 감나무 가지에 흰 수건 하나 걸어 주시기를 바랍니다.'

 기차를 타고 오는데 점점 집이 다가올수록 가슴이 조마조마했어요. 그 수건 하나가 걸렸을까? 안 걸렸을까? 마침 옆에는 신사 한 분이 앉아 있었습니다. 사정 얘기를 하고 대신 좀 봐달라 했습니다. 순진한 청년의 얘기를 듣고 신사분은 그렇게 하자고 했습니다. 청년은 머리를 푹 숙이고 시름에 잠겨, 수건 하나가 걸렸을까? 안 걸렸을까? 불안 속에 기다리고 있는데 한참 가다가 신사 분이 무릎을 탁 치면서 저것 좀 보라고 했습니다. 무거운 머리를 들고서 창 밖을 바라보았습니다. 산기슭에 있는 정든 고향집. 집 앞에 있는 감나무는 3년 사이에 더 큰 나무가 됐습니다. 흰 수건 하나가 있을까 조마조마하게 바라보는 이 젊은이의 눈앞에는 가지가지마다 하얀 수건이 바람에 너울너울 날리고 있었습니다. 흰 수건들이 하는 말, "아들아 네가 돌아온다면 너를 용서하고 사랑하는 내 마음의 표시로 어찌 흰 수건 하나 뿐이겠느냐? 백인들 못 걸고 천인들 못 걸겠느냐?" 가지가지마다 흰 수건이 나뭇가지에서 너울너울 바람에 날리고 있었더라는 얘기입니다.

 여러분이여, 심령을 가다듬어 영혼의 눈을 뜨고 우리가 몸담고 사는 자연, 삼라만상을 살펴보시기바랍니다. 하늘 높이 저 별들에서부터 저 바다에 이르기까지 우리를 부르시는 하나님의 음성의 흰 수건이 봄은 봄대로 너울너울, 여름은 여름대로 너울너울 우리를 부르고 계십니다. 백합 한 송이를 통하여 우리를 부르고 계십니다. 참새 한 마리를 통하여 우리를 부르고 계십니다. 잔잔한 시내를 통하여 우리를 부르고 계십니다. 방초 동산을 통하여 우리를 부르고 계십니다. 날 부르시는, 자연을 통하여 우리를 부르시는 하나님의 음성을 들은 다윗, 풀밭을 거닐면서 행복한 하나님의 아들, 하나님께 사랑받는 자신의 모습을 시로 읊었듯이 우리에게도 이 자연 속에 몸담고 살면서 아버지의 음성을 듣는 행복한 하나님의 아들과 딸, 하나님과 바른 관계의 행복한 하나님의 아들과 딸의 생활이 보장될 수 있기를 바랍니다.

셋째로, 하나님은 우리를 부르십니다. 하나님은 역사를 통하여 우리를 부르십니다. 역사라는 것은 무엇인가? 지나간 모든 시간은 벌써 역사적인 사건으로 지나갔습니다. 역사! 하루하루 살아감으로써 우리는 역사를 만들어 가고 있습니다. 만들어져 가고 있는 역사 과정은 곧 하나님께서 나를 부르시는 음성이라는 것입니다.

요즘 공부 꽤나 하신 분들이 사람이야말로 우주의 주인이요, 역사를 창조한다고 말을 합니다. 과연 그럴까요? 사람은 한발자국 앞일도 모르고, 1분 후에 될 일도 모르기 때문에 역사의 주인일 수도 없고 역사를 창조하지도 못합니다. 사람은 결코 자기 자신의 역사의 주인이 아닙니다. 한 가정의 호주도, 한 가정 역사의 주인도 아닙니다. 사랑하는 자식을 위한 어버이지만 자식의 역사의 주관자도 못됩니다.

역사의 주인은 하나님입니다. 바벨론 문화, 바벨론 사람치고 누가 땅 속에 묻히고 싶었겠습니까? 누가 로마 헬라 문화, 로마 사람이 싫어서 로마 문명을 잡초에 묻었겠습니까? 누가 애굽 사람, 애굽 문화가 싫어서 애굽 문화를 황토에 잠들게 했겠습니까? 다들 사랑하는 내 조국이요, 조국의 문화지만 역사의 주인되신 하나님께서 바벨론을 향하여 그만 하심에 그 역사와 문화는 끝났고, 로마·헬라·애굽도 그러했습니다. 우리 개인도 마찬가지입니다. 우리의 역사의 주인은 하나님입니다. 하나님은 우리의 역사를 통하여, 우리가 겪는 역사를 통하여 우리를 부르고 계시는 것입니다.

그렇습니다. 개인의 역사나, 가정의 역사나, 흥하는 역사나, 쇠하는 역사나, 성공하는 역사나, 실패하는 역사나, 평화로운 역사나, 혹은 평화롭지 않은 역사나, 그 모든 역사 속에 나를 부르시는 하나님의 음성이 있는 것입니다. 때로는 질병으로 나를 부르십니다. 때로는 성공으로 나를 부르십니다. 때로는 실패로 나를 부르십니다.

여러분, 역사적인 어떤 사건에 직면하고 있습니까? 여러분이 직면하고 있는 역사적인 사건 너머에 나를 부르시는 하나님의 음성을 들을 수 있기를 바랍니다. 부도가 났습니까? 부도 그 너머에 부도를 통하여 나를 부르시는 하나님의 음성이 무엇인지 들어 보시기 바랍니다. 병상에서 신음하는 가족이 있습니까? 질병으로 신음하면서 그 질병 속에서 나를 부르시는 하나님의 음성, 찌르는 가시를 통하여 하나님께서 부르시는 음성을 바울은 들을 수 있었습니다. 그 음성을 바로 들을 때에 당하는 그 역사적인 사건에 바른 자세로 대처해서 내게 능력이 있지 아니하고, 하나님의 능력이 내게 역사하시는 기회가 되었노라고, 질병은 하나님이 역사하시는 기회가 되었노라고, 사업 실패는 하나님이 역사 하시는 기회가 되었노라고 고백할 수 있기를 바랍니다. 역사적인 사건을 통하여 나를 부르시는 하나님의 음성으로써 하나님과의 관계가 더 바르게 될 수 있기를 바랍니다.

어느 날 학습문답을 하고 있는데, 어떤 아주머니 한 분이 떡광주리를 머리에 이고 당회실에 들어왔습니다. 참기름에다가 얼마나 목욕을 시켰는지 삽시간에 당회실 안에 참기름 냄새가 가득해졌습니다. 당황해서 여전도사님을 시켜서 저것 빨리 밖에 내놓으라고, 그런 것은 여기에 가지고 들어오면 안 된다고 했는데, 이 아주머니가 평양에서 오신 분인데 아주머니 하시는 말씀이 "이것 특별한 의미가 있는 것이외다. 잡사 보시라우요" 그리고 꾸역꾸역 들어왔습니다. 그 떡 광주리를 억지로 밖에다 내놓고서 학습문답을 하다가,
"그것이 왜 그렇게 의미가 있는 것입니까?" 하고 물었습니다.
아주머니 하시는 말씀이,
"내가 이 얘기를 다 하려면 책을 한 권을 써도 모자랍니다. 저는 평양에 살았습니다. 우리 남편하고 두 아들하고 그리고 시어머니하고 살았는데 부자로 잘 살았어요. 해방이 되자 우리 남편이 머리가 좋아서 이북에 있어 가지고는 별볼일없겠다고, 남쪽으로 넘어가자고 해서 준비를 했는데, 칠순이 넘는 병석에 있는 시어머니 모시고 올 수도 없고 내버리고 올 수도 없고, 그래서 남편과 두 아들은 먼저 내려오고 며느리 된 죄로 시어머니 모시고 북쪽에 떨어져 있다가 어머니가 세상을 떠난 뒤에 장례를 잘 치르고, 그 다음에 집에 있는 패물을 챙겨 구사일생 남쪽에 있는 남편을 찾아 넘어왔어요. 그때만 하더라도 오고 가고 주소도 알고 연락이 있을 때니까, 물어 물어 남편의 집 주소로 찾아왔습니다. 대문까지 왔습니다. 꿈에도 그리던 남편의 이름 석자 문패가 붙어 있는 집 앞에 왔지요. 마음을 안정시키고 숨을 돌리고 한참 있다가 초인종을 눌렀습니다. 문이 삐걱 열리고 나오는데 보니 아주 귀엽고 예쁜 젊은 부인이, "누구시오" 하기에,
"예. 저기 대문 밖 문패의 이름이 우리 남편의 이름이오." 라고 대답했습니다. 한참 있다가 문을 꽥 닫고 들어갑니다. 아무 소식이 없습니다. 한참만에 잠옷바람으로 문을 열고 나오는데 남편인지 서편인지 턱 나와보더니만 '왜 안 죽고 왔냐?' 는 식입니다. 새장가 들어서 깨가 쏟아지는지 콩이 쏟아지는지 잘 살고 있는데, 왜 이것이 안 죽고 왔냐는 겁니다. 어쨌든 들어가기는 들어갔는데 그날부터 이것은 개도 아니요, 돼지도 아니요, 뭐 인간이 아닙니다. 아들 두 놈까지

한편이 되어 가지고 구박, 설움이 말로 다 못할 지경입디다. 그후로 한 달을 지내는데 도무지 더 이상 살 수가 없어 죽자고 결심을 했지요. 그러다가 마침 서울 근처에서 죽으면 이 다음에 우리 아이들, 그 못된 놈들이지만 자라서 장가간다든지 취직한다든지 할 때 자기 오마니 자살했다 그러면 또 지장있을까 봐. '에라 죽을 바에는 쥐도 새도 모르게 감쪽같이 죽자' 결심을 하고 서울역에 가서 차표를 산다고 산 것이 대구표를 샀대요. 도착하니 통행금지가 딱 끝난 뒤라 컴컴했습니다.

비는 주르룩 쏟아지는데 갈 때도 없고, 오라는 사람도 없고, '그까짓 죽을 몸 감기 들면 무슨 상관이야. 그까짓 죽을 몸 비 맞은들 무슨 상관이야. 에라 걷자' 터덜터덜 걸어오는데 어디 불이 환하게 켜진 큰집이 있는데, 새벽인데도 뭐가 꽥꽥 소리가 나요. 도대체 이 이른 새벽시간에 누가 저렇게 야단이고 무슨 짓들을 하는 것들인가 하고 들어와 보니까 안경을 쓰고 키가 큰 사람이 앞에 서 가지고 뭐라 뭐라 떠드는데, 나중에 보니 그분이 목사님입니다. 그 사람이 얘기를 하는데 생전 처음으로 들어보는 얘긴데도 뭔가 마음에 와닿는데 '참 이상하다. 이상하다.' 그런 생각이 들면서 옆에 보니 어떤 부인이 앉아 있길래 "아침마다 이런 짓 하느냐?" 새벽기도가 뭔지도 몰랐으니 그렇게 물어 봤지요. "아침마다 이런 짓 하느냐"고 물으니까? "이런 짓 한다"고 그러더군요.

그래서 그 다음 아침에 또 왔어요. 또 그 다음 아침에 왔어요. 며칠 다니다가 '가만 있자. 죽는 것은 언제 죽어도 죽을 수 있으니까 좀 보류해 놓고 알고 싶은 것은 알아보고 죽는 것이 뭐 죄가 되나!' 그런 생각이 들어서 며칠 계속해 나오다가, 그러니까 먹을 것도 좀 먹어야 되겠고, 잠자리도 좀 있어야 되겠고, 주머니를 뒤져 보니까 딱 쌀 한 됫박 값. 그래서 그 쌀 한 됫박을 사 가지고 우리 교회 건너편에 있는 김동희 집사님 떡방아간에 가서 신세타령을 하니까 거기서 떡을 만드는 편리를 봐줘, 평양식으로 떡을 주물럭주물럭 해서 복판에 동글납작 양쪽에 꼬리가 달리도록 만들어 참기름에 목욕을 시켜서 머리에 이고, 대신파출소 뒤에 지게꾼들 많은 골목으로 간다고 간 것이 그곳으로 갔어요. 아 지게꾼들의 코가 쭉 따라올 지경입니다.

"팔 거요? 내려놓으시오."

내려놓으니까 삽시간에 한 됫박이 두 됫박, 두 됫박이 네 됫박, 몇 차례 그러니까 기하급수로 늘어나서는 주머니가 두툼해지니까 '요것 봐라, 이것도 재미가 있다' 그러는 며칠 동안에 셋방도 얻고 죽는 것은 한 2,3달 후에 죽지 하고서 교회 드나드는데, 아하 어떻게 마음에 평화가 오고, 마음에 뭔가 기쁨이 오는지 모르겠더군요.

감격하고 무언가 좋아 못 베겨하는데, 여전도사님이 눈치를 채고 성경공부를 시키는데 곧 잘 배웠습니다. 마침내 학습문답이 있을 때입니다.

"학습문답 받으세요." 전도사님이 권합디다.

"그것 뭐하는 거요?"

"믿음이 얼마나 있는가를 고백하는 거요."라고 합디다.

"그럼 나도 가보겠다."고 하고서 학습문답을 하러 오는데 아무래도 우리 목사님한테 가서 이런 것이라도 대접을 해야 되겠다 싶어 떡 광주리를 만들어 이고 들어온 거지요.

"내가 처음에는 미친 사람들이라고 생각했는데 차츰차츰 내가 발견한 것은 사람 사는 것이 남편 재미만 아니더라고요. 사람 사는 것이 어머니 노릇 하는 재미만 있는 것이 아니더라고요. 딴 재미가 있는 것을 발견했지요. 처음에는 우리 남편 벼락맞아 죽으라고 그랬다고요. 처음에는 우리 아이들 급살맞아 죽으라고 그랬어요. 근데, 지금은 우리 남편 참 감사하고 우리 아이들 감사한다고요."

"왜 그래요?" 하고 제가 물으니까 그 부인이,

"내가 만일 이북에서 돌아왔을 때 자기 어머니 위해서 희생하고 돌아왔으니까 '오냐, 오냐' 그러면서 사랑을 베풀어 주고 남편의 사랑을 받는 아내가 되었더라면, 내가 하나님의 딸이 될 수는 없었을 거예요. 이 구박하는 사건이 나로 하여금 하나님의 딸 되게 해주셨으니 내가 얼마나 고마운지 몰라요. 그 다음에 집에서 내가 쫓겨난다고 해 봅시다. 우리 두 아들이 '엄마, 우리보고 살아' 그러면서 치맛자락 붙들고 같이 따라 나서면 '오냐, 오냐. 그래 우리끼리 가서 살자' 그러고선 데리고 나와 그 어린것들 기르면서 그 재미로 살 수 있었을 거예요. 그러나 어린것들마저 나에게 구박하는 바람에 처음에는 급살맞아 죽으라고 그랬지만, 지금 와서 생각하면 그것들이 내 치맛자락 붙잡고 따라나섰다면 내가 하나님의 딸이 될 수는 없었을 거예요. 아이들의 어머니는 되었더라도 하나님의 딸이 될 수는 없었을 거예요. 그렇게 나에게 서러움을 주는 바람에, 갈 때 올 때 없어 이렇게 하나님의 딸이 되고 보니 우리 아이들 얼마나 고마운지 몰라요. 그래서 우리 아이들 위해서 기도하고 우리 남편을 위해서 기도합니다"라며 간증을 하는데 제가 얼마나 은혜를 받았는지 모릅니다.

이렇듯, 우리가 당하는 역사적인 사건 속에 하나님이 우리를 부르시는 음성이 담겨 있습니다. 여러분, 무슨 억울한 일을 당했습니까? 나를 억울하게 한 그 사람만 보지 말고 그 억울한 사건 너머에 귀를 기울여 보시기 바랍니다. 그 억울한 사건을 통하여 나를 부르시며 싱긋 웃으시는 아버지의 음성이 들려올 것입니다. 원통한 일이 있습니까? 고통스러운 일이 있습니까? 답답한 사건이 있습니까? 비참한 형편이 있습니까? 그 모든 경우에, 그 역사적인 사건 너머에 그것들을 통하여 나를 부르시는 하나님의 음성을 듣고 '예' 라고 대답하시는 날, '큰 물결 일어나 나 쉬지 못하나 그 풍랑 인연하여서 더 빨리 갑니다.' 하나님의 아들과 딸들로 성숙해지는 축복이 넘칠 겁니다.

끝으로, 말씀을 통하여 우리를 부르십니다. 성경은 하나님의 말씀, 이 성경에 내 이름 석자가 없어도 나를 부르시는 음성은 이 성경 한 페이지 페이지마다 가득가득 담겨 있습니다. 하나님이 말씀을 통하여 우리를 부르시는 데는 두 가지 방법이 있습니다.

하나는, 성경말씀을 통하여 쓰여진 계시, 말씀을 통하여 우리를 부르십니다. 그래서 우리는 성경을 늘 기도하는 마음으로 읽어야 됩니다.

다른 하나는 목사님을 통하여 외쳐지는 설교, 그 설교가 오늘 우리를 부르시는 하나님의 음성이라는 것을 명심해야 합니다. 목사님이 하시는 설교는 곧 하나님께서 계시로 준 말씀이고, 하나님이 우리를 부르시는 음성이라는 사실입니다.

그런데 한국교회에 큰 문제가 있어요. 제가 서문교회에 올해까지 41년째 있습니다. "41년째나 있으면 설교거리가 없어서 어떻게 해 먹냐?"고 물어 보는 사람이 있을 거예요. 41년이나 한 교회에 있으면 설교 재료가 없어서도 그 교회에 떠나가야 할텐데, 어떻게 그렇게 오랫동안 있었냐고 물으면 저는 그런 걱정은 해본 적이 없다고 대답합니다. 왜냐하면 우리 교회 교인들은 인심이 너무너무 좋아, 그 날 설교하면 듣는 척하고 앉았다가 교회 문을 나설 때는 다 안에 놓아두고 가버리거든요. 한달 만에 재탕을 해도 아는 사람이 하나도 없어요. 그러니까 41년 동안 있어도 재료가 모자란다고 하지 않거든요.

우스운 소리 같지만, 제가 주일날 설교를 하고 월요일날 심방을 갑니다. 장로님의 가정에 가서 예배를 드리고 장로님에게 기도인도를 시켜 봅니다. 그런데 지난 주일날 설교, 냄새도 안 비칩니다. 내가 좀 격한 말로 하고 싶지만 참습니다. 권사님의 집에 가서 예배를 드리고 권사님에게 기도 인도를 시켜봅니다. 지난 주일날 설교, 냄새도 없습니다. 없어요. 참 섭섭합니다. 섭섭해요.

목사가 설교하는 게 쉬운 것이 아닙니다. 어느 책에 보니까 노동자가 24시간 뼈가 부러지라고 노동하는데 소모되는 에너지 보다 1시간 동안 설교하는 설교자에게 소모되는 에너지가 더 크다는 거예요. 이렇게 해서 설교를 하는 까닭은, 적어도 한 주간 동안의 생명의 양식으로, 한 주간 동안의 생활의 어떤 기준으로, 판단의 어떤 표준으로 말씀을 안고 새김질하면서 반듯하게 성숙해 가기를 원해서 애타는 심정으로 말씀을 전하는 겁니다. 오늘의 한국 교회는 너무 설교에 대해서 관심이 없습니다.

몇 년 전에 뉴욕의 어떤 목사님이 이런 제안을 했습니다. "우리 뉴욕에 있는 모든 목사들이 두 해 동안 설교 파업하기로 결의하자. 이렇게 안 들어 주는 설교, 왜 우리가 꼭 해야 되느냐? 차라리 먹을 것 없으면 중국집에서 접시를 닦아서라도 먹고 살지, 왜 꼭 이렇게 해야 되는가." 너무너무 원통해서 이런 것을 제안했던 적이 있습니다.

그렇습니다. 환자는 의사의 말을 70% 듣고, 학생은 선생님의 이야기를 50% 듣고, 남대문시장에 물건 사러 간 사람은 가게 주인의 이야기를 0.5% 듣고, 오늘의 교회 교인들은 목사의 설교 0.2% 듣습니다. 여기에 문제가 있습니다. 하나님께서는 우리를 부르고 계십니다. 성경책을 통하여 우리를 부르고 계시고 설교자를 통하여 우리를 부르고 계십니다. 우리를 부르시는 까닭은 하나님과의 바른 관계 속에 우리에게 참된 자유를 주기 위해, 영적인 자유와 인격적인 자유를 주기 위해, 거룩한 성화를 주기 위해, 하나님의 아들과 딸들의 참 모습을 갖추도록 해주기 위해 여러 가지 모양으로 우리를 부르고 계십니다. 양심을 통하여, 자연을 통하여 우리를 부르고 계십니다. 역사를 통하여, 말씀을 통하여 우리는 하나님과 바른 관계로 돌아와야 합니다. "네가 어디 있느냐?"

인생에 있어서 행복의 뿌리는 어디냐? 자유의 뿌리는 어디냐? 값 있고 보람 있는 뿌리는 어디냐? 인생의 뿌리는 금덩어리도 아니요, 인생의 뿌리는 권력도 아닙니다. 인생의 뿌리는 하나님과의 바른 관계 "아담아 네가 어디 있느냐?" 이 밤도 우리의 자유와 행복을 위하여 우리를 부르고 계십니다. 조용히 눈을 감고 머리를 숙이고 나를 부르시는 하나님의 음성을 조용히 들으시는 시간을 잠깐 가질 수 있기를 바랍니다.

　"아담아 네가 어디 있느냐?" "아담아 네가 어디 있느냐?" 우리 이름을 부르시면서, '울고 있는 너 어디 있느냐? 한숨 쉬고 있는 너 어디 있느냐? 실패를 되풀이하고 있는 너 어디 있느냐? 캄캄한 생활을 되풀이하고 있는 너 어디 있느냐? 고민과 갈등에 허덕이는 너 어디 있느냐?' 물으시는 하나님 앞에 "나는 여기서 주려 죽나이다" 영혼의 대답을 아버지 하나님께 아뢰어, 하나님의 손에 붙들리어 그 자리에서 떠나 하나님과 바른 관계에서 참된 하나님의 아들과 딸의 세계로 새출발할 수 있기를 바랍니다.

무엇을 어떻게 믿을 것인가?

"너희가 믿음에 있는가 너희 자신을 시험하고 너희 자신을 확증하라 예수 그리스도께서 너희 안에 계신 줄을 너희가 스스로 알지 못하느냐 그렇지 않으면 너희가 버리운 자니라"

(고린도후서 13:5)

우리는 과학시대에 살고 있습니다. 그냥 '소발에 쥐 잡기' 식으로 무모하게, 확실한 증거도 없이, 분명치도 않은데 그런 양하고 스스로 속이면서 살아간다는 것은 문화인의 모습이 아니요, 지성인의 모습이 아닙니다.

그런 원리에 비추어서 우리가 신앙생활한다고 하는 것도 그런 체 하기만 하고, 남이 그러니까 나도 그런가 하고 어정쩡하고 희미하게 속말고, 분명히 이 성경은 '너희가 믿음이 있는가?' 너희 자신을 분석, 시험해 보고 '너희 자신을 확증하라. 그렇다, 안 그렇다' 라는 확실한 증거로써 결정을 지으라고 하십니다.

그 기준이 무엇인가 하면 '예수 그리스도께서 너희 안에 계시는가? 안 계시는가?' 이것을 표준으로 하여 나 자신을 분석해 보고 '예수님이 내 속에 계시기는 계시는데 아직까지 99% 대 1%밖에 안 돼' 라고 말할 수도 있을 겁니다. '예수님이 계시기는 계시는데 아직까지 아담의 세력이 90%이고 예수님은 내 속에 10%의 세력밖에 되지 않아.' 또 아니면 '어, 내가 이제 육체 가운데 사는 것이 아담의 세력으로써의, 부패하고 타락한 근성으로써의 내가 사는 것이 아니라, 그것이 다 죽은 것은 아니지만 한 10%쯤 내 속에 있지만 예수 그리스도께서 90%의 세력으로 내 속에 계시기 때문에 이제 내가 육체 가운데 사는 것은 아담의 후손으로서의 내가 사는 것이 아니라, 예수 그리스도께서 내 속에 주체세력이 되어 계시므로 내가 거기에 피동되어 산다' 고 하는 결론으로 바울은 간증을 했은즉, 우리도 그 기준에 맞추어 스스로 시험해 보고 스스로 확정하되 이 기준을 가지고 한번 따져 보라는 것이 오늘 저녁 말씀의 의미입니다.

오늘 저녁에는 뿌리가 되시는 하나님과의 관계를 맺기 위해 예수님이 중간에 역할을 하시는데, 우리 사람 편에서의 리액션(Reaction), 그 어떤 반응이 무엇일까? 그것은 바로 믿음이라고 하는 것입니다. 믿음이라고 하는 반응으로써 예수님을 통하여 원뿌리가 되는 하나님과 관계가 맺어지는데, 그러면 오늘 저녁에 무엇을 어떻게 믿을 것이냐? 설교라기보다 우리 신앙의 내용을 교리적으로 조금 정리를 해보자는 차원에서, 성경의 진리를 한 7가지 말씀드리도록 하겠습니다.

무엇을 어떻게 믿을 것인가?
첫째, 하나님께서 왜 우리 사람에게 바른 관계를 맺는 방법으로써 믿음을 요구하셨느냐?
둘째, 그 믿음을 요구하셨는데 무엇을 믿어야 할 것인가?
셋째, 믿음의 핵심 요소는 예수님의 십자가의 은총과 공로인데, 하나님과 우리가 바른 관계를 맺을 때 원뿌리와 바른 관계를 맺는데 왜 하필 십자가가 필요했는가?
넷째, 그러한 십자가를 믿는다고 말을 하니 그 믿음이라는 것이 도대체 십자가와 관계해서 무엇인가? 지식이냐, 관념이냐, 혹은 감정 흥분이냐?
다섯째, 그런 믿음이 실제로 어떻게 가능한가? 우리 인간, 오늘을 사는 인간으로서 어떻게 그런 믿음이 가능한가? 여섯째, 믿음을 가진 자와 구원을 얻은 증거 중의 하나로서 로마서 1장 5절 이하의 말씀을 약간 풀이하고, 끝으로 그러한 믿음으로 하나님과의 뿌리가 바른 관계를 맺은 다음에 생활은 어떠한가? 등등 여섯 내지 일곱 가지를 가지고 말씀드리겠습니다.

첫째로, '하나님이 세상을 이처럼 사랑하사 독생자를 주셨으니 누구든지 저를 믿으면 멸망치 않고 영생을 얻는다'고 했습니다. 왜 하필 하나님께서는 인간에게 하나님과 바른 관계를 맺는 방법으로서 믿음을 요구하셨을까요?

우리 한국에 사는 사람들은 '너희들이 도덕적으로 깨끗하게 살아라'고 한다면 그것은 상식에 속할 정도로 누구나 그 의미가 무엇인지를 분명히 다 압니다. 또 아니면 '손바닥에 뜨끈뜨끈 불이 날 정도로 싹싹 비벼 가면서 뒤통수를 훑어 가면서 부처님 앞에 절을 하는 그런 공을 드려라'고 하면 그것은 또 과거부터 내려오는 의식이 벌써 불교적이고 유교적인것에 젖어 있기 때문에 조금도 이해하기 어렵지 않습니다.

그런데 '믿음'이라는 단어는, 우리 종교적인 전통에 비추어 볼 때 상당히 생소한 단어입니다. 다른 종교에는 믿음이라는 단어가 없습니다. 성경에 있는 이 믿음이라는 단어, 창세기 1장 1절부터 요한계시록 끝장 끝절까지를 관통하고 있는 이 단어, 도대체 이 믿음이라는 것은 무엇인가? 왜 하필 하나님께서는 우리에게 믿음이라는 방법으로써 하나님과 바른 관계를 맺도록 어떤 표준을 정했는가? 여기에 두 가지만 이유를 듭시다.

첫째 이유는, 하나님은 인간의 어빌리티(ability), 인간의 그 어떤 가능성, 인간의 역량을 살피십니다. 만일 우리가 상식적으로 알듯이 너희들이 선행을 많이 해라. 그러면 내가 너희들과 바른 관계를 맺어 주겠다. 그래서 사람이 선을 행하면 하늘이 복으로 갚는다는 그 유교적인 사상을 생각해 봅시다. 하나님의 표준에 맞는 선은 인간이 행할 수 없다는 것을 알아야 합니다. 사람들이 '선하다, 악하다' 하는 것은 인간끼리의 얘기지, 하나님 앞에 내놓을 만한 선은 인간에게 근본적으로 없습니다.

가령, 깜깜한 밤에는 100촉 전구와 10촉 전구는 더 밝고 덜 밝은 차이가 있습니다. 그러나 아침이 되어 햇살이 막 쏟아지는 햇빛 앞에, 100촉 전구가 더 밝으면 얼마나 더 밝고 10촉 전구가 덜 밝으면 얼마나 덜 밝을까? 차이가 없습니다. 태양의 빛과 100촉 전구와는 비교가 안 됩니다. 차원이 다릅니다.

하나님 없는 인간끼리는 선하다, 악하다는 평가기준이 있을 수 있으나 절대적으로 완전하신 하나님 앞에 인간은 100촉 전구가 태양빛 앞에 빛을 자랑하는 것과 마찬가지입니다. 아예 인간의 선은 하나님의 표준에 맞출 수 있는 선을 행할 수 있는 힘이 없습니다. 근본적으로 부패하고 타락했기 때문입니다.

인간으로서는 하나님의 표준에 맞는 선을 행할 수가 없습니다. 인간끼리는 선이 아름답고, 선이 고상하고, 선이 참으로 우아하고, 선이 그렇게도 숭고하지만 인간의 선이란 하나님 앞에 그놈이 그놈이고 별차이가 없습니다. 이렇듯 하나님께서 인간의 가능성을 아시기 때문에 하나님의 표준에 맞는 선을 행할 수 없는 인간보고 "너희들 내 마음에 맞는 선을 행하여라" 그 말은 "너희들은 죽어라"고 하시는 것과 다를 것이 없는 겁니다. 그러기에 하나님께서는 인간에게 하나님의 표준에 맞는 선을 행하라고 하시지 않습니다. 인간이 할 수 없는 것을 아시기에 그것을 요구하지 않았다는 것이 첫째 이유입니다.

가령, 예를 들어 봅시다. 이스라엘 백성이 애굽에서 나와 가나안으로 가는 길에 그만 하나님께 원망하고 불순종하다가 뱀에게 물려서 그 벌판에, 후세인이 몸부림치는 그 벌판이 아니었는지 모르겠습니다, 그 벌판에 쓰러졌습니다. 모두 뱀에게 물려 넘어져서 시름을 하는데, 하나님께서 그들에게 살길을 하나 열어 주셨습니다.

예를 들어 '자, 너희들 이 사막을 건너면 홍해가 있고, 사막 이으로 가면 요단강이 있느니라. 가서 너희들이 목욕을 하면 낫는다' 고 합시다. 손발을 움직이지 못하고 팅팅 부어 넘어져 있는 사람들한테 거기 가서 목욕하라 하면 그것은 못 할 일을 시키는 거니까 곱게 죽으라는 말과 다를 것이 없어요.

그것을 아시는 하나님께서는 그들에게 그렇게 못할 일을 시키지 않습니다. 그렇게 누워서도 고개는 까닥까닥 돌릴 수 있으니까. 그러니까 구리뱀을 만들어 장대에 달아서는 군중 앞에 갖다 세우고 "쳐다보아라 그러면 낫는다."

인간이 할 수 있는 것을 시킨 겁니다. 인간이 할 수 없는 것을 시키는 것이 아니라 고개는 까닥까닥하니까, 그것이 뭡니까? 하나님이 그렇게 말씀했으니까, 그 말씀을 믿고 고개를 까닥까닥하면 낫는다고 하는, 인간이 할 수 있는 고개 까닥까닥할 수 있는 것과 마음의 기능은, 그렇게 믿을 수 있는 기능은 인간에게 있으니까. 가장 쉬운 것, 인간이 할 수 있는 것을 시켜 살길을 열어 준 것이 구리뱀 사건이고, 예수님도 구리 뱀과 같이 들려야 하리라고 자기 자신을 십자가에 달리는 이유를 그렇게 비유로 설명했습니다.

이것은 바로 인간이 못할 일을 시키는 것이 아니라, 도덕적으로 선해라, 내 수준에 맞는 의와 선을 행하라는 이것이 아니라 '믿어라'는 겁니다. 믿음은 마음의 자세예요. 그러니까 인간에게 그것을 요구하셨다는 것이 첫째 이유입니다.

둘째 이유는, 하나님과 사람은 인격 사이입니다. 인격과 인격 사이에 하나가 되는 생명이 교류하는 교제, 마음이 하나가 되고 뜻이 하나가 되는 생각이 하나가 되고 쉬운 말로 '내외간' 이라고 합시다. 하나님과 사람 사이에 네가 따로 없고 내가 따로 없는, 하나님 안에 나, 내 안에 하나님.

요한복음 15장에 '너희들이 내 안에 있고 내가 너희 안에 있으면' 하는, 이와 같은 인격적인 교제, 생명이 교류하는 교제, 내외 간에 네가 나요 내가 너인, 네 행복이 내 행복이고 내 행복이 네 행복인, 네 즐거움이 내 즐거움이고 내 즐거움이 네 즐거움인, 네 영광이 내 영광이고 내 영광이 네 영광인, 이와 같은 내외 관계 같은, 네가 따로 없고 내가 따로 없습니다. 네가 곧 나고 내가 곧 너지요.

"아따, 이 목사님 굉장히 애처가인 모양이다" 하실지 모르겠지만 그런 건 아니고 이렇듯 내외 간에 서로 한마음, 한뜻, 한 생명, 네 괴로움이 내 괴로움인 이와 같은 교제는 과연 무엇으로 이루어질 수 있다고 생각합니까? 이것은 무엇으로 가능합니까? 사랑? 천만예요. 사랑이란 감정의 장난일 경우가 상당히 많습니다. 괜히 허황한 감정의 장난 가지고 '사랑', '사랑' 입에 바르는 소리하다가 얼마 안 가서 그 사랑이 미움으로 바뀌어지는 장난, 감정의 장난은 사랑이 아닙니다.

사랑보다 더 먼저, 믿음입니다. 아내가 남편을 100% 믿어 주고 남편이 아내를 100% 믿어 주는 아니, 100%가 아니라 150%, 150%가 아니라 200% 믿어 주는 사이에 비로소 네가 나이고 내가 너이고, 네 행복이 내 행복이고 내 행복이 네 행복이고, 네 영광이 내 영광이요 내 영광이 네 영광이 되는 하나가 되는 거예요.

하나님과 사람과의 교제는 인격적인 결합입니다. 하나님 안의 나, 내 안의 하나님, 어떻게 이것이 가능한가? 믿음! 하나님을 믿어버리는 믿음! 그저 죽이든지 살리든지 처분대로 하옵소서. 하나님을 믿어 버리는 믿음! 하나님이 그렇게 믿는 자에게 또 덥석 믿어 주는 이 믿음 관계에서만이 잃어버린 뿌리를 도로 찾을 수 있다는 이유 때문에 하나님은 인간에게 믿어라, 믿어라, 믿음이라고 하는 방법으로 잃어버린 인간의 뿌리, 인생의 뿌리, 하나님과 바른 관계를 맺도록 표준을 정했다는 게 첫째 대답이 됩니다.

둘째로, 그렇게 믿는다고 하면 무엇을 믿느냐? 믿음의 대상 혹은 믿음의 조건이 문제입니다.

저와 생각이 다른 분이 있는데 그분이 옳은지, 내가 옳은지 모르겠으나 어쨌든 집회를 인도하면서 그냥 "믿습니다" 예배당 천장이 들썩들썩 되도록 "믿습니다. 믿습니다"고 하는데 따지고 보면 뭘 믿지요? 자기 감정을 믿고 있습니다. 자기 욕심에 허황한 공상을 믿고 있습니다.

믿음이란, 객관적으로 믿음의 대상과 믿음의 조건이 분명해야 됩니다. 옛날의 우리나라 종교는 '지성이면 감천'이라, 정성만 지극하면 하늘이 응감한다. 정성만 지극하면 그 대상이 뭐든지 그 정성을 바치는 그 조건이 뭐든지 문제가 되지 않습니다. 동에 가서 정성을 드리든지, 서에 가서 정성을 드리든지, 고목나무 밑에 가서 정성을 드리든지 이상하게 생긴 바위 밑에 가서 정성을 드리든지, 정성만 지극하면 하늘이 응감한다는 그런 생각들, 오늘날도 믿는다는 것이 그냥 내 정성만 지극한 것인 줄로 풀이해 버리고 객관적인 믿음의 대상이 분명치를 않아요. 객관적인 믿음의 조건이 분명치 않습니다. 오늘 한국 교회에 이 괴상한 운동이 많은 선량한 영혼들을 미혹하고 있습니다.

믿는다면 뭘 믿어야 되느냐? 성경을 믿어야 됩니다. 그 성경 속에 담겨 있는 하나님을 믿는 겁니다. 그 성경 속에 담겨 있는 약속을 믿는 것입니다. 그런 성경을 한마디로 요약하면 우리가 가장 잘 외우는 "하나님이 세상을 이처럼 사랑하사 독생자를 주셨으니 이는 저를 믿는 자마다 멸망치 않고 영생을 얻게 하려 하심이라"는 말씀 그대로를 믿는 것입니다.

셋째로, 하나님께서 사람을 사랑했으면 사랑했지, 왜? 성자 예수님을 십자가에서 죽여야만 했고, 우리가 믿음의 핵심 요소로 예수님의 십자가의 은혜와 공로를 믿어야 하느냐? 다시 말해서, 우리의 인생의 뿌리가 되는 하나님과 바른 관계를 맺기 위해서 믿음이 요구되는데, 그 믿음의 핵심 요소로 왜 하필 예수님이 십자가에 죽어 주셔야만 됐고 그 십자가의 공로를 믿지 않으면 안 되느냐? 이것은 적지 않은 의문입니다.

우주의 주재자이신 하나님께서 없는 것도 있으라고 하면 있고, 있는 것도 없애라 하면 없어지는 겁니다. 한번 하나님께서 선언만 하면 될 것이지, 일국의 대통령에게도 8월 15일이나 12월 25일이나 이런 때에 한번 청와대에 앉아 가지고 명령만 하면 전국에 있는 형무소 문이 활짝 열리고 수천명의 죄수들이 푸른 옷을 훌렁훌렁 벗어 버리고 일반 시민의 옷을 입고 길거리로 쏟아져 나와 일반 시민으로 자유롭고 당당하게 살아갈 수 있도록 하는 권한이 있다고 하면, 우주의 주재자이신 하나님께서 한번 선언만 하시면 됐지, 한번 말씀만 하시면 됐을 텐데 구태여 외아들을 그 끔찍한 십자가에, 그 고통의 십자가에, 태양이 빛을 잃을 정도로, 땅이 가만 있을 수 없어 와들와들 떨고 바위가 터질 정도로, 그 고통은 사람의 고통이 아니라 억조창생의 모든 고통을 홀로 몸에 걸머지고 희생의 제물이 되는 고통을 왜 성자 예수님이 당해야만 했느냐?

예수님이 십자가에서 죽지 않고도 하나님의 주권으로서 한번 했으면 됐지, 왜 하필 성자 예수님이 십자가에 죽어야만 됐는가? 우리가 왜 그 공로를 믿어야만 되는가? 적지 않은 의문이었습니다. 그러나 저는 오랫동안 성경을 연구하고 신앙생활을 하면서 세 가지 이유를 발견했습니다.

왜 우리가 십자가의 공로를 믿고 의지하지 않으면 우리의 뿌리가 되는 하나님과의 바른 관계가 맺어지지 못하느냐? 그 첫째 이유는 하나님의 속성상 이유입니다. 하나님의 속성, 하나님의 속성은 우리가 말할 때 '하나님은 사랑이라' 사랑의 하나님, 맞습니다. 그러나 또 다른 한 면이 있습니다. '하나님은 의로우신 하나님' 입니다. 사랑과 의, 이 완전한 사랑과 완전한 의가 합해서 거룩하신 하나님이라고 하는 겁니다.

'거룩하신 하나님!' 독일의 어떤 신학자가 거룩이라고 하는 단어를 가지고 쓴 큰 논문의 번역본을 것으로 읽어본 적이 있습니다. 하나님의 거룩을 분석하면 완전한 사랑과 완전한 의로우심, 이것을 합해서 거룩하신 하나님이라고 합니다. 그러기 때문에 사람에게는 거룩이라는 것이 없습니다. 비록 성도라고 그러긴 하지만 기분 좋으라고 한 말이지. 성도가 어디 있습니까? 성도는 없습니다. 우리 인간에게는 거룩이 없습니다.

그 하나님의 속성상, 즉 하나님은 의로우시고 또 사랑이신 하나님. 여기에 죄인을 보시는 하나님의 괴로움이 있었습니다. 자, 죄인의 죄를 보자니 당장 의로우신 하나님께서 진노를 하셔야 되겠고, 그러나 인간에게 진노하자니 사랑의 하나님께서 차마 그러지 못하시겠고. 우리가 쉬운 말로 하나님의 괴로움이 여기 있었습니다.

그렇게 괴로워하시는 하나님을 옆에서 지켜보시던 성자 예수님께서,

"아버지 왜 그렇게 걱정이 많으세요?"

"아, 정말 저 인간들 불쌍하지 않느냐? 저 인간들에게 살길을 열어줘야 되겠는데 죄를 보니 당장 진멸을 해야 되겠고, 진멸을 하자니 인간이 불쌍해서 이러지도 못하고 저리지도 못하는 그것에 나의 괴로움이 있다"고 설명을 하실 때 성자 예수님은,

"아버지, 죄가 밉지요?"

"그럼."

"그렇다면 죄를 미워하시는 아버지, 그 죄를 미워하시는 의분을 나를 쳐서 그 의로우심을 푸시고 인간을 사랑하시는 마음에 후회 없는 실천을 하시기를 바랍니다. 내가 인간의 죄를 미워하시는 의분 대신 희생을 당하겠습니다."

이것이 십자가의 의미입니다.

자, 쉬운 말로 한번 얘기해 봅시다. 목사는 자식을 잘 길러야 됩니

다. 그냥 자기 딴에는 목회를 잘 한다고 덤비고 뛰고 그러다가도, 아이들이 말썽을 부리면 할 수 없이 보따리를 싸고 그 교회를 떠나야 하는데 그런 친구 목사도 더러 있어요. 그래서 내게 아이들이 몇 명 있는데 이 아이들을 기르느라고 꽤 신경을 썼습니다.

여러분, 우리나라의 청소년 문제, 이것은 지금 말할 본론의 문제는 아닙니다만 우리의 내일이 암담합니다. 청년이 가는 길에 나라가 가는데, 청소년이 가는 길에 나라가 가는데, 우리 청소년들이 저렇게 가면 이 나라의 내일은 어떻게 되겠는가? 저는 비교적 심각하게 걱정하는 사람 중의 하나입니다. 이 어린것들을 학교에 안심하고 못 맡깁니다. 사회에 안심하고 못 맡깁니다. 물론 그들이 그렇게 위험 안에서 자라고 있는 것은 기성세대의 잘못 때문입니다.

어른들은 어른이라는 특권을 가지고 아이들을 불량 청소년이라 말합니다. 불량 청소년들이 날 적부터 칼을 쥐고 났던가요? 불량 청소년들이 세상에 태어날 적부터 손에 담배를 쥐고 났던가요? 불량 청소년들이 날 적부터 손에 히로뽕 주사기를 들고 났던가요? 아닙니다. 전부 어른들이 그렇게 만들어 놓았습니다. 어른들은 어린것들을 보고 불량 청소년이라고 정죄할 자격이 없고 권리가 없습니다. 이것은 어른들의 횡포입니다.

어른들은 보면 기분 좋다고 히죽히죽 웃고 나오면서 "아이들은 보면 안 돼"합니다. 그런 횡포가 어디 있습니까? 극장에 들어가서 어른들은 히죽히죽 웃고 나오면서 '미성년자 출입금지' 딱지를 붙입니다. 그런 횡포가 어디 있습니까? 아이들이 봐서 안 되면 어른도 안 봐야지요. 어른들의 횡포 때문에 어린것들이 골병들고 있습니다. 우리 자식들, 이제는 우리가 책임져야 됩니다.

여러분의 가정에 있는 아이들을 정말로 정성을 다해 길러야 됩니다. 나는 내 경험을 가지고 그런 말할 수 있습니다. 아들이 자라거든 어머니가 그 어린 아들의 걸 프렌드가 되어 줘야 합니다. 딸이 17,

18살 정도 되면 아버지가 그 딸의 보이 프렌드가 되어 주어야 됩니다. 분명히 그것은 진리입니다. 나이가 먹어 가면, 딸은 딸대로 허전함을 느끼게 됩니다. 자연스럽게 그렇게 되는 거예요. 아들은 아들대로 뭔가 마음에 허전함을 느끼게 될 때 엄마가 옆에서 걸 프렌드로 손을 꼭 잡아 마음의 안정을 줘야 되는 것입니다. 딸이 자라면서 그렇게 마음에 허전함을 느낄 때 옆에 있는 아버지가 손을 꼭 잡고 보이 프렌드가 되어 줘야 됩니다.

여기서 그 이야기를 다할 시간은 없습니다만 아이들이 자라는데 신경을 좀 씁니다. 지금 큰아들이 초등학교 5학년 때부터 인호라는 나쁜 친구와 사귀어서는 학교에 갔다 오면 책가방을 집어던지고는 나가 버리고 밤 11시가 넘어야 돌아옵니다. 어떻게 걱정이 되던지, 그러지 말라고 타이르고 나무라고 또 부탁하고 했으나 "예, 예" 시원스럽게 대답만 하고 고치지를 않습니다. 어떻게든 밖으로 나가는데, 어디로 가는가 궁금해서 뒷조사를 해봤지요. 우리 교회 옆에 시민극장이라는 3류 극장이 하나 있고 극장 뒷골목 으슥한 곳에서 깡패들이 얼쩡얼쩡 그러는데 목사 아들이 거기서 깡패 똘마니 노릇을 하고 있었습니다. 얼마나 불쌍하고 원통하고, 그래서 불러들여 가지고 그러지 말라고 일러 주었습니다. 그러나 시원시원하게 대답을 하면서도 또 못 고칩니다.

한번은 큼직한 몽둥이를 하나 만들어 가지고서 2층 내 방으로 불러들였습니다. 아버지 손에 몽둥이가 들려 있는 걸 보고 '이제는 죽었구나' 그런 생각이 드는가 봐요.

"오늘 내가 너를 때리려고 하는 것은 아니다. 나하고 약속하자. 사람은 사람의 말을 들어야 사람이지, 사람의 말을 안 들으면 짐승이야. 짐승은 몽둥이로 다스리는 거야. 이 다음에 한번만 더 말을 안 들으면 이 몽둥이가 너를 다스릴 것이다"

우선 안 맞으니까 다행이다 생각하고 "예, 예." 시원스레 대답을 하고 헤어졌습니다. 얼마 동안 조심을 하더군요. 그러나 인간의 그 본성이 고쳐지지를 않아요. 법 가지고 고쳐지는 게 아니요, 죄지어 가지고 고쳐지는 것이 아니에요.

어느 날 보니까 또 나가서 집에 안 돌아옵니다. 알고 보니 또 거기 가서 놀고 있습니다. 분하기도 하고 불쌍하기도 했습니다. 녀석이 저녁이 다 되어 들어왔습니다. 방으로 불러들였습니다.

"꿇어앉아라" 꿇어앉았습니다. 몽둥이를 들었습니다.

"이놈, 너 오늘 맞아 봐라."

얼굴이 파랗게 질려 가지고 울면서,

"아버지 잘못했습니다. 잘못했습니다" 하고 빌고 있는데 몽둥이를 후려갈기려고 보니 머리를 때리면 머리가 뻥 뚫리겠고, 등줄기를 후려갈기면 그냥 척추뼈가 마디마디 동강나겠고, 아래 종아리를 갈기면 쇠뼈 같은 것이 그냥 꺾어지겠고 해서 때릴 때가 없어요. 그러나 안 때릴 수도 없습니다. 내 손이 벌벌 떨립니다. 이것이 사랑과 의의 충돌입니다. 한참 손이 벌벌 떨리다가 나도 모르는 사이에 여름철인데 짧은 바지를 입은 내 종아리뼈를 후려갈겼습니다. 두세 차례 후려갈기니 그냥 핏줄이 터져서 피가 막 튀고, 커튼에 피가 묻고 야단이 났습니다. 몽둥이는 동강이 나고 이놈은 내 몸에 매달려 왕왕 울면서,

"아버지 내가 잘못했어요, 내가 잘못했어요."

내가 꼭 껴안고, "내 마음 알겠냐?"

"알겠습니다."

"내 맘 알겠냐?"

"알겠습니다."

그때부터 그놈은 완전히 달라졌습니다. 달라졌습니다. 왜 내 다리가 터져야 되고 피투성이가 되어야 합니까? 내 다리가 언제 극장 뒷

골목에 가서 깡패 똘마니 노릇했습니까?

 죄를 미워하는 의분과 자식을 사랑하는 그 애정의 충돌은 자기 희생이 아니고는 해결할 수 없는 것입니다. 우리 인간에게도 그런 실례가 있다면 성자 예수님이 왜 터져야 했으며, 성자 예수님이 왜 희생의 재물이 되어야겠습니까? 그것은 우리를 사랑하시는 하나님의 사랑과 우리 죄를 미워하시는 하나님의 의분이 충돌하여 서 "성자야 네가 맞아라." 그것이 십자가의 의미인 것입니다.

 이 십자가의 의미를 바로 가슴으로 받아들이기 전에는 십자가의 의미가 무엇인지를 모릅니다. 하나님의 사랑이 뭔지를 모릅니다. 구원의 은혜가 얼마나 감격스러운 줄 모릅니다.

 그래서 어느 날 심방 갖다가 와서 우물곁에서 발을 씻는데 뒤에서 뭔가 '헉헉' 흐느끼는 소리가 나서 돌아보니 이 아이가 문턱에 기대어 서서 시커멓게 멍이 들고 터져 있는 내 다리를 바라보면서 흐느껴 웁니다. 그때 마침 똘마니 노릇 같이하던 인호가 와서 "민아!" 하고 부릅니다. 그때 그 아이가 찾아온 친구에 대한 그 반응이 그냥 이를 갈 듯이 미워하면서 "다시 오지마. 이 새끼야" 하면서 화를 내는 거예요.

 자, 이겁니다. 죄가 나쁜 줄 누가 모르나요? 양심이 있는 이상, 양심이 없으면 교양이 있는 이상, 죄가 나쁜 줄 누가 모르나요? 교회 다니면서 죄가 나쁜 줄 누가 모르나요? 얼마나 많은 설교를 들었습니까? 하지만 죄가 나쁜 줄 알면서도 죄를 끊는다고 하는 것은 쉬운 일이 아닙니다.

 나쁘다, 나쁘다 그러면서도, 인간의 본성 속에는 그래도 '흥' 하고 흥미를 느끼는 것이 속이지 못하는 인간의 본성입니다. 그렇기 때문에 죄라는 것이 결심을 한다고 끊어지는 것이 아니요. 죄라는 것이 그렇게 맹세로써 성화되어지는 것이 아닙니다.

우리 아이는 내 터진 다리를 보면서 그동안 같이 다니던, 똘마니 노릇한 친구가 미워져 화를 내지 않고는 못 배겨, 다시는 그 친구 따라 그 길로 두 번 갈 용기가 나지 않고 흥미가 끊어져 버렸어요.

왜 내가 이 말을 하느냐 하면, 우리가 교양이나 혹은 양심으로서는 죄가 나쁘다, 나쁘다 하지만 그것 가지고 죄와 관계가 없는, 죄와 인연이 끊어신 성도의 생활을 할 수가 있느냐 하면 그게 아니에요. 십자가의 은총이 가슴에 와닿을 때, 십자가로 하여금 은총이 가슴에 와닿을 때, 그때 한 걸음 나아가 죄가 미워지는 겁니다. 죄가 미워져요. 그 죄가 미워지는 상태가 어디까지 가느냐 하면 '화로다 나여', 자기 자신이 미워지는 정도까지, 자기 자신의 가증이 미워지는 정도까지, 죄인의 괴수라고 고백하지 않고는 못 배길 만큼 자기가 미워지는 경지까지 갔을 때 다시는 죄 된 생활에 한 발걸음도 내딛지 않고, 손이 펴지지 않는다는 결론입니다.

그래서 토마스 아켐피스는 말했습니다. "죄를 이기기를 원하느냐? 십자가 앞을 떠나지 말아라. 거룩하게 살기를 원하느냐? 십자가 앞을 떠나지 말아라." 십자가의 은총에 푹 잠길 때, 아버지의 터진 다리를 볼 때, 두 번 다시 똘마니 길을 걷고 싶지 않고, 뒷골목에 가고 싶지를 않게, 완전히 성품이 달라져서 그 때부터 차근차근 공부해서 지금은 목사가 되어 샌프란시스코에서 목회를 합니다. 그 아들이 "내가 아버지보다 더 큰 목사가 될 겁니다. 그런데 단, 아버지 설교원고 그것 전부 다 됐다가 집은 나에게 유산으로 못 줘도 그건 제게 유산으로 달라"고 했습니다.

왜 성자 예수님이 십자가의 희생의 제물이 되었느냐? 하나님의 속성상 사랑의 하나님과 공의의 하나님이 인간의 죄악과 인간을 불쌍히 여기는 마음의 그 고통은, 성자 예수님의 희생이 아니고서는 인간에게 살길을 열어 줄 수가 없기에 그 십자가 희생의 제물이 되신 것이 십자가의 첫째 의미입니다.

둘째로는, 인간의 죄악의 성질상, 인간의 죄악은 개인적으로나 인류적으로나 절망적입니다. 개인적으로 절망적이라는 말은 인간 속에 성한 곳이 없어서, 인간 속에는 이것을 개량해 가지고, 잘 길러서, 하나님의 마음에 맞는 표준까지 인간을 고쳐 놓을 만큼 성한 것이 없도록 속속들이 썩고 부패하고 타락해 있다는 것입니다. 그래서 개인적으로 절망적이라는 것입니다.

그 다음에, 전 인류적으로도 역사 이래로 940억이나 되는 인류가 이 세상에 와 살다가 가고, 살다가 가고, 살다가 가고 지금은 한 60억 정도 되는 인류가 지구에 다닥다닥 붙어 살고 있는, 그 전 인류적으로 모두가 다 개인적으로 절망적인 인간들이 모여 인류를 이루고 있으니 인류 속에서 구주가 나올 수 없는 것입니다.

예를 들어, 강물이 범람해서 강 언덕에 있는 한 동네가 몽땅 떠내려갑니다. 남자, 여자, 늙은이, 젊은이 모조리 떠내려 갑니다. '살려 달라'고 아우성을 칩니다. 한 사람도 자기 힘으로 자기 혼자라도 살아 나올 만한 힘을 가진 사람이 없습니다. 그러니까 떠내려 가는 50명이든 10명이든 20명이든 30명이든 간에 전체적으로도 그 속에서 구주가 나올 수 없습니다.

개인적으로도 절망적이요, 전체적으로도 절망적인 그런 상황에 언덕에 선 어떤 누군가가 허리에 동아줄을 매달아 그 물 속에 뛰어들어 목숨을 걸고 살길을 열어 주지 않고는 홍수에 떠내려 가는 사람으로서는 살 길이 없는 절망! 바로 그것입니다. 아담의 후손은 전 인류적으로 다 부패하고 타락했으므로 인간 속에서 구주가 나올 수는 없어요. 인류의 작은 언덕에 서셨던 성자 예수님께서 '풍덩' 하고 인간 죄악의 홍수 속에 뛰어 들어오셔서 자기의 희생으로 살길을 열어 주신 것이 십자가의 의미인 것입니다.

포항에서 다섯 명이 모여서 굉장한 악을 저지른 그런 사건이 있었지요. 그건 아닙니다만, 예를 들어서 다섯 놈이 다 사형언도를 받고 서 그 다음에 이제 집행을 기다리는 그런 때인데, 어느 날 그 중의 한 놈이,

"판사님!"

"왜 그래?"

"저기 저 놈은 죽으면 안 돼요."

"안 죽을 수 있나?"

"저 놈의 집에 80세 되는 어머니가 계시는데, 저놈이 죽으면 그 80세 어머니가 바가지를 들고 길거리로 나서야 돼요. 그러니까 저놈 은 돌아가서 어머니 잘 모시도록 해야 됩니다."

"그럴 수 있나? 죽을 수밖에 없는데!"

"판사님, 그런데요."

"너, 왜 그래?"

"내가 저놈 대신에 죽겠어요. 그러니까 저놈을 내보내 주면 좋겠습 니다."

판사님이 듣다가,

"야, 너 마음 한번 고맙구나, 너 마음 참 아름답구나. 그런데 네 목 숨은 몇 개냐?"

"목숨이야 하나지요."

"그래. 하나밖에 없는 목숨은 이미 네 죄 때문에 죽게 되어 있어. 목숨이 두 개라면 모르지만 하나밖에 없는 목숨은 이미 네 죄 때문에 죽게 되어 있어. 네 마음은 고맙지만 저 사람을 위한 구주가 될 수 없 어."

마호메트, 마음은 고맙지만 저 사람을 위한 구주가 될 수 없어요. 석가님, 마음은 고맙지만 다른 사람을 위한 구주가 될 수 없습니다. 공자님 역시 마음은 고맙지만 다른 사람을 위한 구주가 될 수 없습니 다. 다 아담의 후손으로서 모두 다 절망적인 자기 죄 문제를 해결할

수 없는, 절망적인 상황에 놓여 있기 때문에 인간 속에서는 도저히 구세주가 나올 수 없다는 결론입니다.

그런데 마침 그 다섯 명 외에 누군가 지나 가다가 그 딱한 사정을 듣고 판사에게 가서,

"판사님, 이야기를 들어 보니 딱하구만요. 내가 늙어서 살면 몇 해 나 더 살겠어요. 내가 저 젊은이 대신 죽겠으니까 저 젊은이 돌아가서 어머니 모시도록 해주면 좋겠습니다."

"고맙습니다. 당신은 자격이 있어요." 다섯 명 밖이니까. 인류 밖에서 성자 예수님이 인간의 절망적인 형벌 아래 인간을 대신해서 희생의 제물이 되시고, 십자가 희생의 제물이 되시고 우리에게 살길을 열어 주신 것이 십자가의 의미입니다.

셋째로는, 율법의 성질상 사람에게는 두 가지 율법이 주어져 있습니다. 보편적으로 양심이는 율법이 주어져 있는데, 그 양심의 율법만으로는 인간을 구원으로 이끌 수 없기에 부족하기에 하나님의 말씀이라고 하는 율법이 인간에게는 주어져 있습니다. 이 두 가지 율법이 인간에게 주어져 있습니다. 양심은 모두 보편적으로 가지고 있지만 어떤 이는 양심을 기준으로 삼고 살아가고 있으나 어떤 이는 양심을 아예 짓밟아 버리고 살아갑니다. 하나님이 말씀의 율법을 주셨는데 어떤 이는 그 말씀의 율법을 받아서 그 말씀대로 살고, 어떤 이는 외면하고 살아가는 이런 상황 속에, 그 법에는 '반드시 시행해라. 행하지 않으면 어떤 벌칙이 따른다'고 경고합니다.

양심적으로도 우리는 늘 범법자로서의 가책을 받고 살아갑니다. 말씀의 법칙 앞에서도 우리는 모두가 다 범법자로서 벌을 받을 수밖에 없다는 것이 의식, 무의식 속에, 사람의 마음속에 있는 심판에 대한 불안의식인 것입니다. 모두 다 심판받을 수밖에 없는 인간을 대신해서 예수님이 심판을 받아, 형벌을 받은 것이 십자가의 의미라는 것

입니다.

　미국 개척 초기에 유럽에서 많이 건너왔는데 스페인에서 온 사람은 스페인 촌을 만들고, 네덜란드에서 온 사람들은 네덜란드 촌을 만들었습니다. 넓은 벌판에 여기저기 촌을 형성했습니다. 가을에 넓고 넓은 벌판에 잡초가 무성하게 자라 누렇게 말라서 바람에 흔들리고 있는데, 그런데 인디언들이 어느 날 밤 그 넓은 벌판에 불을 질러 버렸습니다. 아직까지 초저녁인데 환하게 밝아 문을 열고 나가 보니 사방이 불로 싸여 타들어 오는데 기가 막힐 노릇입니다.
　남편은 아내를 아내는 남편을, 아이는 부모를 부모는 아이를 붙잡고 통곡을 하고 발버둥을 쳤습니다. 좀더 잘 살아 보려고 여기까지 왔다가 이제 우리는 모두 불에 타죽는구나! 기가 막히는 노릇입니다. 그런데 영감님 한 분이 나오더니,
　"이 젊은것들, 살길을 찾지 않고 왜 울고만 있느냐?"
　"어떻게 살길을 찾습니까?"
　"동네 밖, 저기에 불을 질러라"고 합니다.
　동리 사람들이 타들어 오는 불에 타죽기 전에 미리 타죽으려고 가까이 불을 질러라 한다고 야단입니다. 그러나 노인의 말을 따라 동네 밖에 불을 질렀습니다.
　바람결을 따라 다른 방향으로 불이 확 타고 지나가고 난 뒤에 새까만 재만 남았습니다. 영감님이 말하기를 "불탄 자리에 옮겨서라. 불이라는 것은 한번 태우지, 두 번 태우지 못하느니라." 온 동네 사람들의 가축과 세간과 식구들이 불탄 자리에 옮겨 섰습니다. 타오던 불이 와 보니까 이미 타버렸거든요. 그래서 옮겨 선 사람들이 모두 살았다고 하는 실화가 전해져 옵니다.

　왜 내가 이런 말을 하느냐 하면, 불이라고 하는 것은 한번 태우면

두번 태우지 못하고 법도 한번 집행된 것은 두번 벌하는 법이 없다는 것입니다. 불탄 자리에 옮겨서라. 형벌 받아버린 예수 안에 옮겨서라. 불이 두 번 태우지 못하듯이 형벌받은 예수 안에 옮겨서는 사람에게는 형벌이 없느니라. 이 때문에 우리 살리려고 우리 예수님 십자가에서 형벌받아 버렸다는 것입니다. 그래서 로마서에 보게 되면 그리스도 안에 있는 자에게는 "정죄함이 없나니", 또 요한복음에도 "심판이 없나니".

무슨 말입니까? 심판 받아버린 예수님 안에 옮겼을 때에 나는 죄인이지만 심판받아버린 예수님의 공로 때문에 나는 심판받지 않는다는 이 진리, 이 축복, 이 은혜 주시려고 성자 예수님이 우리를 대신하여 심판받아 버렸다는 사실이 십자가의 세 번째 의미인 것입니다.

다시 토마스 아켐피스의 말을 되풀이합니다. 우리가 은혜로운 생활, 성령님이 가장 강력하게 우리에게 역사하실 수 있는 계기는 우리가 얼마나 십자가 앞에서 겸허하게 몰두하는가에 달려 있다는 말입니다. 십자가 앞에, 그 십자가의 은총에 몰두되어 감격! 감사! '늘 울어도 눈물로는 못 갚을 줄 알아 몸밖에 드릴 것 없어 이 몸 주께 드립니다.' 진실로 십자가의 감격된 심령의 고백이 여러분의 가슴속에도 있으시길 바랍니다.

넷째로, 십자가의 공로를 믿는다고 하는 것은 무엇입니까? 이것은 참 어렵습니다. 내가 인격적인 생각도 하고, 또 생각하는 것을 분석도 하고, 종합적으로 정리도 해보고, 이런저런 결론도 내려보고 하는 그런 인격적인 기능을 가지고 그 예수님의 십자가의 공로를 믿는다는 것이 무엇인가? 막연합니다. 간단하게 예화를 들어 봅시다.

옛날 아주 옛날. 구 한국 시절이라 그럽시다. 한 동네에서 두 소년이 자라났습니다. 아주 친하고 가까운 친구입니다. 한 20대가 넘어 그 중의 한 청년이 "야, 아무래도 여기 이 동네에 내가 계속해서 살아 가지고는 이 가난을 면할 수가 없어, 내가 어디 가서 돈을 좀 벌어와야 되겠다." 그러고서 작별을 하고 객지 멀리 먼 나라로 돈 벌러 떠났습니다.

한 20년 참 고생을 하고 돈을 엄청 벌어 가지고 고향으로 돌아왔습니다. 돌아와 보니 20년 어간에 동네 어른들이 모두 다 할아버지가 되어 있습니다. 찾아가서 정중히 인사를 드리고 또 문안을 드리는데, 그런데 같이 자라던 친구가 보이지 않습니다. 어른들에게 물었어요.

"그 아무개는 어디 갔습니까?"

어른들이 쉬쉬하면서 "자네는 모르는 것이 좋을 걸세" 그리고 대답을 안 해줍니다. 그럴수록 더 궁금해서 어느 점잖은 어른에게 가서 자세히 물었습니다.

그 점잖은 어른이 대답하시기를,

"자네가 객지로 돈벌러 가고 난 뒤에 그 친구는 유산받은 재산을 전부 털어 가지고 인천 옆 주안이라고 하는 데 가서 염전을 시작했다네. 근데 너무 욕심이 많아 거창하게 시작을 하다가 돈이 없으니까-요즘으로 하면 은행돈이겠지만-나랏돈을 많이 빌려다가 그 염전을 시작해서 참 잘 돼. 한참 바닷물이 들어와 가지고 햇살을 받아 증발이 되고 얼음처럼 결정이 되어갈 무렵인데 그냥 장마가 계속되어 한강물이 범람해서 그 주안 염전이 다 떠내려 가고 말았지 뭔가. 이건 뭐 어떻게 손을 댈 수가 없어. 그런데 그것을 나라에서 알고 빚독촉을 하는데 갚을 길이 있어야지. 한번, 두번, 마지막에는 죽인다는 최후통첩을 받았는데, 최후통첩을 받은 후 어디론가 사라져 버렸다네. 그러니 포도청에서도 그 친구를 잡으려고 혈안이 되어 있으니 자네가 아는 척했다가는 덕볼 것이 없을 걸세"

집에 와서 가만히 생각하니 그 친구가 죽지는 않았겠고 하늘 아래 그 어느 땅에 숨어서 지금 바들바들 떨면서 살고 있지 않을까라는 생각이 미치자 측은해졌습니다. 그래서 마음에 결심을 하고 다음 날 아침에 포도청으로 찾아가,
"아무 아무개, 아십니까?"
그러니까 포도대장이 깜짝 놀라면서,
"그래. 그놈이 어떻단 말이냐, 왜 그러냐?"
"글쎄, 그놈을 아십니까?"
"그래. 잘 안다. 그런데 그놈 어디 있냐?"
"왜 그러십니까?"
"아, 그놈 죽을 놈이야."
"왜 그러십니까?"
연유를 죽 얘기합니다.
"그럼, 그 빚이 얼마입니까?"
"얼마 정도 되지."
"그것을 내가 갚아도 됩니까?"
"아, 갚으면 되지."
친구가 대신 빚을 갚았습니다.
"그러면 이제 이 사람 안 죽지요?"
"그럼, 안 죽지."
"그럼 무죄백방이라고 하는 증서 하나 써주십시오."
"그래. 내가 써주지."
포도대장으로부터 시뻘건 도장이 딱 찍힌 무죄백방이라는 증서를 받았습니다.
그날 이후 이 친구는 팔도강산 찾아 돌아다닙니다. 3년 세월 찾아 돌아다녀도 못 만났습니다. 자, 여기에서 빚은 3년 전에 다 청산되고 무죄백방이라는 선포까지 받았건만, 숨어 든 친구는 이 사실을 몰라서 그 어디에서 쓸데없이 불안과 초조 속에 발발 떨고 있습니다. 그

것을 몰라서 말입니다.

이 친구가 수소문을 하니 '강원도 어느 첩첩산골, 어떤 능선에 농막을 매고 감자, 옥수수, 콩 농사를 지어먹는 이름도 모르고 성도 모르는 그런 사람이 산다'는 소문을 듣고 찾아갑니다. 아니나 다를까, 이 친구는 거기 숨어 들어 동쪽. 북쪽. 서쪽으로는 깎아지는 벼랑이라 사람이 오지를 못하고, 남쪽으로 계곡에 사람 그림자만 보이면 '아이고, 포도청에서 날 잡으러 오는 게 아니냐?' 그저 그것만 내려다보고 불안에 바들바들 떨면서 살아왔습니다.

어느 날 보니 사람 하나가 그 계곡에 나타나는데, 어적어적 걸어올라 옵니다. '아이고, 포도청에서 날 잡으러 오나 보다', 솔직히 복음 가지고 오는 사람인데 몰라서 앞잡이로 보았던 겁니다. 그러면서 위에서 내려다보니, 밑에서 점점 가까워지는데 가만히 보니까 옛친구거든요. 밑에서 올라오는 친구가,

"야, 이놈아 너 아무개 아니야?"

가만히 바라보니 친구예요.

"야, 걱정 마라. 내가 네 문제를 다 해결하고 3년 동안이나 찾아 돌아다니다가 오늘에서야 만났구나." 하고 떠들어대면서 그냥 좋아서 뛰어올라 옵니다.

그런데 위에 있는 사람은 그것이 무슨 소리인지, '3년 전에 다 해결했다'는 소리가 이해되지를 않습니다. 복음이 이해가 안 될 때가 있어요. 이해가 되질 않습니다.

"야, 이것 봐라. 무죄백방이라고 하는 문서 가져왔다. 이것 봐라, 이것 봐라." 하면서 친구가 펄펄 뜁니다.

'저놈이 포도청 앞잡이가 되어 가지고 날 잡아서 돈 받아먹으려고 저런 거짓 문서까지 만들어 와 날 꼬시려는 모양이다'라고 생각하니 반가워할 수가 없습니다.

찾아온 친구가 보니 기가 막힙니다. 반가워서 어쩔 줄 몰라하며 좋

아 죽을 줄 알았는데 정반대로 눈을 껌벅껌벅거리면서 가까이 하지도 않고 반가워하지도 않고 쳐다보고 경계하는 태도입니다.

찾아온 친구가, "야, 이놈아. 안 기쁘냐, 안 반가우냐?"

이 쪽에서는 아무 대답 없이 껌벅껌벅 그저 경계를 하고 있을 뿐입니다. 이렇게 1주일이 지납니다. 2주일이 지나도 여전히 친구는 벌벌 떨고 경계를 하고, 이쪽에서 애타게 "네 문제 3년 전에 벌써 해결됐다."고 아무리 말을 해도 상대방이 받아들이지 않으니까 그냥 어색하게 3주일이 지났습니다.

자, 봅시다. 3년 전에 해결된 문제이건만 몰라서 3년 동안 벌벌 떨었고, 이제는 친구가 찾아와서 다 얘기했는데도 믿지 않으니까 3주일 동안 벌벌 떨고, 불안과 초조 속에 여전히 가슴이 두근두근거리지요. 그러다가 어느 날 친구가,

"이놈아! 내가 무슨 할 짓이 없어, 너를 잡아다 주고 돈 받아먹겠느냐? 이 놈아!" 정색을 하고 막 달려듭니다.

이때에 이 친구가 "정말이냐?" 가슴이 열리기 시작합니다.

때를 놓칠 새라, "정말이다."

"정말이냐?"

"정말이다."

목소리가 올라가고, 또 올라가고 올라가다가 마지막에 가서,

"아이고, 친구야. 이제야 살았다." 하고 가슴을 펴서 두 팔로 꽉 껴안은 순간, 그것이 뭐요? 믿음이지요. 3년 동안은 몰라서 3주 동안은 안 믿어서 믿는 순간 3년 전에 해결된 것이 내 것이 되어졌다. 알수 있겠지요?

믿음이라는 것이 이겁니다. 믿음이라는 것이 이것이에요. 믿음이라는 것은 사실을 받아들이는 것입니다. 하나님의 말씀을 받아들이는 것입니다. 하나님의 약속을 받아들이는 것입니다. 믿음이란 간단한 거예요. 믿는 순간 3년 전, 3주 전에 되어진 것이 내 것이 되는 것

입니다. 그 의미를 여러분이 곰곰이 생각하면서 새김질하시기를 바랍니다.

우리의 구원 문제는 2천년 전에 모두 해결되었습니다. 몰라서 헛고생한 세월도 있었습니다. 알기는 아는데 안 믿어서 헛고생한 것도 있었습니다. 이 시간도 성령님은 교회를 통하여, 목사님을 통하여, 여러 교역자들을 통하여 해결된 사건을 여러분들에게 전하는 시간입니다. 이 해결된 사건을 받아들이는 순간 내 것이 되어지는 것입니다.

그러면 다섯째로, 그것이 어떻게 받아들여지느냐? 어떻게 그런 믿음이 가능하냐? 라는 문제가 제기됩니다.

이것도 내가 가졌던 의문 중 하나입니다. 왜 이런 의문이 나오는지 따져봅시다. 예수님은 언제 분인가? 2천 년 전 분이에요. 나는 2천년 후에 사는 사람이고. 십자가의 사건은 멀리 골고다 언덕에서 일어난 사건이요, 나는 대한민국 어느 구석에 살고 있는 사람입니다. 시간적으로 2천 년이라고 하는 시간이, 공간적으로 수만 리라고 하는 이 거리가 현실입니다.

뭘 받아들인다고 그러는데, 누가 여기에 갖다 주면 내가 손으로 받지만 내가 그것을 어떻게 받아? 그것을 어떻게 믿어? 예수님이 남산 언덕에서 오늘 아침에 세상을 떠나는 것을 내 눈으로 보았다면 내가 안방에 돌아와 앉아서라도 뭔가 실감나게,

'아이고, 그래. 살이 찢어지고, 피가 쏟아지고, 축 늘어진 것이 나 때문에 죽으셨다.' 하고 생각하면서 뭔가 실감나게 내 가슴에 뜨끔하게 와닿는 것이 있겠는데, 내가 언제 십자가를 봤는가? 내가 언제 골고다를 봤나? 내가 언제 내 육체의 눈으로 예수님을 만나 보았나? 예수님은 2천 년 전의 예수님, 나는 2천 년 후의 사람. 골고다 언덕에서 이루어진 사건, 대한민국 서울시에 사는 나, 뭐 어떻게 그 관계

를 맺겠습니까? 어떻게 그것을 믿나요. 목사들이 괜히 악을 쓰면서 믿으라 고함을 치지만 억지라도 분수가 있지. 그것을 어떻게 믿어요? 냉정히 생각해 봐도 그것을 어떻게 믿어. 인간으로서 어떻게 관련을 맺으려고? 한번 생각을 해 볼 수는 있겠지요. 성경을 읽으면서 그때 장면을 상상해 보겠지. 회고해 보겠지. 상상하고 회고하고 그렇게 오래오래 되풀이되면 어떤 관념이라는 것이 하나 생기겠지. 그럼 기독교의 신앙은 관념인가? 어떤 상상의 산물로써 생기는, 내 나름대로 그려보는 관념인가?

관념이라는 것은 어떤 감정의 표현에 불과합니다. 그것이 인격을 변화시키거나 생활을 변화시키거나 그렇게는 못하는 것입니다. 얼마 안 가면 그 관념은 또 다른 관념과 바뀌어지고, 그러면 먼저 들어온 관념은 사라지고 새 관념이 생깁니다. 그 관념이라는 것이 절대적인 것은 아닙니다. 그림자와 같은 겁니다.

관념도 아니요, 지식도 아니요, 상상도 아니라고 합시다. 신앙이 그것도 아니라면 2천 년 전 예수, 시간적으로 2천 년 전 예수, 수만 리 공간적인 거리, 그것을 어떻게 초월하여 현재의 예수님과 내가 관계를 맺을 수 있고 그것을 어떻게 내가 받아들일 수 있느냐? 저는 실제로 이 문제를 가지고 굉장히 고민한 사람 중의 하나입니다.

해방 전 일본의 식민지 시절에 8월 18일날 군에 입대하도록 소집장을 받고서 군에 들어가려고 준비를 하고 있는데 8월 15일날 해방이 되었어요. 한국 사람치고 해방을 안 좋아한 사람 아무도 없지만 해방을 나만큼 좋아한 사람도 없을 겁니다. 영장 받아놓고서 해방이 되었으니 얼마나 좋았겠습니까.

키가 커다란 게 춤을 덩실덩실 추고 동네방네 돌아다녔으니까. 그리고 이제 해방이 되었으니까 내 세상을 한 번 창작해 봐야겠는데 이렇게 저렇게 고민을 하다가 마침 유재헌 목사님, 지금은 장인 영감이지만 그때는 장인이 아니었습니다. 그분이 철원에 와서 부흥회를 하는데 부흥회에 참석해서 뭔가 내 영혼에 많은 깨달음을 받았습니다. 그런데 그분이 지금 대한 수도원인데, 수도원을 한다고 그래서 청년들이 많이 갔어요. 그때 나는 수도원이라고 하기에 물대는 곳인가? 하고는 그냥 따라가 봤어요.

가보니까 젊은이들이 모여서 손뼉을 치고 찬송을 부르는데 벌겋게 달아 오른 얼굴로 좋아서 어쩔 줄 모릅디다. 나는 맹숭맹숭한 것이 '저 사람들이 돌았나, 미쳤나? 왜 저래? 왜 저렇게 자기 손바닥을 두드려. 안 아픈가?' 그러면서도 그들과 같이 어울려 있는 동안에 고민이 심각해지는데, 예수님의 십자가와의 관계를 어떻게 맺을 수 있느냐? 2천 년 전 예수님이요, 나는 2천 년 후의 사람인데, 십자가는 골고다 언덕에 되어진 사건이요, 나는 강원도 철원군 갈말면 고석정 바위틈에 앉아 있는데 어떻게 관계를 맺어? 고민을 하다가,

"에라. 이 문제가 우리 신앙에 있어서 근본 문제라고 그러니까 이 문제를 내가 목숨을 걸고 한번 해결해 봐야겠다." 그러고선 어느 굴로 기어 들어갔습니다.

굴속으로 들어가서 먹지도 않고 자지도 않고, 또 피곤하면 그냥 거꾸러지기도 하고 거기에서 꿇어앉아 기도를 합니다. 첫째 날, 둘째 날, 셋째 날. 그때까지는 내가, 내가, 내가, 이 문제를 알려고, 내가 이 문제를 이해하려고, 내가 이 문제에 접근해 보려고, 내가 이 사건을 내 속에 어떻게든 받아들여 소화해 보려고 노력을 합니다.

4일, 5일이 지나는데 피곤도 하고 굶었으니까 배도 고프고, 그냥 기진맥진해 목소리도 안 나옵니다. 그럴 때 하는 말이,

"아버지여 죽이든 살리든 아버지 마음대로 하십시오."

여러분 분명히 알아야만 하는 것은 내가 뭘 할 수 있다고 하는 것은 아직까지 도덕적인 경지입니다. 자기를 철저히 부인하지 못하는

단계는 아직까지 도덕적인 경지입니다. 내가 할 수 없다고 항복한 그때가 신앙의 출발점입니다. 내가 무엇을 한다고 하는 그때는 아직까지 신앙의 입문도 못되는 거예요. 나는 할 수 없습니다. 인간의 모든 가능성을 부정할 때, 내가 할 수 없다고 절망할 때, 그때가 출발점입니다. 그래서 성경에는 "자기를 부인하고 나를 쫓으라"고 했습니다.

로마서 7장에 바울이 "오호라 나는 곤고한 사람이라. 이 사망의 몸에서 누가 나를 구원하랴?" 절망적인 고민과 고백과 탄식이 있은 다음에 로마서 8장이 왔습니다. 이것을 우리가 분명히 알아야 됩니다. 내가 무엇을 한다, 내가 무엇을 한다. 그것은 안 되는 겁니다. 그럼 하나님께서 "그럼, 네가 해봐라" 하시며 그냥 두시는 것입니다.

여러분, 갈멜산의 엘리야가 바알, 아세라신과 대결을 할 때 단을 쌓고 나무를 벌려 놓고 희생 제물을 벌려 놓고 뭘 했습니까? 물을 부었습니다. 그것도 12통. 제물을 다 적시고 파놓은 도랑에 물이 고일 정도로 물을 부었습니다. 그것은 무엇을 말하는 겁니까? 인간의 모든 가능성을 부정하는 것입니다. 나무에 불붙을 수 있어, 희생 제물에도 불붙을 수 있어, 흙에도 불붙을 수 있어. 그러나 인간의 모든 가능성을 부정한 물을 붓고 부어 이제는 인간으로는 할 수 없으니 그때에 하나님이 하시옵소서. 그때에 하늘로부터 불이 내려왔습니다. 우리 신앙의 세계도 그렇습니다. 내가 뭘 할 수 있다고 하는 그때는 아직까지 멀었습니다. 내가 항복할 때, "나는 할 수 없나이다."

이렇게 닷새가 지나고 난 뒤에는 거꾸러져 "죽이든지 살리든지, 아버지여 맘대로 하시옵소서. 만일 여기서 해결 안 해주시면 나는 여기서 이대로 죽습니다." 그렇게 땅바닥에 엎드렸는데 그때 굴 안이 와랑와랑 울릴 정도로 내게 들리는 음성, 물론 그것은 다른 사람은 못 듣겠지만, 내 심령에 들려오는 소리 '어린아이와 같지 않으면 하늘나라에 들어갈 수 없느니라. 네가 뭘 한다고 건방지게, 어린아이 같지 않으면 하늘나라에 들어갈 수 없느니라.' 그 순간 나는 '아버지

여 맞습니다. 나는 어린아이입니다. 똥오줌싸는 어린아이입니다. 꼴불견 어린아이입니다.'

우리 어머니가 나에게 좋은 옷을 입혀 주셨는데 시궁창에 빠져 냄새가 나는데 집에 돌아오니 엄마가 옷 버렸다고 야단 안 칩디다. 울며 돌아왔을 때, 엄마가 어디 다친 데는 없느냐고 안고 들어가서 목욕을 시키고 옷을 갈아입혀 주십니다. 내 비록 초라한 인간이지만 하나님의 아들일진데 죽이든지 살리든지 아버지여 긍휼을 베풀어 달라고 거꾸러졌습니다. 그 다음 순간 내가 앉은 그 자리가 골고다가 됩니다. 내가 앉은 그 자리가 십자가 앞이 됩니다. 여기서 내가 말씀드리는 것은 하나님은 우리에게 무리한 것을 요구하시지 않습니다.

생각을 해 보세요. 사람이란 시간과 공간에 제한을 받는 존재입니다. 2천 년 전의 예수님을 2천 년 후에 사는 사람이 어떻게 믿어? 골고다 언덕에 되어진 사건을 대한민국에 사는 사람이 어떻게 관계를 맺어요? 이것은 절대로 불가능합니다. 하나님은 그런 불가능한 것을 인간에게 강요하시느냐? 하나님이 불가능한 것을 인간에게 강요하실 때는 가능한 방법으로 강요하시는 것입니다. 그것이 무슨 소리냐?

예수님께서 구주가 되셔서 인류에게 살길을 열어 주셨습니다. 그것이 온 인류에게, 긴 세월동안 세계에 파급이 되는데 자연히 한국에 사는 사람은 예루살렘과 공간적인 거리, 오늘에 사는 사람은 2천 년과 시간적인 거리, 그것이 장애물이 될 것을 아시는 하나님께서는 시간을 초월하여 역사하시고 공간을 초월하여 역사하시는 성령님을 보내 주셨습니다. 그래서 예수님께서 '내가 가면 보혜사 성령님이 오셔서 어떻게, 어떻게 하시리라.' 예수님의 시대가 지나가고 그 예수님의 사역이 온 인류에게 파급되는데, 시간을 초월하여 영향을 끼치고 공간을 초월하여 영향을 끼치는 성령님을 보내 주셔서, 인간으로 불가능한 것을 하나님의 방법으로 가능케 해 주신 것이 성령님의 역사인 것입니다.

성령님은 2천년 전 십자가의 사건을 내 현장에 재연시켜 주십니다. 골고다 언덕의 사건을 현재의 사건으로 성령님은 재연시켜 주시는 것입니다. 그래서 그 굴 속이 골고다가 되고 그 굴속이 십자가 앞이 되어 나는 그 십자가 앞에 거꾸러져, 콸콸 흐른 보혈, 무연탄 덩이에 덮여지는 눈과 같은 보혈이 콸콸 흘러, 김이 무럭무럭 나는 보혈이 흘러 내 손으로 만지는 것보다 더 실감나게, 내 눈으로 보는 것보다 더 실감나게 내게 부딪혀 왔습니다.

나는 거기에 거꾸러졌습니다. 나는 예수님의 생명과 관계가 맺어졌습니다. 십자가와 관계가 맺어졌습니다. 예수님의 은총과 관계가 맺어졌습니다. 거기에 성령님의 역사를 통하여 그 십자가의 사건이 내 것으로 받아들여졌습니다. 이것이 만일 일시적인 착각이나 환상이나 관념이었다면 얼마 안 가서 사라지고 말았을 것입니다.

밝은 아침이 되었습니다. 나는 굴문을 나섰습니다. 온 천지가 그렇게 밝을 수가 없습니다. 온 천지를 에워싸고 있는 대기가 그렇게 맑고 시원할 수가 없습니다. 그 속에서 나는 행복을 느끼면서 강가에 나가 덩실덩실 춤을 추면서 세수를 하고 기도 동지들이 모인 곳으로 돌아왔습니다. 거기에 모여 있던 사람들이 모두 나를 보고 달라졌다는 거예요. 거의 한 주일 동안 햇살을 받지 못했으니까 얼굴이 하얗게 된 것이겠지. 그런데 그것말고 뭔가 달라진 것이 있다는 거예요. 나는 행복했습니다. 나는 감격했습니다.

십자가의 사건을 이제는 관념으로가 아니라 성경을 읽으면서 옛애기를 상상이나 회고하는 정도가 아니라 내가 내 가슴으로 실재적인 사건으로 받아 들였습니다. 내 성격은 달라졌습니다. 내 품성은 달라졌습니다. 내 생활이 달라지기 시작합니다.

그때 내 신앙을 지도해 주던 유재헌 목사님, 그때는 장인이 아니었는데 그 영감님이 나를 보더니만 귀엽다고, 유 목사님의 '헌' 자를 내게 떼어 주면서, 내가 원래 이성우, 경주 이가 비 '우' 자 항렬인데, 그 비 '우' 자를 떼어 버리고 유재헌 목사님이 '헌' 자를 나에게 주어 '이성헌'이라고 그때 이름을 고쳐 그 길로 헌신하고 나서 오늘까지 오면서 조금이라도 복음을 위하여 봉사하고 있다면 그때의 힘입니다. 조금이라도 주님을 사랑하는 마음이 가슴에 뜨겁다면 그때에 시작된 불길입니다. 조금이라도 복음 안에 감격이 있다면 그때에 시작된 감격입니다.

이것이 관념이었다면 벌써 사라졌을 겁니다. 이것이 상상의 산물이었다면 얼마 안 가서 사라졌을 거예요. 나에게 아무런 결과가 없을 거예요. 분명히 말씀드리지만 내 이름이 달라진 것 모양으로 내 성품이 달라졌고, 내 인생이 달라졌고, 내 생활이 달라졌습니다. 이것이 바로 십자가의 사건을 받아들일 수 있도록 역사하신 성령 때문에 가능하다는 결론입니다.

바라기는 여러분에게 이 사건이 경험되어지기를 바랍니다. 여러분, 어느 날 안방이 골고다가 되기 바랍니다. 건넌방이 골고다가 되기를 바랍니다. 상점에 앉았을 때 그 상점이 골고다가 될 수 있기를 바랍니다. 구멍가게에 앉아서 이 골고다가 경험될 수 있기를 바랍니다. 이 놀라운 성령의 사건으로 골고다가 경험되어지고 십자가의 사건이 경험되어질 적에 2천 년 전에 십자가 안에 이루어진 사건이 그 순간 내 것으로 받아들여져 내 것이 되어지는 것입니다. 인삼, 녹용 사다가 천장에 매달아 10년 놔둬도 그것은 나에게 아무런 도움이 안 됩니다. 먹는 순간 인삼, 녹용의 약효가 내 것이 되어지듯 성령의 역사로 골고다의 사건이 재현되어질 적에 2천 년 전에 예수님이 이루어 놓으신 모든 은총은 내 것이 되어 감격이 거기에 있습니다. 행복이 거기에 있습니다. 능력이 거기에서 오는 것입니다. 인생이 거기에서 달라집니다. 생활이 달라지는 것입니다. 여러분에게 이 축복이 있기를 바랍니다.

그러면 그렇게 됐다고 해서 천사가 되었느냐? 신이 되었느냐? 그것은 아닙니다. 한 가지 내가 더 여기서 말씀드릴 것은, 그래도 내 마음속으로 생각하며 '이 부족한 놈, 이 부족한 놈', 또 생활에 가끔가끔 혈기가 나오고 욕심도 나오고, 이런 것이 없지 않은 것이 사실입니다. 그래도 분명한 것이 하나 있습니다.

어떤 부부가 같은 직장에서 일을 하는데 집에는 한 여섯 살 먹은 귀염둥이가 가정부와 함께 살고 있습니다. 그런데 아버지가 네덜란드에 갔다오면서 아주 귀한 골동품 하나를 선물로 받아 와 선반에 얹어놓고 친구가 오면,

"한국에는 저런 것 하나밖에 없어. 국보급이야."
"야, 너 귀한 것 가지고 왔구나, 참 좋구나."

이렇게 자랑하고 또 부러워하는 얘기를 옆에서 듣던 여섯 살 먹은 귀염둥이가 '도대체 저게 뭔데 저렇게 아버지가 자랑을 할까?' 겉으로 보기에는 아무것도 아니거든요. 아이들의 눈으로, 저 속에 뭔가 신비한 요술단지가 들었나보다, 이런 호기심에 '내가 저걸 한번 봐야지' 그러는데 어머니, 아버지가 한 주일 같이 출장을 갔습니다. '때는 왔다' 하고 아버지방에 살그머니 들어가서 한번 저걸 봐야지 싶은데 너무 높은데 있는지라, 의자를 갖다놓고 또 위에다가 뭘 갖다 올려놓고 올라서서 그것을 끄집어내려다가 의자가 삐그덕 하는 바람에 그만 땅에 던져져서 박살이 나버렸습니다.

방안에서 박살나는 소리가 나서 가정부가 들어와 보니, 장판은 찢어지고 주인이 그렇게 아끼는 골동품이 박살이 나버렸거든, 아무 말 안 해도 가슴이 떨리는데, "아이구, 큰일났다. 아이구, 큰일났다." 이러니까 아이가 그만 울음을 터뜨리고 말았습니다. 지금 겁이나 죽을

지경입니다. 그런데 조금 있다가 가정부가,
"아무개야!"
"왜 그래?"
"마루 걸레질 좀 해라."
"에? 왜 내가 해, 네가 해야지?"
"음, 그것 알지? 알지?"
꼼짝을 못하고 마루 걸레질을 합니다. 조금 있다가,
"마당 좀 쓸어라."
"에? 왜 내가 해, 네가 하지?"
"그것 알지?"
꼼짝을 못하고 마당을 쓸어야 됩니다.
하루, 이틀, 사흘, 나흘, 매일 이 꼴입니다. '알지?' 그러면 꼼짝을 못합니다. 이틀이 지나고 사흘이 지나는 동안에 잠도 안 오고 밥맛도 떨어지고 이제는 가정부의 심부름꾼이 되어서 혹사를 당하다가 그냥 기진맥진해 버렸습니다.

그런데 날짜는 자꾸 갑니다. 아버지 돌아올 날짜는 자꾸 다가옵니다. 그전 같으면 아버지 언제 오시나 손꼽아 기다려졌는데, 아버지 오신다는 날짜가 점점 무서워지고 점점 다급해집니다.

때가 되어 아버지가 문간에 와서 "아무개야!" 하고 이름을 부르는데 그전 같으면 뛰어나가 문을 열고 아버지 팔에 매달리고 엄마 치맛자락에 매달리며 어리광 부리고 야단을 치겠는데, 아버지 소리가 이 날따라 벼락치는 소리같이 무섭게 들려서 집안 뒤뜰에 숨어 버렸습니다.

문을 열고 아버지가 들어와 "아무개야!" 불러도 없습니다. '이놈이 어디에 갔어?' 가정부도 대답을 안 합니다. '어디 갔어?' 없습니다. 방에 들어가 가방을 놓고 옷을 벗어 챙기려다 보니 방바닥이 쭉 찢어졌거든요.

"이것이 왜 이래?" 선반에 있던 골동품이 없습니다.
'아, 이놈이 뭔가 잘못을 저질러 놓고 무서워 피해 어디 숨어 버렸나 보다'
이렇게 생각할 때, 이 어린것이 뭐 알고서 그랬겠나, 몰라서 이렇게 잘못을 저질러 놓고 무서워 숨어 버리고, 반가운 내 소리 들으면서도 나오지 못하고 있겠지. 측은한 생각이 들고 불쌍한 생각이 들어, 나직하고 은은하고 애정이 담긴 목소리로 "아무개야! 괜찮다." 불렀습니다.
그러니까 그 동안에 쌓였던 서러움, 학대받던 원통함, 그냥 무서워 떨던 그 불안한 생각이 떠올라 울음을 터트려 버렸습니다. "울지 말고 와, 이리 와." 하고 아버지가 다정하게 부릅니다.
문을 열고 들어오는데 황송하기도 하고, 미안하기도 하고, 죄송하기도 하고, 서럽기도 하고, 그냥 헉헉 흐느끼며 울며 들어오는데 보니까 아이가 반쪽입니다. 아버지가 이것이 불쌍해 얼싸안고 눈물을 닦아 주면서,
"왜 이렇게 됐니? 이놈의 자식아. 얼마나 걱정을 했기에 이 꼴이 됐니? 다신 울지마, 괜찮아. 내가 이 다음에 가서 또다시 그것을 구해 오면 돼. 걱정 마라. 괜찮다."
다 용서받았습니다. 이틀이 지난 뒤에 아버지, 어머니는 또 일터로 갔습니다.
가정부가 이일 저일 하다가,
"아무개야!" 부릅니다.
"왜 그래?"
"마루 걸레질 좀 해라."
"왜 내가 해? 네가 해야지."
"알지?"
그때 이 아이가 하는 말이,

"알기는 뭘 알아. 아버지가 다 용서했단 말이야."
그렇다고 아버지의 골동품을 깬 죄인이 아니란 말은 아니에요. 그러나 용서받은 죄인이라는 말이에요. 내가 천사라는 말은 아니에요. 내가 신이라는 말은 아니에요. 십자가의 공로 보시는 아버지께서 괜찮다고 하시는 이 사실이 가슴에 뿌듯하게 와닿을 때,
양심이, "알지?" "네가 뭔데 알지야?"
십계명이, "알지?" "네가 뭔데?"
모세가, "알지?" "네가 뭔데?"

어느 날 사탄이 루터에게 와서,
"알지?"
"네가 뭔데? 너보다 크신 하나님이 괜찮다고 그랬단 말이야. 네가 뭔데? 너보다 크신 하나님이 괜찮다고 그랬단 말이야".
"모세야 네가 뭔데? 너보다 크신 하나님이 괜찮다고 그랬단 말이야. 십계명아, 네가 뭔데? 너보다 크신 하나님이 괜찮다고 그랬단 말이야."
여기에 믿음으로 말미암아 의롭다 함을 얻었다고 하는 이 감격! 죄인은 죄인이야, 용서받은 자의 감격! 이것이 성령님의 역사로 십자가의 사건이 내게 재현되어질 적에 가슴 뿌듯하게 꽉 차지는 우리의 내적인 경험입니다.

그래서 로마서 8장 31절 이하에 "그런즉 이 일에 대하여 우리가 무슨 말 하리요, 만일 하나님이 우리를 위하시면 누가 우리를 대적하리요? 자기 아들을 아끼지 아니하시고 우리 모든 사람을 위하여 내어주신 이가 어찌 그 아들과 함께 모든 것을 우리에게 은사로 주지 아니하시겠느뇨? 누가 능히 하나님의 택하신 자들을 송사하리요? 의롭다 하신 이는 하나님이시니 누가 정죄하리요? 죽으실 뿐 아니라

다시 살아나신 이는 그리스도 예수시니 그는 하나님 우편에 계신 자요, 우리를 위하여 간구하시는 자시니라. 누가 정죄하리요? 의롭다 하리요? 누가 송사하리요?"

바울의 이 선언이 우리 모두에게 성령님의 역사를 통하여, 이 십자가와의 관계가 이렇게 사건으로 경험되어져 하나님께 의롭다 함을 받은 자의 이 담대함이, 이 감격이, 이 감사가, 이 용기가 여러분 가슴속에도 충만하시기를 바랍니다.

그 다음에 끝으로, 생활 문제로 매듭을 지읍시다. 이렇게 의롭다 함을 받고 십자가의 은총과 십자가의 대속의 축복에 참여하게 되니 그 다음에 그 생활이 어떠냐? 십계명과 관계를 예를 들어 봅시다.

십계명과 구약은 우리의 구원을 위해서는 필요없습니다. 우리 구원을 위해서는 구약이 필요없습니다. 우리 구원을 위해서는 십계명이 필요 없습니다. 구원은 은혜로 받았습니다. '아, 그러면 십계명하고 구약은 다 떼어 버리고, 납작한 신약성경만 들고 다녀도 되겠네.' 그래도 괜찮지요. 구원을 위해서는 십계명이 필요하지 않습니다. 구원을 위해서는 구약성경이 필요하지 않습니다. 왜냐하면 구원은 하나님의 사랑과 십자가의 은혜로 우리에게 주어졌기 때문입니다.

그러나 은혜로 구원을 받고 보니 마음에 너무너무 하나님이 좋아, 하나님이 너무너무 고마워, 자연히 그 마음속에 '아, 이제부터는 하나님이 기뻐하시는 삶으로 살아야겠다' 그런 생각이 가슴 뭉클하게 솟아오릅니다. 그러면 그 다음에 어떻게 사는 것이 하나님의 마음에 맞도록 사는 것이고 하나님이 기뻐하시고 하나님이 영광받으시는 삶이냐?

'아, 옛날에 하나님께서 하나님의 백성에게 이렇게 살라고 했구나. 그럼 나도 그렇게 살아야지'

그래서 십계명이 필요합니다. 구원을 위해서 필요한 게 아니라 은혜로 구원을 받고 구원 얻은 자로서 하나님의 영광을 위하여 살고 싶어 그 표준을 찾다 보니 구약이 필요하고, 그렇게 표준을 찾다 보니 십계명이 필요한 것입니다. 그래서 오늘도 우리는 십계명을 외우고, 또한 구약성경을 가지고 다닙니다.

구원을 위해서가 아니라 구원은 은혜로 받았고 구원 얻은 자로서 고마우신 하나님의 마음에 맞도록 살기 위해서 십계명이 필요하고 구약이 필요하다는 사실을 저는 강조합니다.

예를 들어서, 어떤 집에 나이 많은 부부가 살았는데 굉장한 부자입니다. 팔순이 다 되어 세상 떠날 날은 가까이 왔는데 세상을 떠나면서 재산을 물려 주고 갈 자식이 없고, 장례 치러 줄 자식이 없고, 무덤에 풀 뜯어 줄 자식이 없습니다. 두 노인이 방안에 앉아서 이야기를 하다가 합의하기를 '30년 동안 같이 데리고 있던 저 종을 입양수속해서 우리 아들로 삼아야 되겠다.' 그렇게 의견을 모으고 이 어른이 구청에 가서 호적 수속을 다했습니다. 호적등본 하나 떼어 왔습니다. 호적등본 하나 떼어 와서는 종을 부릅니다.

종과 주인과의 관계는 법적인 관계요, 법적인 관계니까 불편한 관계입니다. 불편한 관계이니까 억지관계입니다. 그러니까 이 종은 언제나 주인 얼굴만 봐도 저승사자처럼 보이고, 주인의 목소리만 들어도 가시 돋친 귀신 방망이처럼 가슴이 두근거리고, 그냥 불편한 관계요. 이날도 주인 영감이 은은한 목소리로 "아무개야!" 하고 종의 이름을 부릅니다.

'오늘따라 저렇게 간지럽게 부르니 이제 정말 죽을 때가 됐나?' 퉁명스럽게,

"왜 그래요?"

"이리 들어오게나."

들어왔습니다.

"이리 좀 앉게나."

비단방석을 내어놓습니다. 비단방석에 앉으라고 하네요. 정말 노망하신 것 같아요.

"이리 좀 앉아라."

"정말로요?"

"앉아라." 그러면서 주인이 종이를 하나 보이면서,

"이것 좀 읽어보게."

호적등본을 내놓습니다. 부자 억만장자 누구누구의 아들이라고 종인 자기 이름이 적혀 있습니다. 깜짝 놀라서,

"이것이 뭐요?"

"자네도 알다시피 나는 얼마 안 있어 세상을 떠나지 않겠나. 그때 내가 이 재산을 물려줄 사람이 없고, 장례를 대신해 줄 사람도 없고, 무덤에 풀 한 포기 뽑아 줄 사람도 없고 해서 자네를 오늘부터 내 아들로 양자 수속을 끝냈네. 자네는 오늘부터 내 아들이야. 내가 사는 동안에 이 재산을 잘 관리하고 나 죽거든 이 재산을 자네가 가지고, 장례나 잘 치러 주고 내 무덤의 풀이나 잘 뽑아 주게."

이 종의 가슴이 그냥 꿈인지 생시인지, 정신이 왔다갔다합니다. 그런데 이 주인 영감이,

"자네 나보고 '아버지' 한번 해봐. 내 평생 소원이 아버지라는 소리 한번 들어 보는 것이야. '아버지!' 하고 불러 봐."

그 말에 종의 눈에 눈물이 글썽글썽, 입이 비쭉비쭉 하면서 영감님의 손을 꼭 잡고, "아버지!"

그리고 쳐다보니 저승사자같이 보이던 영감님이 신선같이 보입니다. 그 목소리가 이제는 가시 돋친 목소리가 아니라, 음악같이 부드럽게 들립니다. 그 영감님이 어쩌면 그렇게 좋습니까? 법적인 관계가 은혜 관계로 될 적에 달라지는 것입니다. 그날 이후 이 종은 그 영감님이 열 가지 시키면 열한 가지 하고 싶어지고, 열 시간 되는 일 시

키면 열한 시간 일하고 싶고, 안 시키는 일까지 하고 싶습니다.

이처럼 우리가 십자가의 은총으로 구원의 감격스러운 경지에 나가지 못할 때는 십계명도 무거운 짐, 주일을 지키는 것도 무거운 짐, 십일조를 받치는 것도 아까워서, 그냥 '조금 떼자.' 아나니아와 삽비라 모양으로 그런 심정, 그리고 또 목사님이 십일조 적게 바쳤다고 야단치면 창피스러우니 받쳐야지 하고 억지로 바치고, 그저 주일을 지키는 것도 억지, 기도하는 것도 억지, 성경 읽는 것도 억지, 억지. 그러던 어느 날 십자가의 은총이 가슴에 콱 부딪치면 억지가 아닙니다. 십자가의 은총이 가슴에 와닿으면 하나님이 너무 고맙고, 우리 주님이 너무 고마워집니다.

이젠 십계명이 무거운 짐이 아닙니다. 주일을 지키는 것이 무거운 짐이 아닙니다. 교회를 위하여 봉사하는 일이 무거운 짐이 아닙니다. 나는 여기서 내 느낌을 이런 말로 표현해 봅니다. 십계명이 무거운 짐이 아니라 열 가지 계명을 감격 속에 지키다가 열한 번째 계명은 없는가? 열두 번째 계명은 없는가? 여러분 내 감정을 이렇게 표현해 봅니다. 이것이 구원함을 받은 사람과 십계명과의 관계입니다. 이것이 구원함을 받은 사람과 구약과의 관계입니다. 구약이 무거운 짐이 아니라 이것말고 하나님이 더 원하는 또 무엇이 없는가? 열한 번째 계명은 또 없는가? 열두 번째 계명은 또 없는가? 이것이 바로 구원 얻은 자의 생활입니다. 구원 얻은 자의 구약에 대한 태도입니다. 그러니 그 생활, 교회 생활은 감격이 있고, 감사가 있고, 억지가 없는 겁니다.

말을 맺겠습니다. 오늘 저녁에 내가 중요한 것을 말씀드렸습니다. 우리가 무엇을 믿는가? 어떻게 믿느냐? 첫째로, 왜 우리에게 하나님께서 믿음이라는 방법으로 우리의 뿌리가 되는 하나님과 바른 관계를 맺도록 요구하셨느냐? 믿음이라는 것을 우리에게 요구하셨는데 뭘 믿느냐? 믿음의 대상과 조건은 무엇이냐? 그 믿음의 핵심으로써 십자가의 의미, 왜 하필 십자가의 공로를 믿고 의지해야 되느냐? 그 십자가의 공로를 믿는다고 하는 것은 무엇인가?

그것을 믿는다고 하는 것은 어떻게 가능한가? 2천년 전이라고 하는 시간적인 거리와 수만 리라고 하는 공간적인 거리를 초월하여 어떻게 그것을 믿음으로 내가 받아들일 수 있느냐? 성령님의 역사 때문에. 이런 것이 받아들여질 적에 실질적인 증거로서 어떤 증거가 우리에게 있는가? 나는 용서받았다고 하는, 용서받은 죄인이라고 하는 감격, 양심의 정죄 아래 살지 않고, 계명의 정죄 아래 살지 않고, 마귀의 송사 아래 살지 않는 감격이 우리에게 있다는 것을 전했고, 이렇게 감격을 안고 살 적에 율법과의 관계가 어떠한가? 무거운 짐이 아니라 열한 번째 계명은 없는가? 열두 번째 계명은 없는가? 죽도록 충성하고도 아쉬움뿐인, 땀흘려 수고하고도 아쉬움뿐인, 시간. 물질을 바치고도 아쉬움뿐인, 너무너무 하나님이 좋고 너무너무 주님이 좋습니다. 이것이 구원받은 자의 모습이요, 생활입니다. 이 놀라운 사건은 성령님의 역사 없이는 안 되는 것입니다. 바라기는 성령님의 역사를 통해서 골고다를 경험하시기 바랍니다.

'하나님이여 나의 앉은 자리가 골고다가 되게 해주시옵소서. 내가 앉은 이 자리가 십자가 앞이 되어져 2천년 전 예수님과 생명 관계가 연결되어지는, 골고다 언덕의 십자가와 생명 관계가 연결되어지는 사건을 이 안방에서 경험할 수 있게 해달라고 여러분의 심령을 가다듬어 성령님께 기회를 드려 주 앞에 머리를 숙일 때, 이 사건은 여러분의 가슴속에 실제적인 사건으로 경험되어질 것입니다. 정말 구원 얻은 자의 감격과 자유가 여러분에게 구현되어질 수 있기를 간절히 바라겠습니다.

후회 없는 인생

형제들아 내가 여러 번 너희에게 가고자 한 것을 너희가 모르기를 원치 아니하노니 이는 너희 중에서도 다른 이방인 중에서와 같이 열매를 맺게 하려 함이로되 지금까지 길이 막혔도다. 헬라인이나 야만이나 지혜 있는 자나 어리석은 자에게 다 내가 빚진 자라. 그러므로 나는 할 수 있는대로 로마에 있는 너희에게도 복음 전하기를 원하노라.

(롬 1:13~15)

관제와 같이 벌써 내가 부음이 되고 나의 떠날 기약이 가까왔도다. 내가 선한 싸움을 싸우고 나의 달려갈 길을 마치고 믿음을 지켰으니 이제 후로는 나를 위하여 의의 면류관이 예비되었으므로 주 곧 의로우신 재판장이 그 날에 내게 주실 것이니 내게만 아니라 주의 나타나심을 사모하는 모든 자에게니라.

(딤후 4:6~8)

하나님과 바른 관계가 정립된 하나님의 아들과 딸은 이 세상을 어떻게 살아야 할 것인가?

여러분! 우리가 예수님 믿고 구원 얻어 하나님의 아들과 딸이 되고, 영원한 하늘나라 가는 것이 우리의 신앙의 목적이라면, 하나님께서는 잘 길러서 정확한 신앙고백을 했을 때 '됐다. 됐다, 합격이다.' 하시며 당장 데려갔을 겁니다. 그러나 구원을 얻은 하나님의 아들과 딸들이 10년, 20년, 30년 땅에 살아 있는 이유는 구원 얻은 하나님의 아들과 딸들로 땅에 할 일이 있기에 기회를 주신 겁니다. 내가 살아 있다는 것은 내가 아직 땅에 할 일이 있기 때문에 살려 두신다는 것을 우리는 명심하고, 그럼 앞으로 우리가 어떻게 살아야 할 것인가를 읽어드린 본문을 중심으로 바울에게서 삶의 태도를 배워 보고자 하는 것입니다.

1970년 4월 17일 제가 서울 어느 교회에서 부흥회를 하고 있을 때입니다. 그때 신촌 이화여대 앞에서 굉장한 이야깃 거리 한 장면이 장엄하게 연출되고 있었는데, 그것은 다름 아닌 세상을 떠난 김활란 박사의 장례식 행렬이었습니다. 동문과 재학생들 수천 명이 하얗게 소복을 입고 은사의 가는 마지막 길을 전송하는 장례행렬이었습니다. 김활란 박사의 유언대로 "내 인생 헛살지 않았소. 장송곡 대신에 환송의 노래를 불러 주오!" 그때 신문에 그것이 보도 된 걸로 기억합니다. "내 인생 헛살지 않았소. 장송곡 대신에 환송의 노래를 불러주오!" 이 유언 따라 동문과 재학생들이 헨델의 메시야를 합창하고, 지나가는 장례행렬이 너무나 엄숙하고 엄숙하다 못해 거룩하여서 길가의 연도에 선 사람들마저도 그 진귀한 장면을 바라보며 동참할 정도로 엄숙한 행렬이었습니다.

제가 집회를 인도하는 교회 목사님도 거기에 참석했다가 제 숙소로 돌아와 한숨을 푹 쉬면서 천장을 바라보고 홀로 하는 말이, '사람은 잘 살아야 되겠더군, 사람은 잘 살아야 되겠더군.' 서너 번을 되풀이하여 말했습니다.

'사람은 잘 살아야 되겠더군.'

이 말이 무슨 뜻일까요? 장관이나 백만장자나 되란 말이겠어요? 아니죠. '사람은 정말 값있고 보람 있고 사람답게 살아야 되겠더군' 하는 그런 의미의 말일 것입니다. 오늘 저녁에 읽어드린 바울의 선언도 생의 종착 전에 외친 인생 승리의 개가입니다.

문득 한 사람이 생각납니다. 미국 개척 초기에 청교도 지도자 중의 한 사람이었던 벤자민 프랭클린. 그가 한평생을 다 살고 생의 종착점에 이르러 지나간 세월을 한 번 회고하면서 하는 말이, "나에게 다시 한 번의 인생이 주어진다고 할지라도 내가 이왕에 살아 온 것보다 더 한 번 잘 살아 보았으면 하는 아쉬움은 없노라." 참 가슴에 와 닿는 말입니다.

이 자리에 앉아 있는 여러분들이여! 벤자민 프랭클린의 말을 한번 생각하면서, 지나온 세월을 돌아볼 때 몇 사람이나 내 인생을 돌아보아 벤자민 프랭클린과 같이 말할 수 있는 분이 있을까요! 지난날은 어차피 흘러간 과거, 오늘 이 밤부터 남은 앞으로의 세월을 벤자민 프랭클린과 같이, 김활란 박사와 같이 "내 인생 헛살지 않았소. 장송곡 대신에 환송의 노래를 불러 주오!" 이 한마디를 남길 수 있도록. 바울과 같이 "내 인생 헛살지 않았소. 선한 싸움 싸워서 달려갈 길 다 갔소. 믿음을 지켰소. 우리 주님 공의롭게 재판하시더라도 '이리 와 금메달 받아라. 이리 와 면류관 받아라.' 표창해 주시리라 믿어 의심치 않소". 생을 청산하면서 이런 떳떳한 개가를 부를 수 있도록 우리 하나님의 아들과 딸이 땅의 나그네로 머물러 있는 동안 이렇게 살아야 되지 않을까?라는 생각을 가지면서, 그럼 어떻게 그렇게 살 수 있는가를 더듬어 보려는 것입니다.

몇 년 전에 우리 교회 제직수련회가 있었습니다. 어느 날 밤 집에 들어가 생각을 하다가 제직들에게 숙제를 하나 주었습니다. 하얀 시험지 한 장에 옆으로 횡선을 하나 긋고 반달 모양으로 둥그렇게 하나 그림을 그리고, 그 다음에 위에 삐죽삐죽 풀이 나도록 그렸습니다. 옆에는 길쭉하게 사각을 하나 그리고 후에 설명하기를,

"이 반달 모양의 둥그런 것은 당신네들의 무덤이오. 장로님! 장로님의 무덤이오. 권사님! 권사님의 무덤이오. 아무 집사님! 당신의 무덤이요. 오늘 저녁에 들어가서 당신의 무덤에 당신 손으로 무어라고 묘비를 쓸 수 있겠는가 생각해 보고, 철야를 하려면 철야를 하고 깊이 생각하고 기도하고 당신 무덤에 자기 손으로 묘비를 써오시오." 하고 숙제를 주었습니다.

죽고 난 다음에는 다른 남은 사람들이 묘비를 쓸 때에는 거짓말도 쓸 수 있고, 과장된 묘비를 쓸 수 있고, 사실과 전혀 다른 미사여구로 묘비를 쓸 수 있지만, 내 손으로 내가 직접 쓸 때 과연 무어라고 묘비를 쓸 수 있겠는가?라는 숙제를 주어 써오라고 했습니다.

그 이튿날 밤이 됐습니다. 제직들이 다 모였습니다. 숙제를 내놓으라고 했습니다. 한 사람도 써온 사람이 없었습니다. "왜 못 써왔냐?"고 다그쳤습니다. 쓰자고 보니 '먹다가 죽은 아무개' 밖에 쓸 말이 없고, '화장하다가 죽은 아무개'라고 밖에 쓸 말이 없더라는 겁니다. 그래도 "왜 못 써왔냐?"고 다그쳤습니다. 한쪽 구석에서 '흑흑' 하고 흐느껴 우는 소리가 터지기 시작합니다. 연쇄반응처럼 여기저기서 '흑흑' 흐느껴 우는 통곡 소리가 나오는데 그날 저녁 저는 설교를 할 수가 없었습니다. 내 손으로 내 무덤에 내 묘비를 내 손으로 쓴다고 생각할 때 사람 앞에 떳떳이 할말이 없고, 하나님 앞에 떳떳이 '이렇게 살다 왔습니다' 할 말 없어 흐느껴 울 수밖에 없었고, 그것이 계기가 되어 그 한 해 동안은 비교적 심각한 가운데 제직들이 성실하게 봉사하는 한 해로 지나갈 수 있었습니다.

바울은 생의 종착점에 "내가 선한 싸움 싸우고 달려갈 길 다 가고 믿음을 지켰으니." 이 말 속에는 '왜 내가 그렇게 살았느냐 하면은 장가갈 여가도 없었고, 자식 기를 여가도 없었고, 집 한 칸 가질 여가도 없었고, 관제와 같이 벌써 부음이 되었다.' 는 말입니다.

구약시대에 하나님의 백성들이 하나님 앞에 희생을 잡아 제사를 지낼 때 그 종류에 따라 절차가 다소 다르지만 공통되는 것이 하나 있었습니다. 그것은 양을 잡거나 송아지를 잡아 속건제나 번제나 속죄제나 제물을 드릴 때에 옆의 정결한 그릇에 희생의 피를 따로 받아 둡니다. 절차에 따라 제물을 바칠 때, 마지막에 숯불이 제단에 이글이글 벌겋게 피어 있을 그 무렵에 따로 받아두었던 정결한 희생의 피의 잔을 쭉 붓습니다. 마지막 피 한 방울도 남기지 않고 송두리째 다 쏟아 바치면 김이 무럭무럭 나고 연기가 피어오르고 불티가 올라가고, 피직피직 소리가 나고 그러면서 한참 시간이 지나면 불기가 차츰 없어지면서 희생의 제물은 끝이 나는 겁니다. 그것이 바로 관제입니다.

바울이 자기 일생을 관제에다가 비유하여 관제와 같이 부음이 되었다는 것은 '내 인생에 땀도 쏟아 바쳤고, 피도 쏟아 바쳤고, 청춘도 쏟아 바쳤고, 기름도 쏟아 바쳤고, 내 모든 아름다운 인간의 꿈도 화려한 욕망도 다 쏟아 바쳐 이젠 내 인생 끝 무렵이 됐구나.' 하는 것입니다. 아마 이때가 병석에 누워 있었던 때인지도 모릅니다. 너무너무 힘이 없어 손을 겨우 들어 보니, 손이라는 게 그냥 비쩍 마른 뼈다귀에 가죽을 덮어 씌어 놓은 것처럼 정말 파리합니다. 영양실조에다, 질병에다, 과로에다, 지칠 때로 지쳐 있는 그 손을 들여다보면서 이렇게 된 것을 보니 "살더라도 며칠이나 더 살겠냐? 떠날 기약이 임박했구나."라고 하면서 지나간 세월을 문득 돌아보게 됩니다.

돌아보니 참으로 인간적으로는 불쌍한 영감입니다. 집이 있나요?

아내가 있나요? 자식이 있나요? 아마 아는 사람들은 '저 영감 미쳐도 너무 지독하게 미쳤다, 어쩌면 저러고 죽어 가느냐!' 고 값싼 동정의 눈물을 보내는지도 모릅니다. 한숨을 보내는지도 모릅니다.

그럴 때에 바울은 '내 인생 헛살지 않았소. 값싼 동정의 눈물일랑 사양하오. 나는 뛰었소. 나는 달렸소. 나는 싸웠소. 나는 참이라고 생각할 때 목숨을 걸고 고집했소. 비굴하게 살지 않았소. 타협하면서 살지 않았소. 어정어정 게으름뱅이 인생으로 살지 않았소. 내 인생 최선을 다해 살았소. 여러분들은 날보고 불쌍한 영감이라고 하는지 몰라도 우리 주님 공의롭게 재판하실 때에 네 인생 헛살지 않았다고 칭찬하시면서 면류관 씌워 주시리라고 믿어 의심치 않소.' 하며 승리의 개가로 임종을 앞둔 바울의 인생 승리의 개가. 과연 우리 생의 종착점, 임종 앞에 남길 한마디는 무엇일까요?

벤자민 프랭클린과 같은 말을 남길 수 있을까요? 김활란 박사와 같은 말을 남길 수 있을까요? 여기에 바울 사도와 같은 떳떳한 말 한마디를 남길 수 있을까요? 이런 생각을 가지면서 앞으로 살아갈 우리 남은 세월의 자세를 한번 가다듬어 보자는 겁니다.

자, 조금 전에 읽어드린 로마서와 디모데후서를 결부시켜 생각해 봅시다. 바울이 어떻게 그렇게 살 수 있었느냐 하면, '나는 빚진 자다. 빚 갚고 가야지' 라는 채무의식이 있었습니다. 그의 인생을 그렇게 살게 만들었던 채무의식 때문에 장가갈 여가도 없었고, 돈벌이 할 여가도 없었고, 자녀를 기를 여가도 없었고, 호화주택에 호화롭게 살 여가도 없었고, 예루살렘에서 얼마쯤 있다가 쫓기는 사람 모양으로 그저 나그네처럼 보따리 하나 걸머지고 소아시아로 갔던 겁니다.

소아시아에 가서 이 도시 저 도시 돌아다니면서, 에베소에서 2년 있는 것 외에는 뿌리 둔 곳이 없습니다. 항상 쫓기는 사람 모양 소아시아에서 마케도니아로, 마케도니아에서 예루살렘으로, 몇 차례나

지중해를 중심으로 3, 4차례 전도여행을 돌아다니면서 바쁘게 살았던 이유, 그것은 '빚 갚아야지! 빚 갚아야지…' 우리도 빚진 자라는 신분으로 이 밤에 생각해 보고 빚 갚는 삶의 태도는 어떠했는가를 더듬어 보자는 것입니다.

미국 뉴욕의 워싱턴에 어빙이라는 학자가 있습니다. 그는 특별히 역사학자이면서 전기작가인데 런던에 볼일이 있어 갔다가 역사 깊은 도서관에서 미국에서 흔히 볼 수 없는 고서들을 탐독하게 되었습니다. 너무너무 귀한 글들이라 도서관에서 앉아 그 책을 읽는데, 시간 가는 줄도 모르고 한참 읽던 중 조금 피곤해서 잠깐 잠이 들었습니다. 워싱턴 어빙이 잠이 들어 책상에 엎드린 채 꿈을 꾸는데, 그 넓은 도서관 높은 벽에 역대 석학들의 초상화가 좌~악 걸려 있는 것입니다. 그런데 그 초상화에서 실물이 하나씩 내려옵니다. 한 초상화의 실물이 슬그머니 내려오더니만 어빙에게 와서 '내 저고리 내놔.' 그러고선 벗겨 가버립니다. 다음에 다른 초상화가 내려오더니만 '내 바지 내놔.' 그러고선 벗겨 가버립니다. 또 다른 초상화가 내려와서 '내 넥타이 내놔.' 하고 벗기고, 이제는 와이셔츠를 포함해서 몸에 걸친 양말, 신발 등 모든 것을 벗겨 버렸습니다. 그리고 마지막에는 조그마한 것 하나 남았습니다.

깜짝 놀라 깨보니 꿈입니다. 어빙은 심각한 생각에 빠졌습니다. '아하, 그렇구나! 내가 대학 강단에 서서 뭘 아는 척하며 떠들어 대고, 학생들에게 이렇다 저렇다 큰소리치고, 학생들에게 교수님이라고 존경받고, 학생들이 뭔가 문제를 가지고 오면 아는 척하며 건방지게 대답을 하고, 귀한 자식을 거느린 부모님들이 귀한 아이들 데리고 와서 선생님 부디 잘 가르쳐 쓸모 있는 인간 만들어 달라고 하면, '예, 내가 최선을 다해 보겠습니다.' 라고 건방지게 대답하고, 학자대접을 받았고 교수대접을 받으며 그렇게 살아왔지만, 엄격히 따지고 보면 내 것이라고는 없지 않나? 내가 가지고 있는 모든 지식이라는 것도 때로는 어떤 학자에게서 빌려다 입은 와이셔츠요, 때로는 어떤 학자에게서 빌려다 입은 넥타이요, 때로는 어떤 학자에게서 빌려다 입은 바지요 저고리가 아닌가? 내 것이라고는 아무것도 없지 않나?' 이렇게 생각이 깊어지면서 어빙은 한 번 더 머리를 숙이고, '내가 안다고 뽐낼 게 없구나. 나는 빚진 자로다.' 그런 결론에 이르렀다는 이야기가 전해지고 있습니다.

왜 내가 이 말씀을 드리느냐 하면, 우리가 은밀히 우리 자신들을 분석해 보면 내 것이라고는 없습니다. 내가 뭐 잘났다고 하늘에서 떨어진 것처럼, 땅에서 솟은 것처럼 건방을 떨면서 살지만 가만히 따지고 보면 우리는 송두리째 빚진 자입니다.

긴 설명할 시간 없으니까, 사실은 마지막 설교는 15분만 하라고 어떤 선배가 부탁을 하더군요. 그러면 유명해진다고. 젖 먹이다가 젖 꼭지를 쏙 빼버리면 그게 먹고 싶어서 감칠맛에 보채듯이 설교를 한 15분만 해버리면 그 동안에 오래하고 지루하던 것 커버되고, 이 다음에 한 번 더 오라고 그런대요. 나도 그러려고 생각 좀 하는데 아마 그렇게는 안 될 것 같아요.

우리가 우리 자신을 가만히 분석해보면 우리는 송두리째 빚진 자입니다. 세 가지로 빚진 자라고 나는 분석해 봅니다.

첫째로, 하나님 앞에 빚진 자입니다. 어떤 철학자가 "나는 생각한다. 고로 존재한다." 해서 생각하는 그것이 나라고 합니다. 천만예요. 생각하는 '나'. 그것은 내가 만든 것이 아니요, 내가 주운 것도 아니요, 내가 개발한 것도 아니요, 내가 창작한 것도 아니요. 내가 생각하니 내가 존재한다고 하는 그 생각마저도 하나님께서 나에게 주신 것이니까 생각한 것이지요. 생명적인 존재로 시간과 공간의 교차 속에 자리잡아 존재할 수 있도록 만들어 주시니까 나라고 하는 한 존재가 여기에 서 있는 것이지, 내가 내 존재를 존재케 했던가요? 아니지요. 나라고 하는 존재는 하나님의 선물이에요.

둘째로, 내가 가지고 있는 이 모든 것을 분석해 보면 우리는 모두 다 5달란트를 하나님께로부터 받은 하나님의 종들이요, 하나님 앞에 빚지고 있는 사람들입니다. 5달란트 비유에서 생각을 해보면, 우리 모두 다 5달란트를 받고 있는데, 첫째 달란트는 몸이라고 하는 한 달란트, 이것은 내가 만든 것이 아닙니다. 둘째는 몸에 담겨 있는 정신력이라고 하는 한 달란트, 정신력은 소나 개나 돼지에게는 없습니다. 사람에게만 있는 이 아름다운 기능에서 철학이 나오고, 과학이 나오고, 시가 나오고, 음악이 나오고, 문학이 나오고, 정치가 나오고, 경제가 나옵니다. 이 정신력이라고 하는 아름다운 달란트를 우리 사람들은 모두 받고 있습니다. 셋째로 선천적인 소질이라고 하는 달란트. 어떤 이는 노래 잘 부르는 그런 소질을 가졌고, 어떤 이는 곡을 잘 짓는 소질을 가졌고, 어떤 이는 피아노를 잘 치는 소질을 가졌고, 어떤 이는 오르간을 잘 치는 등 선천적인 소질을 다 타고나 있습니다. 모든 사람이 다 소질을 갖고 있습니다. 얼굴이 다른 만큼 사명이 다르고, 사명이 다른 만큼 사명을 감당할 수 있는 소질들이 각자에게 주어져 있습니다.

또 우스운 얘기 하나 하고 지나갑시다. 꽤 오래 전, 미국에서 28세의 노처녀가 남의 집에서 식모살이를 하고 있었습니다. 매일 남의 집 심부름이나 하고 식모노릇이나 하고 있으니 나이는 먹어 가고 시집오라는 데는 없고 그래서 심각해집니다.
'내가 뭘 하려고 세상에 태어났나? 내가 가진 장기가 있을 건데. 내가 남보다 다른 선천적인 소질이나 특성은 무엇인가?' 곰곰이 생각을 해보니 집주인 어른들의 친구들이 응접실에 앉아 주고받고 얘기를 할 때 슬그머니 뒤에서 말참견을 몇 마디 하면 그만 그 모임자리가 웃음바다가 돼 버리는 거예요. 몇 차례 그런 적이 있자 그 가정부는 '아! 나한테는 남을 잘 웃기는 선천적인 소질이 있나 보다' 라는 생각을 했습니다. 그러던 중 TV를 유심히 보는 가운데 개그맨들이 나와서 웃기지만 자기보다 못하거든요. 미국 NBC TV 개그맨 책임자를 찾아서 "내가 사람 웃기는 재주가 있다."고 하니, 이 책임자가 "야 정말 사람 웃기네." 라며 핀잔을 주는 겁니다. 그러고선 자기 볼 일 보러 갑니다. 뒤따라가면서 얘기를 해도 우습게 듣고 맙니다. 몇 차례 그러다가 사무실에서 테스트를 받았는데 소질이 있대요. 그래서 교육을 시켜 유명한 NBC TV에 개그우먼으로서 한평생 미국의 모든 시민들에게 웃음을 주고 살다가 세상을 떠났다는 일화가 전해지고 있습니다.

 누구에게나 다 선천적인 소질이 있어요. 그러면 몸이라고 하는 한 달란트와 몸에 담겨 있는 정신력이라고 하는 한 달란트와 선천적인 소질이라고 하는 한 달란트와 후천적인 소유라는 한 달란트, 즉 내가 하나님의 축복으로 좋은 환경에서 대학을 나와 지식을 가지고 있다면 그것도 한 달란트, 기술을 배웠다면 그것도 한 달란트, 돈을 모아서 내 수중에 돈이 많이 있다면 그것도 한 달란트, 하여튼 후천적인 소유라고 하는 달란트. 그리고 다섯째로는 내가 살아 있는 세월이라고 하는 한 달란트, 곧 시간이라고 하는 달란트.

 이 자리에 앉아 있는 우리는 모두 하나님께 다섯 달란트를 받은 하나님의 종들입니다. 이 몸 가지고 내 맘대로 써서는 안 돼요. 하나님이 주신 몸, 하나님이 주신 정신력을 가지고 내 맘대로 써서는 안 됩니다. 하나님이 주신 이 다섯 달란트를 가지고 지금까지 무엇에 어떻게 사용해 왔는가 말입니다. 하나님의 뜻대로 못사는 것은 곧 하나님 앞에 한 달란트 받은 종같이 하나님 앞에 빚 못 갚고 책임 다하지 못하는 잘못을 저지르고 있는 거예요.

둘째로, 왜 하나님 앞에 또 빚진 자가 되었는가 하면 구원의 은혜 때문입니다. 나 같은 게 어떻게 하나님의 아들이 되었는가? 나 같은 게 어떻게 하나님의 딸이 되었는가?

바울은 이 때문에 "나는 빚진 자라. 이 빚 갚기 위해서 예루살렘에만 있을 수 없어서 소아시아로 가야지. 이 빚 갚기 위해서 소아시아에만 갈 수 없어 로마로 가야지. 이 빚 갚기 위해서 장가갈 여가가 없고 자녀 기를 여가가 없어."라며 그렇게 한평생 몸이 바스러져라 뛰고 달렸습니다.

우리가 이 세 가지, 나라고 하는 존재가 하나님께로부터 시작이 되었은즉 하나님께로부터 받은 이 존재, 어떻게 사용할 것인가? 내게 있는 다섯 달란트 중 어느 것 하나 진귀한 하나님이 주신 달란트가 아닌 것이 없을진대 이 달란트를 가지고 어떻게 하나님 앞에 살 것인가? 내게 주신 구원의 은혜. 하나님의 아들과 딸 된 이 감격을 가지고 어떻게 살 것인가? 하나님 앞에 빚 갚고 가야지. 물론 어불성설이죠. 우리가 어떻게 하나님 앞에 빚을 갚을 수 있겠어요? 그래도 마음만은 그런 삶의 자세를 가져야 된다는 겁니다.

셋째로, 우리가 또 한 가지 빚지고 있는데 바로 역사적으로 빚진 자입니다. 그게 무슨 소리냐? 일반적으로 생각을 해봅시다. 가령 내가 여기에 25세 된 청년 하나를 만났다고 합시다.

"자네 나이 몇 살인가?"

"25세입니다."

"그럼 대학은 나왔겠군?"

"예, 금년 봄에 대학을 졸업했습니다"

"어느 대학, 무슨 과를 나왔는가?"

"OO대학 OO과를 졸업했습니다."

"참 공부를 잘했구먼, 좋은 과목을 전공했구먼. 자. 그럼 이제 사회생활을 시작해야 되겠는데 한번 물어보겠네. 자네가 지금 사회생활을 시작하려고 그러는데 자네가 사회생활에서 불편 없이 써먹을 수 있는 국어지식을 어느 정도 가지고 있느냐고 묻는다면 어떻게 대답하겠나?"

"예, 국어지식은 초등학교 때부터 배워서 대학교까지 졸업하면서 배운 지식이기에 신문을 읽거나 글을 쓰거나 연설을 하거나 강의를 하거나 별로 어려움 없이 쓸 수 있는 국어지식을 가지고 있습니다." 하고 대답을 하겠죠.

또 다른 문제를 던져 봅니다.

"그럼, 자네가 지금 사회생활에 한 걸음 내디디면서 문화인으로서, 지성인으로서, 사회에 뒤떨어지지 않는 현대인으로서 살아가려고 사용하기 위해 준비한 국어지식은 자네가 창작하고 자네가 개발한 건가?" 하고 물으면 무엇이라 할까요?

"아니지요. 옛날부터 내려온 우리말에 세종대왕께서 세워 준 한글과 그 한글이 오늘날까지 전해 오면서 주시경 선생, 이금록 박사, 그리고 일제 치하에 한글을 지키기 위해서 가족과 함께 못살고 만주 벌판으로 쫓겨다니고 투옥당하기도 하고 그렇게 고생고생하면서 갈고 닦아 다듬어준 국어지식을 내가 지금 받아서 사회생활에 불편 없이 써먹도록 준비를 하고 있습니다."라고 대답하겠죠.

그러면 또다시, "지금 사회생활에 나서려고 그러는데 요즘 수학적인 머리가 없으면 경쟁사회에서 뒤져 아무리 컴퓨터 세상이라 할지라도 어느 정도 수학적인 기본지식이 있어야 되는데, 자넨 지금 사회생활을 시작하면서 불편 없이 살아갈 수 있는 수학지식은 어느 정도 가졌느냐?"고 물으면,

"예, 별로 염려 없습니다. 제가 지금 증권시장에 뛰어들지라도 남

에게 뒤지지 않을 만큼 수학지식은 가지고 있습니다."고 대답을 할 겁니다.

"그럼 또 물어 보세. 자네가 이 경쟁사회에서 남에게 뒤지지 않을 만큼 써먹고 살아갈 수 있는 그 수학지식은 자네가 세상에 태어나 25년 동안에 창작하고 개발한 것인가?"라고 묻는다면,

"아닙니다. 그렇지 않습니다. 그것은 수천 년 전 아테네 학자들부터 시작해서 수천 년 동안 수많은 학자들이 가난, 고독과 싸우며 밤새워 연구하고 갈고 닦아 물려 준 수학의 원리들을 내가 지금 물려받아서 사회인으로 뒤지지 않도록 써먹고 살 수 있도록 준비를 했습니다."라고 말할 것입니다.

그러면 그 청년이 가지고 있는 국어, 경제, 정치, 수학, 과학, 역사 지식, 어느 것 하나도 25세 먹는 25년 동안에 자기가 창작하고 자기가 개발한 것은 하나도 없는 거예요. 그러면 역사적으로 긴긴 시간을 흘러 내려오면서 물려 준 것을 지금 물려받아 간직하고 지속하며 살아가는데, 그렇다면 역사적으로 물려받은 것 받아 살면서 나도 후배에게 물려 줄 수 있게 무언가 역사에 플러스되도록, 보탬이 되는 일을 해놓고 가야 빚을 갚는 태도지, 자기는 지나간 선배들이 물려 준 걸 다 받아 가지고 기생충과 같이 자기 마음대로 써먹고, 후대에 물려 주지 못하고 역사에 뭔가 보탬이 되지 못한다면 이것은 역사적으로 빚 못 갚고 가는 사람이에요.

그런 의미에서 우리는 모두 다 역사적인 유물로써 톡톡히 빚을 지고 있는 사람들입니다. 우리가 가지고 있는 지식, 우리가 가지고 있는 기술, 우리가 가지고 있는 문화, 우리가 가지고 있는 정치, 우리가 가지고 있는 사회, 모두 역사적인 유물로 받아서 지금 혜택을 누리고 있는데, 나는 이 역사적인 유물 속에 살면서 이렇게 호화롭게 문화인으로, 지성인으로, 혹은 기술인으로 떳떳하게 살면서 한평생 다 살고

세상을 떠날 무렵에 후대에 물려 줄, 아니 역사에 뭔가 보탬이 있도록 해놓고 가는 것, 이것이 적어도 역사 앞에 빚진 자로서 빚 갚는 삶의 태도가 아니겠는가 말입니다. 그런 의미에서 우리는 역사적으로 모두 빚진 자라는 말입니다.

더구나 우리의 신앙은 우연히 오늘 우리가 예수를 믿어 하나님의 아들과 딸이 된 게 아닙니다. 대동강변에서 토마스 선교사가 모래밭에 박살이 나서 죽어 가는 그때부터 시작해 얼마나 많은 선교사들이, 얼마나 많은 전도자들이 가난과 싸우며, 핍박과 싸우며 피를 흘리고 시체가 되어가면서 갈고 닦고 가다듬어 우리에게 물려 준 복음입니까? 그보다 더 올라가면 예수님의 십자가의 은총, 피의 연결로써 여기까지 와 내가 구원함을 받아 하나님의 아들과 딸이 됐다면, 이 구원 역사에, 이 믿음의 흐름에 역사적인 유물로써 내가 이렇게 복음을 받아 역사적으로 전해 온 것을 받아 하나님의 아들과 딸이 됐다면, 나도 내 후손에 복음의 역사에, 교회의 역사에, 믿음의 역사에, 무언가 보탬이 되도록 해놓고 가야지요. 이런 의미에서 우리는 역사적으로 빚진 자라는 사실입니다.

넷째로, 우리는 사회적으로 빚진 자라는 말입니다. 사회적으로 빚진 자라는 말을 처음부터 쉽게 한번 설명을 해봅시다. 가령 한 팔푼이쯤 되는 사람이 북악산에 올라가서 서울을 내려다봅니다. 63빌딩에다가 수많은 고층건물에 화려 찬란합니다. 자동차가 줄을 지어 홍수같이 흘러 내려가고 흘러오고 하는데 내려다보니 장관입니다.

"야! 사람도 많고, 집도 많고, 자동차도 많고, 참 좋다." 그러다가 팔푼이니까 생각이 엉뚱해서-화는 내지 말고 예를 들어서 말하는 거니까요-하는 말이 "이 시간에 서울시민 천만 사람 중 한 사람도 남지 말고 나만 남고 다 죽어 버려라." 진짜가 아니라 그냥 그렇게 비유를 하는 겁니다. 화내지 말아요, 죽어라 한다고.

"콱 다 죽어 버리고 나 혼자만 남아라. 그러면 이 장안에 나 혼자만 남으면 전부 내 꺼야 고층건물도 내 것, 자동차도 내 것, 롯데백화점도 내 것." 좋다고 껑충껑충 뜁니다. 그러다가 부르릉, 부르릉 하며 자동차를 몰고서 '기분을 내야지' 라고 생각하는데 '어, 나는 운전할 줄 모르는데. 그럼 어떡하나 자동차 있으나마나네, 그럼 자동차 운전사는 죽지 마라. 그 다음에는 운전사가 모는 차를 타고 명동에 가서 제일 고급스런 양복점에 가서 신사복을 한 벌 맞춰 보자. 근데 "어, 나는 양복 만들 줄 모르는데, 그럼 어떡할까? 그래 양복쟁이는 죽지 마라". 양복을 한 벌 입고, 그 다음에 어떤 유명한 거리에 가서 평소의 소원인 스테이크에 칼질을 해서 배가 양쪽에 불룩 튀어나올 정도로 실컷 먹어야지 라고 기분을 냅니다. "어, 나는 요리할 줄 모르는데 그럼 어떡할까? 요리사는 죽지 마라." 이러고 보니 신문배달도 죽지 마라. 콩나물장수도 죽지 마라. 리어카 끄는 사람도 죽지 마라. 지게꾼도 죽지 마라. 하나도 죽을 사람이 없더라 그 말입니다. 그래서 하는 말이, "그럼 다 살아 버려라." 이게 사회관계라는 겁니다.

우리가 여기 와서 이렇게 많이 앉아 있는 것도 은밀히 눈을 감고 따져보면, 수없이 많은 내가 아닌 타인이 가까이서 혹은 멀리서 내게 영향을 주어 내가 여기 앉았다는 사실을 우리는 부인할 수 없습니다.

또 끼니때마다 올라오는 밥상을 한번 들여다봅시다. 그게 어디 저절로 데굴데굴 모래 속에서 굴러 나왔나요? 쌀 한 톨이, 채소 한 잎사귀가, 고기 한 점이, 생선 한 토막이, 바다에 배를 몰고 가는 사람들은 바닷가에서 아내를 만나도 못 본 척, 남편을 봐도 못 본 척, 바다로 가면서 잘 갔다 오겠다는 말도 재수 없다고 안 한대요. 알아도 모르는 척, 봐도 못 본 척, 그리고 남편과 아내가 헤어져 남편은 바다로 가고 아내는 집으로 돌아오면 라디오 앞에 밤새도록 귀를 기울이고 앉아 있는 거예요. 바람이 분다는 일기예보는 없는가? 태풍이 몰려온다고 하는 일기예보는 없는가? 조마조마하게 하룻밤을 보내고 아침이 되어 비로소 남편이 바다에서 돌아오면 안도의 한숨을 쉬고 비로소 반가이 인사를 나누게 되는 이 어부들의 생활.

이렇게 목숨을 건 모험 속에서 거두어다 주는 생선을 꾸역꾸역 생각도 없이 주워먹으면서 나는 이 사회에서, 밥사발 앞에 부끄럽지 않도록 살고 있는가? 나는 이 사회에서 이 의복을 입고 부끄럽지 않도록 살고 있는가? 다른 말로 말해서 나도 무언가 사회를 위해서 내 힘을 바쳐야 된다는 것입니다.

어떤 아는 분이 유학을 갔습니다. 석사과정을 마치고 박사과정을 마치는데 지독하게 했습니다. 그 박사학위를 받고서 학위복을 입고 금사슬 찬란한 학위 모자를 쓰고서 나와 사람들이 갖다 주는 꽃다발을 가슴에 턱 안고 만면에 미소를 짓고 이 사람의 칭찬, 저 사람의 칭찬을 받으면서 그렇게 졸업식이 끝난 뒤에 하는 말이 "이거야말로 내 각고의 결정이다. 내가 뼈를 깎는 그 피로움을 참아 견디어 얻어진 소득이다. 내 명예요, 그 속에 부끄러움이 없고, 그 속에 가책될 것이 없고, 내 수고의 결정이다."라고 그렇게 자랑스럽게 얘기를 합니다.

정말일까요? 당신이 남들 데이트 갈 때 데이트도 안 가고, 당신은 남들이 주말에 놀러갈 때 놀러가지 않고 순전하게 공부한 자신의 노력의 결정이냐고 한번 따져보자는 말입니다.

당신이 공부할 동안에 참고한 책도 당신이 만들어 읽은 것이냐? 얼마나 멀리, 얼마나 가까이에 있는 수많은 학자들의 책과 역사적인 유물과 사회적인 유물을 받아 당신이 공부를 했는가? 그때 비추어지던 전깃불도 당신이 만들어 공부했던가? 당신이 공부할 동안에 먹은 양식도 당신이 농사지어 먹었던가? 수없이 많은 사람들이 멀리에서 가까이에서 불을 보내 주고 양식을 주고 옷을 입혀 주고 책을 주어서 학위를 받았다면 역시 당신은 역사적으로 빚진 자요, 사회적으로 빚진 자요, 그 학위 가지고 혼자 영광을 누릴 게 아니라 사회에 빚을 갚아야지요. 역사에 빚을 갚아야지요.

우리는 모두 사회적으로 역사적으로 빚진 자들입니다. 작은 일이나마 우리도 우리 수고를 가지고 뭔가 남을 위해서 무엇을 해야 되는 겁니다. 더구나 하나님의 아들과 딸들은 이 세상에 있어서 나 혼자 예수 잘 믿어서 천당 가면 끝이 아니라 살아 있는 동안에는 사회적인 사명 때문에 살아 있는 거요, 역사적인 사명 때문에 살아 있는 겁니다. 그걸 예수님은 말씀하시기를 "빛이 되라. 소금이 되라" 하시는 겁니다. 어찌 큰일만 일이겠어요? 일상생활에 빛이 되고, 일상생활에 소금이 돼야 됩니다.

어떤 분이 그런 말을 하더군요. 버스를 타고 가는데 어떤 젊은 부인이 버스에 올라타서 통로를 지나갈 때에 연신 "미안합니다, 미안합니다."라고 고개를 숙이고 허리를 굽히며 조심스레 지나 어느 창가에 서는 걸 봤답니다. 겨울철이라 유리창에는 김이 뽀얗게 서렸습니다. 보통 사람 같으면 손가락을 가지고 살살 돌려 가며 닦아내고 밖을 내다볼 겁니다. 그러나 이 부인은 한참 있다가 가방에서 휴지를 꺼내어 유리창을 전부 깨끗이 닦아냅니다. 자기가 다 닦아야 할 필요는 없지만, 비록 잠깐 그 버스를 타고 가는 길이지만 거기에 탄 다른 사람들을 위해서 휴지로 유리창 하나를 잘 닦아서 환하게 만들더라는 얘기를 들었습니다. 다른 사람을 생각할 수 있는 그 마음씨, 그것이 빛이요, 소금이에요.

대통령이 되고, 장관이 되어야 빚 갚는 것인가요? 그것은 아닙니다. 어떤 사람이 이사를 갔습니다. 새로 이사를 갔는데 집 안이 깨끗이 청소가 돼 있습니다. 들어서는 문턱에 편지 한 장이 놓여 있습니다. 내용인즉 "저는 이 집에 지금까지 살다가 이사가는 사람입니다. 우리 대신에 이 집에 오시게 되어서 누구신지는 모르지만 반갑습니다. 이 집에 사시는 동안 행복하시기를 바랍니다. 그런데 옷장을 들여놓기 전에 옷장 놓을 자리를 조금 조심히 살펴보고 옷장을 놓으시기를 바랍니다. 행여나 가스가 셀는지 몰라서 말씀을 드리는 것입니다. 복 되게 사시기를 바랍니다." 이사가는 사람이 새로 오는 사람을 위해서 그런 편지 한 장을 남겨놓고 갔습니다. 새로운 사람이 그 편지를 읽고 이사간 사람에 대한 마음이 어떠했을까요? 이것이 물리적인 공해만 아니라 인간관계의 공해를 순화시키는 빛의 사명이 아닐까요? 소금의 사명이 아닐까요? 적은 힘이라도 우리의 생활로 남에게 뭔가 보탬이 되도록 사는 것, 그것은 사회적으로 빛 갚는 삶이요, 역사적으로 빛 갚는 삶인 겁니다.

한번은 심방을 가는데 좁은 골목길에 노동자가 연탄 리어카를 끌고, 조금 급한 경사인지라 바로 올라가지를 못하고 지그재그로 올라갑니다. 저 밑에서 내가 바라보고 쳐다보며 올라가는데 먼저 가는 청년들이 그냥 지나갑니다. 고등학생들도 그냥 지나갑니다. 다 그냥 지나갑니다. 마지막에 내 차례가 되어 책가방을 리어카 한쪽에다 끼고 리어카를 밀어 그 경사진 길을 밀어올려 드렸습니다. 그 리어카 노동자가 코가 땅에 닿으라고 인사를 하고 감사를 합니다. 그것 밀어올려 준다고 해서 조금 힘은 들지만 5년 살 것 3년으로 줄어드나? 안 밀어주고 편안하게 올라간다고 해서 3년 살 것 5년 사나? 아무런 플러스, 마이너스 없는 거예요.

그러나 내가 조그마한 노력이라도 남을 위하여 베풀었을 때 그 베풂을 받은 사람에게 미칠 영향을 우리가 생각할 때 이게 바로 빛 갚는 삶의 태도요, 이것이 바로 소금과 빛 되는 삶의 태도인 것입니다.

이렇게 생각을 해봅니다. 그 노동자가 아무도 밀어주는 사람 없이 낑낑거리면서 땀을 흘리고 숨이 가쁘고 허리가 아프도록 죽을 힘을 다해 고개 마루턱에까지 올라갔다 그럽시다. 리어카를 멈춰 놓고 허리를 만지며, '빌어먹을 세상, 어떤 놈은 날 때부터 입에 은수저 물고 나고, 나 같은 놈은 세상에 가난하게 태어나고, 이놈의 세상' 그러면서 조상 원망하고, 사회 원망하고, 자기 인생을 저주하고 불쾌해 견딜 수가 없는 거예요. 그런 짜증스러운 기분으로 일을 계속하니 일이 끝난 다음에, 또 다른 집으로 일을 가려고 할 때에도 모든 말마다 퉁명스럽고 짜증스럽고 불평 속에 감정적으로 되어가고, 그 일을 마치고 또 다른 일을 할 때에 또 그런 감정이 번지고, 이런 악순환으로 하루가 계속 되고 저녁이 돼 집으로 돌아오려면 그냥 돌아올 수가 없어 길가에 있는 포장마차에 들어갑니다. 소주 서너 잔 꿀꺽꿀꺽 삼키고서 거나하게 취해 가지고 비틀비틀 거리면서 집으로 돌아옵니다. 그러고는 대문간에 와서 발길로 문을 꽝꽝 차면서 "죽었나, 살았나?" 고함을 친다고 그럽시다. 아내가 방에 있다가 그 고함소리와 쾅쾅 들리는 문소리에 겁이 질려 나오다가 신이 거꾸로 신겨져 버둥거리고 그러다가 땅에 엎어지기도 합니다. 조금만 지체해도 "죽었나 살았나?" 하며 고함을 치고, 그러다가 아내가 문을 열면 확 미는 바람에 아내가 문에 받치어 벌렁 넘어지고. 이런 장면이 벌어질 적에 거기에 자라나는 어린것들이 그 어머니, 아버지의 꼴을 보다가 불량 청소년 되지 말라는 법이 어디에 있어요? '이놈의 집에 내가 더 못 살겠다' 싶어 뛰쳐나와 불량 청소년이 되는 거지요.

  그러나 반대로 내가 밀어올려 줬습니다. 그 노동자 마음속에 '세상이 그렇게 매정스럽지만은 않구나. 세상에 그렇게 각박하지만은 않구나.' 마음이 흐뭇하고 좋은 기분으로 그 일을 끝내고, 그 다음 일을 맡을 때도 흐뭇한 마음으로, 그저 싱긋이 웃는 마음으로 애기를 하면서 새 일을 맡고, 또 웃는 얼굴로 그 다음 일을 끝내고 저녁때가 되어, 기분이 괜찮게 되어 길가에 동태 파는 사람에게 동태 서너 마리 사가지고 꾸러미를 덜렁덜렁 들고서 기분이 좋으니까 휘파람을 불고 집으로 돌아오는 거예요.

문간에 와서 부드럽게 똑똑, 노크를 하니까 안에서 노크 소리만 들어도 남편의 마음과 기분을 아는 게 아내의 마음이거든요. 그러니까 "예!" 그러고 나와서 부드럽게 문을 엽니다. 그러니까 집에 별일없었느냐는 안부를 묻고,

"오늘도 수고했습니다. 얼마나 고생했습니까?" "고생은 무슨 고생, 오늘도 재미있었다." 고 말하겠죠. 비록 가난하여 리어카로 물건을 나르며 노동자로서 살망정 어머니, 아버지의 이 단란하고 아름다운 모습을 지켜보는 아들과 딸이 불량청소년 될래도 못 돼요.

이게 바로 우리가 사회 속에 살면서 소금 노릇 하는 삶의 모습 아니겠어요? 이것이 세상의 빛 노릇 하는 모습이 아니겠어요? 무언가 내 적은 힘으로 남에게 덕이 되도록 해주면서 살아야 되는 거예요. 이게 빚 갚는 삶의 태도요, 하나님 앞에 빚 갚는 태도요, 역사 앞에 빚 갚는 삶의 태도요, 사회 앞에 빚 갚는 삶의 태도입니다. 작은 힘이나마 남을 위해 봉사해야 됩니다.

이것을 그리스도 사랑의 실천이라고 그럴 수 있습니다. 하나님께서 나에게 구원의 은혜를 갚는 방법이라고 하기도 합니다. 왜 그렇죠? '내가 주릴 때 먹이고, 목마를 때 마시고, 나그네 될 때 대접하였고, 병들었을 때 와 봐주었고, 갇혔을 때 돌봐 주었다.' 누구에게요? '적은 자 하나에게 베푼 것이 곧 주님께 한 것이다.' 우리가 이와 같은 그리스도의 사랑을, 구원의 은혜를 내 도움이 필요한 사람에게 베푸는 것이 곧 하나님 앞에 빚 갚는 삶의 태도요, 내려와서는 역사 앞에 빚 갚는 삶의 태도요, 사회 앞에 빚 갚는 삶의 태도인 것입니다.

애기하나 더 하죠. 신학교에 강의를 할 때면 아침 4시에 집에서 일어나 첫 고속버스를 타고 서울에 와서 4시간, 5시간, 6시간까지 강의를 하고 막차를 타고 대구로 내려갑니다.

고속버스를 타고 서울을 출발해 톨게이트를 지나자마자 뒤에서 누군가 "여보시오. 당신 아기가 죽었구먼." 하는 거예요. 누가 누구보고 하는지 몰라서 모두가 눈이 둥그래져서 살피는데 할머니 한 분이, "당신 말이오. 당신 등에 업혀 있는 아기가 죽었구먼." 어떤 어린 엄마가 등에다가 아기를 업었는데, 아기가 죽어서 눈이 뒤집어졌습니다. 하지만 뒤통수에 눈이 없으니까 알 턱이 있나요. 그래서 뒷사람이 "당신 아기 죽었구먼."이라는 얘기를 듣고 깜짝 놀라 아기를 내려 보니 벌써 아기는 죽어서 눈이 뒤집어져 있었습니다. 숨이 막혔던 거죠.

아기 엄마가 울기를 시작하네요. 주위 사람들이 내리라 하기도 하고, 내리면 안 된다 하기도 하고, 그러는 가운데도 차는 자꾸 달려갑니다. 이미 죽어서 눈이 뒤집혀 있는 아기를 안고 울고 있는 아기 엄마가 얼마나 안쓰럽던지. 그때 아이가 우리 딸아이 만한 나이예요. 그래서 속이 얼마나 답답하던지 몰라요. 하필이면 버스에 의사도 한 사람 없고, 그때 만약 내가 의사였으면 얼마나 좋았겠나라는 생각을 하면서 마음으로 기도하다가, 주제넘은 짓이죠. 죽은 아기 안고 울고 있는 엄마에게, "나에게 아기를 달라"고 했어요. 이왕 울 바에야 죽은 아기 안고 울지 말고 편안하게 앉아서 울어라 하고, 죽은 아기는 내가 받아 운전기사 뒷자리에 앉았습니다.

어린 아기를 보니 갓난아기예요. 속에다 융을 입히고, 겉에는 융두루마기를 입히고, 게다가 그 위에 솜 포대기를 두르고 있더라고요. 늦은 여름철인데 원피스를 입은 엄마의 뜨끈뜨끈한 등에 솜 포대기를 두른 채 의자에 끼여 있으니 숨이 안 막힐 수가 없었던 거죠. 제가 포대기 끄르고, 겉옷 끄르고, 속옷 끄르고 알몸이 나오도록 만들었어요. 그 위에 찬바람을 직접 쐬게 했는데 어차피 죽은 놈이기에 감기 들어도 그만이다 싶어 신문을 접어 바람을 부쳤습니다. 한참 그러다가 아무래도 이상해요. 내가 속으로 기도했지요. 이놈이 정말 살아나면 얼마나 좋을까 싶은데, 이 아기가 눈을 빤히 뜨고 있는 거예요. 그래서 이놈이 진짜 죽었나, 안 죽었나 싶어 눈을 훅 불어 버렸어요. 까짓거 어차피 죽었는데요. 그런데 이상하게 타임이 딱 맞아서 '왕~' 하고 우는데 내가 얼마나 놀랬는지 몰라요. '왕~' 하고 울음이 터지니까 그 동안에 울고 앉았던 엄마가 이제는 너무 좋아서 더 크게 우네요. 얼른 달려오길래 아이를 엄마에게 줬지요. 그 다음 얘기를 할까요, 말까요?

여름철인데, 원피스를 입었는데 지퍼를 뒤에다 달았네요. 아기한테 젖을 먹이려고 뒤에 사람보고 내려 달라고 하니까 내려 줬죠. 벗더라고요. 부끄러움도 없어요. 그래서 내가 아기 엄마를 보면서 참 친정엄마도 바보고, 시엄마도 바보지, 젖먹일 아기 엄마에게 왜 하필 뒤에다 지퍼 달린 원피스를 입혀 놓았는가? 그런 칠칠치 못한 엄마 밑에 그 딸이지 생각했어요. 그리고 가만히 있다가 '하하' 내가 새로운 것을 발견했어요. 이것은 내가 오늘 저녁에 공개는 하지만, 저에게 로열티를 물지 않고 쓰면 안 돼요. 지퍼를 여기 달아 쫙 열고 젖먹이고 쫙 닫고, 얼마나 편리해요. 여러분 그것은 모르죠. 이건 내가 발견한 건데. 그렇게 하실 분은 제게 로열티를 물고 사용하세요.

그래서 아기 엄마가 젖을 먹입니다. 이래저래해서 벌써 차는 추풍령까지 왔습니다. 추풍령휴게소에서 내려 매점에 가서 콜라 큰 병을 하나 사고, 큰 컵에 가득 채워서 아기 엄마에게 전해 주었습니다. 아기 엄마는, 감사합니다. 고맙습니다. 미안합니다. 인사도 없이 단숨에 받아 꿀꺽꿀꺽 삼켜 버리는데 얼마나 속이 탔는지 참 가엽데요.

이제 다시 차를 타고 대구까지 갑니다. 나는 언제나 고속버스 탈 때에 지정석으로 4번에 앉아요. 제 지정석이에요. 다른 사람은 죽을 4라고 기분 나빠 안 타지만, 나는 죽으면 천당 빨리 갈 것이고, 또 운전기사가 차를 몰 때 자기 안 죽으려고 운전하니까, 그 뒤에 앉으면 안전하거든요. 그래서 앞에 있는 거울을 보니 뒤에서 아기엄마가 부산하게 아기를 들쳐업고 기저귀 가방을 챙기고 내가 내리기 전 나에게 뭔가 인사를 하기 위해 준비를 하는 것 같아요. 그래서 나도 미리 준비하고 차가 정차하자 얼른 내렸습니다. 내가 누군지 알릴 필요도 없고, 인사받을 것도 없고, 내가 몇 시간 동안에 한 일이 누구에겐가 도움이 됐다고 하면 그걸로 족하지 않아요? 다만 그때 내가 조금 더 한 건, 야심은 있어서 내가 목사니까 콜라잔 밑에 서문교회 전도지 하나를 탁 받쳐 가지고 드렸던 것, 생각할 수 있도록 그것 드렸던 것뿐이지요.

내가 내리니까 손을 흔들면서 인사도 좀 하고 누군지 알고 가자는 표현을 해요. 그래서 창밖에 서서 손을 흔들면서 "안녕히 가십시오." 그리고 집을 향하여 터벅터벅 걸어 나오는데, 그 기분은 시저나 나폴레옹이 개선할 때의 기분만큼 좋았었던 것 같아요.

비록 작은 일이지만 남에게 뭔가 도움이 됐다고 하는 이 한 가지 때문에, '내가 뭔가 보람 있는 일을 했구나' 라는 생각에 기분이 그렇게 좋을 수가 없어요. 하필 먼데 가서 큰일을 생각하지 말고 우리 일상생활 주변을 살펴보십시오. 얼마든지 하나님 앞에 빚 갚는 삶을 살 수 있고, 역사 앞에 빚 갚는 삶을 살 수 있고, 사회 앞에 빚 갚는 삶을 살 수 있는 일거리는 얼마든지 있습니다.

둘째로, 바울이 이와 같이 빚진 인생, 빚 갚는 삶의 태도가 어떠했던가를 디모데후서 4장 6절 이하에서 세 가지만 살펴보기로 합시다. 어떻게 빚 갚는 삶을 살았느냐? 바울은 말하기를 "나는 달렸노라, 나는 뛰었노라, 나는 싸웠노라." 이 세 가지 말을 했는데 이걸 한마디로 요약하면 '나는 내 인생 최선을 다했노라' 라고 할 수 있죠.

그래요. 뭐니뭐니해도 내 인생에 값있고 보람 있는 삶을 창작하기 위한 삶의 태도는 자기에게 최선을 다하는 겁니다. 사람의 가치나 의미는 최고가 되는 데 있는 것이 아니라 최선을 다하는 데 있는 겁니다. 사람이 자기 최선은 다하지 않고 기술과 요령과 재간으로서 최고가 되려고 하기 때문에 백담사로 가게 되는 거지요. 사람의 가치가 최고가 되는 데 있는 게 아니고 최선을 다하는 데 있다면, 누구보고 두려워하지도 말고, 누구보고 경쟁도 하지말고, 자기에게 최선을 다해야 돼요. 두려워하며 경쟁을 하다 보면 수단과 방법을 가리지 않게 되고, 수단과 방법을 가리지 않다 보면 인격에 얼이 가고 발자취에 때가 남게 되는 거예요.

최고가 되지 말고 최선을 다하면 되는 거예요. 그런데 바울은 최선을 다했는데, 세 가지 최선을 다했다는 의미를 이 본문에서 추려낼 수가 있겠습니다. "나는 뛰었노라, 나는 달렸노라, 나는 싸웠노라, 나는 믿음을 지켜 고집했노라." 이 말 속에 첫째로, 나는 달렸노라, 나는 뛰었노라. 내 인생에게 주어진 시간 사용에 최선을 다했노라. 하나님의 아들로서 땅에 머물러 있는 나그네 동안에, 하나님의 딸로서 나그네로서 땅에 머물러 있는 동안 내가 최선을 다해 세월을 사용했노라. 시간을 사용했노라. 말하자면 뛰는 인생으로 살았노라, 달리는 인생으로 살았노라. 어정어정 거리면서 '노세노세 젊어서 노세 늙어지면 못 노나니' 그런 퇴폐적인 노래나 부르고, 수없이 많은 날에 '오늘 못하면 내일하지.' 이런 태만한 생각으로 살지 않았노라고 말합니다. "나는 빚 갚기에 너무너무 바빠 뛰었노라, 달렸노라, 쫓아가는 인생으로 살았노라." 세월을 낭비하는 자는 만성적으로 자살하는 자입니다.

일본 사람은 '시간은 돈'이라고 하지만, 유럽 사람은 '시간은 생명'이라고 합니다. 그렇습니다. 시간은 생명입니다. 경제 동물은 시간을 돈이라 하지만 기독교 정신에 영향받은 사람은 시간을 생명이라고 합니다. 때문에 시간을 낭비하는 사람은 만성적으로 자기가 자기를 죽이고 있는 사람입니다.

어떤 사람은 과거라는 칼로써 자살하고 앉았습니다. 그게 무슨 소리냐고요? "과거에 내가 황해도에 있을 때, 과거에 내가 평양에 있을 때, 과거에 내가 함경도 있을 때, 교회에서 둘째가라면 섭섭했다"고 하면서 이것도 내가 하고 저것도 내가 하고, 과거에 무슨 일 잘했던 것, 훌륭하게 많은 일 했던 것, 그것을 들추어 자랑하면서 현재에 최선을 다하지 않는 그 사람은 과거라고 하는 칼로써 현재에 자살하는 사람입니다. 자살하지 마시기를 바랍니다.

어떤 사람은 미래라는 칼로써 자살하고 있습니다. 이 다음에 목사님이 날 인정해 주면, 이 다음에 집사시켜 주면, 이 다음에 권사·장로 되게 해주면, 그때 내가 한번 보라는 듯이 온 교인을 깜짝 놀라도록 일을 할 것이라고 얘기하며 현재에 최선을 다하지 않는 사람은, 미래라고 하는 칼로써 현재에 자살하고 있는 사람입니다.

사람에게 귀한 것은 과거도 아니요, 미래도 아닙니다. 현재입니다. 과거는 지나갔습니다. 미래는 아직 내 것이 아닙니다. 현재만이 내 것입니다. 현재에 우리가 최선을 다하는 그 사람이라야 인생을 값있게 사는 사람이요, 내게 주어진 세월을 촌음이라도 아끼어 값있게 사용하는 그 사람이 빛 같은 삶의 태도를 행하는 사람입니다.

시간의 가치는 장단에 있는 것이 아니고 효용 여부에 있는 겁니다. 10분이 1시간보다 더 귀할 수도 있고, 1시간이 10분 보다 더 지저분할 수도 있는 것입니다. 시간의 가치는 장단에 있는 것이 아니라, 효용 여부에 있기에 서양 격언에 '1페이지의 책을 읽은 사람은 2페이지의 책을 읽은 사람에게 지배를 받는다' 고 말합니다.

시간을 값지게 사용한 그 사람이 선진 국민이요, 남을 지배할 수 있는 위치에 올라서는 거예요. 시간을 값지게 사용하지 않는 사람은 언제나 후진국에서 뒤따라 가다가 볼일 다 보게 될 것입니다. 세월을 아껴야 합니다. 세월을 낭비하는 사람은 자살하는 사람입니다. 무가치한 일에 내가 공상을 하고 있거나 무가치한 일에 내가 뭔가 분주할 때 그때도 내 생명, 내 세월은 가고 있는 겁니다.

어느 날 새벽기도에 나오려고 시계를 맞추어 베개 앞에 두고 잠이 들었습니다. 한밤중에 잠이 깼습니다. 만물이 잠든 고요한 밤입니다. 머리맡에 둔 시계 초침소리가 유난히도 크게 들립니다.

'째각째각째각째각.' 시계 초침소리를 듣고 있다가 마치 용수철에 튕겨진 사람처럼 벌떡 일어나 방바닥에 무릎을 꿇고 앉아 '아버지여 잠든 시간에도 내 세월은 가고, 할 일은 태산같고 힘은 없고 어떻게 하리이까? 나에게 능력 주셔서 하루를 천년과 같이 가볍게 살게 해 주옵소서' 라고 울부짖었습니다. 그 까닭은 시계의 초침소리가 절대적으로 한정되어 있는 나의 세월을 토막토막 잘라 가는 칼질하는 소리로 들렸기 때문입니다.

여기에 커다란 무가 하나 있습니다. 잘 드는 칼로 싹둑, 이만큼 잘려 나갑니다. '싹둑싹둑' 또다시 이만큼 잘려져 나갑니다. '싹둑싹둑', 마지막까지 '싹둑', 그러면 무 한 덩어리는 몽땅 끝이 나는 것입니다.

시계의 초침소리가 무 한 덩어리와 같이 절대적으로 한정되어 있는 나의 세월들을 토막토막 잘라 가는 칼질하는 소리로 들렸던 것입니다. 이것은 신경질적인 예일까요? 과장된 표현일까요? 여러분이 인정하거나 말거나 시계의 초침소리는 절대적으로 한정되어 있는 우리 세월을 잘라 가는 소리임에 틀림없습니다.

어정어정할 여가가 없습니다. 이 빚 언제 갚고 가려고 하나님 앞에, 이 빚 언제 갚고 갈려고 역사 앞에, 이 빚 언제 갚고 갈려고 사회 앞에, 어정어정할 여가가 어디 있느냐 말입니다. '뛰었노라, 달렸노라, 싸웠노라' 라고 할 수 있는 뛰는 인생으로 살아야 합니다. 시간은 귀중한 것입니다.

도스토예프스키가 28세 됐을 때에 '내란음모죄'로 법망에 걸렸습니다. 친구 몇 사람과 함께 50도 이하가 되는 얼음벌판에 사형집행을 당하기 위해서 끌려나갑니다. 어느 벌판에 이르러 기둥이 세워지고 친구들과 함께 묶이고 사형집행이 시행되려고 할 무렵입니다. 집행관이,

"남은 시간 5분!" 도스토예프스키는 가슴이 어는 것 같습니다.

'내 남은 세월 5분, 내가 지금까지 무엇을 하고 살아왔던고?' 심각해지면서, '이 남은 5분을 어떻게 쓸까?' 머릿속에 핑하고 들어오는 생각, 2분 동안은 친구들과 마지막 눈인사로라도 인사를 하고, 둘째로 남은 2분 동안 마지막 보는 조국 산천 고루고루 다시 한번 보고, 마지막 남은 1분동안 내 살아온 과거를 청산해야지. 그렇게 생각하고 돌아보면서 동료들에게 눈인사를 하다가 문득 남은 시간은 3분, '3분 후에 나는 어디로 갈 건가?' 심각해졌습니다. 3분 후에 나는 어디로 갈 것인가? 번개같이 머릿속에 지난날에 시간 아끼지 않고 살았던 것, 세월 아끼지 않고 살았던 것, 뭔가 값지고 보람 있게 살지 못했던 것, 한스러워 기가 막힐 지경입니다.

'철커덕', 총에 실탄 장전하는 소리가 들립니다. 온몸은 50도 이하의 얼음장보다 더 차도록 굳어집니다. '이제 3분 후에는 어디로 갈 것인가?' 고민하고 있을 때에, 그 순간 어디서 말발굽 소리가 요란하게 들리면서 고함소리가 들립니다.

"집행정지! 집행정지!" 그것은 황제가 급히 특사를 보내, '아까운 놈들 죽이지는 말아라. 대신 시베리아 더 깊은 얼음벌판으로 귀향을 보내라'고 하는 전갈입니다. 집행정지, 그리고 그 다음 북방으로, 더 깊은 얼음벌판으로 정배를 가게 되었습니다. 그 남은 세월 시베리아에 있으면서, 그 이후 황제에게 불려와 황실에서 봉사하는 세월까지 언제나 그 마지막 5분, 그것이 그의 인생을 심각하게 생각게 했습니다.

'그 5분, 다음에 내가 어떻게 될 것인가?' 그것이 그렇게 심각해서 하나님과의 관계가 맺어졌고, 예수님과 관계가 맺어지고, 〈죄와 벌〉이라고 하는 불후의 명저를, 〈카라마조프가의 형제들〉이라고 하는 명저를 남겨 오늘도 우리에게 값지게 읽혀지고 있습니다. 이것이 바로 시간에 대하여 심각함을 느낀 도스토예프스키의 명저들인 것입니다. 시간은 생명입니다.

알렉산더 대왕의 아버지인 필립 대왕에게는 해골바가지를 안고 필립 대왕을 따라다니는 신하가 있습니다. 그 신하는 필립 대왕이 밥상에 앉으면 해골바가지를 식탁 앞에 갖다 놓습니다. 기분 나쁘기는 하지만 필립 대왕은 밥을 먹으면서 연신 해골바가지를 바라봅니다. 그리고 '언젠가 나도 저렇게 될 텐데, 저렇게 되기 전에 세월 낭비할 여가가 어디 있어. 나도 언젠가는 저렇게 될 텐데 저렇게 되기 전에 밥투정할 여가가 어디 있어? 국투정, 반찬투정할 여가가 어디 있어?' 배고프면 먹고 배 안 고프면 안 먹습니다. 그러고선 얼른얼른 식사를 끝마치고 일어서면, 종이 또 해골바가지를 안고 따라와 집무 보는 탁자 앞에 갖다 놓습니다. 그는 탁자 맞은 편에 해골바가지를 바라보면서 '언젠가 나도 저렇게 될 텐데, 저렇게 되기 전에 강제 기부금 모을 여가가 어디 있어? 언젠가 나도 저렇게 될 텐데 저렇게 되기 전에 권모술수할 여가가 어디 있어? 언젠가 나도 저렇게 될 텐데 저렇게 되기 전에 값지게 살아야지. 보람 있게 살아야지.' 이렇게 해골바가지를 바라보면서 인생을 격려하고 심각함 속에 바르고 참되게 살았다고 하는 필립 대왕의 얘기가 전해지고 있습니다.

우리가 필립 대왕과 같이 해골바가지를 안고 다닐 수는 없지만 이 정신만은 배워야 함이 마땅하지 않을까요? 언젠가 우리도 그렇게 될 텐데. 저렇게 되기 전에 그 누구가 이걸 알았다면 저기 백담사는 안 갔을 건데.

바울은 "나는 뛰었노라, 달렸노라, 싸웠노라, 결코 인생 어정어정 살지 않았노라. 내게 주어진 시간 사용에 최선을 다했노라"고 합니다. 여러분이여 세월은 가고 있습니다. 초침소리는 내 세월들을 잘라가는 칼질하는 소리입니다. 어정어정거릴 여가가 없습니다. 하나님 앞에, 역사 앞에, 사회 앞에 빨리빨리 빚 갚고 가야지요.

둘째로, '뛰었노라, 달렸노라' 라는 바울의 말 속에는 '내 인생에는 목표가 있었노라' 는 뜻이 담겨 있습니다. 뛰는 사람에게 목표가 없겠습니까? 싸우는 사람에게 어디 목표가 없겠습니까? 내가 싸웠노라, 뛰었노라, 달렸노라. 이 말은 목표달성을 위해 뛰었노라, 달렸노라, 싸웠노라. 즉 다른 말로, '나는 내 인생에 목표가 있었노라, 꿈이 있었노라, 이상이 있었노라, 야망이 있었노라' 라는 뜻입니다.

몸이란 마음 따라 가고, 마음이란 마음에 어떤 꿈과 포부와 야망과 이상을 가졌느냐에 따라서 좌우됩니다. 언제나 사람은 꿈만큼 되는 겁니다. 언제나 사람은 이상만큼 되는 겁니다. 언제나 사람은 포부만큼 되는 겁니다. 대체로 꿈과 이상과 포부와 야망이 없는 사람이 정력을 소비하고 시간을 낭비해 후회막급한 인생의 종말을 면치 못하게 되는 겁니다. 꿈이 있어야 됩니다. 야망과 이상이 있어야 됩니다.

한 20년 전에 대구의 어떤 디스코텍에 불이 나서 남녀 고등학생 27명이 불타죽은 사건이 있었습니다. 저는 그 뉴스를 집에서 보다가 통곡을 했습니다.

"저 아름다운 꽃봉오리들이 피어 보기도 전에 저렇게 불쌍하게 끝을 내고야 말았는가? 저 책임이 누구에게 있는가?" 불량 청소년이라고 부르지만 이들이 날 때부터 불량 청소년이진 않았습니다. 오늘 시간에도 말씀드린 것처럼 날 때에는 다 귀여운 하늘의 천사같이 귀엽게 가정에 태어났습니다. 대부분 환경이 그렇게 만들었고, 또 좀더 자라면 사회가 그를 그렇게 만들었습니다. 어린게 날 적부터 손에 칼 쥐고, '나는 불량 청소년이다' 라고 하는 놈 없고요, 날 적부터 손에 술잔 들고 태어난 놈 없어요. 날 적부터 마약주사기 손에 들고 난 놈 없습니다. 모두가 천사와 같이 귀엽게 태어나 어른들이 저질러 놓은 덫에 걸려서 '내 주머니만 채우면 된다' 라는 수단과 방법을 가리지 않는 어른들의 더러운 추악에 감염돼 어린것들이 저렇게 박살이 나고 있는 겁니다.

그래서 그 장면을 보다가 도지사를 찾아갔습니다. 내게 시간을 달라고 했습니다. 전부는 안 되어도 시내에 있는 남녀 고등학교 3학년 아이들에게 내가 말할 수 있는 기회를 좀 달라고 했습니다. '저들에게 꿈을 심어 줘야 되겠다고, 저 어린것들 왜 저렇게 됐냐? 어른들이 꿈을 심어주지 못하기 때문에 저렇게 된 것이라' 고 호소를 했습니다.

집에 있는데 17개 남녀고등학교에서 편지가 왔습니다. 서로 와달라고 날짜를 정해 보내 왔습니다. 그래서 어떤 날은 한 학교, 어떤 날은 하루 두 학교씩 여름철 땡볕에 미친 듯이 새카맣게 타가면서, 어떤 때는 운동장에서, 어떤 때는 강단에서, 어떤 때는 학교 건축하는 슬라브 바닥에서 고등학생들을 모아 놓고 연설을 했습니다.

그 때 내가 한 말이 이것입니다. "청년이 가는 길에 나라가 간다. 너희들은 원하거나 원치 않거나 이 나라의 운명을 어깨에 메고 세상에 태어났다. 너희들의 생각에 따라 이 나라가 가고, 너희들의 마음 따라 이 나라가 가는데 이 나라는 지금 어디로 가려느냐?" 눈물로 호소를 하면서, 꿈과 야망을 가지라고 한없는 호소를 했습니다. 그리고 사무실에 돌아오면 오후에 학교가 끝난 뒤에 100명, 150명씩 몰려와서 "목사님, 우리가 값있고 보람 있게 살 수 있는 꿈과 야망에 대해서 더 따가운 충고를 듣고 싶어요. 구체적인 충고를 주세요!" 라며 대화의 광장을 가지자고 합니다.

얼마나 귀여운지 몰라요, 얼마나 귀여운지… 그때부터 나는 청소년들을 사랑하게 됐습니다. 지금 저는 병적으로 청소년들을 사랑합니다. 얼마나 귀여운지 몰라요. 그래서 앞으로 내가 남은 세월 동안 청소년들을 위하여 뭔가 하나를 해야 되겠다 해서 교인들에게 호소를 하고 교인들이 호응을 해서 땅을 한 24만평을 사놓았습니다. 여기에다가 청소년을 위한 어떤 시설을 마련하려고 그렇게 지금 애를 쓰고 있습니다.

여러 어머니들이여! 귀한 자식들에게 밥 먹이는 것으로 어머니의 사명 다한 줄 알지 마세요. 꿈을 심어 주시기 바랍니다. 여러 아버지들이여! 자식들에게 계절 따라 옷 갈아입히고 용돈 주고 학비 주는 걸로 사명을 다한 줄 알지 마세요. 아버지가 아들과 딸들의 가슴에 꿈을 심어주지 못한다면 이 나라에 내일은 암담합니다. 꿈을 심어주시기를 바랍니다. 청소년들이여 그네들의 가슴에 꿈을 가지시기를 바랍니다.

이 일이 있은 다음에 제가 지난번 서울 연희동에 있는 어떤 교회에 가서 부흥회를 했습니다. 제가 그때도 이 얘기를 했습니다. 저녁 예배를 마치고 난 뒤에 어떤 여 청년 하나가 와서,

"목사님! 저 모르시겠지요? 오늘 저녁에 말씀한 그때 제가 대구여고 3학년이었습니다. 우리 학교에는 강단도, 운동장도 없어서 지붕 꼭대기 슬라브 바닥에 모여 목사님이 주신 말씀, 제가 평생에 잊지를 못합니다. 목사님 정말 감사합니다." 인사를 하고 사라졌어요.

내가 누구인지는 모르나 누군가가 충격을 받았구나라는 생각을 하던 중에 그 교회 목사님이 나오시기에 "저분이 누구냐?"고 물으니까, "아 금년에 이화여대 법대를 졸업하고 사법고시 합격을 해서 법관 연수교육을 받고 있는 중입니다"라고 대답하더군요. 아, 물론 내가 그렇게 만들었다는 말은 아닙니다.

그 사람의 말대로 내가 했던 말이 그의 가슴속에 어떤 뼈대를 형성시키는 데 도움이 됐다고 하는 증거만은 분명하잖아요. "내가 그렇게 미친 듯이 이곳저곳 돌아다녔던 것이 헛일은 아니었구나"라고 마음의 위로를 받은 적이 있습니다.

우리 젊은이들에게 꿈을 심어 줘야 됩니다. 젊은이만이 아닙니다. 가정의 주부가 그 가정의 안방 살림살이를 하면서 그 가정의 내일을 내다보면서 어떤 꿈과 이상, 야망이 없으면 합숙소는 될는지 모르나 홈, 가정으로서는 구색을 갖추지 못합니다.

가정은 합숙소가 아닙니다. 세상에 가정보다 더 좋은 것이 없다고 말한 '가정'이라는 것은 엄마가 꿈이 있을 때, 주부가 꿈이 있을 때, 그 가정의 호주가 그 가정을 중심으로 생각하고, 꿈이 있고 야망이 있을 때, 포부가 있을 때, 비로소 합숙소가 아닌 가정이 되는 겁니다. 가정을 꾸미기 위해 가정의 어머니에게는 꿈이 있어야 되고, 가정의 아버지에게도 꿈이 있어야 하는 겁니다. 사람은 꿈만큼 됩니다. 가정은 꿈만큼 됩니다.

우리 교회에서는 우리 아이들에게 가끔 이런 말을 합니다. '지구를 통째로 삼킬 수 있는 야망을 가지라'고. 그리고 사춘기라는 말을 우리 교회는 쓰지 말라고 합니다. 그것은 자라나는 어린것들을 더 부끄럽게 만들고 기를 꺾는 말입니다.

사춘기라는 단어는 아이들의 기를 꺾고 괜히 자괴감이나 스스로 부끄러운 생각을 가지도록 만드는 아주 비교육적인 단어입니다. 나는 그것을 가리켜서 '영웅이 일어서려고 꿈틀거린다'고 그럽니다. '영웅이 일어서려고 꿈틀거리는 계절'이라고 합니다. 무한한 가능성을 안고 꿈틀거리는 시절이지, 그게 왜 사춘기야? 그런 소리 쓰지 말아야 합니다. 아이들에게 결코 비교육적인 용어라고 나는 지적을 하면서 '꿈을 가져라. 지구를 통째로 삼키려고 하는 비상을 가져라.'고

격려합니다. 어쨌든 우리는 꿈을 가져야 됩니다.

그 다음에 마지막으로, 한 가지 더 말씀을 드립시다. 바울이 "나는 뛰었노라, 달렸노라, 싸웠노라."라는 말 속에는 '내 인생 선택에 조심했노라' 라는 뜻이 들어 있습니다.

언젠가 서울에 오니까 팔레스호텔 앞 길바닥에 파란 선이 하나 쫙 그려져 있더군요. 이게 뭐인가 장난도 아니고 한참 생각해 보니까 아시안 게임 때 마라톤 코스를 정하고서, 그 선만 따라가면 가장 경제적으로, 노력을 덜 들이고 가장 빠른 시간에 정한 코스를 뛸 수 있도록 정해 놓은 겁니다. 그래서 마라톤 선수들이 뛸 때에는 그 선을 따라서 뛰려고 하는 거지요. 만일 그 선을 따라 안 뛰고 조금만 돌아가도 같은 거리를 열 발짝이면 갈 수 있는 것을 열한 발짝을 가게 되고 10초면 갈 수 있는 것을 11초 가게되면 자연히 뒤지는 겁니다.

그러니 한 발자국, 한 발자국 선택에 조심하는 게 마라톤 코스를 뛰는 경주자의 조심스런 태도라고 생각할 때에, 바울의 "나는 뛰었노라, 달렸노라, 싸웠노라."라는 이 말 속에는 '나는 내 인생을 무모하게 아무렇게나 그냥 뛰지 않았노라. 선택에 조심했노라' 라는 뜻이 들어 있는 것입니다.

인생은 외길이 아닙니다. 선이 있는가 하면 악이 있고, 참이 있는가 하면 거짓이 있고, 의가 있는가 하면 불의가 있는데, 썩어진 욕심은 바로 선택할 수 있도록 우리를 협조해 주지 않는 겁니다. 그러기 때문에 기도 없이 잘못 가다가 선택이 잘못될 수 있는 거예요. 말씀 없이 가다가 선택이 잘못될 수 있기 때문에 바울이 "뛰었노라, 달렸노라, 싸웠노라."라는 말은 "선택에 조심했노라."라는 말이 되는 겁니다.

그래요, 선택은 순간이나 그 결과는 일생을 좌우하게 되기도 하고,

선택은 순간이나 그 결과는 영원을 좌우하게 되는 겁니다. 내 인생은 내가 선택하여 내가 전진하기도 하고 후퇴하기도 하고, 내 인생은 내가 선택하여 광명의 내일에도 내가 갈 수 있고 흑암의 내일에도 내가 가는 겁니다. 사람은 결국 자기가 선택하여 자기의 내일을 결정하는 겁니다.

어머니는 아무리 고마워도 내 인생을 선택해 주지 못하고, 아버지가 아무리 힘이 있어도 내 인생 내 대신 선택해 주지 못합니다. 스승님이 나를 지도해 훌륭하게 길러 주시지만 내 인생 스승님이 선택해 주지 못합니다. 내 인생은 내가 선택하는 겁니다. 그러기에 친구 하나 사귀는 것도 선택이요, 책 한 권 보는 것도 선택, 어쩌면 마음의 생각과 머리의 생각 한 토막도 선택이요, 마음의 욕심 한 자락도 선택, 그 선택 여하에 따라서 내일이 좌우되는 겁니다. 우리는 어제 무엇을 선택했느냐에 따른 결과를 오늘 거두고 있습니다. 오늘 내가 무얼 선택했느냐에 따라 내일 내가 어쩔 수 없이 그 결과를 거두게 되는 겁니다. 그러므로 오늘은 어제 선택의 결과요, 내일의 결과에 원인이 되는 겁니다. 우리는 선택에 조심해야 되는 겁니다.

어느 날, 시카고 뒷골목에 두 청년이 길을 걸어갑니다. 한놈이 가다가 길바닥에 우뚝 서버립니다. 같이 가던 청년은 그것도 모르고 한참 더 갑니다. 보니까 친구가 안 오고 저 뒤에 서 있습니다. "자식아! 빨리 와, 왜 안 오고 거기 있어?" "야, 나는 못 가겠다." 아버지가 주는 학비를 유흥가에 뿌리면서 공부는 안하고 바람을 피우고 돌아다니던 중인데, 골목 저 끝에 조그마한 교회 광고판에 빨간 네온사인으로 글을 써놓았습니다. '죄값은 사망이라.'

이걸 본 한 청년은, 가슴이 콱 찔려서 더 갈 수가 없어 길바닥에 섰습니다. 앞서가는 청년이, "저게 별거니? 빨리 가자." "아니, 더 못 가겠다." "그럼, 너 안 가면 나 혼자 간다." 하고 가버렸습니다. 뒤에 남은 청년은 그 길로 교회 안에 들어가서 울며 회개했습니다. 그리고 하나님 앞에 자복하고 마음을 가다듬은 뒤 프린스턴 대학에 가서 법과를 졸업했습니다. 공무원으로 발탁이 되어 얼마 안 가서 하원의원, 그 다음에 상원의원, 마침내 미국의 22대 대통령으로 당선이 됐습니다. 23대는 건너 뛰어 24대까지 재선이 된 사람입니다. 그는 클리블랜드 대통령입니다. 그래서 미국의 모든 신문에 주먹만한 특급 활자로 '클리블랜드 대통령 당선'이라고 보도가 되었습니다. 그 신문이 안 가는 데가 없습니다.

휴스턴 근처에 집행 날을 기다리는 사형수의 감방에도 신문이 배달되었습니다. 얼굴에는 상처투성이가 되어 사형집행 날을 기다리는 죄수 하나가 무심코 신문을 빼들고 펴다가 '클리블랜드 대통령 당선!' 그 이하는 읽어 내려갈 수가 없습니다. 그 신문을 움켜쥐고 벽에 붙어 벽을 쾅쾅 치면서 황소 울음을 울고 있는 사나이, 그는 다름 아닌 그 어느 날 밤, "너 안 가면 나 혼자 간다."는 그 청년입니다. 간발의 차이로 하나는 죽을 날을 기다리고 있는 죄수, 다른 하나는 바른 선택의 결과로 명예로운 일국의 대통령, 우리에게 너무너무 실감나는 실화인 것입니다.

우리의 내일은 우리의 선택으로 좌우됩니다. 울음으로의 내일도 오늘의 내 선택으로, 웃음으로의 내일도 오늘의 내 선택으로, 영광스러운 내일도 오늘의 내 선택입니다. 치욕의 내일도 오늘의 내 선택으로, 선택에 조심했노라고 바울의 '내 인생 최선을 다했노라'고 하는 말속에 나는 내 선택에 조심했노라라는 뜻이 담겨 있는 것입니다. 여러분이여, 스스로 여러분을 망치는 어리석음을 저지르지 않기를 바랍니다.

이제 결론으로, 우리는 하나님의 아들과 딸들로 하나님께 받은 사랑과 은혜로 하나님 앞에 빚진 자입니다. 역사적으로 우리는 빚진 자입니다. 사회적으로 우리는 빚진 자입니다. 우리는 빚 갚고 가야 됩니다.

6년 동안 공부를 마치고 졸업식 날이 됐습니다. 초등학교 졸업식이 끝난 뒤에 어떤 놈이 유리창을 퍽 깨고 학교를 떠나갑니다. 어떤 놈은 공부한 책상과 의자를 완전히 박살내고 떠나갑니다. 그런데 한 놈은 학교 근처 묘목 집에 가서 플라타너스 묘목 한 그루를 사다가 양지바른 모교 언덕을 파고 정성 들여 심고, 모교 한번 돌아보고 묘목 한번 돌아보고 '모교여, 안녕' 하고 떠나갔습니다.

한 20년 지난 어느 여름철에 우연히 학교를 찾아갑니다. 20년 자란 플라타너스는 무성한 나무, 그 무성한 녹음 그늘 아래 누구 집의 아들, 딸인지는 모르지만 분명히 사랑하는 후배들이 이리 눕고 저리 앉아 벗들과 담소를 하고 독서삼매를 즐기고 있습니다. 멀찍이 바라봅니다. 고개를 끄덕끄덕, 내 은혜 입은 모교 언덕에 심어 놓은 한 그루 나무가 내가 사랑하는 후배들에게 무언가 도움이 됐구나. 6년 신세진 모교에 조금이라도 빚 갚는 내 수고였구나. 누구 붙잡고 이것 내가 심었다고 유치하게 말할 필요도 없고, 그곳에 이름 석자 치사하게 써붙일 필요도 없어요. 알아 주는 사람이 있거나 없거나 내가 해 놓은 일이 내가 신세진 모교에 은혜를 갚는, 빚을 갚는 한몫이 됐다고 하면 그것으로 흐뭇하게 만족할 수 있지를 않겠는가 말입니다.

6년 신세진 모교 언덕에도 나무 한 그루 심어놓고 가는 것이 은혜 갚는, 빚 갚는 올바른 모습이라면 한 평생 이산에서 먹었고, 이산에서 입었고, 봄은 꽃 피워 나를 즐겁게 해주었고, 여름은 녹음 무성해 날 시원하게 해주었고, 가을은 오곡백과 무르익어 날 살찌게 해준 이 조국 산천에 70년, 80년 한평생을 살고 갈 때에 무엇을 남기고 갈 것인가?

잡초 우거진 북망산에 무덤하나 남겨 놓고 간 데서야 이게 어찌 인간의 도리일까요? 이 땅에 와서, 이 지구에 와서 한평생 신세를 지고 떠나면서 이 지구를 떠나는 날, 이 지구에 먼지나 떨어 놓고 가서야 될까요? 조국 산천에 잡초 우거진 무덤 하나 남겨 놓고 가서야 될까요? 앞집 뒷집 어울려 호락을 같이하다가 이 사회를 떠나는 날 누가 듣기 좋다고 '아이고, 아이고' 곡성소리 남기고, 병석에 누워 있던 이부자리 동리 밖에 끌고 나가 불질러 연기 피우면 그 연기 누가 좋아한다고, 그것으로써 내가 사회를 떠나는 날 마지막 인사를 삼으며 신세지고 떠나는 내 조국 사회를 떠나는 빚 갚는 태도인가요?

무언가 이 사회에 왔다가 가면서 나도 남겨 놓고 가는 게 있도록 살다가 가야지, 무언가 이 조국산천에 먹고 입고 살다가 가면서 조국 산천에, 조국 사회에 뭔가 남겨 놓고 가는 게 있도록 해놓고 가야지, 이것이 빚 갚는 삶의 태도가 아닐까요?

한 가지 얘기만 합시다. 어렸을 때에 감수성 예민한 20대 때에 읽은 책입니다. 내가 성경이나 성경과 관계된 종교서적 외에 일반서적 중에서 이마만큼 충격적으로 가슴에 와닿은 구절은 없었습니다. 앞으로도 잊을 수 없는 한 구절입니다. 그 책은 영국의 천문학자 존 프레들리 윌리엄 허셸이라고 하는 천문학자의 책입니다. 그 천문학자가 대학생 시절, 어느 여름에 친구에게 보낸 편지의 한 구절로 이런 말을 기록했습니다.

"친구여! 우리 어떻게 살까? 적어도 우리 한평생 다 살고 세상을 떠날 무렵에는 우리가 세상에 태어날 그때보다 뭔가 달라진 게 있도록 해놓고 가야 하지 않겠는가?"

감수성 예민할 때에 이 한 구절은 내 가슴속에 비수와 같이 콱 박혔습니다. 비록 내가 그렇게 살아오지는 못했으나 그렇게 살려고 몸부림을 칠 수 있었던 것은 이 한 구절이 늘 내 가슴속에서 충격으로 나를 독촉하고 있기 때문입니다. 죽는 날까지 잊지 못할 한 구절입니다. "친구여, 우리 어떻게 살까? 적어도 우리 한평생 다 살고 세상을 떠날 무렵에는 우리가 세상에 태어날 그때보다 뭔가 달라진 게 있도록 해놓고 가야 하지 않겠는가?"

이 밤에 여기 앉은 젊은이들의 가슴속에도 제게와 같이 이 말이 충격적으로 받아들여지기를 바랍니다. 어떻게 살까? 기생충으로 살다가 가도 되겠는가 말입니다. 우리가 세상에 태어날 때, 세상이란 말이 너무 거창하거들랑 내가 이 조국에 태어날 때보다 내가 이 조국을 떠나는 날, 이 조국이 달라진 게 있도록 해놓고 가야 하지 않겠는가? 조국이란 말이 너무 거창하면 내 지역사회가 나 때문에 뭔가 달라진 게 있도록 해놓고 가야 하지 않겠는가? 지역사회라는 말이 너무 거창하면 내가 드나드는 학교가 나 때문에, 교회가 나 때문에 뭔가 달라지도록 해놓고 가야 하지 않겠는가?

여러분이여! 여러분 때문에 이 교회가 달라진 게 있도록 해놓고 가야지 하는 채무의식을 가지고 여러분의 생활에 철저해지기를 바랍니다. 권사님, 집사님들이여, 교회가 나 때문에 뭔가 달라진 게 있도록 해놓고 가야지. 청년들이여, 성가대원들이여, 전도회원들이여 나 때문에 교회가 뭔가 달라진 게 있도록 해놓고 가야지. 이것이 하나님 앞에 빚 갚는 삶의 정신적 자세요, 역사 앞에 빚 갚는 정신적 자세요, 사회 앞에 빚 갚는 정신적 삶의 자세일 것입니다.

이렇게 살 때에 비로소 벤자민 프랭클린의 말과 같이 '나한테 다시 한 번 인생이 주어진다 할지라도 지나간 세월보다 더 잘 살아 보았으면 하는 아쉬움은 없노라.' 김활란 박사와 같이 '내 인생 헛살지 않았소. 장송곡 대신에 환송의 노래를 불러 주오.' 바울의 말과 같이 '나는 선한 싸움 싸우고 달려갈 길 다 가고 내가 믿음을 지켰기에 인간적으로 나는 불쌍한 영감이라고 말하는지는 모르나, 그러나 나는 하나님 앞에 떳떳해! 의의 면류관 나를 위하여 마련해 주심을 믿어 의심치 않노라'고 생의 종착점에 임종의 이 한마디를 남기고 눈을 감을 수 있는 여러분의 앞날의 삶이 될 수 있기를 간절히 바랍니다.

성도의 모습

저희가 이 말을 듣고 마음에 찔려 저를 향하여 이를 갈거늘 스데반이 성령이 충만하여 하늘을 우러러 주목하여 하나님의 영광과 및 예수께서 하나님 우편에 서신 것을 보고 말하되 보라 하늘이 열리고 인자가 하나님 우편에 서신 것을 보노라 한대 저희가 큰 소리를 지르며 귀를 막고 일심으로 그에게 달려들어 성 밖에 내치고 돌로 칠쌔 증인들이 옷을 벗어 사울이라 하는 청년의 발앞에 두니라. 저희가 돌로 스데반을 치니 스데반이 부르짖어 가로되 주 예수여 내 영혼을 받으시옵소서 하고 무릎을 꿇고 크게 불러 가로되 주여 이 죄를 저들에게 돌리지 마옵소서 이 말을 하고 자니라

(행 7:54~60)

신자와 불신자의 차이는 윤리나 도덕의 차이가 아니고 생명의 차이입니다. 신자와 불신자의 차이는 생명이 다르다는 말입니다. 그래서 예수님께서는 "영으로 난 자는 영이요, 육으로 난 자는 육이라."고 말씀했습니다. 교인의 신분은 사람이 인정하는 신분이요, 신자의 신분은 하나님이 인정하시는 신분입니다.

무슨 말이냐 하면 가령, 나이가 한 40세 정도 된 사람이 '나도 이제는 종교를 하나 가져야 되겠다.' 그런 생각이 들어서 교회 사무실에 전화를 건다고 합시다.

"나는 어디에 사는 아무개인데, 이제 종교를 가지려고 결심을 하고 종교 중에도 세계적인 종교인 기독교에다 몸을 담아 보고 싶은데 지도를 해달라." 그러면 사무실에서는 굉장히 반가워하시면서 목사님에게 보고를 하겠지요.

목사님은 당장 부교역자나 누구에게 지시를 하여 가보라고 하십니다. 그래서 가보면 그 집주인이 기다렸다가 나오면서 "와주셔서 고맙습니다." 하고 집으로 안내하여 들어가서 가정 상황을 묻고, 그 다음에 모든 형편 얘기를 듣고, 가족들의 성명과 생년월일, 학력과 직업을 심방록에 적습니다. 그리고 이제 예배를 드리고 나오면서 대문에다가 'OO교회' 라고 하는 교패를 딱 붙입니다. 그러면 그때부터 그 사람은 'OO교회' 교인이 되는 것이지요. 이웃 사람이 볼 때도 '아 저 사람이 OO교회 교인이다.' 인정을 해주지요. 그렇다고 해서 신자가 됐느냐 하면 그것은 아닙니다. 아직은 교인이지요. 사람이 인정하는, 사람이 주는 자격이라고 생각을 하겠습니다.

그러나 신자는 외면적인 자격이 아니라 영혼의 상태요, 생명의 상태요, 그 내면적인 자격인 것입니다. 이렇게 많은 분이 여기에 앉았습니다. 하나님이 내려다보시고 교인과 신자를 구별하실 겁니다. 바라기는 모두가 다 하나님 앞에 신자로 발견되어지기 바랍니다. 신자, 신자는 심령의 상태요, 신자는 생명의 상태가 하나님께 인정을 받을 만한 사람에게 주어지는, 하나님이 인정하시는 자격인 것입니다. 그래서 신자의 세계가 따로 있고, 교인의 세계가 따로 있습니다.

신자는 신자의 세계가 있어야 되는 것입니다. 신자가 숨쉬는 대기권이 따로 있습니다. 물론 이 몸의 호흡을 말하는 것이 아닙니다. 신자가 호흡할 수 있는 대기는 따로 있어야 됩니다. 신자가 비침을 받아야 할 태양은 따로 있습니다. 신자가 먹어야 할 양식은 따로 있습니다. 신자가 살아야 할 세계는 따로 있습니다. 대부분의 사람들이 너무 땅만 내려다보고 교회 드나들면서도 역시 신자의 세계를 정말 음미하지 못하는 거기에 신자의 낙이 없고 신자의 용기가 없고 신자의 기쁨이 없는 것입니다.

모든 교회 종각은 밤마다 빨간 불을 켜서 누구든지 쳐다볼 수 있게 되어 있고 낮에는 하얗게 칠을 해 멀리서도 잘 보일 수 있도록 세워진 것이 특색입니다. 그런데 기브선포더 교회 종각에는 십자가가 없습니다. 대신에 종각 삐죽한 꼭대기에 손 하나가 하늘을 가리키고 있습니다. 금색으로 도금을 하고 서치라이트를 집중 시켜서 낮에도 찬란하게 보이고 밤에도 잘 보이도록 종각 꼭대기에다가 십자가 대신에 손이 하나 하늘을 가리키면서 그 밑에다가 뭐라고 썼느냐 하면 'Watch over there!(저 위를 보라)'

누가 그렇게 했는지는 모릅니다만 어쨌든 기브선포더 교회 종각은 특색있습니다. 아마도 허구한 날 사람들이 그저 땅만 내려다보고 그저 돼지에 가깝도록 무엇을 먹고, 무엇을 쓰고, 무엇을 마시고, 어떻게 살까? 배로 하나님을 삼고 부끄러운 일을 영광으로 삼고 세상일을 생각하기에, 신자들에게 주어진, 또 사람에게 주어진 다른 세계를 음미하지 못하는 것이 하도 답답해서 '사람들아 저 위를 좀 봐라.' 그런 의미에서 종각에 그런 모습으로 꾸며 놓았지 않았는가 생각해 봅니다.

우리는 찬송할 때 하늘이 열려야 됩니다. 기도할 때 하늘이 열려야 됩니다. 말씀을 읽을 때 우리는 열린 하늘을 경험해야 됩니다. 이것을 가리켜 다른 말로 말하면 '신령한 세계' 라고도 할 것입니다. 신자에게는 이 열린 하늘 아래, 신령한 세계가 있습니다.

자, 봅시다. 다윗이 양떼를 몰고 오늘은 이 풀밭, 내일은 저 풀밭, 이때는 이 잔잔한 시내가 저때는 저 나무 그늘 아래 양떼를 몰고 목동생활을 합니다. 보통 사람의 눈이라면 '아 저기 밝은 물이 있구나. 아 저기에 싱싱한 초장이 있구나. 쉴 만한 나무 그늘이 있구나. 양떼를 몰고 이리 가자, 저리 가자.' 아침부터 저녁까지 그런 걸로 생활을 하면서 어디 더 좋은 초장이 없는가, 어디 더 좋은 물가가 없는가? 그런 정도로 생각을 하면서 하루하루를 살아갈 겁니다.

그러나 다윗은 풀밭 너머 딴 것을 보았습니다. 잔잔한 시내 너머의 딴 것을 보았습니다. 둥실둥실 풀을 뜯는 양떼 너머의 딴 것을 보았습니다. 자기의 모습이 바로 저 양떼와 같구나. "여호와는 나의 목자시니 내게 부족함이 없으리로다. 나로 하여금 푸른 풀밭에 눕게 하시며 잔잔한 물가로 인도하시는도다." 보통 목동 같으면 풀과 물과 나무그늘과 양떼를 보고 그것으로써 하루의 일거리로 살아갔을 것입니다만 신자 다윗은 같은 직업이지만 직업 속에서 다른 것을 보았습니다.

교인 주부와 신자 주부는 다릅니다. 교인 주부는 그냥 그저 부엌에서 혹은 그저 종교적인 훈련이나 도덕적인 어떤 수준이나 이런데 관심을 가지고 집안에서 주부로서 이 일 저 일을 하겠지만 신자로서의 주부는 안방에 하늘이 열립니다. 건넌방에 하늘이 열립니다. 부엌에 하늘이 열립니다. 밥을 하면서 열린 하늘 아래에서 호흡, 딴 세계에서 호흡합니다. 대인관계에서도 마찬가지입니다. 거래 관계에서 사람을 만나겠지요, 혹은 무언가 교제관계를 가지겠지요. 그러나 사람과 교인들, 신자가 아닌 사람은 그저 사람 만나고 대화하고 거래하고 이해득실의 표준을 두고 따지고 주판을 놓고 하겠지요. 그러나 신자의 눈은 그렇지 않습니다. 그가 옷을 잘 입었느냐? 그걸 보는 게 아니라, 그 영혼의 모습을 봅니다. 그가 나에게 이롭게 하겠는가, 해롭게 하겠는가? 그것보다 더 깊이 그의 영혼의 세계를 봅니다. 신자의 세계와 교인의 세계는 따로 있습니다.

성도의 생활과 속인의 생활이 따로 있는 게 아니라, 신자의 생활과 교인의 생활이 따로 있는 게 아니라, 같은 사농공상 직업 속에 살면서도 신자는 보는 세계가 다릅니다.

두 여인이 밭에서 맷돌을 가는데 하나는 데려가고 다른 하나는 버려 두었다고 했습니다. 같은 몸으로 너도 그 일하고 나도 그 일하고, 너도 그렇게 살고 나도 그렇게 살고 차이가 없습니다만, 신자가 보는 세계는 따로 있었습니다. 아마 불신자까지 신자 아닌 사람은 맷돌질을 하면서 무엇을 갈았는지 모르나, 콩을 갈았는지 모밀을 갈았는지 그렇게 해서 두부를 만든다든지 묵을 만든다든지 해서 그저 누구 대접하고, 이것은 누구 먹이고 이웃집에 누구 좀 갖다 주고 그저 어떻고 어떻고 하면서 맷돌질을 했겠지요. 보통 사람의 세계입니다.

그러나 한 여인은 신자입니다. 맷돌질을 하면서 조금 피곤은 하겠지요. 손이 뜨거워 손바닥에 굳은살이 생기기도 하겠지요. 그러나 마음속으로는 '아버지여, 우리 조상이 범죄해서 땀흘려 수고해야만 먹고 산다고 하셨기에 오늘도 이렇게 수고합니다. 아버지여, 이 수고가 그치고 언제 고향에 돌아가 영원토록 우리 아버지와 함께 같이 살리이까?' 딴 세계가 있어요. 사농공상 직업이나 어떻든 간에 딴 세계가 있어요.

곧 열린 하늘, 스데반의 열린 하늘을 우리가 생각을 해봅시다. 여러분에게도 이 딴 세계가 있나 없나 한번 확인해 보시고, 딴 세계가 있거든 그 열린 하늘 아래 딴 세계가 분명하고 똑똑하고 확실하기를 바랍니다. 거기에 성도의 웃음이 있습니다. 거기에 성도의 기쁨이 있습니다. 거기에 성도의 즐거움이 있습니다.

여러분이여, 성도의 웃음, 성도의 기쁨, 성도의 즐거움은 황금방석에서 오는 것이 아니라, 평수 넓은 아파트에서 오는 것이 아니라 저 위에서 오는 것입니다. 그래서 신자는 어디서나 열린 하늘, 신령한 세계를 소유할 수 있습니다. 장소에 구애가 되지 않습니다.

성경 이사야 6장을 보면 웃시야왕이 죽던 해에 나라의 문제를 걱정하던 이사야는 성전에서 이 신령한 세계 열린 하늘을 통한 신령한 세계를 경험할 수가 있었던 것입니다.

에스겔 1장 1절 이하에 보게 되면, 이스라엘 백성이 남의 나라 포로가 돼 잡혀 가서 포로생활을 합니다만 버드나무가지에 거문고 걸어 놓고 서쪽 하늘 아래 있을 고국, 고향산천을 생각하고 마음 모을 때 거기에 열린 하늘을 통하여 에스겔은 큰 위로의 하나님의 음성을 들을 수 있었던 것입니다.

사도행전에 보면, 베드로는 피장 시몬의 집 지붕 꼭대기에서 사명 때문에 기도하고 있을 때에 열린 하늘을 통하여 앞으로 해야 할 일에 대한 하나님의 지시를 받을 수 있었던 것입니다.

요한계시록 서두에는 사도 요한이 밧모섬에 귀향살이를 - 귀향살이가 뭐 호화로웠겠습니까, 편안했겠습니까? - 하면서 거기에서 아마 깊은 기도의 경지에서 열린 하늘을 통하여 요한계시록, 신약의 예언서를 받아 오늘 우리에게 주옥과 같이 읽게 해주고 있습니다.

우리가 신령한 세계를 찾아 구태여 예루살렘으로 갈 필요도 없고, 구태여 기도원이나 어떤 산으로 찾아갈 필요도 없습니다. 믿음만 갖추어지면 앉은 그 자리가 신령한 세계, 신자의 세계가, 신자가 호흡할 수 있는 대기권이 거기에 이루어지는 것이요, 신자가 비췸을 받을 태양이 거기에서 비추어오는 것입니다.

우리의 일상생활, 내가 찬송하는 시간, 내가 기도하는 시간, 내가 말씀을 상고하는 시간, 상고한 말씀을 속에다 되새기고 새김질하면서 조용히 마음을 모으는 시간, 내 앉은 자리 거기에 하늘이 열리고, 내 일하는 거기에 하늘이 열리는 이 신령한 세계를 경험하는 신자의 모습이 갖추어질 수 있기를 바랍니다.

이제 둘째로, 열린 하늘 아래 사는 사람에게는 스데반의 경우를 가만히 이렇게 봅시다. 열린 하늘 아래 사는 사람에게는 원수가 없습니다. 지금 스데반은 원수에게 포위되어 있습니다. 스데반을 동정하는 사람은 한 사람도 없습니다. 재판장에 앉은 법관부터 시작을 해서 증언하려고 나선 사람들에 이르기까지 있는 말 없는 말, 온갖 거짓말로 정죄를 하는 원수 속에 포위되어 앉아 있습니다. 이리떼 가운데 양과 같습니다. 법관도 원수요, 군중도 원수요, 모두가 다 때려죽이려고 결심하고 달려드는 원수였습니다.

만약에 스데반이 이 열린 하늘에 신령한 세계가 없었다면 이렇게 저렇게 살피다가 분통이 터졌거나 억울하다고 아우성을 쳤거나, 우리 같으면 그런 것이 아니라고 왜 거짓말하느냐고 발악을 하거나 겁에 질렸거나 무엇인가 보통 사람 같으면 그러한 감정적인 발작이 없을 수가 없지요. 그러나 열린 하늘을 통하여 그가 누리는 세계가 따로 있기 때문에 원수가 무슨 계획을 하고 있거나 무슨 결심을 하고 있거나 무슨 해를 가하려고 하고 있거나 그것이 그 눈에 보이지 않았습니다.

'원수까지 사랑한다' 는 말은 양심적인 노력으로 되는 것이 아닙니다. 의지적인 노력으로 되어지는 것이 아닙니다. 점잖은 체면에 교양의 힘으로 되어지는 것도 아닙니다. 어떻게 원수를 사랑할 수 있느냐? 인간의 힘으로 안 되는 것입니다. 신령한 세계를 소유한 사람에게만이 높은 차원이 있기 때문에 그러한 문제로는 마음에 때 묻히지 않습니다. 영혼에 때 묻히지 않습니다. 스데반에게는 열린 하늘의 낙이 너무 좋아, 열린 하늘의 영광과 행복이 너무 아름다워서 원수 따위가 눈에 보이지 않았습니다. 여러분에게도 이 열린 하늘 아래 신령한 세계 때문에 땅에 발붙이고 수많은 사람과 교제 속에 살면서 이해 득실 관계나 감정 관계로 원수가 보이지 않고 원수가 생기지 않게 되기를 바랍니다.

그 다음에 열린 하늘 아래에서 사는 스데반에게는 사람의 소리가 들리지 않았다고 나는 추리를 해봅니다. 사람의 소리, 여기에서 이 아우성, 저기에서 저 아우성, 여기에서 이 거짓말, 저기에서 저 거짓말, 이가는 소리, 눈에 핏발을 세워 시뻘겋게 핏발이 선 사람들의 온갖 악담, 저주, 욕설을 하는 소리가 빗발치듯 쏟아지지만 그러나 스데반에게는 그 소리가 안 들렸다고 생각을 해봅니다. 그 소리를 들었다면 '내가 언제 그랬느냐? 거짓말이다.' 라고 뭔가 대항을 할 수가 있었겠지요.

바울도 그러했습니다. "내가 너희들에게나 다른 사람에게나 판단 받는 것이 매우 적은 일이라. 잘했다고 칭찬한다고 해서 그것이 내 그리 좋아하지도 않고 못했다고 비난한다고 해서 나는 그렇게 애타지도 않는다. 너희들의 칭찬이 동시에 하나님의 칭찬이 아니고, 너희들의 비난이 동시에 하나님의 심판이 아닐진대 그것 가지고 내가 신경 쓰지 않는다."

대체로 하나님과의 관계가 둔한 사람이 사람과의 관계에서는 날카롭게 마련이요, 하나님과 관계가 깊고 뜨거운 사람은 사람과의 관계가 둔한 법입니다.

어떤 성직자가 있었습니다. 독신 성직자이기에 살림살이를 위해서 가정부를 하나 두었습니다. 일 잘하던 미혼 가정부가 어느 날 온데간데없이 사라졌습니다. 한 4, 5개월 후에 그 미혼 가정부가 아기를 하나 업고 동네에 나타납니다. 온 동네 사람들이, "저것 봐. 아무 성직자 집에 있던 가정부인데 웬 아기를 업고 왔다." 주르르 동네 사람이 몰려 따라옵니다. 이 가정부는 아기를 업고 성직자 집으로 들어갑니다. 성직자 집 담밖에서 온 동네 사람들이, "무슨 일이야?" 하고 들여다봅니다. 아기를 마루에다 썩 내려놓고는 하는 말이, "이거 당신 아이요." 그리고 이 여자는 나가 버립니다. 성직자는 기가 막힐 노릇입니다. 온 동네 사람들이 퉤퉤 침을 뱉고, 위선자, 거짓, 가증한 놈, 파렴치한 놈, 온갖 욕설을 다 퍼붓습니다. 아기는 빽빽 죽으라고 울어댑니다. 기가 막히는 거예요. 그래도 죽으라고 울어대어 어쩔 수 없이 가서 안으니까 "꼴 좋다." 온갖 욕설을 퍼붓습니다.

할 수 없이 이 성직자가 아기를 안고 동네에, 그래도 인정 많은 할머니 한 분이 계셔서, 가서 어떻게 의논하려고 안고 나가니까 뒤따라 오면서 모든 사람들이 욕설을 퍼붓고 아이들은 돌을 던지고 야단입니다. 그러자 이 소문이 교단 본부에 들려 본부에서 내려와 보니 물적 증거가 분명한지라 파면시켜 버렸어요. 성직자는 벌어 놓은 돈은 없고, 배워 놓은 기술도 없고, 할 수 없이 지게 하나를 사 가지고 장에 품팔이를 나갑니다. 아기는 데려다가 시장 어귀에 있는 빈대떡 장사하는 할머니에게 맡겨 놓고 하루 종일 품팔이 해가지고 돈 좀 벌어서 생기는 것 가지고 미음거리도 사오고, 양식거리도 사다가 그날그날 겨우 살아가는 세월 3년, 이게 자라 가지고 "아빠! 아빠!" 하고 따라다니는 데 같잖습니다.

그러던 어느 날, 이 가정부가 한 3년 만에 어떤 시꺼먼 사나이 하나와 동네에 나타났습니다. 동네 사람들이 "저것이 또 왜 왔어? 같이 온 남자는 누구야?" 쪼르르 따라옵니다. 두 남녀는 성직자의 집으로 들어갑니다. 온 동네 사람이 "저게 무슨 꼴이야? 저거 왜 저래?" 집 안에 들어선 두 남녀는 땅바닥에 벌벌 기면서 마루밑 마당에 무릎을 꿇고 앉아 땅에 머리를 조아리고 "죽을 죄를 지었으니 용서해 주십시오."라고 합니다. 온 동네 사람들이 숨을 죽이고 들여다 보고 있습니다. "죄는 내가 용서하는 것이 아니오. 하나님께 용서받아야 돼요." 하고 성직자가 얘기를 합니다.

"예. 우리도 하나님 공경하고 이제는 정말 회개하고 하나님의 아들 노릇 해보겠습니다, 딸 노릇 해보겠습니다." 하고 그냥 찔찔 울고 자복을 하면서 마루에 올라가서 이야기를 하는데 온 동네 사람 숨소리도 안 들립니다. 눈만 점점 커집니다. 얘기가 다 끝난 다음에 진짜 아버지가 "아기를 줄 수 있겠습니까?"라고 묻습니다. "데리고 가라."고 합니다. 진짜 어머니, 아버지가 아기를 데리고 가려고 아기 손을 잡으니까 뿌리치고 성직자에게 "아빠! 아빠!" 하고 매달립니다. 같잖네요. 고운 정 미운 정, 3년 세월 울면서 진짜 어머니, 아버지 손을 잡고 집을 떠나는데 "잘 가거라, 잘 자라거라." 눈물로써 전송을 해 주었습니다.

동네 사람들이 우르르 몰려듭니다. "어쩌면 그럴 수 있느냐, 어쩌면 그럴 수 있느냐? 얼굴빛 한 번 변하지 않고 3년 세월 동안 누구보고 억울하다는 소리, 누구보고 애매하다는 소리 한번 한 적 없이 어쩌면 그럴 수 있느냐?" 똑같은 말을 합니다. 그렇지만 성직자는 우쭐대지도 않고 머리를 푹 숙이며 "예, 난 사람보고 사는 사람이 아니요, 하나님 보고 사는 사람이요, 사람의 소리 듣고 사는 사람 아닙니다. 우리 아버지 하나님의 판단 받으며 사는 사람입니다 설사 내가 그때 무슨 말을 했다고 하더라도 누가 내 말을 믿어 주었겠소? 한 번 더 욕했지. 우리 아버지 하나님은 누가 희고 검은지 다 아시고, 누가 옳고 그른지 다 아시는데 내가 굳이 여러분 붙잡고 무슨 말할 필요가 있겠소? 보십시오. 우리 하나님이 이렇게 밝혀 주지 않소."

온 동네 사람들이 "그 하나님 우리도 믿겠소." 복음화가 됐습니다. 온 동네가 누가 시키지도 않았는데 동네 대표가 교단 본부에 올라가 사정 얘기를 해서 교단 본부에서 내려와 빼앗았던 성직은 복직시키고, 그리고 목회를 하다가 세상을 떠났다는 것입니다. 신령한 하늘을 소유한 사람은 사람의 말 따라 유치하게 티격태격하지 않아요. 남의 욕이 내 가슴에 스며들지 않을진대 뭘 그리 신경쓸 게 있겠습니까?

어쨌든 스데반은 이 신령한 세계 때문에 원수가 보이지 않았고, 신령한 세계 때문에 사람의 소리가 귀에 들리지 않았고, 셋째로 이 신령한 세계 때문에 환경의 영향을 받지 않았습니다.

그리고 넷째로는, 원수를 위하여 복을 빌고 재앙을 빌지 않을 수 있었습니다. "죄를 저들에게 돌리지 마옵소서."

손양원 목사님이 생각납니다. 두 아들을 죽인 원수를 데려다가 한 상에 앉아 밥을 먹고 국을 먹으면서 "밥 좀 더 먹어라, 국 좀 더 먹어라." 그러다가 하시는 말씀 "얘, 나보고 아버지라 그래 봐라." 그 원수의 입에서 아버지 소리가 듣고 싶은 그 심정을 헤아릴 수 있을까요? 신령한, 표준 높은 세계, 차원 높은 세계를 사는 사람에게 있어서는 원수를 위하여 복을 빌고 재앙을 빌지 않을 수 있는 이 영광스러운 경지가 있습니다.

그 다음에 다섯째로, 신령한 세계를 소유한 사람은 죽음에 임박해서 오히려 얼굴이 천사의 얼굴과 같았습니다. 목사만큼 임종 많이 보는 사람 없습니다. 아들은 부모의 임종 보면 고작이지요. 의사는 임종 전에 왔다가 가면 그것으로 끝나는 것이고, 임종에 다급한 시간이 되면 따르릉 전화 거는 곳은 목사 집이지요. 아들도 아니건만 아들 노릇해야 되고, 남편도 아니건만 남편 노릇해야 되고, 목사만큼 임종 많이 보는 사람도 없을 거예요. 제가 본 임종만 하더라도 수백 명일 것입니다. 서문교회 가면 요즈음은 서문교회 교인 중에 현재 내가 아는 사람보다 서문교회 묘지에 가면 아는 사람이 더 많아요. 임종해 가지고 보낸 사람, 임종의 그 모습이 참 각양각색입니다. 임종의 얼굴이 '천사의 얼굴과 같았다.' 이것은 보통 사람에게는 없는 일입니다. 죽음에 임박해서도 얼굴이 천사의 얼굴과 같을 수 있는 사람은 누구냐? 공동묘지만 보고 가는 사람은 새까맣게 타면서 죽어갑니다. 죽음이란 잠자는 것과 다른 것이 아니에요. 그러기에 얼굴이 천사의 얼굴과 같을 수가 있지 않을까요?

이렇게 열린 하늘을 통하여 원수가 보이지 않고, 사람의 소리가 들리지 않고, 죽음에 임하여 천사의 얼굴과 같고, 원수를 위하여 축복을 하고 그런 아름다운 모습이 있는가 하면, 또 열린 하늘을 통하여 스데반은 보았습니다. 하나님 아버지를 보았습니다. 성자 예수님을 보았습니다. 머지 않아 돌아갈 고향을 바라보았습니다. 아버지 하나님을 보았습니다. 그 얼마나 행복했을까요? 그 얼마나 영광스러웠을까요? 믿음으로 말미암아 의롭다 함을 받은 사람은 하나님과 더불어 화평함이 있고, 은혜 가운데 나아감을 얻고, 영광을 바라보고 즐거워하는 이 하나님의 영광이 스데반에게는 얼마나 즐거움이 됐던지. 원수가 안 보일 수 있도록, 원수의 소리가 안 들릴 수 있도록, 죽음이 두렵지 않을 수 있도록 되지 않았을까? 하나님의 영광을 바라보았습니다.

그 다음에 보좌 우편에 서신 예수 그리스도를 바라보았습니다. 다른 곳을 보면 보좌 우편에 앉아 계시는 예수님으로 묘사되는데 스데반은 왜 서신 예수님으로 보았을까요? 주석가들은 세 가지 이유를 듭니다.

첫째, 스데반을 때려죽인 원수가 누구인지를 보려고 서셨다는 거예요. 저 밖에서 아이들 우는 소리가 들릴 때, 이웃 아이의 울음소리가 들리면 들은 척 만 척 엄마는 아랫목에 앉아서 뜨개질하고 있다가 자기 아이의 울음 소리가 들리면 어느 놈이 우리 아이 때리나 보자

하고 일어서 창가에 서지 않을까요? 앉아 계시는 예수님은 일어서시어 '누가 우리 스데반을 때려죽이나 보자.' 사울이란 놈이 촐랑거리고 있거든요. '이놈 두고 보자.' 딱 찍어두었다가 이놈이 또 까불거리면서 예수 믿는 사람을 잡아죽이려고 말을 타고 달리는 꼭대기에서 "이놈아!" 하고 야단을 쳐서 팍 거꾸러지게 만들었어요. 자기가 때려죽인 스데반의 사명을 계승해서 죽으라고 장가도 못 가고, 자식도 못 가지고, 스데반의 일을 계승해 가지고 한평생 하다가 죽도록 만들었으니, 얼마나 멋지게 원수를 갚아 준 것입니까? "원수갚는 것은 내게 있으니 내게 갚으리라고 주께서 말씀하시니라."(롬 12:19) 스데반의 박해자가 누군지 보려고 서 계셨다는 주장입니다.

둘째로는, 스데반을 보호할 양으로 서셨다는 겁니다. 사람의 육체와 영혼이 갈라지는 시간은 쉬운 시간이 아니에요. 그 고통스러운 시간을 주님은 아시기 때문에 앉았다가 일어서서 "스데반아, 조금만 참아라."

운동장에서 아이들이 막 뛰는데, 다른 아이들이 뛸 때는 그냥 '잘 뛰는구나. 우유 먹였나, 쇠고기 먹였나? 잘 뛰는구나.' 합니다만, 자기 아이가 뛰려고 운동장 출발점에 딱 섰을 때는 일어서는 거예요. 그냥 두 손을 꼭 거머쥐고 다리에 알통이 배기도록 용을 쓰면서 그냥 진득하게 못 앉아 있어요. 일어서는 거예요, 그러면서 '잘 뛰어라, 잘 뛰어라.' 왜? 핏줄 관계이기 때문에, 핏줄이 연결돼 있기 때문입니다.

성자 예수님, 우리 구주 예수님 앉아 계시다가 스데반이 마지막 종점에 왔습니다. '잘 견디어라, 잘 견디어라.' 그래요. 우리 육체가 살아서 할 일이 있을 때는 우리 육체를 보호하십니다.

그래서 다니엘은 할 일이 있기 때문에 사자굴에 들어가도 죽지 않았습니다. 다니엘의 세 친구는 아직까지 할 일이 있기 때문에 칠 배나 뜨거운 풀무불에 들어가도 죽을 수가 없었습니다. 바울에게도 그런 기회가 있었고 우리 주님도 그러했습니다. 할 일이 있을 동안은 내가 죽을래야 죽을 수가 없습니다. 그러나 이제는 할 일이 다 끝나고 영혼과 육체가 갈라지는 그 어려운 과정에는 하나님께서 우리 영혼을 보호하시는 겁니다.

셋째로, 순교자의 영혼을 받으실 양으로 일어서셨다는 겁니다. 스데반이 뭐라고 그랬습니까? "내 영혼을 받으시옵소서." 하늘나라에서 제일 귀한 것이 무엇입니까? 순교자의 영혼입니다. 내가 뭐 시시한 종이 한 장 주면 '그것이 뭔데?' 그러고선 받지요. 그러나 금덩이를 준다든지 그냥 큼직하고 귀한 것을 준다면 그것을 앉았다가 일어서서 두 손으로 받지 않겠어요? 앉았던 예수님은 순교자의 영혼을 받을 양으로 일어서셨다고 풀이를 하는 겁니다.

어쨌든 우리가 기도할 때 때로는 앉아 계시는 예수님을 만날 수도 있고, 어떤 때는 서신 예수님을 만날 수도 있습니다. 내가 어려울 때 주님은 서신 예수님으로 "걱정 말아라", 날 보호하시는 예수님, 서서 나에게 위로와 격려를 주시는 주님을 만날 수도 있는 겁니다. 바라기는 여러분의 생활에 예수님을 바라봄으로써 어떤 경우에라도 위축되거나 약화되거나 비겁하거나 옹졸하지 않기를 바랍니다.

마지막 셋째로, 그는 돌아갈 고향을 바라보았습니다. '이제는 조금만 지나면 나는 내 고향으로 돌아간다. 저 영원한 곳, 저 영광스러운 곳!' 돌아갈 고향을 바라보았습니다.

노량진 본동에 가면 사육신의 묘지가 있지요. 사육신 중의 하나인 성삼문이 죽어 가면서 지은 시가 하나 있어요.

擊鼓催人命　回首日欲斜　黃泉無一店　今夜宿誰家
(격고최인명　회수일욕사　황천무일점　금야숙수가)

북은 울려 내 남은 목숨을 재촉하고 고개를 돌려보니 해는 서산으
로 지는데
황천 가는 곳 주막 하나 없으니 오늘 밤 누구 집에 쉬어갈꼬?

얼마나 처량한 시예요? 사육신, 훌륭합니다. 신하 중에 한 사람 훌
륭합니다. 그 충절은 훌륭합니다. 그 학문은 훌륭합니다. 그러나 갈
곳을 모르니 마지막 순간이 그렇게도 처량했다는 사실입니다. 우리
는 돌아갈 고향을 바라볼 때 세상의 무엇이 나를 울리지 못하는 것입
니다.

그러면 끝으로, 스데반은 어떻게 이 신령한 세계를 소유할 수 있었
던가? 성경에 보는 대로 두 가지, '성령이 충만하여 하늘을 주목했
다'고 했습니다. 언제나 우리는 성령 없이 신앙생활을 못합니다. 성
령 없이 신앙의 세계에 들어가지 못 합니다. '하늘을 주목했다'는 말
은 내 심령의 자세입니다. '하늘을 주목했다'는 말은 영혼의 자세입
니다. 돈을 향하여 주목할 것이 아니요, 황금 덩어리를 향하여 주목
할 것이 아니요, 1순위 아파트 배정 받을 것을 바라보고 주목할 것이
아닌, 내 영혼은 하나님을 향하여 주목하는 영혼의 자세, 이것이 갖
추어질 적에 앉은 자리에 하늘이 열릴 것입니다. 일하는 자리에 하늘
이 열릴 것입니다.

오늘 하루 동안에 여러분이 열린 하루, 신령한 세계, 여러분이 웃
을 수 있는 웃음의 뿌리가 거기에 있습니다. 행복의 뿌리가 거기 있
습니다. 능력 있는 삶, 승리생활의 뿌리가 거기에 있습니다. 기도하
는 중에 여러분의 하늘이 열리기를 바랍니다. 찬송 부르는 중에 여러
분의 하늘이 열리고, 말씀 상고하는 중에 여러분의 하늘이 열리어 열
린 하늘 아래 성도로서의 멋지고 높고 거룩한 생활이 이 하루 동안에

여러분에게 있기를 바랍니다. 앞으로 살아갈 남은 세월 동안 늘 열린 하늘 아래에서 하나님의 사자가 내 위에 오르락내리락하는 영광 속에 사시는 여러분의 앞날의 세월이 될 수 있기를 간절히 바랍니다.

하나님의 뜻을 아는 법

"그러므로 형제들아 내가 하나님의 모든 자비하심으로 너희를 권하노니 너희 몸을 하나님이 기뻐하시는 거룩한 산 제사로 드리라 이는 너희의 드릴 영적 예배니라. 너희는 이 세대를 본받지 말고 오직 마음을 새롭게 함으로 변화를 받아 하나님의 선하시고 기뻐하시고 온전하신 뜻이 무엇인지 분별하도록 하라

(롬 12:1~2)

바울은 로마서 1장으로부터 11장까지 믿음으로 구원 얻는 도리를 길고 자세하며 논리정연하게 강론한 후에, 이렇게 너희들이 믿음으로 구원을 얻어서 하나님의 아들과 딸이 되었으니 그러면 어떻게 살 것이냐? 하고 묻습니다.

"형제들아, 하나님의 사랑으로 너희를 권하노니 첫째로 몸으로 하나님이 기뻐하시는 거룩한 산 제사로 드리고 둘째로 형식적인 몸으로 제사를 드리는 그 형식 속에 영적인 예배가 있도록 살아라. 형식적인 면에서는 몸으로 산 제사를 드리는 행위의 세계 속에 영적인 예배가 내용으로 담겨 있도록 살아라."고 합니다.

몸으로 드리는 제사가 껍데기라면 영적인 예배는 껍데기에 담겨 있는 알맹이일 것입니다. 몸으로 제사를 드리는 외형적인 모습은 열 처녀가 들고 있는 등과 같을 것입니다. 그 속에 담겨 있는 영적인 예배는 그 등에 담겨 있는 기름과 같을 것입니다. 분명히 거룩한 제사를 드려야 하며 거기에 반드시 영적인 예배가 포함되어 있어야 합니다. 제사와 예배는 다른 것입니다.

그리고 너희는 "이 세대를 본받지 말고 오직 마음을 새롭게 함으로 변화를 받아 하나님의 선하시고 기뻐하시고 온전하신 뜻이 무엇인지 분별하도록 하라."

모든 현상의 이면에는 원리라는 게 있고, 모든 질서의 바탕에는 법칙이라는 게 있고, 우리가 살아가는 모든 생의 과정에는 하나님의 뜻이라고 하는 최선의 법이 있습니다. 자식의 최선은 어버이에게 있고, 학생들의 최선은 스승에게 있고, 우리 인생의 최선은 하나님의 뜻 속에 있는 것입니다.

우리 인생이 성공하느냐, 실패하느냐? 그것은 우리의 명석한 두뇌에 달려 있는 것이 아니고 하나님의 뜻에 얼마나 충실하게 사느냐에 따라서 인생의 승패가 좌우되는 것입니다. 사람은 한 발자국 앞의 일을 모르고 1분 후에 될 일을 모르기 때문에 인간은 인간의 최선을 스스로 개발하지도 못하고 창작하지도 못하는 것입니다.

전지전능하셔서 모든 것을 다 아시고 모든 것이 다 능하시고 지극한 사랑으로 권고하시는 하나님의 뜻 안에만 우리의 최선이 있는 겁니다.

가령, 여기에 한 5, 6명의 고등학생이 둘러앉아서 수학문제를 풀고 있습니다. 제 나름대로 성과 열을 다해서 한 명은 이 방향으로 풀어 가고, 한 명은 저 방향으로 풀어 가고, 또 다른 한 명은 또 다른 방향으로 부지런히 풀어 나가고 있습니다. 선생님이 그걸 들여다봅니다. 그러고선 5, 6명의 모든 학생들에게 꿀밤 한 대씩을 먹이면서 "야, 이 멍청이들아! 그렇게 풀어 가지고는 이 문제 정답에 도달할 수 없어. 이 수학문제의 공식을 알아야지. 이 수학문제의 공식은 이거야. 이 공식에 맞추어 풀어 가야 정답에 이를 수 있는 게 아니냐!" 하고 공식을 주었습니다.

머리를 긁적긁적 만지며 "우리가 참 그걸 몰랐구나." 공식에 맞추어 풀어 갈 때 5, 6명이 모두 다 똑같은 정답에 이르게 됩니다.

우리가 가상을 해볼 때, 우리가 인생을 살아가는 데도 각양각색입니다. 사농공상 직업도 각양각색이고 또 살아가는 방식도 자기의 명석한 머리에 따라, 혹은 살아온 경험에 따라, 혹은 배운 지식에 따라 방향이 각양각색입니다만, 그러나 어떤 직업이나 어떤 모양으로 살아가든지 인생이 살아가는 그 한가운데에는 하나님의 뜻이라고 하는 공식이 있는 법이고 그 공식을 무시할 때에 우리는 성공적인 인생에 도달할 수 없는 것입니다.

그래서 사람은 의식, 무의식 중에 자기에게 있을 것 같은 최선을 찾아 헤매게 됩니다. 그것을 '운명'이라고도 하지요. 다른 사람은 그것을 '팔자소관'이라 하기도 하고 '재수'라고도 하지요. 어떻든 간에 무엇인가 자기가 걸어갈 수 있는 과정에 최선이라고 하는 그 무엇이 있을 것 같습니다. 그래서 어떤 이는 지식의 등불을 들고 자기에게 있을 것 같은 최선의 방향을 찾기도 합니다. 또 어떤 이는 자기가 살아온 경험의 등불을 들고 자기가 걸어갈 최선의 방향을 찾기도 합니다. 어떤 이는 환경을 돌아보면서 '이 길로 가면 막힐 것 같아, 저 길로 가면 막힐 것 같아, 아마 이 길로 가야 내가 갈 최선의 길이 열릴 것 같아'라며 환경을 예의 주시하면서 선택하기도 합니다.

이래도 저래도 시원치 않으면 답답해서 점쟁이를 찾아갑니다. 눈 밝은 사람이 눈감고 있는 장님에게 가서 묻기도 합니다. 참으로 우스운 일이지요. 문제는 어떻게 해야 나의 최선을 알 수 있느냐? 나에게 마련된, 나를 위하여 마련하신 최선, 곧 하나님의 뜻을 어떻게 알 수 있느냐? 참 궁금한 문제입니다.

옛날에는 하나님이 나를 위해 마련해 놓으신 최선의 뜻을 꿈으로 보여 주시기도 하고, 때로는 환상으로 보여 주시기도 하고, 또 어떤 초자연적인 그런 음성이나 어떤 사건으로 우리에게 보여 주시기도 했습니다마는 어느 시간에 말씀드린 대로 성경과 성령이 주어진 이후로는 하나님께서 꿈으로 보여주시거나 어떤 환상으로 보여 주시거나 하지 않습니다.

자, 그렇다면 과연 우리는 어떻게 해서 하나님의 뜻을 알 수 있느냐? 누구에게나 하나님의 뜻은 있게 마련인데, 가령 내 한 개인이 살아가는 여정에 내가 걸을 수 있는 최선의 하나님의 뜻이 있고, 내 가정이 참으로 복스럽고 은혜롭게 또 단란하게 살아갈 수 있는 최선의 하나님의 뜻이 내 가정에 있겠고, 내가 하는 사업이 실패하지 않고 성공의 결과를 거둘 수 있도록 마련된 하나님의 최선의 뜻이 있을 법한데 어떻게 그 뜻을 알 수 있느냐?

자, 오늘 이 시간에는 설교라기보다 좀 전에 말한 바와 같이 마치 수학의 공식과 같이 우리 인생을 살아가는 데 어떻게 하면 하나님의 뜻대로 살 수 있느냐? 그 뜻을 어떻게 알 수 있느냐? 이 공식을 말씀 드리려고 합니다.

이 문제에 대해서 꽤나 걱정도 했고 고민도 하고 그리고 여러 책을 참고하는 중에 영국에 고아의 아버지, 죠지 뮬러가 한평생 지켜온 네 가지 공식에 제가 하나를 더 보태어 다섯 가지를 소개하려고 합니다.

죠지 뮬러라고 하면 누구나 다 잘 아는 참, 고아의 할아버지요, 성자로 알고 있는 사람입니다. 그 분은 80세로 연세가 많아 거동이 불편할 때도 어디 초청을 받아 가면 그저 살아온 여정을 간증하기를 좋아하는 할아버지였습니다.

한번은 어디에 초청을 받아 가지고 가서 '어떻게 당신은 한평생에 만 명 이상의 고아를 길러내고 10만 명 이상의 주일학생을 길러내고 2만 권 이상의 성경을 허드슨 테일러라고 하는 선교사에게 보내어 이방의 어두운 사람들에게 빛으로 성경을 전할 수 있게 했고, 자기가 벌지도 않고 누군가에 의해 주어진 1,300만 불이라고 하는 돈으로 고아를 돌보고 그렇게 한평생을 봉사를 했는데 어떻게 그럴 수 있었느냐?'고 물었을 때에, 의자에 앉았다가 내려가서 땅바닥에 무릎을 꿇고 의자에 한참 엎드려 가지고 기도하고서 일어나 앉으면서 "이것뿐이었소."라고 대답했습니다. 긴 말은 안하고 이것뿐이었노라고 대답했다는 그런 일화가 전해지고 있습니다.

그분이 얼마나 하나님의 뜻에 철저했는지는 어느 날, 그 많은 고아들이 저녁을 먹고 잠자리에 들어가는데 직원이 와서 "할아버지 내일 아침거리가 없습니다." 뮬러 할아버지는 싱긋이 웃으면서 "기도해." 그리고 골방으로 들어가 버립니다. 한참 있다가 대문이 왈가닥왈가락 두드리는 소리가 나서 나가 보니 풍채 좋고 잘생긴 신사 한 분이 두툼한 봉투를 하나 전해 주고 갑니다. 두툼한 봉투에는 돈이 두툼하게 들어 있습니다. 직원들이 "야! 우리 할아버지, 하나님 앞에 전보

쳤나 보다. 이렇게 빨리 대답이 왔어."라고 좋아하며 기도하는 조지 뮬러 할아버지 방을 두드렸습니다. "왜 이렇게 소란이야?" 그러면서 나옵니다. "아이고, 할아버지가 전보 친 것 우리가 회답을 받았습니다." 하고 봉투를 내놓았습니다. 딱 펴보더니만 도로 집어넣고 그 다음에 직원들에게 주면서 "이거 도로 갖다 줘. 우리 귀한 아들들에게 이런 부정한 것 먹이는 게 하나님의 뜻일 수가 없어." 합니다. 까닭은 런던의 어느 구역에서 지방의원선거를 하는데 출마하는 사람이 돈을 두툼하게 한 봉투를 넣고 '잘 부탁합니다' 하는 청원서를 넣어 뮬러 할아버지 고아원에 전했던 것입니다. 왜냐하면 고아원에는 유권자가 많기에 그 유권자를 매수하기 위한 자금으로 갖다 준 것이었습니다.

그래서 할아버지는 "이런 부정한 것으로 우리 귀한 어린것들에게 먹일 수 없고 그것이 하나님의 뜻일 수 없어." 하고서 거절을 하고 돌려보냈습니다. 직원들이 투덜투덜하면서 하나님이 주신 것도 다 거절을 한다며 빈정거리고 불평을 하고 있습니다.

그 밤이 가고 아침이 되어 아이들은 아침을 먹으려고 부산하게 일어나 세수를 하고 떠들고 돌아다니고 있는데 아침거리는 아무것도 없고 직원은 곤란하게 되었습니다. 게다가 뮬러 할아버지는 아직까지 기도방에서 나오지를 않고 있습니다.

과연, 이 어려운 고비를 어떻게 넘길까? 직원들이 당황해 하고 있는 바로 그 무렵, 마침 식사때가 되기 전에 어디서 왈카닥달카닥하고 소달구지 소리가 들려옵니다. 그러더니만 조금 있다가 대문을 꽝꽝 두드립니다. 나가 보니까 어떤 사람이 김이 무럭무럭 나는 빵을 달구지에다 싣고 대문간 앞에 와서 기다립니다.

"이게 어떻게 된 것이냐?" 물었더니, 런던 어느 골목에 있는 빵집에서 밤에 빵을 굽는데 직원들이 약간 실수로 빵이 덜 부풀어 상품가치가 없어 오늘 시장에 내놓을 수도 없고, 공장장이 주인에게 가서 보고를 했더니 주인이 공장장을 한번 호통을 치고 야단을 한 뒤에 "뮬러 할아버지 고아원에 실어다 드려라."고 해서 싣고 온 거랍니다. 그래서 뜨끈뜨끈한 빵으로 아침을 먹었다고 하는 그런 얘기가 전해지고 있습니다.

이렇게 하나님의 뜻에 충실한 뮬러 할아버지가 말하기를 "어떻게 해서 하나님의 뜻을 아느냐?" 예를 들면, 내가 무슨 일을 한가지 계획을 하고 있는데 이리로 가는 것이 하나님의 뜻이겠는가? 저쪽으로 가는 것이 하나님의 뜻이겠는가?

우리가 일하려고 하는 무슨 일에든지 외길이 없습니다. 이 길이냐, 저 길이냐, 앞이냐, 뒤냐, 먼저냐, 다음이냐, 이렇게 갈림길이 많은 그 기로에 서서 어느 쪽으로 가는 것이 하나님의 뜻이겠느냐, 어떻게 그걸 알 수 있을까요?

죠지 뮬러 할아버지는 이렇게 말을 했습니다. "어떤 일을 함에 있어 그 속에 있는 최선의 하나님의 뜻을 알고 싶걸랑 그 일 앞에서 첫째 마음이 맑아라, 둘째 하나님의 말씀의 원리에 비추어 보아라. 셋째로 환경에 섭리하시는 하나님의 손의 방향을 더듬어 보아라. 넷째로 하나님께 물어 보아라." 자, 이쯤 해 놓고 내가 차례차례 말씀을 드립니다.

첫째로, 마음이 맑아라. 이 말은 뭐냐 하면, 욕심도 가지지 말고 '이렇게 됐으면 좋겠다, 저렇게 됐으면 좋겠다.' 하는 선입견도 가지지 말고, 어떤 욕망도 가지지 말고, 혹은 혈기나 감정이나, 불순한 마음도 가지지 말고 '마음이 맑아라.'

나는 그런 상태를 가리켜서 잔잔한 호수, 하늘에 별도 비치고 하늘에 달도 비치고 하늘에 구름도 비치는 호수라고 말하고 싶습니다. 고개 들고 목 아프게 쳐다볼 필요가 없습니다. 호수만 들여다보면 다 보입니다. 거기다가 돌멩이를 하나 툭 던져 가지고 파문이 일어나면 별도 천쪽 만쪽으로 나누어지고, 달도 천쪽 만쪽으로 나누어져 아무 것도 분별을 못하는 겁니다. 마찬가지로 우리의 마음이 맑으면 무엇인가 잘못된 방향으로 오도될 위험성이 없습니다마는, 혈기라든지 감정이라든지 선입견이라든지 욕망이라든지 이런 것이 있으면 그것 때문에 사리를 바로 보지 못하는 것입니다.

사울 왕의 마음이 맑았다면 애국 청년 다윗을 죽이려다가 자기도 죽고 나라 또한 어지럽게 만들지는 않았을 것입니다. 마음이 맑지 못하여 때로는 시기를 하기도 하고, 감정에 얽히기도 하고, 욕심을 품기도 합니다.

발람과 같은 사람은 욕심에 마음이 맑지 못한 사람입니다. 가서는 안 되는 길을 가다가 당나귀에게 호되게 야단을 맞았다고 성경에는 전하고 있습니다. 첫째로 마음이 맑아야 합니다.

둘째로는, 마음만 맑으면 되는 게 아니라 '성경의 원리에 비추어 보아라.' 성경의 Principle, 곧 성경의 원리에 비추어 보아라. 물론 '이래라, 저래라, 이건 이렇게 해라, 저건 저렇게 해라' 하는 명언이나 명문 어구는 성경에 없어요. 그러나 원리는 우리에게 보여 주는 겁니다. 우리가 하려고 하는 일에 길이나 높이나 깊이를 우리에게 보여 주지는 않지만 성경은 그것을 잴 수 있는 자를 우리에게 보여 주는 것입니다. 이것이 원리인 것입니다. 성경원리로써 비추어 보아라. 이것이 성경적이냐, 아니냐? 그 말입니다. 그러면 성경적이 아니라고 하는 거기를 가서는 안 되고 성경적이라고 할 때는 거기를 가야 되지요. 때문에 죠지 뮬러의 말과 같이 성경 원리에 비추어 보아야 합니다.

그 다음에 셋째로는, '환경에 섭리하시는 하나님의 손이 어떻게 역사하시는지를 살펴보아라.' 여기에 나는 또 내가 배운 신학적인 입장을 결부시켜 봅니다. 하나님은 사람에게 소위 허용적인 섭리라고 하는 자유의지를 주어서, 사물을 관찰하고 분석하고 판단하고 취사선택할 수 있는 자유의지를 인간에게 주었습니다. 그러나 그 자유의지만 가지고 인간이 바르게 판단하고 바르게 선택해 갈 수 없는 불완전한 존재인 것을 아시는 하나님께서는 그 다음에 환경으로 섭리하십니다. 가서는 안 될 길을 가려고 그럴 때는 예방적인 섭리의 손길로 '가지 말라'고 막습니다.

예를 들어서, 섭리의 손길이 있고, 그 다음 지향적인 섭리의 손길이 있고, 전권적인 하나님의 섭리의 손길, 이 세 가지가 우리 환경에 언제나 섭리하고 계신다는 것을 전제로 합니다.

어떤 남자 집사가 있습니다. 굉장히 가난해요. 그런데도 또 게을러요. 그러니까 집안이 말이 아닙니다. 동창생 중에 믿지 않는 친구가 이 집사를 보니 너무 가난하게 사는 게 불쌍해서, "야, 너는 언제까지 이렇게 가난하게 살거니? 네 자식들 봐라." "그럼 어떻게 하냐?" 한참 있다가 "너 내가 담배가게 허가 내줄 테니까 그거 한번 해볼래?" 그 친구는 전매청의 요직에 있었습니다.

그런데 이 집사가 처음에는 "아이고, 집사가 왜 그런 것을 해?"라며 거절합니다. 바로 양심의 가책이라고 하는 예방적인 섭리의 손길로 마음이 가서는 안 될 길을 막으신 것입니다.

그런데 조금 지나다 보니까 담배가게 하는 데는 돈도 많이 들지도 않고 노력이 필요한 것도 아니고, 그냥 집안에 맡겨 놔도 되겠고 그럼 자신은 놀러 다니겠고, 게다가 고정적인 수입 가지고 그럭저럭 살아갈 수 있을 것 같아서 "자네. 그것 좀 해봐 주겠나?"라고 부탁합니다. "왜? 전에는 안 된다고 그러더니?", "아니야. 생각해 보니 그거 괜찮을 것 같아. 허가 내주겠나?", "그래, 그렇게 하세." 이제는 오히려 부탁을 하며 담배가게를 하나 낼 생각을 가지고 진행을 시킵니다.

그런데 하나님께서 예방적인 섭리의 손길을 움직이셔서 어느 날 설교를 듣는데 말씀이 가슴에 와서 탁 닿습니다.

"안 돼, 죽어도 곱게 굶어죽지. 네가 그럴 수 있어. 집사가 담배가게를 해?" 예방적인 손길이 와서 가슴에 콱 막습니다. 그래도 노력도 없이, 큰돈 들지 않고 편안하게 살 수 있는데 하면서 하나님이 막으시는데도 자꾸 밀고 나갑니다.

그 다음에 그 사정을 아는 친구 집사가 와서 "자네 요즘 뭐 어쩌고 어쩐다며?" 머리를 푹 숙이고 있는 친구에게 "이 친구야, 그러면 하나님이 너를 축복하실 줄 알아? 죽을 짓 하지 마."라고 하며 예방적인 섭리의 손길로 그가 가선 안 될 길로 가는 것을 막았습니다.

이런 얘기를 했는데도 또 이 집사가 말을 안 들으니까 교역자 귀에까지 보고가 올라왔습니다. 불이 나게 심방을 가서 그러지 말라고 야단을 쳤습니다. 그래도 말을 안 듣고 예방적인 섭리의 손길을 넘어서 가서는 안 될 길을 걸어가고 있습니다.

그 다음에 둘째로 하나님이 막기만 하는 게 아니라 지향적인 섭리의 손길로 "이리 가거라, 저리 가거라." 방향을 제시해 주었습니다. 우리가 차를 몰고 어디를 가다 보면 저 앞에 도로공사를 할 때에는 그 앞에다가 검은 색과 노란색 바리케이트로 가지 말라고 표시를 하며 막습니다. 반면에, 땅을 보거나 옆을 보면 유턴하라든지 혹은 좌회전하라든지 우회전하라든지 지시표가 꼭 있는 법이에요. 하나님은 우리가 가서는 안 될 길을 막기만 할 뿐만 아니라 사랑의 하나님은 가야 할 길을 지시를 해주십니다.

지향적인 섭리의 손길로 "이리 가거라, 저리 가거라." 반드시 우리 환경에는 하나님의 지향적인 섭리의 손길이 있는 법입니다.

드디어 이 집사가 담배가게를 내기 위해서 아는 집 추녀 끝에다가 알루미늄 샷시로 집을 만들고 창문도 달았습니다. 그리고 한 사람이 앉아서 담배 내주고 문 닫고 할 수 있도록 모든 준비를 했습니다. 이제 담배 판매 허가만 나오면 간판을 붙이고 지금 영업을 시작하려고 하는데 친구 집사가 와서 이제는 지향적인 섭리의 손길로 "자네 정 그럴 건가? 내가 자본을 대줄께." 하며 "이 위에 예식장이 두 개가 있지 않나? 예식장에는 꽃도 필요하고 흰 장갑도 필요하고 흰봉투도 필요하고, 많은 자본이 드는 것도 아니니까, 내가 얼마간 자본을 대줄테니, 이것 마련해 놓고 여기에서 예식장 상대로 그런 장사 좀 해 보세." 하고 갈길을 제시했습니다.

이건 지향적인 섭리의 손길이에요. 근데 이 집자가 가만히 생각해 보니까 괜찮기는 괜찮을 것 같은데 또 문득 드는 생각이 결혼 예식은 주로 주일날 많이 하는데 주일날 교회 간다고 문 닫아 버리면 족제비 잡아 꼬리는 남 주고 뭐 얻어먹어, 이거 안 될 것이 뻔하니까 "안 된다."고 또 거절을 하고 그대로 계속해서 가서는 안 될 길로 갑니다.

지향적인 섭리의 손길을 짓밟고 가서는 안 될 길을 계속해 가고 있으니 셋째 단계인 하나님의 전권적인 섭리의 손길이 역사하십니다. 그때는 강권적인 섭리의 손길입니다. '너 정말 말 안 들을래? 한번 맞아 볼래?' 하고 크게 후려갈깁니다. 다시 말해서 하나님이 한 대 후려갈기는 거예요.

자, 그런데 이 집사에게 '담배가게 허가가 오늘 나온다, 내일 나온다.' 하면서 차일피일 늦어지니까 마음이 조마조마해집니다. 그때 친구가 찾아와서 "그냥은 안 되겠네. 자네가 기름을 좀 쳐야 되겠어?"라고 해서 얼마의 돈도 쥐어 주었습니다. 빚을 내어 뒷돈을 주면서 허가가 나오기를 기다리는데 어느 날 아침에 "오늘이면 허가가 나온다."는 말을 듣자 마음이 부풀어 오르고 "오늘은 담배 가게에 간판을 걸고 영업을 시작해야지."라는 생각으로 담배 가게 차릴 알루미늄 샷시 집을 찾아가 봤어요. 근데 이게 웬일입니까? 가보니 밤에 누가 알루미늄 샷시 집을 달랑 들고 가버렸네요. 알루미늄 샷시로 만들어 놓은 집이니 가벼워서 누가 들고 가버렸던 거죠. 아, 이거 큰일 났어요. 눈이 뒤집어 지고 파출소에 가서 "누가 우리 집을 가져갔다."고 신고를 하니. "세상에 멍청이 같은 놈아, 집을 어떤 놈이 가져가냐?"고 괜한 웃음거리만 되었습니다. 이 고물점으로 저 고물점으로 뛰어 돌아다녀 봐야 벌써 해체해서 어느 엿장수한테 넘어가 버렸는지 알게 뭡니까? 답답하기도 하고, 당황해 하고 있는데 전매청에 있는 친구가 허겁지겁 뛰어오더니만 "정말 미안하네. 아무개에게 넘어갈 담배 가게 허가증을 자네에게 넘겨주려고 서류를 꾸미다가 그만 들통이 났어. 그래서 감사를 당해서 내 부탁을 들어 주려던 요직에 있던 분마저도 그만 뇌물 먹은 죄로 파면이 되어 버리고, 허가는 물거품처럼 사라져 버렸어. 이거 큰일났네."

뇌물 쓴다고 돈까지 먹였는데 그 돈마저 달아나고, 기다리던 담배 가게는 물거품이 되어 사라지고, 가게는 밤에 누가 가져가 버리고, 빈손이 되고서야 머리를 팍 숙이면서 '하나님 내가 잘못했습니다.' 그리고 돌이켜 성경학교에 입학해서 성경학교를 졸업하고 농촌에 가서 조그마한 교회에서 봉사하고 있습니다.

예방적인 섭리의 손길로 하나님이 예방하심에도 불구하고 계속해서 그걸 밟고 넘어가고, '이리 가거라, 저리 가거라.' 하나님이 지시하심에도 불구하고 그걸 밟고 미련하게 넘어가면 '정말 말도 듣지 않는다' 면서 마지막으로 하나님이 후려갈기시는 거예요.

이 세 가지 섭리의 손길이 우리 환경에 있는 법입니다. 그래서 환경에 섭리하시는 하나님의 손길이 어떻게 움직이시는가를 자세히 살펴보아라, 반드시 하나님의 사랑으로 섭리하시는 손길이 내가 가서는 안 될 길을 막고 있을 겁니다. 가라고 하는 방향을 제시해 줄 겁니다.

가령 주일날 예배당에 가서 예배드리면서 설교를 듣는데 예방적인 섭리의 손길이 가슴에 와서 양심의 가책을 줍니다. 그 다음 단계는 '아! 굶어도 이렇게 하는 게 낫겠지. 까짓 것 조금 고생하더라도 그러지 말아야지.' 하는 하나님께서 지향하는 섭리의 손길이 가슴에 와 닿습니다. 그렇게 순종을 해야 되는데 순종을 안 하니까 마지막에는 '이놈의 자식 정신 차리라.'고 한대 후려갈기는 거지요.

그래서 어떻게 우리가 하나님의 뜻을 알 수 있느냐? 내가 하려고 하는 일 앞에서 마음이 맑아라. 둘째로 성경의 원리에 비춰 보아라. 셋째로 환경에 섭리하시는 하나님의 손을 더듬어 보아라.

넷째로 죠지 뮬러와 같이 하나님께 물어 보아라. 기도를 해야 합니다. 조용히 '아버지여 나는 미련합니다. 나는 어리석습니다. 나는 우둔합니다. 나는 썩어진 욕심의 소유자입니다. 이대로 놔두면 잘못 판단하고 잘못 선택할 위험성이 내게 있습니다. 하나님 내가 가야 할 바른 길을 보여 주세요.' 기도해야 합니다.

기도는 어느 시간에 말한 대로 만능이 아닙니다. 요즘 많은 사람들이 '기도는 만능'이라고 하는데, 이것은 우리 장로교회의 성경적인 견해가 아닙니다. 내가 세워 놓은 욕심, 내가 가지고 있는 구질구질한 계획들을 모두 갖다 놓고 '하나님 믿습니다. 이대로 이루어 주시옵소서.' 이게 어디 말이 되는 소리입니까? 내 욕심, 나의 이런저런 공상, 망상과 온갖 잡동사니 생각들을 하나님 앞에 턱 내어놓고 이대로 이루어 주시옵소서. 예수 이름으로 빕니다.

내용은 모두가 자기의 욕심을 다 끌어 모아 놓은 쓰레기통같이 만들어 놓고 예수님의 이름이라는 딱지를 붙여서 '하나님 이것을 이루어 주십시오.' 라고 하면 어떻게 되겠어요? 그게 아니에요.

예수님께서 겟세마네 동산에서 내린 기도의 결론이 뭡니까? "내 뜻대로 마옵시고 아버지의 뜻대로 하옵소서." 이것이 기도의 결론이에요. 기도는 하나님의 규정 방침을 변경시킬 만한 힘이 되는 게 아닙니다. 하나님은 우리를 위하여 최선의 규정방침을 가지고 계십니다. 우리의 기도가 하나님의 규정방침을 변경시키지는 못하는 것입니다. 이것이 칼빈의 기도관이요, 칼빈의 사상입니다.

그러면 기도는 뭐냐? 하나님이 날 위하여 마련해 놓은 최선을 발견하는 것입니다. 최선을 창작하는 게 아니요, 최선을 개발하는 게 아니요, 날 위하여 이미 마련된-하나님의 뜻 속에 마련된-최선을 발견하는 데 기도의 목적이 있는 것입니다.

내가 뭘 안다고, 내가 똑똑하다고, 내가 세워 놓은 계획과 내가 가지고 있는 꿈들을 내어놓고 "하나님 이대로 이루어 주시옵소서" 라고 하는 것은 하나님이 보실 때에 "이 녀석 망할 짓 하고 있네, 너 그렇게 하면 거지 되는 거야. 그렇게 가게 되면 병신 돼. 그걸 모르고 이루어 달라고 그래? 내가 네 소원대로 이루어 줄 수 없어. 네가 잘못 구하고 있으니까 보는 대로 그 길을 가다가는 너는 죽게 돼. 그러니까 내가 보는 대로 이게 최선이야, 이대로 가거라." 이게 바로 하나님의 뜻이에요.

가끔 기도할 때 그럽니다. "하나님이여, 내 위에 독재하여 주시옵소서." 사실 '독재' 라는 단어가 어감이 별로 좋지 않아 보여요. 사람은 애당초 부패하고 타락한 존재이기 때문에 사람이 독재하면 부패가 따르게 마련이요. 그 아무리 애국자라도 사람이 독재하면 부작용이 생기기 마련이에요. 그러나 하나님이 독재하시면 하나님은 완전하신 분이고, 완전히 선하신 분이고, 완전히 의로우신 분이요, 완전한 사랑의 하나님이기 때문에 하나님이 독재하면 독재할수록 선해지고, 독재하면 독재할수록 더욱 완전해지고, 독재하면 독재할수록 더 의로워지고 아름다워지니까, '하나님이여 내 속에 독재하여 주시옵소서.' 하는 것입니다.

내가 무엇을 알기에 계획을 세워 놓고 하나님께 이거 이루어 달라고. 저거 이루어 달라고 하겠습니까? 아닙니다. 하나님이 나에게 독재하실 때 거기에 나의 최선이 있습니다.

그러면 "목사님, 요한복음 18장에 예수님이 친히 말씀하시기를 원하는 대로 구하라. 그리하면 다 이루리라 하셨는데 이 말씀은 어떻게 해석할 겁니까?"라고 물어요. 하지만 우리가 성경을 읽을 때에 우리의 비위에 맞도록 표절하지 말아야 돼요. 윗머리 끊어 버리고 꽁지 끊어 버리고 중간 토막만 가지고 "아, 하나님은 이렇게 말씀했다."라고 하니까 의미가 달라지는 거예요. "원하는 대로 구하라 다 이루리라."라고 하실 때 그 위에 전제조건이 있어요. "너희들이 내 안에 있고 내 말이 너희 안에 있으면"이라는 전제조건을 무시하니까 엉뚱한 해석이 나옵니다. "너희들이 내 안에 있고 내 말이 너희 안에 있으면 원하는 대로 구하라. 다 이루리라." 예수님이 내 안에 내가 예수님 안에 있지 아니하고, 예수님의 말씀이 내 안에 있지 않으면, 그 소원이라는 것은 개나 소나 돼지와 같을 거예요.

그러나 내 속에 예수님이 계시고 내가 예수님 안에 있으면 소원이 달라지는 거예요. 원함이 달라지고, 소원이 달라지는 거예요. 그때는 개나 소나 돼지의 소원이 아니고 양의 소원이 되어질 거예요. 빌립보서에 보면 바울이 예수 밖에 있을 때는 자랑거리가 굉장히 많고 귀한 게 굉장히 많다고 했어요. 혈통도 자랑거리요, 가문도 자랑거리고, 학벌도 자랑거리요, 자기 열심도 자랑거리요, 모든 것이 아름답고 좋았습니다만, 예수님 안에 바울이 있고 바울 안에 예수님이 있어질 때 그게 시들해지고 배설물 같이 보이더라는 겁니다.

그렇게 가치 있던 게 가치 없게 보입니다. 그렇게 아름답던 것이 이제는 냄새가 납니다. 예수 밖에 있을 때는 소원이라는 것이 욕심을 중심하고 이것도 좋고 저것도 좋았지만 예수님이 내 안에 내주하여 오시고 내가 예수님 안에 좌정하실 때는 구질구질하던 그런 것들이 이제 좋아지지 않아요. "아버지여 가난해도 좋습니다. 아버지의 뜻대로 사는 것이 좋습니다." 이것이 소원이 됩니다. 불명예스럽더라도 괜찮습니다. 아버지만 영광받으신다면 요한복음 17장에 기록된 예수님의 소원과 같이 내가 십자가에 죽는다 할지라도, 그것이 하나님께 영광이 된다면 내게도 영광이 되겠습니다. 소원이 달라지는 거예요. 원이 달라져요. 그래서 "원하는 대로 구하라. 다 이루리라." 주 안에 내가 있고 내가 주 안에 있을 때는 하나님의 원이 내 원이 되고, 하나님의 기쁨이 내 기쁨이 되고, 하나님의 영광이 내 영광이 되니, 곧 내가 구하는 기쁨과 영광과 내 모든 소원은 곧 하나님의 뜻과 일치가 되어지는 것이니 그 일치가 될 때에 어찌 그 원을 이루어 주지 않겠느냐? 원하는 것을 구하면 다 이룸을 받게 되는 겁니다. 언제나 이 점을 이해해야 됩니다.

그래서 조용히 죠지 뮬러의 말과 같이 하나님께 물어 보아라. 기도해라. 그러면 하나님께서 나를 위해 마련한 최선을 비춰 주실 것입니다.

다섯째로, 일에 어떤 결론이 내려 착수를 하려고 할 때에도 한 번 더, 돌다리도 두드려 보고 건너라는 식으로 한 걸음 물러서서 '주님이라면 이런 경우에 어떻게 하시겠습니까?' 내가 하려고 하는 일에 주님을 대면시켜 보아라.

주님이라면 이런 경우에 어떻게 하시겠습니까? 주님이라면 이런 경우에 어느 쪽을 택하시겠습니까? 주님께 그 일을 맡겨 보아라. 그러면 우리 주님은 슬며시 웃으시면서 "나야 이렇게 하지."라며 어떤 결정적인 결정을 보일 것입니다. 그럴 때 "주님, 비켜서십시오. 내가 그렇게 하렵니다. 주님이 하시겠다는 그 방향으로 내가 가겠습니다."

죠지 뮬러의 말에, '계시는 읽어서 알 수 있지만 섭리는 지난 뒤에라야 아는 법이다. 그냥 뒤돌아보지 말고 사망의 음침한 골짜기로 간다 하더라도 쏜살같이 그 길로 달려가거라. 굶으면 굶으리라. 그 길로 달려가거라. 헐벗으면 헐벗으리라. 그 길로 달려가거라. 한참 가다가 어떤 고갯마루에 탁 올라서게 될 거다. 앞뒤를 돌아보아라. 지나온 세월과 앞으로 가야 할 앞날을 내다보면 그때 하나님 앞에 감사하지 않을 수 없을 것이며 하나님의 뜻대로 살아온 자에게 약속되어 있는 최선의 앞길이 환하게 열리는 것을 발견하게 될 것이다.' 바로 죠지 뮬러의 결론입니다.

말을 맺읍시다. 우리가 앞으로 살아가는 세월에 생애 최고, 최상의 목적은 어떻게 하면 하나님의 뜻대로 살까? 부자가 못 되어도 하나님의 뜻대로 살고 싶고, 명예롭지 못하더라도 하나님의 뜻대로 살고 싶고, 몸이 다소 불편하고 고생스럽더라도 하나님의 뜻대로 살고 싶고, 어떻게 하면 하나님의 뜻대로 살 수 있을까?
이제 말씀드린 다섯 가지를 꼭 기억하시고 내 인생의 최선을 향하여 가는 길에 공식으로 여러분의 마음속에 간직하시고, 매사에 이 공식에 맞추어 하나님의 뜻을 분별하고 뜻대로 살아서 하나님의 뜻대로 사는 자에게 약속된 영광이 여러분의 앞날에 휘황찬란하시기를 축원합니다.

나에게도 여호와 이레가 있을까?

하나님이 그에게 지시하신 곳에 이른지라 이에 아브라함이 그 곳에 단을 쌓고 나무를 벌여놓고 그 아들 이삭을 결박하여 단 나무 위에 놓고 손을 내밀어 칼을 잡고 그 아들을 잡으려 하더니 여호와의 사자가 하늘에서부터 그를 불러 가라사대 아브라함아 아브라함아 하시는지라 아브라함이 가로되 내가 여기 있나이다 하매 사자가 가라사대 그 아이에게 네 손을 대지 말라 아무 일도 그에게 하지 말라 네가 네 아들 네 독자라도 내게 아끼지 아니하였으니 내가 이제야 네가 하나님을 경외하는 줄을 아노라 아브라함이 눈을 들어 살펴본즉 한 수양이 뒤에 있는데 뿔이 수풀에 걸렸는지라 아브라함이 가서 그 수양을 가져다가 아들을 대신하여 번제로 드렸더라 아브라함이 그 땅 이름을 여호와이레라 하였으므로 오늘까지 사람들이 이르기를 여호와의 산에서 준비되리라 하더라

(창 22:9-14)

아브라함이 하나님의 명령을 받아 지시한 산에 가서 제단을 쌓고 나무를 벌여 놓고 이삭을 결박하여 단 위에 눕혔습니다. 칼을 들어 죽여서 제물로 바치려고 하는 순간입니다. 아마 아브라함도 사람이니까 그 마음이 무심치는 않았을 겁니다. '이제 다 끝장이다. 금이야 옥이야 아끼고 사랑하던 이 자식을 사랑하는 것도 이제는 끝장이다. 이 자식이 피 흘려 불살라져 죽고 나면, 내 남은 여생은 사라와 함께 눈물을 삼키며 살아야 하겠지! 이 자식이 죽으면 하늘의 별과 같이 많겠다고 약속했던 그 하나님의 약속도 다 수포로 돌아가고 끝장이 나고 말 것이다. 이젠 눈물을 씹으며 남은 여생을 외롭고 적막하게 살아갈 수밖에 없게 되겠지.' 아마 이런 생각을 하지 않았을까 추측해 봅니다.

여기에 천만 뜻밖에도 절망의 막다른 골목에서 서글픈 내일을 내다보면서 막다른 절박한 이 시점에서 와삭와삭 소리가 났겠죠. 눈을 들어 바라보았겠죠. 양 한 마리가 수풀에 뿔이 걸려 오도가도 못하고 버둥거리고 있습니다. 아브라함이 하나님의 사자의 말대로 그 양을 끌어다가 하나님 앞에 제물로 바치고 너무너무 감격해서 한 말이 '하나님이 여기 이렇게 준비해 놓으신 걸 내가 몰랐었군요.' 그래서 별명을 지어 '여호와 이레' 라, 하나님의 산에서 준비 하셨다.

아브라함은 이 일이 있은 뒤에 아마 동리에 내려가서 가족에게 혹은 이웃 사람에게 그 경과 얘기를 했겠죠. 그래서 '내가 너무 감격해서 여호와 이레라. 그렇게 감탄사를 남기고 내려왔다.' 라고 얘기를 했겠죠. 이것이 너무도 충격적이고 감격스러운 사건이기에 그날 이후로 사람들이 천만뜻밖에 상상도 못했던 어떤 행운이나 어떤 형통이나 어떤 축복을 만났을 때, 이것도 '여호와 이레' 라며 마치 유행어와 같이 사용되었다고 성경은 말을 하고, 오늘 우리도 살아오면서 가끔 청년들이 야외에 나갈 때나 성가대원들이 소풍을 나갈 때나 모여서 무슨 좌담회나 친목회를 할 때, 무슨 뜻밖에 어떤 친구가 귤을 한

박스 사서 갖다 준다고 하면 "이게 여호와 이레다."라며 너무 예상치 못했던 어떤 축복을 받았을 때, 쉬운 말로 행운이라고나 할까요? 이런 걸 만났을 때 '여호와 이레' 라고 오늘도 사용하고 있는 것입니다.

좀더 깊고 넓은 의미에서 우리의 모든 생활 환경이 다 여호와 이레인 것입니다. 우리가 여호와 이레를 발견해서 다 누리지 못하는 데 인간의 비극이 있고 인간의 불행이 있습니다.

글을 읽다가 보니까 사람이 생래적으로 타고나는 소위 그 가능성, 그것이 100%로의 가능성을 각각 다 타고났다고 하면 한 평생 자기가 타고난 가능성의 2%만 써먹고 98%로는 써먹지 못한 채 무덤으로 돌아간다고 합니다.

역사 위에 자기의 가능성을 최대한 사용한 사람이 있다면 그것은 아인슈타인일 것입니다. 그러나 아인슈타인 역시 자기의 가능성을 모든 사람이 미치지 못하는 수준까지 유용하게 살았다고 하더라도 아인슈타인이 타고난 가능성의 20%를 넘지 못했다고 합니다. 20% 이상을 활용하지 못하고 그도 80%는 그대로 안고 무덤으로 갔다고 하는 글을 읽은 적이 있습니다.

우리는 하나님께서 우리에게 여호와 이레로 주신 축복의 겨우 2%를 발견하여 한평생 누리고 사는지도 모릅니다. 하나님이 나에게 주신 여호와 이레의 축복의 98%는 누리지 못한 채 우리가 울어야 할 이유가 없고, 우리가 고민하여야 할 이유가 없고, 우리가 한숨쉬어야 할 이유가 없습니다.

어느 부모가 자식의 눈에 눈물 보기를 원하며 어느 부모가 자식의 입에 한숨소리 듣기를 원하겠습니까? 더욱이 하나님께서는 우리에게 그것을 원치 않습니다. 안 그럴 수 있는 여호와 이레가 인간에게 다 주어졌건만 인간은 그것을 누리지 못하는데 비극이 있는 것입니다.

이렇게 서두에 말씀을 드리면서 각자 여러분이 생각을 해볼 수 있는 문제는 '나를 위한 여호와 이레도 있을까? 가난한 내 살림살이가 이렇지 않을 수 있는 여호와 이레가 있을까? 외로운 내 인생! 이 속에도 외로움을 느끼지 않을 수 있는 여호와 이레가 있을까? 허구한 날 병치레하는 내 건강! 이 건강 속에 한숨 쉬지 않고 절망하지 않는 여호와 이레가 있을까? 사업이 부진해서 이리 막아 놓으면 저리 터지려고 하고, 저리 막아 놓으면 또 다른 곳이 터지려고 하고 이런 다급한 내 사업! 여기에도 이렇지 않을 수 있는 여호와 이레가 있을까?'

오늘 저녁에 '나를 위한 여호와 이레가 있을까?' 이 문제를 한번 생각하면서 제가 드리고 싶은 말씀의 내용은 우리 모두에게 하나님께서 여호와 이레를 다 주셨다는 사실과, 우리 하나님의 아들과 딸들은 그 이레 속에 행복해야 한다는 사실, 그리고 과연 어떻게 날 위한 '여호와 이레'의 축복을 발견할 수 있을 것인가? 하는 세 가지 내용을 가지고 말씀을 드리기로 하겠습니다.

하나님은 우리의 행복을 위하여 여호와 이레를 다 주셨습니다. 또 주시려고 가지고 기다리고 계십니다. 사람의 불행과 비극은 사람의 책임이지 하나님의 잘못이 아니라는 사실입니다.

6.25동란 때 낙동강 전선은 치열했습니다. 많은 상이장병들이 대구로 실려 들어오고 숫자가 많으므로 병원에 다 수용할 수가 없어 초등학교가 모두 임시육군병원이 되어, 우리 교회 건너편의 대성 초등학교도 임시육군병원이 되어 많은 장병들이 거기에 수용되었습니다. 저는 그때 우리 여전도회 회원들을 동원해서 빨래도 해주고, 여름철이기에 토마토 같은 것을 가지고 냉국도 해주고 봉사를 했습니다.

저도 한 병상을 방문했습니다. 고급 장교입니다. 군복 계급장이 붙은 그대로 한쪽 팔이 떨어져 나가고 한쪽 다리가 떨어져 나갔고 그 위에 붕대를 감고 신음하고 누웠습니다. 참 딱하대요. 가까이 가서 이렇게 들여다보고 있는데 사람소리가 나니까 눈을 뜨고 쳐다보더니만 성경 찬송이 끼었으니까 목사인 줄을 알아보고서 눈을 다시 감습니다. 한참 있다가 이 반쪽 남은 장교가 "잔인한 하나님! 잔인한 하나님!" 그냥 비수로 내리치듯이 냉혹하고 아주 날카롭게 목사 너 들어 보라는 듯이 잔인한 하나님이라고 말했습니다.

나도 가슴이 섬뜩했습니다. 우리 하나님보고 잔인하다고 하니까 깜짝 놀랐지요. 한참 말을 못하고 그냥 서 있었습니다. 이 장교가 그 다음에 "목사님, 내가 너무 지나쳤습니까 내 말이 너무 지나쳤습니까?" 또 내가 대답을 못했습니다. 한참 있다가 설명을 합니다. "잔인한 하나님, 아마 조물주가 있다면 새에게는 자비로우신 하나님이실 것입니다. 국경분쟁도 골육상잔도 없으니까요. 조물주가 계시다면 꽃에게는 자비로우신 하나님일 것입니다. 아름다움과 향기를 주셨으니까요. 조물주가 계시다면 물고기에게는 자비로우신 하나님일 것입니다. 물 속의 향락을 주셨으니까요. 그러나 적어도 인간에게는 하나님이 너무너무 잔인합니다. 선악을 아는 양심이 있으면 아는 것만큼 행할 수 있는 능력을 주시든지 선이 선인 줄을 알고 악을 악인 줄을 아는 기능이 있으면 선을 행할 수 있는 능력과 악을 안 행할 수 있는 능력을 주시든지, 선과 악을 분별할 수 있는 양심은 주고 그대로 행할 수 있는 능력은 안 주시니 세상에 이렇게 잔인한 조물주가 어디 있습니까?"라고 말합니다.

그리고 고민하며 갈등하며 불안하며 한숨 쉬며 마지막에는 신음 속에 죽어가야 하는 비극의 주인인 인간에게 조물주는 너무너무 잔인하다라는 논리 정연한 항변에 나는 선뜻 대답을 못했습니다.

너무 논리가 정연합니다. 교양 있는 고급 장교여서인지 너무 논리 정연합니다. 너무 심각하기에 쉽사리 그 의견을 꺾는 것도 조심스러워서 한참을 서있었습니다. 그리고 잠시 후 선생님 맞습니다. 꽃에게는 아름다움과 향기가 있고 고기에게는 향락이 있습니다.

그러나 인간에게는 고민과 한숨과 비명에 죽어 가는 모습이 있습니다. 그러나 선생님! 조물주께서 모든 생물을 창조하실 적에 새에게 자유를 주셨습니다마는 창공이라고 하는 범주 안에서 자유를 주셨습니다. 결코 새가 창공을 벗어나 물 속에 뛰어들 수 있는 자유를 주시지 않았습니다. 꽃에게 아름다움과 향기를 주셨습니다. 그러나 흙이라고 하는 범주 안에서입니다. 장미와 백합이 공중으로 훨훨 날면서 아름답고 향기롭도록 만들지는 않았습니다. 고기에게는 향락을 주셨습니다. 그러나 물이라고 하는 범주 안에서입니다.

모든 생명의 생존과 그리고 행복과 즐거움은 반드시 일정한 '범주 안에' 라고 하는 제한 속에 있습니다. 이것이 바로 조물주의 원리원칙의 법칙입니다. 사람은 새가 아니기에, 꽃이 아니기에, 고기가 아니기에, 창공이 아니요 흙이 아니요 물이 아닌, 만물의 영장으로 하나님의 형상대로 지은 사람이기에 하나님과 바른 관계 속에서 새 못지 않은 자유와 꽃 못지 않은 아름다움과 향기와 고기 못지 않은 향락을 누릴 수 있도록 만들어졌습니다. 이것이 하나님의 창조의 원리요 법칙인 것입니다.

인간의 비극은 물을 떠난 고기요, 흙을 떠난 장미와 백합이요, 창공을 떠나 물 속에 뛰어든 새와 같이 하나님과의 바른 관계에서 비뚤어졌기에 비극의 주인공이 된 것입니다. 오늘 내가 여기에 찾아온 것도 이 비극이 어디서 온 것인지를 설명하고 잃어버린 행복을 찾도록, 내 자유의 울타리 되신 하나님, 향락의 울타리 되신 하나님과 바른 관계를 맺게 해드리려고 찾아온 것입니다.

내 나름대로 역설을 했습니다. 아무 대답이 없습니다. 10~20분이 지나 할 수 없이 "선생님 기회가 있으면 또 뵙게 되기를 원합니다." 작별인사를 했습니다. 그때 남은 한쪽 손을 급히 들어 내 손을 꼭 잡습니다. 40도에 가까운 열에다 억센 손으로 내 손을 꽉 잡아 악수를 하고 놓아 주지를 않습니다. 5분, 10분 그 손아귀의 압력 속에서 그 마음의 대답을 들을 수가 있었습니다. 힘주어 잡은 그 손아귀의 힘 속에서 마음의 대답을 들을 수 있었습니다. 5분, 10분 놓아 주질 않고 붙들고 늘어지는 그 속에서 마음의 대답을 들을 수가 있었습니다. 나는 기도하지 않을 수가 없었습니다.

"주여 이 영혼에게 하늘의 빛을 비추어 주시옵소서. 아버지여! 자유의 울타리가 되시옵소서. 아버지여! 아름다움과 향기의 울타리가 되시옵소서. 아버지여! 이 영혼의 향락의 울타리가 되시옵소서." 간곡히 기도했습니다. 기도를 마치고 '아멘'을 하고 내려다보니 우묵한 두 눈에 눈물이 가득 고였습니다. 눈물을 내려다보았습니다.

셰익스피어를 불러다가 이 눈물의 깊은 의미를 설명해 보라고 할지라도 말이 모자라서 셰익스피어도 설명할 수가 없을 겁니다. 칸트를 불러다가 이 눈물의 깊이를 설명해 보라고 할지라도 대 철학자 칸트 역시 그 눈물의 깊이를 설명해 낼 수는 없을 겁니다. 그러나 나는 그 눈물을 압니다. 영혼의 대답이 거기에 스며 있고 고여 있는 것을 나는 내려다볼 수가 있었습니다.

한참만에 손을 놓고 눈물을 닦고서 감사의 인사를 주고받고 작별을 하고 떠나왔습니다. 대구가 위태롭다고 해서 상이장병들이 부산 쪽으로 실려 내려간 뒤로 나는 그분을 두 번 다시 만나지 못했습니다.

그러나 내가 분명히 믿고 기대하기는, 그 어느 날 내가 생명 강가 우리 주님 모시고 천군 천사 옹위 속 영광 중에 거닐 적에 열 사람 스무 사람 헤치고 헤치고 누군가 달려와 황급히 달려와 내 손을 꽉 잡는 그 어떤 분이 있으리라고 나는 기대합니다. 나를 찾아와 내 손 꽉 잡으면서 '이 목사님, 그날 대성 초등학교에서 반쪽 남은 나에게 생명의 울타리 되신 하나님과 바른 관계를 맺게 해주어 하나님 모시고 살다가 나도 여기 왔습니다.'라고 날 붙잡고 반겨 인사해 주리라 믿고 기다리고 있는 것입니다.

인생의 비극은 인간 편의 잘못이지, 하나님 편의 잘못이 아닙니다. 나는 종종 사무실에 앉아 성경을 읽고 설교를 준비하다가 문득 '지금쯤 내 사랑하는 서문의 식구 6천여 명은 어디에서 무엇을 하고 있을까?' 눈을 감고 생각을 해봅니다. '아무 장로님은 남산동에서, 아무 장로님은 비산동에서, 아무 권사님은 대신동에서, 아무 권사님은 남산동에서….' 이런 내 생각과 기억이 미치는 대로 한 사람, 한 사람, 한 가정, 한 가정 이름 불러가면서 기도하기를 시작하면 한 2시간 3시간 계속됩니다. 내가 심방을 못 가니까 그렇게 기도로써 사무실에 앉아 심방을 하고 주일날이 되면 단 위에 섭니다. 그곳엔 내가 기도하던 식구들이 다 와서 앉아 있습니다. 그러면서 내가 그 사람들의 마음을 들여다보는 것은 아니지만 내 나름대로 그 사람들의 심령을 이렇게 그려 봅니다.

'한 주일 동안 어떻게 살고 오늘 이렇게 와 있나?' 그러면 승리의 감격을 안고 와서 예배드리는 이가 있는가 하면, 어떤 이는 슬픔에 머리를 들지 못한 채 있기도 하고, 어떤 이는 심령에 때가 덕지덕지 붙어 있기도 하고, 어떤 이의 심령은 상처투성이가 되어 있기도 하고, 또 어떤 이의 심령은 마치 캄캄한 칠흑과 같기도 합니다. 어떤 이들은 실패한 생활이 3년, 4년, 5년, 여전히 되풀이되고 있기도 합니다. 그들에게 얼마나 윤택이 있습니까? 만족이 있습니까? 그러지 못하면서도 '이거 큰일났구나' 걱정할 줄도 모를 뿐만 아니라, '뭐 하나님의 아들이라 할지라도 육체를 입고 세상에 살 동안에는 그렇게 저렇게 사는 거지, 내가 신이 될 수 있나? 내가 천사가 될 수가 있나? 뭐 이런 거지.'라고 합니다.

여러분, 그렇게 변명하시렵니까? 거룩하지 못하면서 진실하지 못하면서 능력 있고 승리스럽게 살지 못하면서 '육체를 입고 이 땅에 사는 동안에는 어쩔 수 없는 것이지. 이래저래 살다가 하늘나라 가면 되지.'라고 할 수 있습니까? 여러분, 그렇게 성경을 해석할 수는 없습니다. 분명히 성경에는 "내게 능력 주시는 자 안에서 내가 모든 것을 할 수 있느니라. 시와 찬미와 신령한 노래로 서로 화답하라. 믿음으로 말미암아 의롭다함을 얻은 사람은 하나님과 더불어 화평함을 누리고 은혜 가운데 나아감을 얻고 영광을 바라보고 즐거워하고 환난 속에도 즐거워하는 승리의 생활이 약속되어 있다."고 말합니다.

뿐만 아니라 앞서간 우리 믿음의 조상들은 우리와 같이 살지를 않았다는 사실입니다. 에녹을 봅시다. 바울을 봅시다. 스데반을 봅시다. 믿음의 조상들을 봅시다. 우리와 같이 살지를 않았습니다. 그런데 왜 우리는 이 모양 이 꼴입니까? 이것이 정상적인 상태일까요? 범죄하면서 하나님의 아들과 딸이라고 할지라도 세상에서 육체를 쓰고 사는 동안에는 어쩔 수 없다라고 해석을 하렵니까?

성경은 그렇지 않습니다. 뭔가 잘못되었습니다. 아마 아브라함이 섬기던 하나님, 이삭이 섬기던 하나님, 바울이 섬기던, 스데반이 모시던 하나님과 오늘 우리가 믿는 핵원자시대의 하나님과 하나님이 뭔가 달라졌는가 봅니다.

자연의 변화는 사시 순환에 따라 변화가 있을 수 있습니다. 그러나 아브라함 때나 지금이나 하나님은 변함이 없습니다. 하나님의 말씀에 시효성이 있을 수 없습니다. 천지는 없어질지언정 하나님의 말씀은 일점 일획도 변개될 수 없는 것이라고 주님은 말씀하셨습니다. 하나님의 말씀에 과장이 있을 수가 없습니다. 과장이나 신화나 거짓말이 이렇게 인류에게 생생한 능력으로, 생명으로 영향을 끼칠 수는 없습니다. 그렇다면 문제는 우리 자신들에게 있는 것입니다. 탕자가 탕자된 것이 아버지의 책임이 아니듯이 오늘 우리가 하나님의 아들과 딸답게 살지 못하는 책임은 우리에게 있는 것입니다.

예전에 우리 교회에서 이성복 목사님이 부흥회 중에 이런 말씀을 했습니다. "칠년 대풍 때에 요셉의 창고에 가득가득 쌓아 놓은 곡식 가마니 사이에 생쥐 한 마리가 굶어죽었다면 누가 양식 없어 굶어죽었다고 동정하겠느냐?" 참 재미있는 표현이에요. 태평양 바다에 멸치새끼 한 마리가 목말라 죽었다면 누가 물 없어 목말라 죽었다고 동정하겠느냐는 것입니다. "풍성한 하나님의 은혜와 축복 속에 굶어죽어 가는 한국 교회야! 목말라 죽어 가는 한국 교회야!"라고 외치시던 그 음성이 지금도 귀에 생생합니다.

여러분이여, 하나님은 우리의 행복을 위하여 영적으로 육적으로 행복하며, 윤택하고 늠름한 하나님의 아들과 딸들로 버젓이 살아갈 수 있게 필요한 것을 다 주셨습니다. 하나님께서 애굽에서 이스라엘 백성을 인도하셨던 것만큼 젖과 꿀이 흐르는 가나안에 도달하기까지 그 과정에 모든 필요한 것을 다 예비하셨습니다. 하나님께서는 이스라엘을 홍해에 빠뜨려 죽이려고 애굽에서 해방시키지 않았습니다. 홍해를 두려워할 필요가 없는 것은 하나님께서 홍해 한가운데 대로를 벌써 여호와 이레로 준비해 두셨기 때문입니다. 사막을 무서워할 리 없는 것은 사막에 하나님께서 만나를 예비해 두셨고 반석 속에 생수를 준비해 두셨기 때문입니다. 금성철벽 여리고가 가로막는다고 할지라도 무서워할 리 없는 것은 하나님께서 그 성을 어떻게 함락시킬 것인지 그 방법을 벌써 예비해 두셨던 것입니다.

사랑하시는 여러분이여, 우리가 앞으로 얼마나 살지 모르나 하늘나라에 도달하기까지 1년이 필요하다면 그 동안에 영적. 육적으로 필요한 모든 것을, 2년이 필요하다면 그 동안에 영적. 육적으로 필요한 모든 것을, 10년이 필요하다면 그 동안에 필요한 영적. 육적인 것을, 이 땅에 80세를 산다면 그 세월 동안에 내가 하나님의 아들과 딸들로 살아가기에 필요한 영적, 육적인 것을 하나님께서 다 준비하셨습니다.

미리미리 걱정할 것이 없습니다. 하나님의 수첩에는 어느 날 어느 시에 무엇무엇이 다 예비되어 있습니다. 공중에 나는 새 한 마리가 땅에 떨어지는 것도 우연이 아닐진대, 우리의 머리카락까지 다 세신 바 되셨다고 약속하셨을진대, 하나님의 아들과 딸들로 살아가는 여정에 물질이 궁색해 범죄하도록 내버려 두시겠습니까? 몸이 약해서 하나님의 아들과 딸들로 못살도록 그렇게 병신 되라고 내버려 두시겠습니까? 영적인 능력이 모자라 마귀 새끼에게 질질 끌려 불의의 병기가 되라고 내버려 두시겠는가 말입니다. 그럴 리가 없습니다.

"외아들을 아끼지 아니하시고 우리를 위하여 내어주신 이가 어찌 그 아들과 함께 모든 것을 은사로 주시지 않겠느냐?" 하나님께서는 우리에게 필요한 모든 것들, 육체에 필요한 모든 것을 자연 속에 다 주셨습니다. 저 하늘에 반짝이는 별부터 시작해서 지구 위의 높은 산, 깊은 계곡, 흐르는 냇물, 평평한 벌판, 넘실거리는 바다, 그 속에 산에는 산대로, 들에는 들대로 우리가 먹을 것을 다 주셨습니다.

사랑하시는 여러분이여, 기도하는 심령과 성령에 조명된 심령으로 볼 때에 하늘을 보나, 땅을 보나, 산을 보나, 들을 보나, 꽃을 보나, 어느 하나 하나님의 사랑 아닌 것이 있고, 어느 하나 하나님의 축복 아닌 것이 있는가 말입니다. 사랑하시는 여러분이여, 하나님은 우리의 행복을 위하여 필요한 것을 다 주셨습니다.

어느 날 도서관에서 공부를 하다가 지루하고 피곤해 뒤뜰로 바람을 쐬러 나갔습니다. 그때가 가을이었습니다. 들판으로 이리저리 돌아다니다가 이제 다시 도서관에 돌아와서 공부를 하려는데 바지 밑단에 뭔가 까무잡잡한 것이 잔뜩 달라붙어 있는 겁니다. '아니 이게 왜 고학생이 아껴 입는 바지에 묻었나? 고국에 돌아갈 때까지 단벌 신사인지라 떨어지면 안 되는데' 라며 걱정하는데, 가만히 바지 밑단을 보니 까무잡잡한 것은 다른 것이 아닌 '도깨비바늘'이라고 하는 풀씨입니다. 봄에 싹이 나서 꽃이 피고 열매가 맺어 영글었는데, 도깨비바늘 씨가 그냥 토독토독 도깨비바늘 주위에 떨어지면 어미 도깨비바늘이 굶어 죽게 되니까 이것을 이민 보내야 되겠다 싶어 제 바지에 붙인 겁니다. 그도 그럴 것이 이민을 보내긴 해야 되는데 다리도 없고 발도 없고 그러니까 기다리다가 지나가는 사람 바지 단에다가 쫙쫙 달라붙도록 씨앗 끝에 까칠까칠한 바늘을 만들어서는 딱 달라붙인 것입니다. 그리고 '미안하지만 좀 부탁합시다.' 라며 아들, 딸들을 내 바지에 붙여 놓은 것입니다. 그러니 어쩔 수 없이 내가 하나하나 떼어 가지고 창밖으로 내어버리니까 내가 이민시켜 준 거지요.

그러면서 가만히 생각을 해봅니다. '아, 요놈 봐라. 재간 참 많다. 도깨비바늘이 재간이 많다.' 그러면서 가만히 생각을 해봅시다. 이른 봄에 민들레가 노랗게 피죠. 노란 꽃이 지고 나면 뽀얀 솜털 꽃이 피게 됩니다. 이것이 바람이 확 불면 하얀 솜털이 포르르 날아가는데 그 밑에 보면 까무잡잡한 민들레 씨앗이 달려가 '엄마 안녕.' 하고 이민을 갑니다. 봉선화를 심어서 꽃을 보고 난 뒤에 열매가 영글 때, 바람만 세게 불든지 아니면 사람이 조금 손을 대고 흔들면 신경질적으로 파닥 하고 껍질이 오그라지면서 안에 있던 씨앗이 깜짝 놀라 푸드덕 튀어 달아나도록 되어 있습니다. 이것도 마찬가지 원리입니다. 씨앗이 그대로 봉선화 뿌리에 토독토독 떨어지면 어미 봉선화가 굶어 죽을 것 같으니까 손발이 없는 봉선화가 신경질적으로 껍질이 파닥 하고 깨어지면서 씨앗이 멀리 튀어가도록 되어 있다는 말입니다.

어느 나무, 어느 풀치고 종자번식을 위해 어미가 고생 안 하고 자식들을 멀리 멀리 뿌려 종자가 잘 번식되도록 하는 재간을 안 가진 풀 한 포기 없고 나무 한 그루 없다는 사실을 우리가 한번 생각을 해 보자는 말입니다.

어떤 나무는 그 열매에 꿀보다도 더 단 빨간 껍질을 덮어씌우고 또 영롱하게 익고 나면 하늘에 날아가는 까마귀나 까치가 침을 삼키다가 따먹고 멀리 날아가서 나뭇가지에서 배설합니다. 이렇게 꿀꺽해 버리면 그만 씨앗이 까마귀 배를 타고 멀리 이민을 가서 한 그루의 나무나 한 포기의 풀이나 그 생명이 생존해 가고 번식해 가는 것입니다. 그 어느 것 하나도 재주 없는 풀이 없고 재주 없는 나무가 없다는 사실을 기억하십시오. 나무가 자기 재주였겠는가? 풀이 자기 재주였겠는가? 말입니다.

조물주 하나님께서 한 포기의 풀도 이렇게 배려하시고 한 그루의 나무도 이렇게 염려하셨다면 당신의 형상대로 지어 놓은 사람이 땅에 생존해 가는 과정에 어찌 눈물로 밥을 삼고 한숨으로 생활하라고 점지하셨을 리가 어디 있겠는가 말입니다.

더구나 독생자를 십자가에 죽여 우리를 구원해서 하나님의 아들과 딸로 삼아 주신 하나님의 아들과 딸들이 이 땅에 살아가는 동안에 고민과 갈등과 눈물과 한숨으로 살라고 내버려둘 그런 하나님이겠는가? 그렇게 하려면 아예 독생자를 죽여 우리를 구원하실 리가 없지 않는가 말입니다.

사랑하시는 여러분이여, 눈물이 우리의 본연의 상태가 아니요, 범죄가 우리의 어쩔 수 없는 형편이 아니요, 구질구질한 생활이 하나님의 아들과 딸들이라도 지상에서는 육체를 쓰고 살기에 어쩔 수 없는 형편이라고 정당화하며 스스로 위로하지 마시기를 바랍니다. 마귀 자식이 자동차를 타면 하나님의 아들과 딸들도 타야죠. 마귀 자식이 문화주택에 살면 하나님의 아들과 딸들은 더불어 주택에 살아야죠.

나는, 내 논리는 이렇습니다. 그러지 못할 이유가 어디 있느냐 말입니다.

준비의 하나님은 우리에게 다 주셨습니다. 그럼에도 불구하고 우리가 그렇게 살지 못하는 이유는 우리에게 전부 그 책임이 있는 것입니다. 뿐만 아니라, 사람은 몸뚱이가 전부가 아니요, 귀중한 하나님의 형상대로 지음을 받은 우리의 심령이 있기 때문에 이 영혼을 구원하려고 성자 예수님을 십자가에 죽여 주셨습니다. 이 영혼의 행복을 위하여 성령을 보내 주시고, 이 영혼의 행복을 위하여 말씀을 주시고, 이 영혼의 행복을 위하여 교회를 주시고, 이 영혼의 참된 능력과 승리스러운 생활을 위하여 이와 같이 때를 따라 돕는 은혜의 샘물을 허락해 주시고 오늘도 예수 그리스도 안에서 하늘에 속한 신령한 복을 우리에게 주시려고 "내가 너희들에게 평안함을 주노니 내가 주는 평안은 세상이 주는 것과 같지 않다."고 하는 그 평안을 우리에게 주시려고 성령은 우리 가까이에서 역사하고 계십니다.

"수고하고 무거운 짐진 자들아 다 내게로 오라. 내가 너희를 편히 쉬게 하리라. 너희는 마음에 근심하지 말라. 하나님을 믿으니 또 나를 믿으라. 아무 것도 염려하지 말고 오직 모든 일에 기도와 간구로 너희들의 구할 것을 감사함으로 하나님께 아뢰라."

하나님 편에서는 하나님의 아들과 딸들의 늠름하고 승리스럽고 영광스러운 모습을 갖출 수 있게끔 하기 위하여 모든 것을 다 주셨습니다.

여러분은 어떻습니까? 얼마나 주 안에서 행복이 있습니까? 찬송을 부를 때에 얼마나 찬송의 내용과 같은 영혼의 고백이 담긴 찬송을 부릅니까? '구주 예수 의지함이 심히 기쁜 일일세.' 라고 입으로는 그렇게 부르면서 속에는 그렇지 않은 모습이 우리에게 있진 않습니까? 우리가 만일 신앙생활을 한다고 하면서도 아직 이 기쁨이 없다면 그 신앙은 뭔가 잘못된 것이요, 우리가 신앙생활을 한다고 하면서도 이 감격이 없다면 그 신앙은 뭔가 잘못된 것입니다.

우리 주님은 분명히 수고하고 무거운 짐을 평안으로 바꾸어 주시겠다고 약속해 주셨습니다. 주 안에서 은혜받은 자, 축복받은 자의 증거가 무엇인가? 은혜받은 자, 축복받은 자, 구원 얻은 자의 증거가 무엇인가 말입니다. 그것은 바로 행복입니다. 감격입니다. 평화입니다.

다른 각도의 말입니다만, 사람에게 참된 기쁨을 주지 못하는 종교는 아편입니다.

언젠가 한번은 심방을 갔는데, 집사님의 가정에서 가정예배를 드리는데 문간에서 목탁 소리가 똑딱똑딱 납니다. 안에서 이제 예배를 드리고 찬송을 부르니까 교양 있는 손님인지라 마루에 걸터앉아 가지고 조용히 우리가 예배를 드리는 그 차례를 지켜 귀를 기울여 듣고 있습니다. 예배를 마치고 밖으로 나오는데 마루턱에 걸터앉았던 손님이 "어! 이 집에도 도를 하시는구만요."라고 합니다. 그래서 내가 바로 "도가 뭡니까?" 그러니 우물우물하다가 "도 아닙니까?"라고 대답합니다. "당신네들은 그걸 도라고 합니까?" 그러자 "우리는 그걸 도라 그럽니다." 그래서 내가 "당신네들은 그럼 목탁 치고 이렇게 중얼중얼하는 게 도입니까?" "네, 우리는 도하는 겁니다." 그래서 다시 "그러면 당신네들은 도하면 어떻습니까?"라고 묻자, "염주 숫자가 108개인데, 그거 하나하나 헤아리면서 염불을 하면 사람에게 있는 108가지 번뇌가 하나하나 사라지고 그 모든 번뇌가 사라지면 내가 무아의 경지에서 내가 있는지 없는지 알 수 없는 그런 경지에 들어간다"고 했습니다.

그래서 "그럼, 그 다음은 어떻습니까?" 라고 물었습니다. 그러자 "그 다음은 뭐 그런 거지요." 라고 합니다. 그래서 내가 "그럼 우리 도 보다 못하구만요. 우리 도는 당신네 말대로 사람에게 108번뇌인지 208번뇌인지는 모르지만 사람에게 번뇌가 있는 것은 사실이요, 번민과 노심초사 있는 것도 사실인데, 우리는 찬송하고 기도하고 성경 읽으면 108번뇌가 다 사라질 뿐만 아니라, 그 다음에 무아가 아닌 진아, 곧 참 내가 눈을 뜹니다. 참 하나님의 아들과 딸인 내가 눈을 뜨게 됩니다. 그러면 하나님 아버지를 모시고 행복에 겨워 감격해서 얼굴에 웃음이 활짝 넘치고 어떤 환난과 역경을 만난다고 할지라도 싱긋 웃으면서 하나님의 아들과 딸답게 늠름하게 살아가게 되는 겁니다. 당신네들은 이런 것이 있나요?" 그러자 "우리는 그런 거 없답니다." 그래서 "에이, 당신들 도보다 우리 도가 좋으니까 이리로 오소. 우리 같이 도합시다."라고 말했더니 "에이, 여보시오?"라며 기분이 안 좋아서 나가 버렸습니다.

사람에게 먹어도 마셔도 입어도 누려도 채울 수 없는 내적인 공허함과 양심의 가책과 삶에 대한 어떤 적막감 같은 것을 초월한 어떤 상황 속에서라도 기뻐할 수 있는 이 기쁨을 주지 못하는 종교는 아편입니다.

제가 경북대학에서 종교론을 가르치는데 거기는 불교 하는 사람도 있고 유교 하는 사람도 있고 많은 학생들이 있는데 거기다가 냅다 쏴댔습니다. "진정한 기쁨을 주지 못하는 종교는 아편이다."라고 했습니다. 그랬더니 다른 종교인들은 좀 듣기가 거북한가 봐요. 그러나 거북하거나 말거나 내 신앙대로 외쳤습니다.

"자! 우리 한번 생각을 해봅시다. 병원은 우리에게 건강을 주기 위해서 필요합니다. 학교는 우리에게 지식을 주기 위해서 필요합니다. 정치는 사회의 안녕과 질서를 주기 위해서 필요합니다. 경제는 생산과 분배에서 기회를 균등케 해서 고루고루 잘 살게 해주자는 데 아마 필요할 것입니다. 과학은 우리가 아직까지 모르는 어떤 과학적인 것을 발견하여 생활의 도구를 삼아 편리하게 살도록 해주는 데 필요하다고 합니다.

그렇다면 종교의 필요는 뭔가요? 교회의 필요는 무엇인가 말입니다. 종교의 사명은 옷이나 잘 입고 밥이나 잘 먹게 해주자고 있는 것이 아닙니다. 종교는 몸이나 건강하게 해주자고 있는 게 아닙니다. 종교는 세상 사람을 부자로 만들어 주자고 있는 게 아닙니다. 그런 것은 경제가 담당할 거예요. 그건 정치가 담당할 거예요. 그건 병원이 담당할 거예요. 그건 학교가 담당할 거예요.

종교는 그것에 대해선 설자리가 없고 손댈 곳이 없습니다. 종교의 필요는 무엇이냐 하면 위에서 말씀드린 바와 같이, 먹어도 마셔도, 부귀영화와 권세를 다 누려도 채울 수 없는 영혼의 갈증, 양심의 가책, 내적인 갈등 등에 대한 해결과 충족을 주지 못한다면 그것은 종교가 아닙니다. 그래서 우리 구원 언은 하나님의 아들과 딸들의 고유한 품성은 '주 안에 있는 나에게 딴 근심 있으랴? 십자가 밑에 나아가 내 짐을 풀었네.' 이 기쁨! 하나님께서 왜 성자 예수님을 우리에게 보내셨고, 왜 성령과 성경과 교회를 우리에게 주셨느냐? 바로 우리에게 이 기쁨을 주시기 위함입니다."

경주에서 부산으로 내려가다 보면 '입실'이라고 하는 역이 하나 있습니다. 그곳에 아들도 딸도 아내도 없고 집도 없는 영감님 한 분이 살았습니다. 동네 사람들이 불쌍하다고 짚으로 산기슭에다가 막을 세워 주었습니다. 짚껍데기 깔고 그 안에서 기거하는 할아버지입니다. 그의 재산은 지게 하나, 나무로 된 함지박, 그리고 돈 몇 푼. 그 노인은 이 동리 저 동리 다니면서 계란 한 줄 짊어지고 장에 갔다 팔아서 생기는 푼전으로 생활을 해나가는 불쌍한 할아버지였습니다. 그러나 그의 입에서 나온 한숨소리 들어 본 사람이 없고, 그의 눈에 고인 수심을 본 사람이 없습니다. 어느 날, 이 동리 저 동리 다니면서 계란을 한 짚 잔뜩 지고서 장으로 내려옵니다. 마음 속에 구원 받은 은혜와 감격이 너무너무 즐거워, '구주 예수 의지함이 심히 기쁜 일일세' 라며 찬송을 불렀습니다. 그런데 등에 계란 짐이 있는 것을 잊어버리고 그냥 들썩들썩 찬송을 부르고 오다가 그만 돌에 걸려 넘어져 버렸습니다. 짊어진 계란이 다 깨어지면서 그냥 누런 물 흰 물이 얽혀 작은 도랑이 되어 흘러 내려갑니다. 한참 바라보다가 껄껄껄 웃으면서 "이놈의 마귀야! 그런다고 네가 내 마음의 평안을 뺏을 줄 아느냐? 이놈의 마귀야! 그런다고 내 마음에 있는 주의 평안을 네가 뺏을 줄 아느냐?" 그러고서 지게를 툭툭 털고 함지박을 턱 쥐고선 또 찬송을 부르며 뒤돌아 동리로 들어갔다는 얘기입니다.

사랑하시는 여러분이여, 가난한 내 삶이라고 한숨 쉬지 마시길 바랍니다. 여러분의 가난한 살림살이 한 구석의 그 어딘가에 하나님께서 하나님의 아들과 딸들의 행복을 위한 '여호와 이레'가 기다리고 있을 겁니다. 외로운 신세라고 한숨 쉬지 마시기를 바랍니다. 조용히 마음을 모아 눈을 감고 머리를 숙여 보면 그 어느 한구석에 가난한, 아니 외로운 내 생활이라고 할지라도 찬송하면서 살아갈 수 있는 '여호와 이레'가 기다리고 있을 것입니다. 병석에서 신음한다고 신세타령하지 마시기를 바랍니다. 여러분의 병상 어느 한구석에 하나님의 아들과 딸의 행복을 위한 '여호와 이레'가 준비되어 있는 것을 발견하게 될 것입니다.

끝으로, 문제는 어떻게 나를 위하여 마련해 주신 하나님의 이 축복을 발견할 수 있느냐, 여호와 이레를 발견할 수 있는가?입니다.

아브라함이 산에 올라가자마자 양의 소리를 들은 것도, 양을 본 것도 아닙니다. 그 양이 갑자기 하늘에서 뚝 떨어졌거나 땅에서 푹 솟은 것도 아닙니다. 벌써 숲속에 예비되어 있었으나 어느 과정을 통과하기까지는 그 양을 볼 수 없었다는 사실을 유의해야 합니다. 다시 말해 어떤 과정들을 겪은 뒤라야 하나님의 축복의 양을 발견할 수 있었다는 것입니다.

그 첫째 과정은, 시험을 이긴 뒤입니다. 분명히 하나님께서는 창세기 22장 1절 이하에 "아브라함을 시험하시려고."라고 하셨습니다. 마귀는 유혹합니다. 그러나 하나님은 시험합니다. 유혹의 목적은 범죄에 있고, 시험의 목적은 진급에 있습니다. 1학년이 시험 치고 2학년이 되고, 중학생이 시험을 쳐서 고등학생이 되고, 시험을 치고 나서야 진급을 합니다. 하나님께서 아브라함을 진급시킬 목적으로 시험문제를 내었습니다. '네 아들을 데리고 사흘 길을 가서 내가 지시한 산에서 내게 잡아 바쳐라.' 하나님은 시험하십니다.

꽃 한 송이를 가꾸는 데도 밤이 필요하고 낮이 필요하고 폭염이 필요하고, 뿌리와 줄기를 튼튼하게 하기 위하여 건들건들 혹은 세게 부는 바람이 필요하다면 하나님의 아들과 딸들을 알차게 키우기 위해서는 때로는 이 시험, 때로는 저 시험이 있다는 사실을 우리는 알아야 됩니다. 그 시험은 우리를 사랑하시는 하나님께서 시험문제를 내시기 때문에 감당치 못할 시험이 아니고 '만약 감당치 못할 만할 때는 피할 길을 주셔서 감당케 해주시는' 시험관이신 우리 아버지 하나님이 시험을 내십니다.

환자에게 처방을 낼 때나 약을 조제할 때에 딱 맞게, 성분도 맞게, 분량도 맞게, 약을 처방하고 조제를 하는 것이 의사라면, 우리 아버지 하나님은 더더욱 우리에게 딱 맞는 시험문제를 내어 주십니다.

사랑하시는 여러분이여, 지금 여러분이 당하고 있는 어떤 어려운 문제가 있습니까? '아! 나는 경제적으로 곤란하다. 나는 몸이 건강치 못하다. 나는 사업이 잘못되어 파산을 당했다. 나는 억울한 누명을 썼다. 너무너무 원통하다.' 여러분 중에 사망의 음침한 골짜기와 같은 역경을 겪고 있습니까? 여러분이여, 조용히 마음을 가다듬고 눈을 감고 머리를 숙여 보시면 여러분의 진급을 위하여 하나님께서 여러분에게 주신 시험문제인 것을 발견하게 될 것입니다. 낙제하지 마시기를 바랍니다.

만일 아브라함이 이때 '아이고, 하나님! 나는 못합니다, 나는 그렇게 못합니다."라며 낙제를 했었다면 성경에 아브라함의 이름은 자식 사랑하다가 버림받은 아브라함이라는 이름으로 기억되었을 것이고, 이스라엘은 그 사람의 후손이다라고 말하지 못했을 것이고, 성자 예수님은 그 혈통, 곧 다윗의 집안에 나지를 못했을 것입니다. 시험을 이기면 됩니다.

여러분이여, 지금 당하는 그 사정은, 알고 보니 '이것은 날 시험하시는 하나님의 시험 문제구나.' 라는 것을 깨달으시기를 바랍니다. 뒤로 물러서지 마시고 용감하게 시험에서 낙제하지 않고 나아가실 때에 그 시험은 어렵지 않게 풀어질 것이고, 시험을 이긴 뒤에 비로소 양의 소리가 들려왔고 눈이 떠져서 양을 볼 수가 있었듯이 여러분의 안방에 준비되어 있는 여호와 이레를 발견할 수 있게 될 것이며, 교제관계에 준비되어 있는 여호와 이레를 발견하게 될 것이며, 병상 가운데도 한쪽 구석에 준비되어 있는 여호와 이레를 발견하여 '그러면 그렇지. 하나님이 나를 망칠까 보냐!' 감개무량한 진급을 여러분은 축복으로 받게 될 것입니다.

그 다음 둘째로, 순종한 후에 축복을 받게 됩니다. 하나님의 명령은 아브라함에게 참 순종하기 어려운 명령입니다. 사람이 사람을 죽인다는 것도 어렵지만 자신의 아들을 죽인다는 것은 더 어려운 일입니다. 그 중에도 백세에 얻은 독자, 금지옥엽 귀한 이삭을 잡아 바친다고 하는 것은 세상의 어려운 일 중에 이보다 더 어려운 일은 없을 것입니다. 게다가 이 자식을 통하여 하나님께서 약속하시기를, 이삭의 후손이 아니면 네 백성이 아니라고, 또 이삭을 통하여 하늘의 별과 같이 많은 네 후손을 주시겠다고 약속을 하지 않았습니까? 그렇다면 그 약속은 어떻게 된다는 말입니까? 하나님의 약속의 말씀에 비추어 본다고 해도 순종하기가 어려운 하나님의 명령입니다.

그러나 아브라함은 순종했습니다. 나는 아브라함이 순종하는 데에 철저했던 두 사실을 추리해 봅니다.

첫째는, 아브라함이 이삭을 데리고 가면서 자기의 부인 사라에게 '하나님이 이렇게 명령을 내려 잡아 바치려고 내가 데리고 간다.' 라고 왜 얘기하지 않았던가?라는 것입니다. 이 다음에 내가 하늘나라

가면 아브라함을 붙잡고 왜 그랬는지 물어 보려고 합니다. 내 나름대로 추리를 해보면 이렇습니다.

자식에 대한 애정은 아버지가 약한 건 아니지만 어머니가 더 강한 겁니다. 만일 이때에 아브라함이 '하나님의 명령이 이러이러해서 이삭을 하나님 앞에 제물로 잡아 바치려고 내가 데리고 간다' 라고 말했더라면 고목 같은 사라가 '나도 죽겠다' 고 같이 따라 나설 것이고 순종하는데 방해될세라, 인정적으로는 어렵지만 '내가 다 하나님 앞에 순종해 바치고 와서 경과 얘기를 해야겠다.' 그렇게 마음먹고 얘기하지 않았으리라 생각을 해봅니다.

그 다음에 둘째로, 두 종을 데리고 나무를 싣고 칼과 불을 가지고 사흘 길을 가서 산 아래에 두 종은 두고 얼마 안 있으면 죽을 놈의 몸에다가 나무를 지게 하고, 불살라 죽일 칼과 불을 손수 들고 두 부자가 산으로 올라가야 하는 이유가 뭔가 하는 겁니다. 무엇 때문에 산 아래까지 두 종을 데리고 가서 안 데리고 올라갔는가 말입니다.

만약 나 같으면 "이 종아, 너는 나무를 지고 저 종아 너는 칼을 들고 불을 들어라. 이삭아, 이리 오너라." 손을 꼭 잡고, '따뜻한 네 손을 잡아 보는 것도 오늘이 마지막이구나.' 말은 못할망정 마음으로 그렇게 눈물을 머금으면서 마지막 애정을 묵묵한 중에 쏟고 쏟는 것이 마땅하지 않겠는가라고 생각해 봅니다.

그런데 어째서 종은 산 아래 두고 이삭의 등에 나무를 지우고 아버지가 손에 칼과 불을 들고 올라갔더란 말입니다. 그것도 하늘나라 가서 아브라함 붙잡고 물어 보려고 합니다.

그러나 역시 또 내 나름대로 추리를 할 때, 순종하는 데 방해가 되기에 그렇게 하지 않았나 생각합니다. 아브라함은 그 명령을 들었으니까 하나님의 명령으로 받고 순종함으로 행동이 착착 진행이 되지만 종들은 그 명령을 듣지 않았으니까 그 종들이 사정을 알 턱이 없고, 아브라함이 산에 올라가서 이삭을 잡아서 제물로 바치려고 하면

이 튼튼한 젊은 종 두 놈이 달려들어서 "이 늙은이가 노망했다."고 하면서 이리 밀고 저리 밀어 버리면 하나님 앞에 순종하는 데 방해될세라, 종들은 산 아래에 두고 딱하다만 "이삭아 네가 나무를 지어라." 하며 자신은 손수 칼과 불을 들고 갔지 않았던가 생각해 봅니다.

순종하니까 하늘에서 양이 순식간에 뚝 떨어진 게 아니요, 순종하니까 땅에서 양이 순식간에 푹 솟은 게 아니라, 벌써 거기 있었지만 순종하기 전까지는 그 양이 눈에 띄지 않다가 순종하니 여호와 이레가 눈에 활짝 나타났더라는 것입니다.

사랑하시는 여러분이여, 순종하시기를 바랍니다. 여러분에게 벌써 주어져 있는 여호와 이레의 축복들이 안방에 있든, 건넌방에 있든, 부엌에 있든, 구멍가게에 있든, 여러분의 사업 기획실에 있든, 순종함으로 여호와 이레를 경험하시기 바랍니다. 순종하지 않기 때문에 여러분을 위해서 예비해 놓으신 여호와 이레를 발견하지 못하고 가난한 살림살이로 탄식하던 것, 순종하지 않아 외로운 신세라고 탄식하던 것, 순종하지 않아 병든 몸이라며 탄식하던 것, 순종하지 않아 사업이 부진하다고 한숨 쉬던 것, 이제는 하나님의 말씀에 순종하시기 바랍니다. 바로 그 들락날락하는 바로 그 근처에 하나님이 여러분을 위하여 예비해 놓은 여호와 이레가 기다리고 있는 것을 발견하게 될 것입니다.

"먼저 그의 나라와 그의 의"를 구했더라면 벌써 "이 모든 것을 너희에게 더하셨으리라." 고 하는 여호와 이레를 소유할 수 있었을 것인데, 주일을 거룩하게 지켰던들, 위에 있는 것을 생각하고 땅에 있는 것을 생각지 말았던들, 쉬지 말고 기도했던들, 하나님의 말씀을 사모했던들, 십일조를 바쳐 순종했던들, 오늘 우리의 생활은 이 정도가 아닐 것입니다.

임동선 목사님께서 우리 교회에 와서 부흥회 하면서 이런 말을 했습니다. '순종한 청교도들의 후손들은 집집마다 자동차 두 대, 불순종한 반만년의 백의민족 후손들에게는 집집마다 지게 두 개.' 임동선 목사님의 표현입니다. 어떻게 멋있는지 내가 잊어버릴 수가 없습니다. 흔히 내가 이렇게 말을 하면 '그것은 다 목사가 자기 월급 많이 받으려고 하는 소리이고, 이레 동안 죽으라고 일을 해도 못 먹고 사는 세상에, 주일 하루 지키고 엿새 동안 일하면 못 먹고 살 것 뻔하지. 없는 것 가지고 다 써도 쓰임새가 모자라는데 목사 월급 주라고 십분의 일을 떼서 바치면 못사는 것은 뻔하지….'

주의 종은 십일조 안 줘도 먹고, 굶어죽지도 않습니다. 십일조 부르짖는 것이 목사 월급이나 받으려고 부르짖는 줄로 생각지 마세요. 여러분의 축복을 위하여 창고가 넘치도록 주나? 안 주나? 시험해 보라는 것입니다. 하나님의 말씀의 축복을 위하여 여러분에게 부르짖는 것뿐입니다.

지금은 세상을 떠났지만 필라델피아에 러셀 코넬이라고 하는 목사님이 계셨는데, 어느 주일날 십일조 순종하고 받은축복을 설교하다가 교인들에게 시간을 주었습니다. "여러분! 십일조 순종하고 축복 받은 일들 간증을 해보세요." 그러니 모조리 일어서서 간증을 하는데 야단입니다. "아멘, 아멘" 야단입니다. 그런데 끝 무렵에 가서 초라하게 생긴 할머니 한 분이 부시시 일어나더니만 "목사님, 내가 십일조를 매주일 내는 것은 온 교회가 다 압니다. 그런데 내 경우는 조금 다릅니다. 나는 자식도 없고, 집도 없고, 또 얼마 안 있어 직장에서 쫓겨날 것이고 양로원에 가자니 지참금도 없고 앞이 캄캄합니다." 그런 이야기는 살짝 저 뒤에 가서 목사님께 얘기하면 좋건만 공중 석상에서 모두가 은혜받고 십일조 받쳐서 복받았다고 간증을 했는데 이 할머니가 맨 마지막에 일어나서 찬물을 끼얹어 버리는 것입니다.

그래서 어떻게 합니까? 목사님이 당황해 가지고 우물쭈물 그날 예배를 마치고 집에 돌아왔습니다. 사실 보니 그렇거든요. 오갈 곳이 없는 할머니인데도 십일조는 꼬박꼬박 바쳤는데 기가 막힙니다. 온 교인들은 '목사님이 지금쯤 큰 걱정하고 계실 것이다.' 짓궂은 청년들은 '자, 우리 목사님 혼나네. 다음 주일날 뭐라고 하시나 보자.' 하면서 장난스러운 소리가 오고 갑니다.

목사님은 다급해서 서재에 들어와서 뭐라고 대답을 할까? 다음주 주일날 가서 해명은 해야 되는데 '온 교인들에게 뭐라고 해명을 할까?' 라고 생각했습니다. 그래서 그날부터 성경 사전을 뒤지기를 시작했습니다. '혹 예외가 있느니라.' 는 말을 찾기 위해서입니다. 그러나 '혹 예외가 있느니라' 그 한마디 찾으려고 신구약 성경 다 뒤져도 그런 구절은 한 군데도 없습니다.

월요일이 지나 화요일이 되고, 수요일이 지나 목요일이 되자 몸이 바짝바짝 탑니다. 기가 막힙니다. 다음 주일날 해명은 해줘야 되겠는데 뭐라고 할 말이 없습니다. 그런데 금요일 날 필라델피아 시청 앞의 백화점 주인이 초청장을 하나 보냈습니다. 토요일 밤에 파티가 있으니 참석을 해달라는 것입니다. 별로 가고 싶은 생각은 없지만 그렇다고 예의상 안 갈 수는 없고 가기는 가서 한쪽에 쭈그리고 앉았습니다. '이 밤만 지나면 나는 내일 심판 받는다.' 걱정이 태산 같습니다.

그런데 백화점 주인이 일어서서 "처음에 내가 여기서 가게를 시작했을 때 얼마나 초라했는가는 여러분이 잘 아실 것입니다. 그런데 하나님이 축복을 하셔서 이렇게 큰 백화점이 됐습니다. 내가 지금 10분의 7을 바치고 있습니다. 하나님께서 축복하시면 10분의 9까지 바칠 계획입니다" 그는 자신이 축복받은 얘기를 다 합니다. "그런데 이번에 내가 몇십만불을 들여서 재단을 하나 만들었습니다. 나는 이 재단에서 나오는 이익을 가지고서 아주 불쌍하고 가난한 사람을 구제하려고 합니다." 그러자 모두가 박수를 쳤습니다. 그러나 이 코넬 목사님의 귀에는 그런 소리가 들어오지도 않습니다.

조금 후 이 재단에서 제1호로 혜택을 입을 사람은 어디에 사는 누구라고 이름을 밝힙니다. 코넬 목사님이 듣다가 그 소리가 이상해서 옆의 사람에게 "뭐라고 그러더냐?"고 물어 보니 "재단에서 1호로 혜택을 입을 사람이 어디에 사는 누구"라고 합니다.

코넬 목사님이 무릎을 탁 치면서 "그러면 그렇지."라고 큰 소리로 외치는 것입니다. 다른 사람들이 깜짝 놀래 가지고 "저 사람 왜 저러냐?"고 해도 코넬 목사님은 "여러분은 몰라."하며 웃는 것입니다. 그 이름의 주인공은 바로 전 주일날 "내 경우는 좀 다릅니다."라고 하던 그 할머니였어요. 그 할머니가 그 백화점 점원으로 있었는데, 연세가 많아서 이제는 은퇴를 하면 오갈 데가 없으니 할머니의 살 곳을 만들어 주기 위해 제1호 혜택자로 할머니가 선정되었다는 것입니다.

'아! 좋다. 그러면 그렇지.' 집에 돌아왔는데 토요일 밤이 왜 그렇게 깁니까? '빨리 가거라, 빨리 가거라.' 주일날 성경, 찬송책을 끼고 교회로 들어오는데 청년들이 '어, 목사님 기분 좋은가 보네. 뭔가 대답할 말이 생겼는가 보다.'라며 힐끗힐끗 쳐다봅니다.

설교시간이 되어 "지난 주일에 적지 않은 의문을 품고 돌아갔을 줄 압니다. 나는 사실 이러이러했습니다. 할머니 한번 일어서세요." 할머니가 일어섰습니다. "목사님 내가 좀 성미가 급했던가 봐요. 조금만 더 기다렸으면 되는 건데, 내가 그것을 못 기다려 가지고 쓸데없는 얘기를 해서 여러분들 마음에 의심을 품게 하고 목사님을 괴롭게 해드려서 죄송합니다."

여러분이여, 예외는 없습니다. 순종하는 자에게 약속된 축복의 여호와 이레의 창고는 예외가 없습니다. 죽을 각오하고 말씀에 순종합시다. 눈 하나를 뽑을 필요가 있을 때에 눈 하나를 뽑는 희생을 감내하면서 순종합시다. 손 하나를 잘라야 할 희생을 감내해야 할 필요가 있을 때에는 손 하나를 자르는 과감성 있는 희생을 감내하면서라도 순종합시다. 순종하는 자에게 축복이 약속되어 있는 여호와 이레는 발견되어질 것입니다.

마지막으로, 하나님보다 더 사랑하는 것을 청산한 뒤에 축복이 있습니다. 우리에게 하나님보다 더 사랑하는 그 무엇이 있는 동안에는 하나님이 날 위하여 허락해 주신 축복이 눈에 띄지 않습니다. 아브라함도 사람인지라 '내 새끼, 내 새끼, 내 새끼…' 하며 이삭을 얼마나 사랑했겠습니까? 깨어 있을 때나 잠을 자다가도 금지옥엽 이삭을 찾았습니다. 그러니까 이삭을 너무 사랑하는 나머지, 하나님을 생각하는 마음이 희미했는지도 모릅니다. 그래서 이삭을 잡아 바치라는 명령에 잡아 바치려고 할 때에 하나님의 사자가 "네가 네 아들 독자라도", '네' 라는 말이 연거푸 나오면서, 네가 네 아들 독자를 매일같이 '내 새끼 내 새끼' 외쳤는데, 네 아들 독자라도 아끼지 아니하고 내게 바치는 것을 보니 이제야 네가 나를 사랑하는 줄 알겠다. 경외하는 줄 알겠다. 그때 아브라함이 눈을 뜨고 보니 양이 발견되었다는 것입니다.

사랑하시는 여러분이여, 하나님보다 사랑하는 것이 우리의 머릿속에 꽉 차 있는 동안에는 하나님이 날 위하여 허락해 주신 여호와 이레의 축복이 발견되어지지를 않습니다. 죄된 것이든 죄되지 않는 것이든 간에 하나님보다 더 사랑하는 것이 우리의 마음에 가득 차 있는 동안에는 하나님의 축복을 발견할 수가 없습니다.

가룟 유다를 보십시오. 예수님과 동행하는 3년 세월에 얼마나 많은 기적을 보았고 사랑을 받았으며 말씀을 들었습니까? 그러나 주님보다 돈을 더 사랑하는 마음 때문에 마침내 예수님을 은 30에 팔고 자기는 그것을 써보지도 못하고 목매어 죽고 말았던 것입니다.

우리에게 하나님보다 더 사랑하는 그 무엇이 내 머릿속에 꽉 차 있는가 반성하십시다. 우리 주님께서 말씀하셨습니다. "두 주인을 겸하여 섬기지 못한다." 그 하나가 하나님이라면 다른 하나는 물질이라고 했습니다. 사람에게 있어서 가장 끊기 어려운 욕심은 물질적인 욕심입니다.

어떤 부흥사가 어느 집회에 가서 교회의 교인들을 위해서 기도를 했습니다. "믿음을 주시옵소서."라고 하자 "아멘!" 하고 화답을 합니다. "건강을 주시옵소서." "아멘.", "가정에 축복하여 주시옵소서." "아멘!" "은행 예금 통장과 금고 열쇠를 주님께 맡기고 살게 하여 주시옵소서."라고 하자 "아멘!" 소리가 나오지 않습니다.

내 마음 속에 깊은 자리를 차지하고 앉아 내 생활에 영향을 주고 있는 것 그것을 반성하십시다. 그것이 청산되고 정립되지 않는 한 나를 위하여 마련하신 여호와 이레는 발견되지 않습니다. 어버이가 자식을 사랑하는 것이 무슨 죄가 되겠습니까만, 그러나 하나님보다 더 사랑할 때에 그것은 은혜의 길을 막는 손해라는 점에는 매일반입니다. 축복의 길을 막는 손해는 매일반입니다.

우리는 지금 얼마나 행복합니까? 얼마나 윤택합니까? 얼마나 승리 생활을 합니까? 생수의 강이 우리 속에서 넘치는 영적인 만족 속에 삽니까? 그렇지 못하다면 그 이유는 무엇 때문입니까? 하나님이 우리를 버리셨습니까? 하나님이 우리를 축복하시지 않기 때문입니까? 아닙니다. 하나님은 우리에게 필요한 모든 것, 곧 육체를 위하여 필요한 것, 공중의 새를 먹이시는 하나님은, 들에 피는 백합화를 입히시는 하나님은 우리 육체에 필요한 모든 것을 다 주셨습니다. 다만 발견치 못할 뿐입니다. 하나님과의 바른 관계 가운데에서 여호와 이레를 발견하여 복된 삶을 누리시기를 축원합니다.

내 믿음은 주님께 인정 받을 만한가?

> 주께서 또 가라사대 불의한 재판관의 말한 것을 들으라. 하물며 하나님께서 그 밤낮 부르짖는 택하신 자들의 원한을 풀어 주지 아니하시겠느냐 저희에게 오래 참으시겠느냐? 가 너희에게 이르노니 속히 그 원한을 풀어 주시리라. 그러나 인자가 올 때에 세상에서 믿음을 보겠느냐 하시니라
>
> (눅 18:6~8)

퍽 걱정스러운 한마디 말씀입니다. 이런 말씀은 성경에 없었으면 참 마음이 가볍겠는데 성경을 읽어 내려가다가 이 구절에 부딪히면 주님이 어떤 이유에서 이런 말씀을 하셨을까? 주님이 왜 이런 말씀을 하셨을까?

"내가 세상에 다시 올 때 믿음을 보겠느냐?"

과연 내 믿음은 주님 앞에 인정받을 만한가? 과연 내 믿음은 믿음을 찾아오시는 재림의 주님 앞에 인정받을 만한가? 주의 재림이 임박한 이때, 과연 나는 재림하여 믿음을 찾아오시는 주님 앞에, 나는 믿음으로 인정 받을만한 믿음의 상태인가? 이것은 심각한 문제입니다.

만일 주님이 찾아오셔서 한 사람 한 사람을 들여다보시면서 나보고 무엇이라고 말씀하실까? 주님이 찾으시는 것은 성직이 아니요 믿음이요. 주님이 찾으시는 것은 신앙의 연조가 아니요 믿음이요. 주님이 찾으시는 것은 성경지식, 신앙지식이 아니요 믿음인즉, 과연 나는 '오냐 그만하면 됐다' 나에게 내 믿음을 인정하여 칭찬을 주실까? 그렇지 않으면 마태복음 23장의 말씀같이 "외식하는 서기관과 바리새인들아, 회칠한 무덤 같은 너희여! 겉으로는 아름답게 보이나 그 속에는 죽은 사람의 뼈와 모든 더러운 것이 가득하구나" 날보고 그렇게 책망하시지는 않을까?

"나는 부자라 부유하여 부족한 것이 없다"고 정통 가지고 우쭐대고, 역사 가지고 우쭐대고, 성직 가지고 우쭐대고, 성경지식 가지고 우쭐대고, 신앙의 연조 가지고 우쭐대고 있는 나를 향하여 "너의 곤고한 것과 가련한 것과 가난한 것과 눈먼 것과 벌거벗은 것을 네가 알지 못하는구나" 지적하시지는 않을까?

"내가 주의 이름으로 선지자 노릇하고, 내가 주의 이름으로 귀신을 쫓아내고, 내가 주의 이름으로 많은 능한 일을 했나이다"라고 우쭐대는 자를 보시고 "이 불법을 행한 자야 나를 떠나가라" 이런 절망적인 선언을 하시지는 않을까? 참 걱정스러운 문제가 아닐 수 없습니다.

그래서 "너희들이 믿음에 있는가 스스로 시험하고 스스로 확정하라." 그리스도께서 내 속에 계시는구나. 확실히 자기 자신이 인정할 수 있는 증거가 없다면 스스로 속이는 자요 버리운 자입니다.

나는 오늘 저녁에 어떻게 믿느냐는 문제, 믿음의 자세에 대한 문제를 가지고 몇 가지로 생각을 해보려는 것입니다.

온고지신(溫故知新)이라는 말이 있습니다. 우리가 어떤 새것을 처음 맞이하면 그것을 이해하려고, 생전 처음으로 보는 어떤 사물을 대할 때에는 그것을 생판 처음으로 대하는 것이기 때문에 그것에 대한 어떤 지식이 없는지라, 자연히 그것을 이해하려면 나의 어떤 경험에 비추어 '무엇무엇과 같다, 무엇무엇과 비슷하다', 이것이 바로 지식 형성의 과정이요, 인식 형성의 과정인 것입니다.

왜? 내가 이 말을 하느냐 하면 한국 교회의 신앙이 참 불순한 것이 많다는 이유를 지적하려고 하면서 이 말씀을 드리는 건데, 한국에 복음이 들어온 지는 100년, 그 복음이 들어오기 이전에 수천년 동안 우리 한국 사람은 무속적인 것들, 꼭 종교라고 그렇게까지는 할 수는 없지만, 어쨌든 종교 테두리 안에다 넣고 생각해야 할 무속적인 무당사상, 샤머니즘 아래에서 살아왔습니다. 그러다가 수백년 동안은 불교의 영향 아래 살아왔습니다. 그후 또한 수 백년 동안은 유교의 영향 아래 살아왔습니다.

한국 사람의 생각과 마음속에는 종교적인 어떤 습관이라고 할까? 어떤 버릇 혹은 어떤 틀이 이미 잡혀 있었습니다. 그것은 무속적인 것과 불교적인 것과 유교적인 것이 짬뽕이 되어서 모든 한국사람의 의식구조 속에 있었습니다. 힘에 대한 어떤 관념도 있었습니다. 복에 대한 어떤 관념도 있었습니다. 인생에 대한 어떤 철학도 있었습니다. 거기에 100년 전에 기독교가, 복음이 한국에 들어왔습니다.

가령, 새하얀 종이를 나에게 주는데 내가 이왕에 먹을 만지고 무연탄을 만져서 손에 때가 잔뜩 묻은 손으로 그것을 얼른 받으려고 하면 손에 묻은 때가 하얀 종이에 묻게 마련입니다. 순수한 성경적인 신앙이 한국에 전달될 적에 이미 한국 사람의 손에는 불교적인 때가 묻었고, 유교적인 때가 묻었고, 무속적인 때가 잔뜩 묻어 있는 손으로 복음을 받았기 때문에 은연중 복음에 이와 같은 때가 묻어 오늘날까지 전해 오면서, 한국 사람의 신앙은 성경적인 신앙과 순수성을 잊어버린 한국 교회의 신앙이 되어 있다. 저는 그렇게 좀 깊이 생각하면서 제가 무슨 논문을 쓸 때에도 이런 문제를 책을 참고하면서 다루어 본 적이 있습니다.

그 대표적인 몇 가지 예를 들어 보면 '지성이면 감천이다', 한국 사람의 종교의식의 대표적인 표현은 정성만 지극하면 하늘이 응감한다. 이것은 무속종교에서도 해당되는 거요, 불교에서도 해당되는 거요, 유교에서도 해당되는 것입니다. 그래서 이 세 가지 종교가 공통적으로 인정해 오던 정성만 지극하면 하늘이 응답한다. 정성만 지극하면 부처님이 돌본다. 정성만 지극하면 운수가 대통한다. 어쨌든 이 정성, 지극 정성, 이것이 그대로 교회 안에도, 복음이 한국에 들어올 때도 이 불순물이 그대로 복음에 묻어서 우리가 신앙생활을 한다는 것도 그저 지극한 정성을 모으는 것이다.라고들 생각합니다.

물론, 우리 신앙에 이 정성이라는 것이 전혀 무시되는 것은 아니지만, 동이든 서든 그저 정성만 지극하다면 된다는 것은 성경적이 아닙니다. 만일 이것이 성경적이라고 하면 자, 한번 생각을 해봅시다. 베다니 동네의 마르다와 마리아의 집에 예수님이 오셨습니다. 마르다는 정성이 지극하여 수고도 아끼지 아니하고 부엌에 들어가 저 나름대로 정성을 다하여 음식을 마련했습니다. 볶아라, 지져라, 구워라. 정성스럽게 음식을 마련했습니다. 그러나 마리아는 예수님의 무릎 앞에 앉아 있습니다. 어찌 보면 게으르고 얌체고 그냥 못되게 보이죠. 마르다가 봉사하다가 문득 보니 마리아가 예수님 무릎 앞에서 사랑을 받고 얘기하고 편하게 앉았으니 아마 심술도 났겠죠. "선생님 어떻게 이럴 수가 있어요? 마리아가 저를 좀 돕게 해주세요" 하니까 뭐라고 했습니까? "많은 것으로 네가 수고하지만 마리아가 더 좋은 편을 택했다"고 칭찬을 했습니다.

하나님의 말씀의 법을 떠난 지극한 정성은 하나님 앞에 아무 의미가 없다는 것입니다. 하나님이 원하시는 방향과 정반대 방향에서의 지극한 정성은 아무 의미가 없다는 것입니다. 정성을 인정하더라도 바른 방향인 복음의 정신 위의 정성 말이지, '그저 동이든지 서이든지 정성만 지극하면 하늘이 응감한다? 오늘 한국 교회의 신앙 속에 다분히 이 지극한 정성이라고 하는 것이 신앙을 대표하는 양, 신앙이라고 하는 것을 정성이 지극한 것이라고 생각하는 교인이 적지 않다는 사실입니다.

신앙인의 바른 자세가 아닙니다. 정성도 지극해야 되지만 그보다 하나님의 뜻이 어디 있는가? 노는 것 같더라도 하나님의 뜻, 게으른 것 같더라도 하나님의 뜻에 맞는 마리아가 칭찬을 받았다고 하는 사실을 우리가 생각해야 되는 것입니다.

칼을 휘둘러서 예수님을 위하여 결사적으로 로마 병정에 대항했던 그 충성이 얼마나 놀랐습니까만 하나님의 뜻과 반대 방향의 충성이었기에 우리 주님은 거절하셨습니다. 자기 감정, 자기 열심에 복받쳐 하나님의 뜻 아닌 방향의 지극한 정성이 하나님 앞에 아무 의미 없다는 사실을 우리는 알아야 되는 것입니다.

둘째로, 한국 교회의 신앙의 이질적인 것은 신앙과 도덕, 도덕과 신앙을 동일시하고 있다는 사실입니다. 물론, 신앙의 결과에는 훌륭한 도덕이 열매 맺는 법입니다만 도덕적으로 선량하면 그것이 곧 신앙인양으로 생각하고 또 신앙생활한다고 하고, 도덕적으로 결함 없이 사는 것이 곧 아주 훌륭한 신앙생활이라고 생각하지만 그것은 아닙니다. 그것은 결과이고 그 보다도 원인으로서의 하나님과 바른 관계가 신앙이요, 도덕은 그 열매가 되어야 되는데, 하나님과 바른 관계로서의 원인은 잊어버리고 결과만 붙들고 허우적거리는 한국 교회입니다. 이것이 또한 복음적인 신앙이 아닌 이질적인 병폐입니다. 내가 우스운 얘기 하나 하죠.

1947년 경기도 용인에서 신학교의 마지막 졸업반으로 공부를 하면서 조그마한 교회를 하나 돌보았습니다. 토요일 날이면 가서 봉사하고 주일날을 지키고 월요일 날 오전까지 심방을 하고 오후에는 신학교로 올라오고 했습니다. 토요일 날 내려갔는데 어떤 구역장님이 심방 좀 가자고 합니다.

한참 갑니다. 큰 느티나무가 있는 그 밑에 초가집이 두 채 있는데 그 한 채가 우리 교인의 집이었습니다. 가까이 가니까 그 집 아주머니가 횡하고 나오더니만 구역장님 귀에다가 뭔가 소곤소곤 얘기하고 들어가요. 그래서 같이 따라 들어갔습니다. 근데, 대문간에 들어서니까 구역장님이 "전도사님! 좀 세게 해달라고 그럽니다."고 해요. 난 그것이 무슨 말인지 모르고 그냥 이상하다, 무슨 소린가? 내가 잘못 알아들었는가? 그러고 이제 들어가 예배를 드리려고 하는데 그날 따라 구역장님이 찬송을 부르는데 곡조도 안 맞는 목소리를 높여 가지고 빽빽 찬송을 부릅니다. '별난 일이네. 오늘 저 구역장님이 왜 저렇게 야단이야?' 그렇게 생각하면서 예배를 진행하고 찬송을 한 장 마치고 그 다음에 성경을 읽으려고 하는데 "전도사님 찬송을 하나

더 하십시다." 구역장님이 자기가 마음대로 '믿는 사람들은 군병 같으니' 찬송을 찾아서 "믿는 사람들은 군병 같으니"하고 찬송을 부릅니다. '야, 별나다' 끝까지 별나다는 생각을 하고 설교를 하고 기도를 하고 예배를 마치고 집을 나오다가 "구역장님 오늘 왜 이렇게 야단이에요?" "그래, 내가 세게 해달라고 안 그랬습니까?" "그것이 무슨 소리인데요?" "아이구, 총각 전도사니까 무슨 눈치가 있어야지." 합니다. 사실인즉 그 집에는 귀신이 많아서 옛날에 예수 안 믿을 때에는 동양식 무당을 데려다가 굿하고 야단을 했는데, 예수를 믿으니까 이제 동양식 무당 데려오는 것은 나쁜 줄 알고 서양 무당 전도사 데려다가 서양식으로 굿하는 셈치고 예배드려 달라 그랬거든요. 그러니까 우리 집에 귀신이 많으니까 예배드릴 때 세게, 굿할 때도 돈 많이 내고 세게 하듯이 서양 무당 전도사 불러다가 서양식 굿 세게 한번 해야 되겠다라고 해서 불렀다는 것입니다. 내가 평생 잊지 못할 우스운 얘기입니다.

오늘 이것 웃지 못할 이야기입니다. 서울이야 서울이니까 여기에 그런 분 없겠지만 대구 촌에는 오늘도 적지 않아요. 어느 가정에서 교역자가 와서 예배드려 달라고 하면 과거에 무속적인 무당이 하던 것과 같은 정신으로 전도사가 와서 찬송하고 예배드리고 기도하고 이러면 귀신이 기겁초풍해서 다 도망을 가버리고, 이런 식으로 예배를 드리는, 예배를 생각하는 오늘 한국 교회의 가정이 적지 않다는 사실입니다. 이것도 성경적이 아니죠.

자, 교회밖에는 그만두고 교회 안에 일어나는 운동들을 또 몇 가지 지적해 봅시다. 물론 교파가 그저 사분오열 갈라지니까 답답해서 초교파적인 어떤 합동 운동을 합니다. 나도 뭐 일리는 있고 호흡이 맞는, 신앙이 맞는 분들과 호흡을 맞추어 하나로 같이 뭉쳐서 지내는 것이 좋다고 생각을 합니다만 우리 성도가 결합하여 한자리에 앉아 함께 신앙생활을 한다고 하는 데에는 어떤 연합보다도 순결성이 더 귀중하다는 것을 우리는 기억해야 되는 것입니다.

쥐나 개나 하는 말이 동으로 가도 서울 가고, 남으로 가도 서울 가고, 목적지가 같으면 그만이니 우리 같이 가자고 합니다. 초교파 무슨 잡지가 가끔 옵니다만 형편없는 성경관, 형편없는 구원관, 도무지 성경적이지 않은 그런 이론을 주장하는 주제에, 동으로 가도 서울 가고 남으로 가도 서울 갈 바에는 같이 가자 그럽니다. 가는 것이 아닙니다.

자, 고린도서에 나타난 바울이 전도할 적에 "자유 하는 사람에게는 내가 자유 하는 사람, 율법 있는 사람에게는 내가 율법 있는 사람, 율법 없는 사람에게는 내가 율법 없는 사람같이, 종에게는 내가 종 되는 자와 같이, 여러 사람에게 내가 여러 모양이 된 것은 어떻게든지 많은 사람을 주께로 인도하기 위해서 내가 여러 사람에게 여러 모양이 됐다". 정신도 주견도 중심도 배일도 고집도 없이 처신을 했습니다만 복음문제에 대해서는 갈라디아서 1장 8절에 "내가 너희들에게 전하여 준 복음 이외에 다른 복음을 전하는 자 우리 중에 누구든지 하늘에서 내려온 천사라도 우리가 너희들에게 전하여 준 복음 이외에 다른 복음을 전하는 자가 있으면 다른 복음은 없나니 저주를 받으라"

한때는 그렇게 주견도 고집도 배일도 없던 그가 복음 문제에서만은 융통성이 없어요. 이것은 죽고 사는 문제이기 때문에 타협이 있을 수가 없고, 죽고 사는 문제이기 때문에 양보가 있을 수 없는 것입니다. 신앙에 있어서는 정도가 그렇게 여러 갈래에 있는 것이 아니에요.

또 그 다음에, 요즘 사이비 신앙운동이, 혹은 이 산에 저 산에, 이 기도원에 저 기도원에 기가 막힌 사기꾼들이 앉아 가지고 순진한 양떼들을 속여먹는 것, 참 기막히는 노릇입니다. 분별력이 없는 순진한 양떼들은 그래도 은혜를 사모한다고 하는 뜨거운 마음 때문에 분별력이 없어서 여기에 가서도 그냥 그런가, 저기에 가서도 그런가, 이 산으로 저 산으로 헤매는 순진한 양떼들을 보면 참으로 측은한 생각들을 금할 수가 없습니다.

다 그런 것은 아니지만 적지 않은 숫자가, 오늘 부흥사들 속에 사기꾼이 있습니다.

내가 며칠 전에 인천의 어느 교회에서 부흥회를 했는데 작년에 그 교회에 왔던 어떤 부흥사가, 내가 잘 아는 분이에요. 자기 입으로 내게 최면술을 어떻게 어떻게 한다고 얘기해 준 분이에요. "초보 시절에 최면술을 배울 때 자기 아들에게 최면을 걸었다가 풀지를 못해 애를 먹고 마지막에 찬물을 끼얹어 가지고 부들부들거리는 자식을 최면에서 깨운 적이 있다"고 자기 입으로 내게 말했던 그가 소위 부흥사라고 하면서 돌아다니며, 강단에 학생을 불러 올려 최면을 걸어서 자빠지게 만들고는 이것을 성령의 역사라고, 이 몹쓸 사기꾼! 천벌을 받아 마땅한 사기꾼이 오늘날 한국 교회의 부흥사라고 거들먹을 피우고 돌아다니는 현실입니다.

여러분이여! 기가 막히는 꼴들이 한두 가지가 아닙니다. 부흥사 속에는 사기꾼이 많아요. 내가 미국에 가서, 모 부흥사의 사기행각으로 교회가 두 쪽이 난 어떤 교회에 가서 부흥회를 인도하면서 사기행각을 한 그 사람의 세세한 얘기를 직접 다 듣고 왔지만 시간 없어이 내가 소개를 다 못할 뿐입니다.

오늘날 부흥운동이라고 하는 소위 부흥사들 속에 사기꾼이 한둘이 아니라는 사실과 기도원이라고 하는 기도원, 무슨 수도원이라고 하는 수도원 속에 사기꾼이 앉아서 순진한 양떼들을 등쳐먹고 앉아 있는 놈이 한둘이 아닙니다. 나는 이런 데 우리 교인들이 가는 것을 별로 좋아하지 않아요. 그래도 직성이 풀리지 않아 몰래 살짝살짝 다니는 교인들이 있어요.

한번은 홍 권사님 하고 배 권사님 두 분이 찾아와서 "목사님 회개하러 왔습니다." "무슨 회개하러 왔습니까?" "우리가 회개할 것이 있어서 왔습니다."

배 권사님이 처음 얘기를 합니다. 목사님이 그런데 가지 말라고 하는 것을 알면서도 뭔가 갑갑하고 마음이 컬컬해서 대구 근처에 있는 아무아무 기도원에 갔습니다. 거기에 원장인 모목사가 여름철인데 기도원 입구에 등나무의자를 내다놓고 모시 바지저고리인지 무엇을 입고 널찍한 부채를 쥐고 이렇게 앉았다가 배 권사님이 앞에 척 들어가니 "허허 미국에 있는 아들 걱정이 너무 많아 은혜를 받지 못하는구먼." 하거든요. 이 배 권사님은 미국에 있는 아들은커녕 딸 하나도 못 낳아 본 사람이야. 미국에 있는 아들은 무슨 아들. 그러니까 새빨간 거짓말을 툭 던져놓고 맞으면 예견자인양 해서 순진한 교인들에게 돈이나 우려낼 작정이었겠지요. 배 권사가 시무룩해 가지고 "별소리를 다한다. 쳇 자식 낳아 보도 못한 나보고 미국에 있는 자식 때문에 걱정이 많아 은혜를 못 받는다?"며 휙 돌아가 저 기도원 뒤에 앉아 "별꼴 다 봤네." 그러고 앉았는데, 뒤에 홍 권사님이 따라 들어가니 "허허, 믿은 지가 얼마 되지 않아 교만해서 은혜를 못 받는구먼." 그러거든. 그저 교만해서 은혜를 못 받는다면 그것은 모르지만 적어도 홍 권사님은 장로의 딸로 세상에 태어나 그래도 잘 믿어 보려고 고려파로 갔다가, 재건파로 갔다가, 우리 교회 장로 부인으로서 철야기도, 새벽기도 한번도 빠지지 않고 은혜롭게 살아 보려고 몸부림을 치는 사람인데, 교만하다면 모르지만 믿은 지가 얼마 안 되어서 교만해서 은혜를 못 받았다니 이것도 거짓말이거든. 그래 휙 돌아가니까 배 권사님이 시무룩하게 앉아, "형님, 왜 그래?" "나보고 거짓말하잖아." "뭐라고 그러던데?" "믿은 지 얼마 안 돼 가지고 교만해서 은혜를 못 받는다고 하잖아" "형님 갑시다, 가. 우리 목사님 말이 맞았던가 봐요." 그렇게 되어 와서는 "목사님이 가지 말라는데 갔다가 거짓말만 듣고 왔습니다" 하는 거예요. 우스운 인간들이 자기가 뭔데 아니 기도원에 앉아 가지고 순진한 양떼들에게서 이리저리 돈을 뺏어 먹어요?

여러분이여! 여러분의 신앙을 목사님께 맡기세요. 여러분의 신앙이 교회 안에서 자라나세요. 교회를 떠나 어디에 가서 신앙생활 잘하는 어떤 조언을 받으려고 하다가는, 마치 집의 음식 안 먹고 남의 집의 음식 먹고 돌아다니는 사람과 같아요. 그런 사람은 위장병이 나서 죽습니다. 교회 안에서 신앙 지도를 받고, 교회 안에서 성도의 교제 속에 여러분의 신앙이 자라나기를 바랍니다.

이런 사이비 신앙운동은 오늘날까지 2천 년 교회 역사에 없는 시대가 없었고, 없는 사회가 없었습니다. 내가 분명히 말할 수 있는 것은 한때 애굽에 일어났던 운동은 굉장했습니다. 정부가 벌벌 떨 만큼 무서운 세력으로 일어났습니다만 백 년을 못 가서 물거품과 같이 사라졌습니다. 이와 같이 사이비 운동은 백 년을 넘는 예가 없습니다.

자, 한국 교회 백 년 사를 더듬어 봅시다. 평양을 중심으로 일어났던 '황국주 운동'은 대단했습니다. 황국주가 머리를 깎지 않고 수염을 깎지 않고 흰옷을 입고 앉았으면 예수님의 모습을 닮아서 심지어 그 아버지까지 자기 아들 황국주 앞에 가 무릎을 꿇고 "오 주여!"라고 해요. 그외에 추잡한 소리는 말로 다 못합니다. 오늘 황국주 운동이 어디 갔는고? 추잡스러운 역사만 남기고 사라지고 말았어요.

경상도 일대를 중심으로 일어났던 '최율출 운동'은 어디 갔는고? '박동기 운동'은 어디 갔는고? 평양을 중심으로 일어났던 '이용도 목사 운동'은 어디 갔는고? 한때 그들이 득세할 때 기성교회 목사들은 모두가 '마귀 새끼, 마귀의 종'이라고 정죄하고 십사만 사천은 자기 그룹에만 있다고 큰소리를 치던 박태선은 지금 어디 갔는고? 여러분이여! 사이비 운동에 현혹되지 말아야 되는 겁니다. 이런 말을 다 하려면 한이 없습니다.

대구의 모 목사가 전도관이라 하는 큰 홀을 하나 준비하고서 1년 52주 내내 부흥회입니다. 우리 교인도 한 7,8명이 거기에 현혹이 되어 따라다니는데 '나는 은혜 없는 목사'라고 그냥 픽픽 웃고 도무지 말을 안 듣고 그룹이 되어 가지고 차츰차츰 교회 안에 그 운동이 번져 나갔습니다. 입신을 한다, 신유를 한다, 방언을 한다, 방언해독을 한다, 방언번역을 한다 야단입니다.

그런데 우리 이웃 교회 백모라고 하는 초등학교 선생이 거기에 현혹이 되어 가지고 이만저만 열렬한 게 아닙니다. 학교 갔다 돌아오면 그 교회 청년들을 방문하면서 이 방언운동, 입신운동, 이상한 운동에 그룹을 만들어서 시작을 합니다. 교회 안에 마치 물 위에 기름덩어리가 둥둥 떠서 돌 듯이 한 서클이 생기기 시작 하는데 교회가 평안하지 않을 것 같습니다. 그리고 또 대구 같은 촌에, 초등학교 선생쯤 되면 그래도 여성 중에는 지성인이라 존경을 받는 입장이니까 많은 남녀 청년들이 서클이 되어 가지고 교회 안에 이색운동이 일어나기 시작합니다.

대구의 유지입니다. 의사입니다. 대학학장인 장로님이 보다못해 '아무래도 이것 좀 바로 잡아야 될 것 같다'고 생각했는데, 마침 그 백 선생이 장로님의 사무실에 찾아왔습니다. "그렇지 않아도 내가 백 선생님 만나려고 했는데 만나서 반갑구먼." "왜 그래요? 장로님" "내가 그 방언에 대해서 알아봐야 돼" "아, 은사를 받아야죠. 장님, 은사를 받아야죠." 하고서 호들갑을 떱니다. "조금 기다려 봐요. 백 선생님. 방언을 쓰실 줄 안다 그랬죠?" "예. 나는 방언 쓰는 은사를 받았습니다" "그래요?" 시험지 넉 장을 내놓았습니다. 똑같은 볼펜

두 자루를 냈습니다. 두 장을 백 선생님에게 주었습니다. "그럼 여기서 방언을 쓰세요"하고 말했습니다. 한참 기도하고 흰 종이에다가 방언을 쓰는데 그냥 꼬불꼬불 야단입니다. 마치 지렁이를 잡아 접시에 담아 놓고 소금을 뿌려 놓은 것 모양으로 비비 꼬는 데 야단입니다.

이 장로님이 등 너머로 보면서 그것을 비슷하게 그렸습니다. 백 선생님이 쓴 것 두 장하고 장로님이 쓴 것 두 장하고 넉 장을 쥐어 들면서 "아이 장로님도 방언을 쓰시네요." "허 쓸데없는 소리하지 말아요. 이것은 방언을 쓴 것이 아니고 내가 내 마음대로 그린 것인데, 천 장도 그릴 수 있고 만장도 그릴 수 있는 아무 의미 없는 것인데, 문제는 당신은 성령의 역사로 쓴 방언이라고 그러니까 그렇다고 그러자, 나는 이것은 아무것도 아니야 가짜야. 이 넉 장을 섞어 가지고 가서 모 목사님의 사모님과 두 딸과 그 교회 여전도사님이 방언을 해독한다고 그러니, 가지고 가서 진짜 가짜를 분별하면 내가 성령님의 역사인줄 알고 오늘부터 나도 은사를 위해서 내가 결사적으로 매달릴 거요"라고 하니까 순진하기도 하지. 이 백 선생이 "아 그럽시다 장로님" 하고 갔습니다.

워낙 유지 장로님인지라, 사모님도 잘 아는 고로 그 앞에서 감히 입이 떨어지질 않아, 두 딸들도 잘 아는 장로님인지라 입이 떨어지질 않아요. 마지막으로 여전도사를 불러들였습니다. 무릎을 꿇고 한참 기도를 하더니 우리가 사용하고 있는 신령한 은혜로운 단어와 용어라는 건 총동원해서 한숨에 번역해 읽습니다. 축복도 있습니다. 경고도 있습니다. 저주도 있습니다. 권면도 있습니다. 위로도 있습니다. 넉 장을 한숨에 다 번역해 내려갑니다.

백 선생은 벌써 머리를 푹 숙이고 꼼짝을 못하고 있는데, 다음 번역을 할 즈음 장로님이 이 "혹세무민하는 무리들아!" 하고 자신이 온 연유를 설명했습니다. "다른 두 장은 내가 몰라. 이 두 장은 내 마음대로 그런 것이야. 여기 무슨 그런 뜻이 있다는 말이냐? 자기가 어떤 종교감정에 도취되어 가지고 마치 자기 공상을 사실인 양 입 밖으로 지껄여대면서 순진한 양떼들을 농락하는 거야"라며 야단을 쳤습니다.

그 여전도사가 발칵, 그러면서 성령을 모독한다고 들고 일어납니다. 호통을 칩니다. 그러자 장로님이 "정말로 당신이 성령님의 역사로 기록한 방언을 번역했다면 한 번 더 번역을 해보라." 제가 천재중의 천재가 아닌들 어떻게 함부로 지껄여 놓은 말을 그대로 연결시켜 나갈 수 있겠는가 말이에요. 다시 한 번 번역해 보라는 말에 꼼짝을 못하고 얼굴이 빨갛게 되어 팍 꼬꾸라지고 말았습니다. 이 일이 있은 다음에 대구 시내에 소문이 확 퍼졌습니다.

장로님은 그 다음 주일날 광고시간에 교회 앞에 가서 사실을 설명했습니다. "여러분이여, 성령의 은사를 부인하는 것은 아닙니다. 방언의 은사가 없다는 것도 아닙니다. 그러나 오늘날 우리 교회 주변에 일어나고 있는 운동은 적지 않은 혹세무민의 사기꾼들의 장난이니 여기에 속지 말고, 우리 교회 목사님의 말씀을 듣고 그리고 이 교회 안에서 경건한 신앙생활의 성령의 은사를 받고, 경건한 신앙생활의 마지막을 준비하도록 해야 됩니다." 하고 광고를 했습니다.

일시 미혹이 됐던 교인들이 정신을 차리고 그날 이후 모두 다 자기 교회 안에서 경건한 신앙생활 자세를 바로 가다듬자 그 전도집회는 차츰차츰 조용해져서, 마지막에는 그 집 팔고 미국 가고 말았어요.

내가 왜 이런 말을 합니까? 오늘날 우리 주변에서 벌어지는 이 적지 않은 혹세무민의 무리들의 장난, 우리는 현혹되지 말아야 합니다.

하나 더 얘기합시다. 1967년도 내가 처음으로 미국 갈 때입니다. 미국 가려고 수속을 다 해놓고 이제 며칠 후면 떠나는데, 어느 날 새벽기도를 마치고 내방에 와서 성경을 쭉 읽고 앉았는데 내 방의 문이 열리더니만 잘 아는 여 집사님 한 분이 들어옵니다. '여 집사님이 내게 무슨 얘기가 있어 오나 보다' 생각하며 성경을 읽고 있는데, 내 맞은편에 있는 의자에 와서 탁 앉더니만 한참 기도를 합니다. 나도 기도를 하면서 조용히 앉아 그 기도에 맞추어 마음을 먹고 있는데 기도가 다 끝나자마자 "성헌아! 듣거라." 목사 이름을 탁 부르더니만, "네가 박사가 탐이 나서 양떼를 버리고 미국으로 가느냐? 죽고 살아 돌아오지 못할지라." 아, 협박을 하는데 한참 협박을 해요. 그리고 후유! 그러더니만 "목사님, 이것은 내 말이 아니고 성령님이 시켜서 하는 말입니다."

편리해요. 목사에게 욕해 놓고 내 말이 아니고 성령이 시켜서 했다고 하면 책임추궁을 당하지도 않을 테니까, 같잖대요. 내가 그래서 그 얘기 듣고 한참 있다가 "집사님, 그럼 집사님이 믿는 하나님하고 내가 믿는 하나님하고는 다르네요. 내가 믿는 하나님은 네가 아직까지 나이 얼마 안 되고 할 일이 많으니, 아직까지 머리의 기억력 좋을 때 가서 공부해 가지고 와서 실력 있는 목사가 되어 훌륭하게 큰일을 행해라, 그래서 당회에서 결정을 하고 여비를 대주고, 가서 공부하는 2년 반, 3년 세월 동안 가족의 모든 부양을 책임져주고, 내가 가려고 하는 칼빈 신학교에는 (김희보 학장이 같이 공부를 했습니다.) 학비는 전부 면제에다가 매월 백불씩을 도로 내주어, 백불 가지고 70불은 밥값. 방값을 내고, 30불은 밖에서 용돈 쓰니까 유학생으로서는 궁색함이 없도록,. 이렇게 하나님이 나에게 공부하도록 길을 열어 주셨는데, 그럼 내 하나님은 공부하라고 하고, 집사님 하나님은 공부하러 가면 죽고 살아 못 돌아온다고 하는데 누구 하나님이 참 하나님이오?" "나도 몰라요." "그럼 갔다 와보면 알겠습니다. 집사님 하나님이 참 하나님이면 내가 죽고 못 살아올 것이고, 내 하나님이 참 하나님이면 내가 살아 돌아올 것입니다." "그렇네요." 그리고 헤어졌습니다. 그런데 내가 돌아오니까 맨날 이 앞에서 손뼉치며 찬송하던 집사님이 그만 기가 팍 죽어 가지고 뒷구석에 앉아 부끄러워해요. 그래도 내가 사랑하는 귀한 여 집사님인지라 위로를 했지요.
"집사님, 내가 집사님 마음 다 알아요. 너무 몸도 약한데다 철야기도 산기도 금식기도 너무 하다가 어쩌다 정신이 조금 갸우뚱했다고 생각하는데, 이제는 밥도 잘 잡숫고 잠도 충분히 자고 성경 읽고, 내가 살아 돌아왔으니까 내 하나님이 참 하나님이니 내 하나님을 당신도 하나님으로 모시고 경건한 신앙생활하고 조금도 부끄럽게 생각하지 마세요"하고 했습니다. "목사님 용서해 주실렵니까?" "그럼 용서하고말고" "그럼 됐습니다" 그러고선 앞자리에 와서 찬송도 잘하고 교회봉사도 잘 합니다.

자, 왜 이렇습니까? 이것은 신앙이 아닙니다. 오늘 우리 주변에 이런 것을 다 들추려면 한이 없습니다. 나는 우리 주변에 벌어지는 성경적인 신앙이 아닌 것들을 지적하면서 이 상황 속에서 우리의 신앙의 바른 자세는 어떠해야 되겠는가? 이 문제를 말씀드리기 전에 본문으로 들어가서 누가복음 18장 1절 이하를 읽어보면, 참 이상합니다.

예수님께서는 누가복음 18장 1절에서 8절 상반 절까지 기도에 관해서 말씀하셨습니다. "기도를 하려면 참을성 있게 해라. 기도를 하려면 계속적으로 해라. 기도를 하려면 끈질기게 해라. 그러면 반드시 응답을 받는다."

예를 들어 가면서, 불의한 관원의 얘기와 과부의 청원 얘기를 전부 들어서 얘기를 하다가 8절에도 계속해서 기도에 관한 말씀을 하던 중 8절 끝에 가서 짤막하게 "그러나 인자가 세상에 올 때에는 믿음을 보겠느냐?" 말세에 믿음을 보겠느냐? 왜 이렇게 말씀을 하셨을까?

이 다음에 하늘나라에 가서 우리 주님보고 물어 보렵니다만 우리가 알 것은, 예수님은 서울에 앉아 부산을 봅니다. 예수님은 오늘에 앉아 천년 후를 내다봅니다. 예수님은 여기 앉아 미국을 봅니다. 예수님은 여기 앉아 천년 후를 봅니다. 문득 제자들을 앞에다 놓고 기도에 관한 교훈을 가르치는데, 기도에 관한 얘기를 하는데 말세를 내다보니 모두모두 기도가 끊어지겠고, 기도가 끊어지니 믿음이 죽겠고, 믿음이 죽으니 내가 다시 올 때 믿음을 보겠느냐? 서글픈 마음이 가득해요. 이 말씀으로 결론을 내리며 우리에게 경고를 주신 말씀이라고 봅니다.

 기도와 믿음, 믿음과 기도는 수레의 두 바퀴와 같아서 어느 하나가 없이는 다른 하나는 죽습니다. 그래서 어거스틴은 말했습니다. '믿음이 식으면 기도가 죽고 기도가 끊어지면 믿음이 죽는다.' 우리 경험을 그대로 설명한 것입니다. 분명히 믿음이 식으면 그 첫째 증거로 기도가 끊어져요.
 여러분이여! 기도가 끊어졌다면 믿음이 벌써 죽은 증거입니다. 기도가 끊어지면 믿음이 죽고 믿음이 죽으면 기도가 끊어져요. 이 사실을 예수님은 아시는지라 말세 교회를 내다보니 기도가 끊어지겠고 믿음이 죽겠고, 믿음이 죽으니 기도가 끊어지니 내가 세상에 다시 올 때 믿음을 보겠느냐?
 어쨌든 성경에 말세 신앙에 대하여 낙관적으로 말씀한 데가 한군데도 없습니다. 열 처녀 비유 중에서도 "다 졸고 잘세. 또 인자의 날도 노아의 날과 같으니라" 먹고 마시고 시집가고 장가가기를 노아가 방주에 들어가 홍수가 쏟아질 때까지 정신을 차리지 못하는 사람들입니다.
 우리가 다급하게 준비해야 할 문제는 믿음의 자세입니다. 저 하늘이 없어지고 이 땅이 사라질 때에 믿음을 찾아오시는 주님 앞에 믿음으로 발견되어 새 하늘과 새 땅에 영접함을 받기 위한 준비, 이것 외에 더 중한 것이 어디 있고 더 바쁜 것이 어디 있어요? 여러분이여, 우리 믿음의 자세를 한번 재정립하는 시간이 될 수 있기를 바랍니다.

제가 한 교회에서 30여 년을 목회하면서 실제로 당한 문제를 가지고 몇 가지 설명을 한다면 신앙의 바른 자세는 첫째로, 얼마나 열렬하냐가 문제가 아니라 얼마나 진실한가가 문제입니다. 한국 교회에 외치고 싶은 소리는 그것입니다. 얼마나 외형적으로 열렬하냐 하는 것이 문제가 아니라 얼마나 가슴 깊이, 천길 깊이가 있는, 만근 무게가 있는 진실이 우리 속에 있느냐?

진실! 하나님과 우리 사이에 오직 인간 편에서 준비할 수 있는 어떤 자격이 있다면 도덕도 아니요, 공적도 아니요, 지극한 정성도 아니요, 잘잘못 간의 진실입니다.

진실! 당돌해도 좋다, 진실하라. 창녀라도 좋다, 진실하라. 세리라도 좋다, 진실하라. 진실 그것입니다.

오늘 한국 교회는 이 귀중한 진실을 잊어버리고 '열렬'이 신앙의 전부인 양 합니다. 우리가 열렬한 것 좋지요. 내가 열렬한 것을 말하게 될 때에 열심히 교회 출석하는 것, 열심히 교회 봉사하는 것, 열심히 찬송하는 것, 열심히 성경 읽는 것, 열심히 기도하는 것, 열심히 하는 것 다 좋습니다. 누가 뭐라고 하겠어요.

그러나 어떤 다른 종류의 열심, 오늘 이런 산에서 일어나고 저런 산에서 일어나는 다른 종류의 열심, 그것은 이상한 방향으로 비뚤어져 가고 있는 운동이 아닌가 하고 나는 걱정스럽게 생각하는 것입니다. 물론 진실한 신앙은 반드시 훌륭한 외적인 활동을 수반하는 법입니다만, 그러나 외적인 활동이 훌륭하다고 해서 다 하나님 앞에 통하는 것은 아닙니다.

사람은 사람의 외모밖에 볼 줄 모르기 때문에 외적인 열렬을 가지고 그 사람의 신앙의 기준을 삼을 수 있겠고 내가 열렬하기 때문에 이만하면 되었느니 하는 자부심을 가질 수 있을지 모르나, 외모를 보시지 않고 중심을 보시는 하나님 앞에서는 외형적인 열렬도 귀중하지만 그 열렬 속에 얼마나 내적인 진실이 있느냐? 외적인 열렬한 교회 출석 속에 천길 깊이 있는 진실이 있느냐? 열렬한 교회 봉사 속에 얼마나 깊이 있는 진실이 있느냐? 손뼉치며 찬송하는 그 열렬한 찬송 속에 구구절절 내 영혼이 담겨 있는 진실이 있느냐?

오래 전의 일입니다. 어느 산에서 집회인도를 해달라고 해서, 내가 별로 안 갑니다만 존경하는 장로님이 너무너무 요청을 하기에 갔습니다. 산에 천막을 치고 나무 밑이며 바위 사이에 수천 명이 모였습니다. 바글바글 손뼉을 치고 찬양을 하는데, 가만 내려다보니 집터 다지면 좋겠다 생각할 정도로 일어났다 앉았다 야단입니다. 그래서 나는 '저쯤 되면 몸 안에 있는지 몸 밖에 있는지 하나님과 호흡하고, 주님과 교제하고 은혜의 깊이에 있겠구나.' 나는 그렇게 선의로 해석을 하고 내 차례가 올 때까지 기다리고 앉았습니다. 그런데 열일곱 열여덟쯤 되는 처녀 아이들 둘이 왔습니다.

늦게 왔으면 한쪽 구석에서 예배드리면 좋겠는데 아이들이 얌체라 강대상 바로 앞에 50대 아주머니들이 손뼉을 치며 찬송하는 그 사이에 끼어 들었습니다. 아주머니들이 찬송을 하다 자리가 비좁아서 눈을 뜨고 보니 아이들이 끼어 들어 있기에 팔꿈치로 쥐어박습니다. 그 때 나는 가슴이 섬뜩하면서 손뼉치며 눈감고 찬송하는 마음은 무슨 마음이고, 자리 조금 비좁다고 그 어린것들을 쥐어박는 마음은 무슨 마음이냐? 만일 찬송하는 그 경지가 천길 깊이 있는 진실, 만근 무게 있는 진실, 정말로 하나님과 교통하고 교제하는 감격에 잠긴 찬송이었다면 비좁더라도 끼어 드는 아이들에게 자리를 양보해 줘 가면서 '이리와 앉아라' 그래야 마땅하지 않겠는가? 그런 마음이 아니었기에 자리가 좀 비좁다고 그 어린것들을 꾹 쥐어박는 겁니다. 분명히 그 마음은 잘못된 거요. 그래서 외형적으로는 훌륭한 열렬을 가졌지만 가슴 깊은 곳에 진실이 부족하기에 저런 추태를 부리는 것이 아닌가? 내 나름대로 그렇게 해석을 했습니다.

　몇 년 전에 대구신학교 교장으로 있을 때 사당동에 있는 총회신학교 주최로 보수신앙 계통의 학생들이 모여 친목배구대회가 있었습니다. 전국에 있는 보수신앙의 신학생들이 전부 거기에 모여 가지고 배구대회를 하는데 내가 학생들을 데리고 와서 한쪽에 앉았습니다. 조금 있는데 저기 서쪽 문에서 북이 울리면서 한패가 들어오는데 앞에 응원부대가 찬송을 부르고 뒤에는 선수단이 따르고 그 뒤에는 교인들이 의자를 하나씩 들고 들어오더니만 아주 좋은 자리에 의자를 진열해 놓고 앉는데 앞에는 악대가 앉고 그 뒤에는 선수단이 앉고 그 뒤에는 성도들이 앉아 "부름받아 나선 이 몸 어디든지 가오리다" 아, 찬송을 멋지게 부르는데 '참 경건하대요. 참 경건하고 이름 그대로 모 신학교 참 좋은 신학교인가 보다' 호감이 갔습니다.

　"부름받아 나선 이 몸 어디든지 가오리다" 북을 치며 찬송을 하는데, 그 신학교 하고 광주신학교하고 배구시합이 벌어졌습니다. 공이 오고 가고 하는데, 이제 말한 그 신학교가 3점 앞서다가 점점 앞서 가니까. "부름받아 나선 이 몸 어디든지 가오리다" 이 찬송이 휙 바뀌어서 "와 이래 좋노, 와 이래 좋노"하면서 쌍 소리가 나오기 시작합니다. 그래도 젊은 기분에 선의로 해석할 수 있었어요. 한참 게임이 진행되는데, 총회신학생이 심판을 보고 있었는데 갑자기 그 신학교 학생들이 몰려와 심판을 짓밟으려고 해요. 이게 무슨 꼴이야. "부름받아 나선 이 몸 어디든지 가오리다" 이 찬송이 진실한 가슴속에서 우러나온 찬송이었다면 "와 이래 좋노, 와 이래 좋노" 속가로 변치 아니했을 것이고, 이것이 진실한 신앙에서 나온 찬송이었다면 게임이 한두 점 차이로 불공정이 있었다손 치더라도 다 같은 신학생끼리 심판 보는 학생을 끌어내려 짓밟으려고 하지는 않았을 것입니다. 가짜들입니다. 위선자들입니다.

오늘 한국 교회에 이러한 가짜, 위선자들이 얼마나 활개를 치는지 모른다고 생각할 때, 우리에게 외형적으로 열렬치 못하더라도 보다 더 귀한 것은 천길 깊이 있는 진실입니다.

예루살렘 거리에는 종교전문가들이 많았습니다만, 성경학자들이 많았습니다만, 성직자들이 많았습니다만, 예수님의 제자들 중에 누구 하나가 발탁을 받았던가? 이름 없는, 사회적으로 찌꺼기 대접받던 어부와 세리를 불러서 제자를 삼은 까닭이 뭡니까? 아무리 종교전문가라 할지라도 그들은 위선자요, 회칠한 무덤이었기에 예수님은 그들을 외면하시고 어부라도 좋다, 세리라도 좋다, 그들의 가슴에는 진실이 있기에 그들을 뽑아 제자를 삼지 않았나 생각해 봅니다.

예루살렘 성전에 두 사람이 나타나 기도했습니다. 하나의 기도는 장엄합니다. 내용에 언어구사가 훌륭합니다만 하나님 앞에 인정을 받지 못했습니다. 그러나 세리는 저 뒷자리에서 얼굴을 들지 못하고 땅바닥에 엎드려 우는 기도였지만 하나님 앞에 인정을 받았은즉 무슨 차이입니까? 하나는 진실이 있었고, 다른 하나는 진실이 없었던 것입니다. 우리에게 귀중한 것은 외적인 것이 아니라, 내적인 진실입니다.

그래서 루터는 말했습니다. "내가 꼭 살아야 할 이유는 없다. 그러나 꼭 진실해야 한다." 나는 요약해서 한마디로 말씀드립니다. 예수님의 생애를 더듬어 보면 위선의 성직자보다 진실한 창녀가 하나님 앞에 훨씬 더 귀한 존재였습니다. 외형적인 그 무엇을 가지고 하나님 앞에 명함을 내밀지 말고, 잘했더라도 진실하고 잘못했더라도 진실해야 합니다. 진실한 신자! 한국 교회여! 진실합시다. 이것만이 우리 하나님을 향한 사람이 가질 수 있는 오직 하나의 자세, 곧 진실한 신앙입니다.

둘째로, 신앙의 바른 자세는 내가 얼마나 선하냐? 얼마나 악하냐? 문제가 아니라 얼마나 의지하느냐? 이것이 한국 교회에 내가 외치고 싶은 말입니다. 유교적이며 불교적인 영향을 받은 한국 교회의 신앙은 선악으로 신앙을 대표하고 있습니다. 성경적인 신앙은 내가 얼마나 신하냐 악하냐가 문제가 아니라 얼마나 의지하느냐?

위에서 말씀드린 대로 불교적이고 유교적인 영향에 젖어 온 우리들은 사람들을 평할 때 선량하면 "야, 저 사람은 예수 안 믿어도 천당 갈 사람이다." 또 행위가 불량하면 "저 사람은 예수 아니라 더한 예수를 믿어도 지옥 아니라 지옥 아랫목에 갈 것이다." 그렇게 평을 하는 소리를 가끔 들을 수 있었습니다.

어떤 목사님이 농촌에서 목회를 하는데, 두 어린 것들과 시어머니를 모시고 사는 한 과부가 있었습니다. 그녀는 산에 가서 마른 나뭇가지를 묶어 장에 가서 팔아 보리쌀을 사서 연명하며 가난한 살림살이를 꾸려 가는 불쌍한 자매였습니다. 목사님이 심방을 왔습니다. 손이 얼어터지고 그냥 볼 모양이 없어 부끄러워서 치마자락에 감추니, 이쪽 손을 감추려니 저쪽 손이 나와요. 목사님이 자매를 위로하려고 "자매, 그 손은 부끄러운 손이 아니요. 주님 앞에 서는 날 아무 말 말고 손만 내어 밀면 우리 주님께서 자매님의 손을 잡고 하늘 나라로 영접하실 것입니다." 하고 위로를 했습니다.

여러분 인정적으로는 그런 위로를 할 수 있겠지만 성경적은 아닙니다. 손이 효성 하느라고, 바르게 사느라고 얼어터져 부끄러운 모양이 된 그것이 하늘나라에서 영접받는 자격은 아니요, 공로는 아닙니다. 성경적은 아닙니다.

물론 우리의 참된 신앙은 일반적인 도덕보다 훨씬 수준 높은 선한 열매를 맺는 법입니다만 그러나 외형적인 선이라고 해서 곧 신앙을 대표하느냐? 그것은 아닙니다. 나는 가끔 생각해 봅니다. 어쩌면 교회보다 절간에 선량한 사람이 더 많을지도 모릅니다. 어쩌면 교회보다 사서삼경 읽고 있는 사람 중에 선량한 사람이 더 많을지 몰라요. 만일 선량을 운운한다면 기독교는 필요하지 않습니다. 복음은 필요하지 않습니다. 십자가는 필요하지 않습니다.

자, 봅시다. 우리가 '선하다, 악하다'를 말할 때 그것은 사람끼리 비교적 선하고 악한 것이지 하나님의 완전하신 표준 앞에 내어놓고 볼 때 하나님이 인정하실 만한 선은 인간에게는 없습니다. 인간 사이에 비교적 선한 문제를 가지고 마치 그것이 하나님에게 인정을 받을 자격이요 공로인 양 생각하는 것은 성경적인 것이 아닙니다.

깜깜한 밤에 30W 전구하고 100W 전구하고 시비가 벌어지면 30W가 집니다. 그 밤 다 가고 동천에 해가 떠올라 햇빛 아래 광명천지가 된 후에 30W가 덜 밝으면 얼마나 덜 밝고, 100W 더 밝으면 얼마나 더 밝아요. 100W와 30W는 차이가 없습니다. 하나님 없이 사람끼리는 선악의 차이는 있겠지요. 그러나 하나님 앞에 내어놓고 보면 사람의 선악 차이는 문제가 되지 않아요. 2층집, 3층집 높이의 차이는 있겠지요. 그러나 3만 피트 높은 창공에 제트기를 타고 여행을 하면서 내려다보면 단층집 낮으면 얼마나 낮고 3층집 높으면 얼마나 높으냐 말입니다. 문제가 되지 않아요.

인간들의 선악의 시비는 꼭 그와 같은 것입니다. 그래서 우리 주님은 "내가 세상에 온 것은 의인을 부르러 온 것이 아니라 죄인을 부르러 왔다"고 말씀을 하셨습니다. 그렇기 때문에 우리가 신앙의 바른 자세라고 하는 것은 내가 얼마나 선하냐, 악하냐? 문제가 아니라 얼마나 의지하는 것인가? 이니 선악을 무시해 버려라는 것입니다. 어떻게 그런 말을 할 수 있느냐? 봅시다.

목자에게는 백 마리의 양이 있는데 99마리 양은 우리에 있고 길 잃은 양 한 마리가 있습니다. 목자가 어느 양을 더 사랑했습니까? 잃어버린 양 한 마리를 더 사랑해서 잃어버린 양을 찾아서 돌아와 잔치를 베풀었습니다. 죄인 하나가 회개할 때 하나님께서는 이렇게 기뻐하십니다. 회개할 것 없는 의인 아흔아홉보다 회개할 것 있는 죄인 하나를 더 기뻐하십니다. 무슨 의미입니까?

부자 영감님의 두 아들이 있었는데 맏아들은 집에 있었고, 둘째 아들은 탕자 노릇하다가 돌아왔습니다. 선악을 가지고 논한다면 맏아들로 만족하고, 탕자 아들은 집안에 발도 못 붙이게 하고 쫓아냈을 것입니다. 그러나 성경은 그렇지 않습니다. 이것을 보면 도덕적으로 더 선하고 더 악한 것은 성경이 전혀 문제시하지 않고 회개하고 돌아와 의지하는 자를 더 귀히 여기는 하나님이라고 하는 사실입니다.

또 구약으로 돌아가 에서와 야곱을 비교해 봅시다. 에서는 그 생애 중에 장자 기업을 경시했다고 하는 허물 이외에 큰 허물을 볼 수가 없습니다. 그것도 선의로 해석하면, 형제간에 동생이 복을 받으나 형이 복을 받으나 대수입니까? '동생 네가 그렇게 복 받고 싶으면 동생이 복 받아라' 이 얼마나 너그러운 태도입니까? 얼마나 멋진 형의 아량입니까? 동생은 나면서부터 형의 발꿈치를 잡고 나오고 형의 약점을 이용해서 축복 권을 농락할 뿐 아니라 눈이 어두운 아버지를 이용해 가지고 형의 축복을 쟁취하는 못되고 교활한 사람입니다. 그런데 어째서 하나님께서는 에서를 안 택하고 교활한 야곱을 택했는가? 이것도 하늘나라 가서 물어 보고 싶은 것 중의 하나입니다.

그러나 성경을 보게 되면 우리가 짐작할 수 있는 그 이유가, 에서의 생애 속에는 '나는 하나님 없이 못 삽니다' 하고 매달린 기록이 한 군데도 없습니다. 야곱은 못됐을지라도 환도 뼈가 부러지기까지, 위골이 되기까지 '하나님 없이는 나는 못삽니다' 하고 매달려 의지했기에 야곱을 이스라엘로 바꾸어 민족의 조상을 삼지은 것입니다.

또 가룟 유다와 베드로의 경우를 봅시다. 가룟 유다는 죽고 베드로는 수제자의 지위를 회복받은 것이 선악의 차이 때문입니까? 죄악의 경중의 차이 때문이라고 생각합니까? 베드로의 죄나 가룟 유다의 죄나 크게 차이가 없다고 나는 봅니다. 가룟 유다도 그 돈을 성전에 도로 갖다 바치고 얼마나 회개했습니까? 얼마나 뉘우쳤습니까? 그런데 어째서 가룟 유다는 죽고 베드로는 수제자의 지위를 회복했는가? 가룟 유다는 의지하지 않고 자기 문제를 자기가 해결하려고 발버둥치다가 죽었고, 베드로는 염치불구하고 "주여 어떻게 하시렵니까?" 울며 회개하고 의지할 때 "네가 나를 사랑하느냐? 네가 나를 사랑하느냐? 네가 나를 사랑하느냐?" 세 번 다짐한 후에 "네가 내 양을 먹이라, 내 양을 치라." 수제자의 지위를 회복해 주시지 않았던가 말입니다.

만일 선악의 차이가 구원 문제를 좌우하고 선악의 차이가 우리 사람과 하나님과의 관계를 좌우한다면 예수님의 십자가 대속은 필요없을 것입니다. 아버지는 장자로 만족하고 탕자는 생각지도 않았을 것입니다. 하나님은 야곱을 택하지 않고 에서를 택했어야 했을 것입니다. 목자는 99마리 양으로 만족하고 1마리 양쯤은 생각하지 않아야 했을 것입니다. 그러나 성경은 정반대입니다.

예수님의 일생 중에 누가 선하기 때문에 용납받은 사람이 있었던가? 누가 악하기 때문에 거절당한 사람이 있었던가? 십자가의 강도가 선하기 때문에 용납을 받았던가? 의지하였기 때문에 용납을 받았던가? 시몬의 집에서의 창녀는 선하기 때문에 용납을 받았던가? 의지하기 때문에 용납을 받았던가? 판단하시기를 바랍니다.

우리가 선하려고 노력하지 말고 죽을 판 살 판 의지합시다. 우리가 선하려고 노력한다 할지라도 하나님의 수준에 맞는 선을 행할 수 없습니다. 성경의 윤리는 수준이 높아서, 양심적으로 살아서 도달할 수 있는 수준이 아니요, 의지적인 노력으로 살아서 도달할 수 있는 수준이 아닙니다.

내가 예수님의 원둥치에 붙어 있는 한 가지가 되어 예수 생명이 나에게 넘쳐흘러, 그 예수 생명에 지배받을 때 비로소 저절로 과실을 맺을 수 있다고 함과 같이, 내가 예수님과 바른 관계를 맺은 연후에 저절로 맺어지는 그 선의 열매가 하나님 수준에 맞는 열매가 되는 것입니다.

예수님을 의지하지 아니하고 죽을 판 살 판 몸부림을 친다고 할지라도 하나님의 수준에 맞는, 하나님의 뜻에 맞는 선을 행할 수 없는 것을 알고 '나는 강도입니다. 나는 창녀입니다' 죽을 판 살 판 의지할 적에 사마리아 여인이 변하여 복음을 전하는 전도자가 되어 동리에 들어가 사마리아 성에 복음의 혁신을 일으켰던 것과 같이, 예수님 의지하고 바른 관계 맺을 때 비로소 변화되어 그 예수님의 생명이, 그 예수님의 능력이 나를 지배하는 날, 내게 능력 주시는 자 안에서 비로소 하나님의 수준에 맞는 선의 세계에 도달할 수 있고 의의 세계에 도달할 수 있는 것인즉, 내가 선하냐 악하냐가 문제가 아닙니다. 우리 신앙의 바른 자세는 잘잘못간에 그저 '주여, 주여' 의지하는 것, 이것이 신앙인의 바른 자세입니다.

셋째로는, 간단하게 두 가지만 말씀드리겠습니다. 신앙인의 바른 자세는 사람이 나를 어떻게 보느냐에 신경쓰지 않고 하나님이 나를 어떻게 보시느냐에 초점을 맞추고 사는 것입니다. 그렇기 때문에 신앙생활이라고 하는 것은 언제나 무인지경을 걸어가는 것과 같습니다. 하나님과 나뿐입니다.

아버지가 목사라도 나와 상관없고 아버지가 장로라도 나와 상관없습니다. 하나님과 나와의 관계입니다. 그래서 바울 사도는 "너희에게나 다른 사람들에게 판단받는 것이 매우 작은 일이니라" 칭찬도 매우 작은 일, 비난도 매우 적은 일, 사람의 칭찬인 동시에 하나님의 칭찬이 아닐진대 그렇게 좋아할 것이 없습니다. 사람의 비난이 하나님의 심판이 아닐진대 무서워 할 것 없습니다. 초점을 하나님께 맞추어 사는 자세, 이것이 신앙인의 삶의 자세입니다. 하나님이 나를 어떻게 보시는가? 서울 장안의 천만 시민이 나를 다 칭찬한다고 할지라도 그것을 그렇게 좋아할 것이 없습니다. 하나님이 나를 보고 무어라 하시는가? 여기에 초점을 맞추고 사는 것이 신앙인의 바른 자세입니다.

여론에 좌우되지 말고, 사람의 눈치에 신경쓰지 말고, 하나님과 마주보고 초점 맞추어 살아가는 여러분의 생활되어 하루 지나면 그만큼 하나님과 가까워지고, 이틀 지나면 그만큼 신앙의 깊이가 더해져서 주님이 재림하여 오실 때 "이리 오너라" 영접받을 수 있는 진실한 신앙인이 되시기를 바랍니다.

마지막으로, 신앙의 바른 자세는 환경이 얼마나 이로운가, 해로운가의 문제가 아니라 얼마나 이기는 생활을 하느냐가 문제입니다. 왜 내가 이런 말을 하느냐 하면, 수십 년 목회를 하면서 신앙생활에 철저하지 못한 사람에게 심방을 가서 "왜 이러느냐?"고 물으면 변명이 없는 집이 하나도 없습니다. "왜, 교회출석이 이렇게 뜸하고, 열심이 식어지고 왜 이러느냐?"고 물으면, "몸이 약해 병치레하느라고, 짝 믿음이라 이 눈치 저 눈치 보느라고, 사업이 너무 분주해서" 무슨 변명이든 변명이 없는 집이 하나도 없습니다. 철저하지 못한 신앙을 어떤 환경 탓으로 변명한다면 예수님의 환경은 더 어려웠습니다. 바울의 환경은 더 어려웠습니다. 스데반의 환경은 더 어려웠습니다.

신앙인의 바른 자세는 환경에 따라 좌우되는 것이 아니라 환경을 밟고 일어서 올라가고 올라가는 기회로 삼고 하나님께로 더 가까이

나가는 기회로 삼을지언정 뒤로 물러가서 침륜에 빠지는 법이 없어요. 큰 물결 일어나 내 쉬지 못해도 이 물결로 인하여 더 빨리 갈 뿐입니다. 편편한 벌판에 물이 굽이쳐 흐를 때는 미련스럽습니다. 그러나 물결이 낭떠러지를 만날 때 폭포의 장관을 이루는 것입니다.

신앙은 생명이요, 신앙은 능력이기 때문에 역경을 만날 때에 신앙의 위력이 발동되는 법! 환난을 만날 때 신앙의 위력이 발동되는 법! 환란아 닥쳐라, 하나님의 아들의 실력을 보여 주리라! 역경아 닥쳐라, 하나님의 딸의 실력을 보여 주리라! 하나님의 아들과 딸들의 기백이요, 하나님의 아들과 딸들의 기상이어야 할 것입니다.

환경이 조금 어렵다고 주일을 까먹고, 새벽기도를 빼먹고, 성경 읽는 것도 기도하는 것도 다 떼어먹어 버리고, 그러니까 죽어가고 죽어가지. 환경이 해로우냐 이로우냐가 문제가 아니라 신앙인의 바른 자세는 얼마나 환경을 역이용하여 올라가는 기회로 삼고, 하나님과 가까이 가는 기회로 삼고 신앙의 깊이를 기르는 기회로 삼는 이것이 신앙인의 바른 자세입니다.

말을 맺습니다. 오늘이 말세요. 주님이 믿음을 찾아오실 날이 임박했다면 과연 나는 주님께 인정받을 만한 믿음인가? "내가 세상에 다시 올 때 믿음을 보겠느냐?" 여러분이여! 여러분이여! 이 밤 이 땅에 주님 재림하여 오신다면 나는 주님 앞에 믿음으로 발견되어 "이리 오너라" 영접받을 만한 준비가 되어 있습니까? 심각한 문제입니다.

이 밤에 여러분 자신을 반성하면서 나는 주님 앞에 인정을 받을 만한 믿음의 상태인가? 열렬하냐가 문제가 아니라, 얼마나 진실하냐가 문제입니다. 의로우냐, 악하냐가 문제가 아닙니다. 얼마나 죽을 판 살 판 의지하느냐가 문제입니다. 사람이 나를 보고 칭찬하는 것이 문제가 아니고, 사람이 나를 보고 악담하는 것이 문제가 아닙니다. 하나님이 나를 어떻게 보시느냐가 문제입니다. 환경 탓으로 철저하지 못한 신앙생활이 마지막 심판대 앞에 가서도 변명할 이유가 될 줄 압니까? 아닙니다. 어떤 환경일지라도 그 환경을 신상이 성숙하는 데 이용해서 하나님 앞에 인정받고 마지막 날 믿음 찾아오실 주님에게 모두 영접되어지는 성도들이 되시기를 축원합니다.

하나님의 구원 경륜

그런즉 이 일에 대하여 우리가 무슨 말 하리요 만일 하나님이 우리를 위하시면 누가 우리를 대적하리요 자기 아들을 아끼지 아니하시고 우리 모든 사람을 위하여 내어주신 이가 어찌 그 아들과 함께 모든 것을 우리에게 은사로 주지 아니하시겠느뇨 누가 능히 하나님의 택하신 자들을 송사하리요 의롭다 하신 이는 하나님이시니 누가 정죄하리요 죽으실 뿐 아니라 다시 살아나신 이는 그리스도 예수시니 그는 하나님 우편에 계신 자요 우리를 위하여 간구하시는 자시니라. 누가 우리를 그리스도의 사랑에서 끊으리요 환난이나 곤고나 핍박이나 기근이나 적신이나 위험이나 칼이랴 기록된바 우리가 종일 주를 위하여 죽임을 당케 되며 도살할 양 같이 여김을 받았나이다 함과 같으니라. 그러나 이 모든 일에 우리를 사랑하시는 이로 말미암아 우리가 넉넉히 이기느니라. 내가 확신하노니 사망이나 생명이나 천사들이나 권세자들이나 현재 일이나 장래 일이나 능력이나 높음이나 깊음이나 다른 아무 피조물이라도 우리를 우리 주 그리스도 예수 안에 있는 하나님의 사랑에서 끊을 수 없으리라

(롬 8:31~39)

내 성경으로 가자

　오전 성경공부 시간은 하나님의 구원 경륜이라는 큰 제목을 가지고 몇 가지 주제를 다루어 나가겠습니다. 오늘은 성경에 대하여 공부하도록 하겠습니다.
　로마서 8장은 성경 중의 성경입니다. 하나님의 말씀, 그 어느 책, 어느 장, 어느 절이 안 중요하겠습니까마는 이 로마서 8장은 성경 중의 성경입니다.
　스페너라는 학자는 "신구약성경 66권을 한 닷 돈쯤 되는 황금반지에다가 비유한다면, 그 황금반지에 한 캐럿짜리 다이아몬드를 잘 보이는 데 박아 놓는 것과 같이 로마서는 황금반지의 다이아몬드와 같다. 그 다이아몬드가 반짝반짝 푸른빛이 반사되는 것과 같이 로마서 중에도 로마서 8장은 다이아몬드의 광채와 같다."라고 말했습니다.
　성경 중에 가장 귀한 책이 로마서요, 로마서 중에 다이아몬드의 광채와 같이 가장 귀한 것이 로마서 8장입니다. 그래서 나는 이 로마서 8장 31절에서 39절까지를 언제나 '이것은 내 성경이다. 내 성경이다.'라고 생각합니다.
　여러분, 모두 자기 성경이 있어야 됩니다. '아이고 그런 유치한 소리하지마소. 대구 촌사람들은 성경도 없이 교회 왔다갔다할지 몰라도 적어도 우리 교회 믿음의 가족들은 성경을 가져도 보통 성경이 아니라, 가죽으로 되어 있고 금박으로 장식이 되어 있는 그런 성경을 가지고 다닙니다.'라고 대답을 할 거예요. 그러나 그것은 성경책이고, '내 성경' 이것은 '하나님이 이성헌이에게 주신 말씀이다. 내게 주신 말씀이다. 내 성경' 이라는 말입니다.

사람이 살아가노라면 신앙생활하다가 혹은 가정생활에, 혹은 직장생활에, 혹은 대인관계에, 또 조용히 신앙생활한다고 하지만, 어떤 때는 신앙이 자글자글 끓기도 하지만 어떤 때는 그냥 차디차고 요즈음 날씨같이 변덕을 부릴 때가 없지 않아 있습니다. 그럴 때 우리가 어디 가서 과연 이 문제에 대한 대답을 들을 수 있을까? 목사님을 찾아가도 시원찮습니다. 내 문제를 어디 시원스럽게 대답해 줄 수 있으리요! 친구를 찾아가도 시원찮습니다. 이런 문제가 있을 때 내 성경으로 가야 되는 거예요.

가령, 어려운 문제를 당했는데 아주 갑갑하고, 혹은 신앙이 그냥 납덩이를 물에 던지는 것과 같이 착 가라앉아, 기도도 잘 안 나오고, 찬송도 잘 나오지 않고, 설교를 듣는다고 앉았지만 뭐가 뭔지 꼬리가 머리 됐다가, 머리가 꼬리 됐다가 도무지 분간할 수 없는 그러한 혼란, 그럴 때 어떻게 하느냐? 우리가 신앙생활하다가 어떤 어려운 문제에 부딪힐 때 별수없이 '내 성경으로 가자.'

그런데 내 성경이 없는 사람은 이럴 때 성경 읽어야 된다고 목사님께 늘 들어왔으니까 '아 갑갑할 때 성경을 읽어야 되겠는데, 어떠한 성경을 읽어야 내게 딱 맞는 약이 되겠는가?' 창세기 1장 1절부터 뒤지기를 시작하는데, 뭐 어디가 어딘지 알아야지. 시편에 갔다가, 욥기에 갔다가, 말라기에 갔다가, 마태복음에 갔다가, 계시록에 갔다가, 그러다 보면 내게 딱 맞는 약을 못 발견하니까 '에라 모르겠다. 갑갑해라.' 덮어놓는 거예요. 한 번 더 답답한 거예요. 내 성경이 있으면 그냥 '에라 가자, 내 성경으로.' 그냥 가는 거예요. 그래서 읽고 또 읽고 또 읽으면, 모든 문제가 다 해결이 되어지는 정말 명약입니다. 요즘은 뭐 조금만 잘못하면 우황청심환을 먹는다고 하던데요. 우황청심환 정도가 아니라 그저 혈압 올라갈 때도 내 약, 내 성경, 그저 마음이 갑갑하여 우울증이 있을 때도 내 성경, 서러움받을 때도 내 성경, 구박받을 때도 내 성경, 신앙이 차분하게 가라앉을 때도 내 성경, 그저 로마서 8장으로 가는 거예요.

그런 의미에서 '자기 성경이 있어야 된다.' 라고 저는 어디를 가든지 이렇게 강조를 하면서 각자 다르니까 내가 강요는 못하나, 즉 경험으로 보아서 또 벵겔의 이 얘기를, 주석자가 한 말을 참고로 할 적에 여러분도 모두 로마서 8장을 여러분의 성경으로 받아 외워버리세요. 안 되거든 31절에서 39절까지를 외워요. 길을 가면서도 외우고 또 언제든지 내 성경에 찾아가면 거기에서 하나님을 만나 대답을 들을 수가 있을 것입니다.

저는 좀 늙었답시고 심방을 잘 못합니다. 대신에 금요일 날 내 사무실 문을 열고합니다. '내가 왜 당신네들 심방 가야 되느냐? 당신네들이 나를 만나러 오너라.' 그러면서 교인들 상담을 받는 날입니다. 교인들 중에서 여집사님들이 잘 찾아오는데 찾아와서 하는 얘기가 "목사님! 아무아무 집사 좀 야단쳐 주시오. 그 집사가 내게 뭐 어쩌고저쩌고." 그냥 속상한 얘기를 다합니다. 그런데 목사가 슬쩍 말참견했다가는 큰일 당해요. 내가 "아이구, 그래요? 그 집사 못됐구만. 내가 야단 좀 쳐주마." 이러면 이 찾아온 집사가 신이 나서 하는 말, "목사님도 내 편이더라. 어쩌고저쩌고." 이러면 일이 그냥 굉장히 껄끄럽게 번져가는 거예요. 그래서 얘기를 다 듣는 거예요. 들으면 "그래요. 또 그래요."

"목사님! 그래요, 그래요가 뭐예요? 옳으면 옳고 아니면 아니라고 그래야지."

"그래요. 그래요. 어 그래요. 또 그래요." 얘기를 다 듣고 난 뒤에,

"그럼요, 지금부터 집에 가서 로마서 8장 31절에서 39절까지 50번만 읽고 대답이 안 나오거든 다시 오세요." 하고 돌려보냅니다.

"목사님, 그런 것이 어디 있어요?" "아 글쎄. 그래 보라고." 돌려보냅니다. 그 다음 얼마 안 있다가 상대되는 여집사가 또 옵니다. 상대

되는 먼저 집사가 왔다간 줄도 모르고 와 가지고 또 "어쩌고저쩌고." 얘기를 늘어놓습니다. 또 "그래요. 또 그래요." 참 어렵지요. 얘기를 다 듣고 마지막에 똑같은 처방을 줍니다. "로마서 8장 31절에서 39절까지 50번만 읽고 대답이 안 나오거든 다시 오세요."하고 돌려보냅니다. 그런데 얼마 후에도 돌아오질 않거든요. 그후 우연히 만나 물었어요.

"왜 다시 안 왔어요? 그 문제 어떻게 됐어요?"

"목사님, 다 해결됐어요."

로마서 8장 31절부터 39절까지 50번 읽는 동안에 대답을 다 받았다는 거예요. 여러분도 이 로마서 8장 31절에서 39절까지를 가급적 외우셔서 언제나 여러분의 성경으로, 인생 살아가는 과정에 힘들걸랑 여기에서 힘을 얻고 신앙이 뭔가 좀 흔들리거든 여기에서 다시 한 번 견고하게 격려를 받을 수 있는 말씀으로 간직할 수 있기를 바랍니다.

공부하는 목적은 확신입니다. 확신을 가질 수 있도록 해야 되겠다는 것이 말씀공부의 목적이라 하겠습니다.

구원의 확신! '나는 구원 얻은 하나님의 아들과 딸이다.' 그것 또한 여러분에게는 아마 유치한 얘기가 될지 혹은 상식에 속하는 것인지 잘 모르겠습니다만 한국 교회 전체로 보아서 이 확신 문제, 내가 구원 얻은 하나님의 아들과 딸이라고 하는 이 확신 문제, 이것이 분명치를 않아 우리 교회가, 한국에 있는 교회가 빛 노릇을 못하고 소금 노릇을 못하는 것으로 결론을 내릴 수 있겠고, 그렇게 결론을 내리는 것이 결코 잘못된 판단은 아니라고 생각되어집니다.

분명히 한국에 있는 교회에 인구의 4분의 1이 넘는 그리스도인이 있으면서도 사회악은 날마다 늘어만 가고, 잔인하고 포악한 일은 자꾸 늘어만 가고, 정치하는 사람들이나 이런 사람들마저 우리가 믿고 쳐다볼 수가 없으리만큼 잘못 되어 가는 책임이 우리에게 있는 것 같습니다.

우리가 빛이 된다, 소금이 된다, 그러니까 소금장수를 하라는 말이 아니고 발전소에 가서 취직하라는 말도 아니고, 고함치고 돌아다니라는 말도 아니에요. 떠들고 바른 소리하고 그냥 좌충우돌하란 말이 아니에요.

확신의 사람, 하나님의 아들과 딸이라고 하는 긍지와 자부심을 가진 사람, 인격이 그러하고 품성이 그러하고 생활이 그러한 사람, 그런 사람이 이 인구의 4분의 1만 됐다면, 어떠한 사회학자가 '100명 중에 정말 진실한 사람 두 사람만 있으면 한 세기가 가기 전에 그 다른 98명에게 감화를 끼칠 수밖에 없다' 는 얘기를 쓴 것을 읽어보았습니다. 4분의 1이나 되는 크리스천이 이 땅에 있다면서 어디 한 군데도 우리의 영향이 비치는 데가 없는 것 같습니다. 이것은 분명히 우리가 구원 얻은 확신의 사람, 긍지와 자부심에 당당한 그리스도인으로서의 모습이 없기 때문이 아닌가?

'나는 구원을 받았나? 나는 중생했나? 나는 구원을 받은 하나님의 아들과 딸이냐, 혹은 아니냐?' 내가 여기에서 이렇게 이런 의문을 가지고 묻는다면, 아마도 여기에 앉으신 여러분은 다 '나는 구원 얻은 하나님의 아들과 딸' 이라고 번쩍 손을 들 수 있으리라고 그렇게 생각이 되어집니다.

둘째로, 나는 중생했느냐? 못했느냐? 사람이 거듭나지 아니하면 하늘나라에 들어갈 수 없다고 우리 주님 딱 잘라 말씀을 하셨는데 나는 과연 중생을 했나, 못했나? 이런 의문을 우리가 스스로에게 한 번 물어 본다면, 어떻게 보면 중생한 것 같고 어떻게 보면 중생 안한 것도 같고, 이 중생 문제가 대단히 중요한 문제임에는 틀림이 없습니다. 이 중생 문제에 대하여 확신이 없기 때문에 역시 우리의 신앙이 바람 따라 혹은 또 풍조 따라 이렇게 저렇게 흔들리기가 쉽습니다.

셋째로, 믿음이라는 것은 무엇일까? 믿음으로 구원 얻는다고 그랬는데 믿음이라는 것은 무엇일까? 이 믿음, 더구나 한국 사람에게는 믿음 문제가 대단히 애매합니다.

옛날부터 천수백년 동안 불교의 영향 아래 살아오고, 또 수백년 동안 유교의 영향 아래 살아와서 우리 한국 사람의 의식구조가 '무엇인가 사람 편에서 선을 행하거나 사람 편에서 어떤 공덕을 쌓아야 하늘이 돌봐 주신다, 하늘이 갚아 주신다.' 하는 이런 유교적이며 불교적인 사상 아래 오래 살아왔기 때문에 '믿음으로 구원 얻는다.' 는 말이 마치 믿음은 곧 선행인 양, 공덕을 쌓는 일인 양 오해하고 있는 교인이 참 많습니다.

우리 교회에서 세상을 떠났습니다만, 불교에 오래 종사하시던 할머니 한 분이 교회 나오기를 시작해 언제든지 교회 오면 강대상 앞에서 합장으로 공을 들이고 제자리에 가 앉습니다. 또 우리 교회는 남자 의사 집사님이 한 분 있는데, 그분 아버지가 중이고 또 의과대학 다닐 때부터 불교학생회 회장을 하고, 의과대학을 나오고 병원을 개업해 놓고도 경북의대 불교학생회 고문을 하던 분이 있었습니다. 그분이 회개를 하고 예수를 믿어 집사가 되어서 기독교 방송국에 나와서 간증을 한 적도 있습니다.

그런데도 그분이 하나님을 아버지로 모시고 예수님을 구주로 모시고 신앙의 내용은 잘 갖추어졌지만 못 버리는 버릇이 하나 있습니다. 나보고 언제나 '큰 목사님!' 그럽니다. 절간에 가게 되면 '큰 스님, 작은 스님!' 그러거든요. 큰 스님, 작은 스님, 그러니까 교회에서 나보고 언제나 '큰 목사님, 큰 목사님!' 부릅니다. 큰 중이라는 말이지요.

우리 한국 교인들의 그 의식구조 속에는 다분히 불교적인 것이 섞여 있고 유교적인 것이 섞여 있습니다. 그래서 '믿음으로 구원 얻는다'고 그러니 믿음도 선행인 양, 믿음이라고 하는 선행으로 구원 얻는 줄로, 믿음도 불교적인 어떤 공덕을 쌓는 것으로, 새벽기도 한 번도 안 빠졌다. 성경은 일년 365일 매일 한 번씩 읽었다. 십일조 한 번도 안 떼어먹었다 등등 이것이 어떤 공덕을 쌓는 것인 양으로 생각하고 그래야 구원을 얻는 양으로 생각하는 이것은 대단한 잘못입니다. 어느 의미에서는 한국 교회에 신앙의 본뜻을 찾는 종교개혁운동이 일어나야 할 것 같다는 생각을 가끔 해봅니다.

넷째로, 구원받았으면 언제 받았을까? 앞으로 언제 받을 것인가? 앞으로 세례받고 집사 되고 교회 봉사 많이 하고 그리고 신앙이 좀 자라야 구원을 얻는 것일까? 이 문제에 대해서도 애매한 점이 적지 않습니다. 중생했다면 언제 중생했을까? 언제 내가 앞으로 중생할 것인가? 물론 교파에 따라 다소간 여기에 이견이 있습니다만,

제가 미국에서 공부하는데 어느 날 예배시간에 학생들이 "Happy Birthday to you!" 하며 교장인 닥터 클리워터에게 생일축하노래를 부릅니다. 예배시간에 생일축하노래를 부른 것도 좀 같잖스러운 일이지만 미국이니까 그저 너그럽게 봐주었지요. 몇 달 후에 또 예배시간에 "Happy Birthday to you!" 그러고 생일노래를 부릅니다.

물론 내가 짐작은 했지만 같잖스럽게 '한 사람한테 생일이 두 번이 뭐야?' 그런 생각을 하면서, 볼일이 있어서 교장실에 가서 "어떻게 당신은 생일이 두 번이냐?"고 정색을 했습니다. 그러자 "이것 한국 장로교 목사 큰일났다."며 사람이라는 것이 한 번 나면 두 번 죽고 두 번 나면 한 번 죽는 것도 모르느냐고 반문합니다. 그래서 "내가 뭐 그것 모르겠어요? 그렇지만 그게 뭡니까?" 그러자 아주 잘 아는 것처럼 다시 한 번 설명을 하대요.

사람이 한 번 나면 두 번 죽는다는 말은, 이 몸이 세상에 한 번 출생하는 것으로 두 번나지 않고 한 번만 출생한 사람은 두 번 죽는데, 첫째 죽음은 몸과 영혼이 갈라지는 것을 한 번 죽음이라 하고, 두 번째 죽음은 영원한 지옥의 죽음을 죽어야 되는 것이라고. 한 번 난 사람은 이렇게 두 번 죽어야 되고 두 번 난 사람은 한 번 죽는데, 두 번 났다는 것은 뭐냐하면 한 번 내가 육체로 세상에 태어나고 그 다음에 어느 날 성령님으로 말미암아 내가 중생 하면 한 번밖에 안 죽어, 몸과 영혼이 갈라지는 것으로 한 번 죽고 그 다음에 영원한 죽음은 없어, 지옥의 영원한 죽음은 없어요. 그래서 사람이라면 한 번 나면 두 번 죽고 두 번 나면 한 번 죽는다고 그렇게 얘기를 하대요.

그것도 그럴 싸한 말이지만, 어쨌든 어떤 교파에서는 '나는 몇 월 며칠 날이 내 생일이고 또 내가 중생한 날이다.' 중생한 날을 이렇게 꼭 꼬집어 말하는 경우도 있습니다. 또 우리의 경우도, 신학적인 문제를 떠나서라도 생각을 해보면 '야 그때 내가 사울이 바울된 날이야, 그때 내가 정말 암담 속에 허덕이다가 빛을 찾은 날이야, 그때 내가 구원의 확실한 체험을 가진 날이야.' 등등 잊지 못할 그 어떤 날이 있는 것입니다. 대부분 다 그런 경험은 있을 줄 압니다.

과연 그렇다면 내가 중생을 언제 했을까? 앞으로 언제 중생할 것인가? 이 문제에 대해 우리 장로교적인 입장에서는 밑에 내려가 본론공부를 할 때 말씀을 드리도록 하겠습니다.

중생은 대단히 중요합니다. 분명히 중생 해야 됩니다.
페이스 신학교에 갔는데, 이곳은 장로교회 골수분자들이 모여 있는 신학교입니다. 교수랑 처음으로 만났는데 내가 그냥 보통으로 그저 "만나서 반갑습니다." 그랬는데 상대방은 "당신 중생했습니까?" 하고 인사를 하는 거예요. 조금 당황했습니다만 자존심에 당장 "그렇습니다. 당신은 어떻습니까?"라고 물으니 싱긋이 웃으면서, 그 다음 인사로 정말 인간적인 대화가 연결이 되는 것을 보았습니다.

우리에게 중생이라는 문제는 대단히 중요한 문제입니다. 옛사람이 죽고 새사람으로서의 모습이 나에게 과연 있는가, 없는가?

그 다음에 다섯째로, 죄 용서받은 증거는 무엇일까? 믿음으로 죄 용서받는다고 그랬는데 '내가 믿습니다. 정말 십자가의 공로를 의지합니다.' 그러면 죄 용서받았다고 하는, 의롭다 일컬음을 받았다고 하는 그런 어떤 실감이, 어떤 경험이 다가오는데 그러나 그날이 지나고 얼마 안 가면 죄에 대한 지난날의 죄 종목에 대한 기억이 생생해져서 양심의 가책과 함께 그것이 떠오릅니다.

그러면 죄 용서받았다면 그 증거는 내가 지난날에 지은 죄에 대하여 기억상실증 같은 것이 생겨 가지고 싹 다 잊어버리고 언제 내가 그랬냐는 듯이 아주 깨끗하면 좋겠는데 그것도 아니거든요. 지난날의 죄에 대해서는 참 기억으로 되살아날 때가 많다는 말이에요. 그렇다면 용서받은 증거는 무엇인가?

끝으로, 구원받은 사람도 범죄하느냐? 안 하느냐? 이것이 가장 큰 문제예요. 우리가 언제 신앙고백을 하고 '나는 참 구원받은 하나님의 아들과 딸이다.' 감격스러운 신앙고백을 했는데, 살아가다가 보면 또 실수를 하고 또 범죄를 하고 또 넘어지고 또 자빠집니다. 자, 그러면 구원 얻은 사람은 죄를 짓느냐? 안 짓느냐? 하나님께로 난 자마다 죄를 짓지 아니한 이는 하나님의 씨가 그 속에 있다고 했는데, 하나님께로 난 자는 죄 안 짓는다고 했는데, 내 생활엔 아직도 죄가 계속되니 내가 구원을 받았느냐? 못 받았느냐? 구원받은 자도 죄를 짓느냐? 짓지 않느냐?

자, 이런 문제 이외에도 수없이 많은, 우리 신앙에 의문스러운 문제가 적지 않습니다. 여기에 대하여 신학적이며 교리적이며 성경적인 대답으로 확실한 대답을 가지지 못하기 때문에 그저 왔다가 갔다가 이 바람 불면 이리 갔다가, 저 바람 불면 저리 갔다가, 왜? 확신이 없기 때문입니다. 확신이 없기 때문이에요.

'나는 구원 얻은 하나님의 아들과 딸이다.' 라고 하는 이 확신이 없을 때에 이리 갔다가 저리 갔다가 또 이 확신이 없을 때 어떤 열렬한 것을 가지고 이것이 마치 어떤 구원받은 사람의 증거인 양 착각합니다.

여러분이여, 우리 신앙생활에 있어서 열렬한 바람이 한 번 세차게 불고 지나갔고 지금은 조금 멎어지는 그런 시기인 것 같습니다만, 우리의 신앙에 가장 귀중한 모습은 열렬한 것이 아니고 진실한 것입니다. 열렬한 것이 아니고 진실한 거예요.

제가 여기 와서 말씀을 드리는데 다소간 자유를 느끼는 것은 어떤 열렬한 교회 부흥회 오라고 그러면 저는 못 가요. 우리 교회에서는 나를 '소방수' 라고 그럽니다. 교인들이 좀 뜨거워지려고 그러면 찬물을 끼얹어버리고 우리 집에서 늘 원망 듣는 것이 그것입니다. 온 교인들이 막 그냥 감격해 가지고 한참 뜨거워지려고 그러는데 목소리를 착 가라앉혀서 그 분위기를 식혀 버리는데 왜 자꾸 그러느냐고요. 그럴 때 찬송도 같이 부르고, 손뼉도 치고, 할렐루야 하면서 한바탕 그러면 분위기가 뜨거워 가지고 불길이 막 활활 타오를 텐데 왜 자꾸 찬물을 끼얹느냐고 우리 집에서 나보고 그렇게 그냥 불평을 합니다만, 전 그 열렬한 것을 그렇게 좋게 평가하는 사람은 아닙니다. 열렬하기보다 진실한 것이 먼저입니다. 비록 내가 얼굴이 시뻘겋게 달아오르는 열광은 없을지라도 구원 얻은 확신 가슴에 안고 묵묵히 진실한 내 영혼의 자세, 찬송소리 높지 않을지라도 진실한 영혼의 자세, 기도소리 유창하지 못할지라도 진실한 영혼의 자세, 남들과 같이 손뼉치는 열광 없을지라도 진실한 내 영혼의 자세, 이것이 신앙의 본 모습이 아닐까? 이와 같은 진실하고 깊이 있는 자세는 확신에서 오는 것입니다.

누가 뭐라고 떠들거나 말거나 감정의 흥분이 아니라, 나는 요즈음 와서 그런 것은 다 자기 최면이라고 그럽니다. 최면술을 좀 공부 해 보니까요. 남에게 최면 거는 것만 아니라 자기에게도 자기가 최면을 걸 수 있어요. 요즈음은 자기 최면이라는 것이 교회에, 소위 어떤 부흥회 안에 종종 있다는 사실입니다. 그것은 은혜도 아니려니와 그것이 우리 신앙인의 본모습도 아닙니다.

'확신! 내 가슴속에 이 확실한 믿음만 갖추어지면, 이 장안 안을 걸어가면서 '천만 서울에 있는 시민들 날 봐라. 하나님의 아들이 여기 걸어간다. 하나님의 딸이 여기 걸어간다. 유행 따라 화려한 옷 내 몸에 걸치지 못했을지라도 초라함을 느끼지 않고 하나님의 딸이 여기 걸어간다. 지게 지고 품팔이할망정 비굴함을 느끼지 않는 하나님의 아들과 딸의 당당한 모습, 장안의 시민들아 날 봐라. 하나님의 아들이 지게 지고 품팔이한다. 구멍가게에 앉아, 지나가는 아이들의 손에 떨어진 푼전으로 생활을 유지하는 구멍가게 아줌마라도 날 업신여기지 마라, 이래 봬도 내가 하나님의 딸이란다.'

아현동 산 7번지가 지금은 대단합니다만 해방 직후에는 판자집촌이었습니다. 어느 겨울날 밤입니다. 골목길에 어떤 할머니 한 분이 군고구마를 준비해 놓고 지나가는 사람에게 팔려고 쪼그리고 앉았는데 밤이 춥습니다. 어떤 신사양반이 지나가다가 고구마를 100원치 샀습니다. 할머니를 보니 조금 초라하고 불쌍해 보여 500원짜리를 내주면서 나머지 400원 할머니 가지라고 그렇게 아주 좋은 마음으로 얘기를 했습니다. 할머니가 툭 쳐다보더니,

"신사양반, 내가 그렇게 불쌍하게 보여요? 내가 이래 봬도 하나님의 딸이에요. 공짜 400원 고맙지만 안 받아요. 가지고 가시오."

얼마나 멋져! 하루 종일 판들 순이익이 400원이나 생길까 말까 하지만 그래도 "신사양반, 내가 그렇게 불쌍하게 보여요? 이래 봬도 내가 하나님의 딸이에요. 공짜 400원 고맙지만 안 받아요, 신사양반 가지고 가시오."라고 늠름한 모습으로 도로 내주는 그 멋쟁이 할머니. 바로 이것이 확신에서 오는 긍지와 자부심입니다.

왜 가난하다고 기가 꺾여요? 화려한 의복 못 입었다고 왜 스스로 부끄러운 생각을 가져요? 왜 평수 넓은 주택을 못 가졌다고 가진 사람 보고 부러워해요? 유치한 짓 하지 말아요. 하나님의 아들과 딸들은 그러지 않습니다. 확신, 하나님의 아들이라고 하는, 하나님의 딸이라고 하는 이 확신, 거기에서 오는 긍지와 자부심을 가져야 합니다.

우리 교회에, 지금은 안 그럽니다만 장로님 한 분이 글쎄 주일날 교회올 때는 성경 찬송을 1호 봉투에다 턱 넣어 가지고 접어서 쥐고 옵니다. 왜 성경 찬송책 턱 끼고 길거리에 못 나타나? 이유는 두 가지. 하나는 확신이 없기 때문이고 그 생활이 구질구질해서 동네 사람이 보다가 '아이 저 사람 교회 간다. 과거에 어쩌고저쩌고 그런 사람인데 저 사람 봐라, 교회 간다.' 그런 지탄받을까 봐 겁이 나서예요. 교회 오긴 와야 되겠고, 그래서 1호 봉투에 성경 찬송 책 넣어 가지고 흐느적흐느적 흔들고 오는 꼴, 우리 그러지 말아요.

요즘은 덜 그럽니다만, 주일날 되면 그래도 교회 간다고 빨래해 가지고 싹 다린 새옷을 입고 집에서 턱 나서면 동네 사람들이 "아줌마, 오늘 어디 가요?" "저기!" 입을 삐죽 내 가지고 "저기!" 왜 교회에, 하나님 앞에 예배드리러 간다는 소리를 떳떳하게 하지 못하고 "저기, 저기." 합니다. 왜 이래요, 왜? 이것이 전부 다 확신이 없어서 그렇습니다. 내가 누군지에 대한 확실한 신앙이 없기 때문에 이러한 유치한 모습을 보이는 것입니다.

어느 새파란 소위 하나가 군에 입대를 했는데 장교식당에서 식사를 시작합니다. 식사를 하는데 보니까 한 사람도 기도하고 밥 먹는 장교가 없습니다. 전부 밥을 받아 놓고 그냥 푹푹 퍼먹는데 가만히 기도를 하면서 생각을 했습니다. '하나님이 나를 이 장교식당에서 식사하도록 기회를 주신 까닭은 여기 기도하고 밥 먹는 사람 많도록 하기 위해서 날 보내시는 것으로 내가 믿습니다. 아버지 어떡하든지 이 장교식당에 기도하고 밥 먹는 사람 많도록 해주십시오.' 라고 기도를 합니다. 그 비쩍 마른 군대밥 별거 없지만 그것을 놓고서 3분씩, 5분씩 너무너무 경건하고 진실하게 기도를 한 일 주일 동안 계속 하는데, 어느 날 보니 저 한쪽 구석에 대위 하나가 밥을 놓고 기도를 하고 앉았습니다.

'야, 어제 아침까지 기도 안 하고 밥 먹던 사람이 오늘 기도하고 밥 먹는다. 아 신통하다. 저 사람 누굴까?' 속으로 궁금하게 생각했는데, 또 며칠 지나자 저쪽에 소령 하나가 밥을 놓고 기도하고서 밥을 먹습니다. '야, 저봐라. 소령도 기도하고 밥 먹는다.' 여기저기, 여기 저기 4, 5명 숫자가 늘어납니다. 하도 궁금하고 놀라워서 제일 처음에 기도하고 밥 먹은 대위를 찾아가서 식사하는 옆에 서서, "맛있게 잡수시기를 바랍니다." 하고 경례를 했습니다. "근데 장교님 기도하고 밥 잡수시네요." 쓱 돌아보더니, "야 부끄럽다. 관둬라 야." "아니 장교님, 왜 그러십니까?"

알고 보니 어느 교회 목사님 아들이에요. 기도하고 밥 먹는 사람이 없으니까 할까 말까 할까 말까 그러다가 '엣다, 모르겠다.' 하고 퍼먹어 버린 것이 버릇이 되어 가지고 그냥 내내 그렇게 먹는데, 그냥 그러다가 보니 다 그렇게 되어 버린 거예요. 저쪽의 소령을 찾아가 물으니까 어느 교회 성가대 지휘자였대요. 전부 다 이왕에 신앙생활 하던 사람인데 군대에 와서 기도 안하고 밥 먹는 그 분위기 속에서 기도하고 밥 먹는 것이 부끄러워 가지고 주저주저하다가 먹어버린 것이 그만 버릇이 되어 버린 거예요. 이 새파란 소위가 비쩍 마른 밥을 놓고서 5분, 3분 기도하는데 너무 그것이 엄숙하고 너무 거룩하고 너무 숭고하고 너무 아름다워 가슴에 꽉 와닿아 '이놈아, 목사 아들인 네가, 이놈아 성가대 지휘자인 네가, 이놈아 네가 어느 교회 집사였던 네가', 양심에 와서 꽉 닿아 '내 죽으면 죽고, 살면 살고 나도 기도하면서 밥 먹자.' 그래서 용기를 내어 가지고 기도하는 사람의 숫자가 그렇게 많이 늘어났다는 얘기예요.

새파란 소위, 어디서 나온 배짱이냐? 확신에서 나온 배짱입니다. 하나님의 아들 하나님의 딸, 이 확신이 있을 때 어디에 가든지 가는 그 자리에 소금의 영향을 줄 수가 있고 빛의 영향을 줄 수가 있는 것입니다.

근데 요즈음 텔레비전에서 보니까 그런 것이 나오데요. 축구경기를 하는데 그냥 골을 이리저리 몰고 돌아 돌아다니다가 한 번 차 가지고 골인되니까 그냥 그 앞에 퍽 꿇어앉아 가지고 기도하는 모습, 얼마나 귀여운지. 그래서 하나님께서 '오냐오냐 요다음에 또 골인하도록 해줄게.' 그럴 것 같아요.

아, 사각 링 위에서 글러브를 끼고서 권투를 하는데 치고 받고 그러다가 상대방이 퍽 고꾸라져 케이오가 되니까 거기에 무릎을 퍽 꿇고 글러브를 낀 채 기도하데요. 글쎄 남 두들겨 패 눕혀 놓고 기도하는 것이 잘하는 것인지 잘못하는 것인지 모르겠습니다만 그래도 운동이니까 어쨌든 그 얼마나 귀여워요. 이것은 참 우리 교회, 우리 한국에 그래도 이것은 복받은 거예요.

연예인들, 체육인들, 은행직원들이 모여 가지고 직무 시작하기 전에 예배를 드리고 그리고 직무자리에 나가는데, 그것이 대구에서는 한번 유행이 되어서 은행마다 은행직원들이 그렇게 예배시간을 가지고 그렇게 함으로써 훨씬 더 손님들에게 친절하고 일도 성실하게 하고 참 분위기가 좋아진다고, 믿지 않는 간부가 그것을 권장하고 있다는 얘기를 들은 적이 있습니다.

이것이 모두 다 '나는 하나님의 아들, 나는 하나님의 딸'. 자랑거리가 있다면 이것이 아닐까요? 당당할 수 있다면 이것이 아닐까요? 하나님의 아들과 딸들이 확신가지고, 하나님의 아들과 딸이라고 하는 확신 가지고 장안을 향하여, 하나님의 아들과 딸로서 골리앗을 향하여 도전하는 다윗과 같이 장안을 향하여 도전하는 여러분이 될 수 있기를 바랍니다.

우주의 비밀

본론으로 들어가서 우주 통치의 2대 법칙, 여기에 우주 문제라는 것을 내가 언급했는데, 우리는 지금 과학시대에 살고 있습니다. 과학적이 아닌 것은 때로는 미신이라고 단정짓고, 과학적이 아닌 것은 사실이 아니요, 과학적이 아닌 것은 진리가 아니라고 그렇게 판단을 내리는 시대에 우리는 살고 있습니다.

여기서 분명히 하나 밝힐 것은 과학이라는 것은 창조하는 것이 아닙니다. 과학은 발견하는 것입니다. 그리고 과학은 응용하는 것입니다. 과학이 창조한 것은 아무것도 없습니다. 이왕에 있던 것을 발견해서 그것에 설명을 붙이고 그것을 응용해서 생활에 적용하게 하는 것이 과학의 임무인 것입니다.

뉴턴은 떨어지는 사과를 보고서 중력의 법칙, 혹은 지구에 인력이 있다는 것을 과학적으로 설명했습니다. 뉴턴이 과학적으로 설명하기 이전에도 사과는 떨어지고 있었습니다. 과학이 지구의 인력을 창조한 것이 아니요 중력의 법칙을 창조한 것이 아니라 발견한 것입니다. 그런 측면에서 과학이라는 단어가 있기 이전에도 우주는 과학적이었습니다.

그러면 과학은 어디에서부터 기원되었느냐? 과학의 창조자는 하나님입니다. 과학이라는 단어가 나오기 전에도 지구는 공전하고 자전하고 있었습니다. 과학이라는 말이 나오기 전에도 봄, 여름, 가을, 겨울이 순환하고 있었습니다. 과학이라는 학문적인 설명이 나오기 전에도 봄에 피는 꽃은 봄에 피었고 가을에 필 꽃은 가을에 피었습니다.

과학이 있기 이전에도 우주는 과학적이었습니다. 그 우주가 과학적이었다는 말은 하나님이 과학의 창조자요, 하나님의 속성은 과학적이라고 하는 사실을 과학적인 우주가 증명하고 있다는 것을 우리는 명심해야 됩니다.

과학과 우리 신앙과는 거리가 먼 것도 아니요, 별개가 아닙니다. 우주를 섭리하시는 하나님께서는 우리의 구원에 필요한 것은 성경으로 계시를 해주고, 인생이 살아가기에 필요한 것은 과학으로 발명해서 설명을 해주고, 우리가 이용할 수 있도록 해주고 있는 것이므로 과학이나 우리 신앙으로 구원 얻는 것이나 모두 하나님의 섭리 속에 포함되는 것이라는 사실을 여기에서 먼저 지적할 수 있습니다.

자, 그러면 이 우주와 역사 속에 나라고 하는 존재에 대해서 조금 얘기를 해보겠습니다. 밤하늘에 반짝이는 별을 쳐다봅니다. 은가루를 뿌린 듯 빽빽하게 뿌려져 있는 별들을 바라봅니다. 그러면서 저 하늘에는 끝이 있을까? 없을까? 끝이 있다면 저 하늘 끝에는 무엇이 있을까? 끝이 없다면 저 뿌려진 은가루와 같은 별이 저렇게 박혀 있는 저 하늘은 어디까지 펼쳐져 있을까? 대단히 흥미 있는 문제가 아닐 수 없습니다.

이러한 허허막막한 우주 안에 태양을 중심하고 천억 개의 별이 모여 가지고 한 태양계를 이루고, 이런 태양계가 이 우주 안에는 2천억 개나 된다고 그러니까 이 우주의 넓이가 얼마나 크고 넓겠는가! 이런 넓은 우주에 있는 듯 없는 듯 조그마한 지구, 좁쌀만한 지구, 이 지구 위에도 있는 듯 없는 듯 조그마한 한국 땅덩어리, 이 우주와 비교해 생각해 봅시다. 있는 듯 없는 듯 조그마한 한국의 땅덩어리, 조그마한 한국의 땅덩어리에도 조그마한 한쪽 구석에 서울시 어느 동리, 있는 듯 없는 듯 코딱지만한 아파트 안에 살고 있는 나, 이 허허막막한 우주 안에 내 존재의 의미는 무엇이냐?

내가 나기도 전에 삼각산은 저렇게 우뚝했고 남산은 저렇게 청청했고, 내가 나기 전에도 남대문시장에는 사람들이 와글와글했고, 내가 나기 전에도 이 땅 위에는 봄. 여름. 가을. 겨울 사시는 순환했고, 내가 세상에 태어나 저 남산을 바라보고 저 삼각산을 바라보고 저 북악산을 바라보고 오르내리고 많은 사람 수에 끼어 얼마간을 살다가 내가 가고 나면, 그렇다고 해서 천지가 뭐 달라지는 것 없이 남산은 여전할 것이고, 북악산은 여전할 것이고, 남대문 시장의 사람은 여전히 와글와글할 것인데, 그러면 나라고 하는 한 존재가 세상에 산다고 하는 의미는 무엇이며, 우주 안에, 허허막막한 우주 안에 나라고 하는 존재의 가치는 무엇이냐? 이렇게 생각하면 아무것도 아니야, 먼지만한 것에 불과합니다.

누구의 말과 같이 큰 개미와 적은 개미의 차이에 불과합니다. 개미가 길바닥에 기어가다가 지나가는 사람의 구두발에 치어 칙 비벼져 며칠 안 가면 먼지가 되고, 며칠 안 가면 온데간데없이 사라져 버리고 그러면 끝입니다. 그렇다고 해서 천지가 무엇이 달라지더냐? 시간의 차이가 조금 있을 뿐, 나라고 하는 한 존재도 그런 것에 불과하지 않느냐? 내가 산다고 해서 천지에 뭐가 다르며 내가 간다고 해서 천지에 뭐가 다른 것이 있더냐?

나의 존재의 가치는 무엇이며, 의미는 도대체 무엇일까? 어리석은 생각에 가끔 나는 이런 공상을 해봅니다. 그러다가 문득 무엇이 생각나느냐 하면, 나무 잎사귀 하나를 생각합니다. 봄이 옵니다. 앙상한 나뭇가지에 움이 돋습니다. 잎사귀가 따뜻한 햇살을 받으면서 피어, 여름에 무성한 녹음, 여름 다 가면 가을바람이 건들건들 불어 누렇게 단풍이 들고, 세찬 소리 바람이 불면 단풍은 뚝 떨어져 찬바람에 데굴데굴 어느 시궁창에 굴러다니고, 이 집에서 나오는 썩은 물, 저 썩은 물, 모이고 모여 얼마 안 가면 푹푹 썩습니다. 그리고 얼마 안 가면 간데없이 갈아져 버립니다. 그 나무 잎사귀 하나가 이 땅 위 어느 나무 어느 공간에 존재했더냐 하는 흔적도 없이 사라져 버리고 말지요.

그 나무 잎사귀나 나나 다를 게 뭐야? 내가 가고 나면 뭐가 남지? 얼마간 내 이름 기억하는 사람은 있겠지. 내가 해 놓은 일에 어떤 흔적 같은 것을 얘기하는 사람은 있겠지. 그러나 그것도 세월이 어느 정도 지나면 내 이름 기억하는 사람, 과연 누구이겠는가? 그렇다면 인생의 가치는 무엇이고, 인생의 보람이라는 것은 뭐야? 헛거야, 헛거. 아무것도 아니야. 아무것도 아니야. 여기에 대해서 과학은 대답을 못 줍니다. 여기에 대해서 어떤 철학도 대답 못 주고 어떤 종교도 대답을 못 줍니다. 여기에 대해서 성경만이 이 의문에 대하여 대답을 주는 것입니다.

서울에 스티븐 호킹이라고 하는 영국의 물리학자가 온 적이 있습니다. 서울대학교에서 강연회를 했는데, 2500명이 모이는 대성황을 이루었습니다. 한번의 강연회로서는 아쉬워 신라호텔에서 교수를 중심으로 하고 강연회가 또 모였습니다. 대성황을 이루었습니다. 천여 명 교수가 모여 감동한, 그분의 화제가 신문에 꽤 여러 차례 거론이 되었습니다. 지구가 모시고 있는 4대 물리학자를 꼽을 때 갈릴레이, 갈릴레이 다음에 뉴턴, 그 다음에 아인슈타인, 그 다음에 스티븐 호킹 박사라고 학자들이 평가할 만큼 이 지구가 모시고 있는 위대한 물리학자 그분의 얘기를 여러분 기억하고 있을 것입니다.

결론으로 말씀드리면 이 물질적인 우주, 이 물질적인 우주는 공간적으로나 시간적으로나 무한하지 않다는 것입니다. 그것을 설명하면서 지금으로부터 150억 년 전 혹은, 200억 년 전에, 빅뱅이라고 하는 대폭발적인 사건으로 말미암아 물질적인 우주는 시작이 됐다는 것입니다. 이 우주가 지금 150억 년 내지 200억 년을 계속해 오는데 앞으로 한 50억 년쯤 지나면 또다시 빅뱅을 통해서 물질적인 세계가 종지부를 찍을 것이라고 말을 합니다. 뭐 다른 설명까지 다 말씀을 드릴 여가는 없고, 그러면 스티븐 호킹 박사의 말대로 150억 년 내지 200억 년 전에 빅뱅을 통하여 물질적인 우주가 시작됐다면, 150억 년 내지 200억 년 전에는 물질적인 우주가 없었다는 말입니다. 물질적인 세계가 없었다는 말입니다.

그러면 이것을 성경으로 돌아가서 생각을 해봅시다. 이 빅뱅이라는 것을 갖다가 꼭 그냥 시점으로 '내가 200억 년이다. 150억 년이다.' 그것을 가지고 말하는 것이 아니라, 어쨌든 과학자가 말하는 것과 같이 우주가, 물질적인 우주가 없는 때가 있을 때가, 없는 때가 있었다고 하면 그것은 언제냐? 요한복음 1장 1절입니다. 요한복음 1장 1절에, "태초에 말씀이 계시니라. 이 말씀이 하나님과 함께 계셨으니 이 말씀은 곧 하나님이시니라." 이 태초, 호킹 박사가 말하는 것과 같이 빅뱅이 있기 이전에, 시간세계 이전에, 물질세계 이전에, 태초에 하나님이 계셨습니다. 그때 하나님 아버지가 계시고, 성자 하나님 계시고, 성령 하나님, 그 세계는 신령한 세계입니다.

신령한 세계는 어떤 것이냐? 자, 우리 몸을 분석해 보면, 물질적인 요소와 신령적인 요소가 합해서 한 인격을 이루고 있습니다. 물질적인 요소는 그 껍데기 보는 것 이것이 물질적인 요소로써 이루어진 것입니다. 그러나 물질적인 요소로 이루어진 이상하게 생긴 입이 나불나불 그러면서 말이 나오는 것은 물질인 입술이 말하는 것이 아니라, 내 속에 있는 신령적인 요소가 물질적인 요소인 입술을 이용해 어떤 기능을 표현하는 것입니다. 신령적인 요소는 우리 정신적인 요소, 혹은 영적인 요소, 혹은 생명의 요소, 마찬가지로 이 물질적인 요소가 있기 이전에 신령한 세계에 하나님이 계셨고, 신령한 세계에 성자 예수님이 계셨고, 신령한 세계에 성령 하나님이 계셨습니다. 알아듣기 쉽게 빅뱅과 관계를 맺어서 설명을 해봅시다.

그러던 어느 날, 하나님께서-쉬운 말로 내가 얘기를 합니다-성자 예수님을 보고,
"야 성자야!"
"예."
"우리 좀 심심하지?"
"아버지 하나님, 성자 하나님, 성령 하나님만 계시니까, 좀 심심하지?"
"뭐 그렇지만 아버지 어떻게 할 수가 있나요?"
"야, 내가 재미있는 일을 하나 시작해 보겠는데, 너 나 좀 도와주겠느냐?"
"아버지 그게 뭔데요?"
"내가 나라를 하나 건설하련다."

여러분, 성경을 유심히 읽어보면 창세기 1장 1절부터 요한계시록 끝장 끝절까지 관통되는 한 사상은 도대체 뭘까? '하나님의 나라' 입니다. 그래서 요한계시록에 가서 하나님의 나라를 마무리짓는 장면이 나옵니다. 나오다가 마지막에 하늘나라가 완전히 이루어지게 될 때 물질세계가 끝이 나고, 시간세계가 끝이 나고, 신령한 세계로서 하늘나라가 완성되는 장면으로 요한계시록에 마무리를 짖고 있습니다. 하나님께서 나라를 하나 건설해 보겠는데,

"너 나 좀 도와주겠느냐?"
"네, 아버지. 그럼 제가 할 게 뭡니까?"

초등학교 5, 6학년 책에만 가더라도 나라라고 할 때는 적어도 세 가지 요소가 갖추어져야 되거든요. 첫째로는 영토가 있어야 돼, 둘째로는 주권이 있어야 돼, 셋째로는 국민이 있어야 돼.

자, 영토는 이 신령한 세계, 이 신령한 세계에다 하늘나라 하나 건설을 해야 되겠는데, 둘째로 주권은 누구냐? 내가 통치, 성경 요한계시록에 가보면 하나님이 통치하신다는 말이 거듭거듭 나오니 주권은 하나님입니다. 하나님이 통치하시는 세계입니다. 그런데 셋째로 없는 것은 국민입니다. 국민이 없습니다. 국민이 없어요. 그래서 하늘나라 국민을 양성할 양으로 내가 학교를 하나 지어야 되겠는데, 너 좀 도와주겠느냐, 하늘나라 국민을 양성하는 학교가 바로 이 물질세계입니다.

그 부탁을 받은 성자 예수님께서는 요한복음 1장 2절에 "그가 태초에 하나님과 함께 계셨고, 만물이 그로 말미암아 지은 바 되었으니 지은 것이 하나도 그가 없이는 된 것이 없느니라." 이 2절과 3절은 바로 창세기 1장 1절과 같은 시점으로 호킹 박사가 200억 년 전에 빅뱅이라고 하는 그 시점과 같다고 해석을 해도 잘못은 없으니 과학자는 빅뱅이라고 하는 폭발사건이라고 말을 하나, 성경은 창조라고 하는 말로써 물질세계가 시작됐고, 시간세계가 시작되는 것을 성경은 말하고 있습니다.

이 물질세계가 창세기 1장 1절부터 시작해서 어디까지 가느냐? 쭉 갑니다. 지금까지 온 것이 과학자의 말대로 200억 년 왔다고 하면 마치 옳든 그르든 간에 그것은 그래, 인정한다고 합시다. 앞으로 어디까지 가느냐? 호킹 박사가 50억 년까지는 폭발 안 될 거라고 말을 했으니, 그건 어쨌든 간에 가기는 가는데 어디까지 가느냐? 베드로후서 3장 8절까지 갑니다.

베드로후서 3장 8절 이하에 뭡니까? 그날에 종이 같이 말리고 그 가운데 모든 체질이 물질적인 것이 다 불에 타서 온데간데없이 사라지는, 호킹 박사가 말한 대로 빅뱅이 재연되어, 재차 폭발되어 물질적이고 시간적인 세계가 없어진다고 하는 말을 그냥 참고로 하면서 성경은 호킹 박사보다 먼저 이 물질세계가 종지부를 찍을 날이 온다고 예언하고 있습니다. 왜 내가 이런 말을 장황하게 말을 하느냐 하면, 이 우주 안에 '내가 누구냐?' 하는 것을 설명하기 위해서 지금 제가 말씀을 드리는 것입니다.

이렇게 베드로후서 3장 8절까지 가서 물질적이고 시간적인 세계가 다 끝이 나는데 이것을 무엇에 비교하느냐 하면, 과학적으로 이 우주가 허허막막하다고 하지만 하나님의 입장에서 볼 때는 파란 하늘에 손바닥만한 구름 한 장과 같습니다. 이쪽 이 끝으로 간 것을 창세기 1장 1절이라고 그럽시다. 그러면 맞은편 끝을 베드로후서 3장 8절 이하라 그럽시다.

시간적으로 유한합니다. 공간적으로도 유한합니다. 허허막막한 하늘 같지만, 그 하늘 끝에는 신령한 세계가 배경이 되어 있어, 파란 하늘이 배경으로 있어 손바닥만한 구름 한 장이 떠 있는 것과 같이 물질적인 세계와 시간적인 세계는 공간적으로나 시간적으로나 유한하여 영원하지도 않고, 무한하지도 않습니다.

그러면 이 물질과 시간세계를 하나님은 왜 창조를 하셨느냐? 하늘나라 백성을 양성하기 위한 학교라고 내가 묘사를 했습니다. 창세기 1장 1절부터 베드로후서 3장 8절까지 여러 가지 하나님의 방법으로 하늘나라 백성을 양성하십니다. 이 지구 위에, 이 역사 위에 이 우주 안에 모든 사람이 유니테리안에서 말하는 것과 같이 다 구원을 얻어 하늘 나라 백성이 되는 것이 아니라, 하나님의 주권으로 하나님의 마음에 맞는 사람을 택하고 골라 훈련시키고 가꾸고 가꾸어 하늘나라 백성을 삼는데, 그 숫자는 제한되어 있습니다.

그것을 '하나님의 예정'이라, '하나님이 택한 자'라, '하나님의 뜻대로 부르신 자'라고 성경은 다 말하고 있습니다. 전 인류가 다 하늘나라 백성이 되는 것이 아니라, 그 중에 하나님의 뜻으로 정한 그 사람을 택하여 하늘나라 백성을 만드는데, 숫자는 요한계시록에 보면 14만 4천이라고 하는 숫자를 고집하는 것이 아니라, 상징적인 의미로 숫자를 말하되 분명한 뜻은 제한되어 있다는 것입니다. 무제한 구원을 얻어 하늘 나라 백성이되는 게 아니라, 택하고 고른 그 사람만이 하늘나라 백성이 된다는 뜻을 14만 4천이라고 하는 암시적인 숫자에다가 담아 우리에게 계시해 놓고 있습니다.

그런데 지금 역사가 오늘날까지 계속해 오면서 그 14만 4천 하나님이 택한 숫자가, 하나님의 정한 숫자가 얼마나 채워져 가느냐, 내 생각에는 얼마 남지 않은 것만 같습니다.

하나님의 하늘나라 백성의 그 숫자가 다 차면 학교 문 닫아, 학교 문 닫아. 그러면 베드로후서 3장 8절에 물질세계가 끝이 나는데, 어떤 사람들은 1992년 10월 28일날 끝장난다고 말을 했으나, 전통적인 오늘날까지 2000년 기독교 역사상에 그런 이야기를 한 거짓말하는 사람, 오늘만 있는 것 아니요, 한국만 있는 것 아니에요.

세계 각국에 별의별 그런 이야기 한 사람들 많았습니다. 한국만 하더라도 평양을 중심으로 일어났던 황국주운동, 또 새예수교운동, 이용덕목사운동, 경북을 중심으로 일어났던 최일출운동, 박동기운동, 또 여기 남대문교회 장로였던 박태선 운동, 별의별 운동들이 일어나 '여기가 시온산이요, 여기가 14만 4천이 모여 구원 얻는 자리고, 어느 산에 예수님이 재림한다' 고 순진한 교인들을 현혹시키던 무리들이 2000년 기독교 역사상에, 한국 기독교 100년사에 수없이 있어 왔습니다만 다 거짓말, 거짓말입니다. 우리는 거기에 현혹되지 말아야 합니다.

또, 예수님이 어느 날 재림한다는 것, 왜 거기에 그렇게 신경을 써요? 대체로 보면 평소에 공부 안 하는 놈이 선생님이 저거 시험문제에 내려나 안 내려나, 내려나 안 내려나? 그런데 신경을 쓰고, 언제

시험 치려나 그 날짜 신경을 쓰는 거예요. 평소에 공부 잘하는 놈은 그런 것 신경 안 써요. 시험날짜가 탁 닿으면 당황하지 않아요. 미리 해놓았으니까. 여러분이여, 공부 안 하는 놈 측에 들어가지 않도록 조심하시기 바랍니다.

우리 평소에 말씀을 읽으면서 그보다 중요한 것, 우리가 갖출 바를 갖추고 우리가 준비할 바를 준비하면 어느 날 주님이 재림하여 오신들 무슨 상관입니까? '할렐루야 주여 어서 오시옵소서.' 우리는 뛰쳐나가 주님을 영접할 수 있을 것 아니겠어요? 이런 사이비한 운동들이 왜 범람하느냐? 이것은 성경을 잘못 해석하고 있는 무리들의 착각인 것입니다.

자, 어쨌든 하나님이 정해 놓은 숫자 14만 4천, 상징적인 의미입니다. 14만 4천 글자, 숫자로 해석하지 말아야 돼요. 딱 제한되어 있는 그 숫자 속에 우리가 발탁되었다고 하는 그것입니다. 그 숫자 속에 이 자리에 앉아 있는 우리가 선택되어 그 하나님을 아버지로 모시고, 그 예수님의 십자가의 공로를 의지하고 그 성령님의 감동 아래 하나님의 말씀으로 교육을 받으면서 하늘나라 백성으로서의 완전한 자격을 차근차근 준비하며 살고 있다고 하는 이 사실, 이것이 감격스러운 일이에요.

자, 그러면 이젠 이 허허막막한 우주와 이 아득한 역사 속에 나라고 하는 존재 의미는 뭐요? 가치는 뭐냐? 하늘나라 백성 양성을 위하여 창세기 1장 1절부터 시작을 한, 하늘나라 백성을 양성하는 학교와 같은 물질적이고 시간적인 세계가, 이 학교와 같은 세계가 문 닫기 전, 베드로후서 3장 8절까지 동안에 나와 여러분은 하늘나라 백성으로 발탁이 되어 지금 육성을 받고 있다는 사실 때문에 우리는 역사 속에서의 의미와 이 우주 속에 내 존재의 가치가 분명해지는 것입니다.

예를 들어서, 농사를 짓는 사람이 밭에 나가서 땅을 손질합니다. 그리고 씨앗을 뿌립니다. 그 씨앗이 싹이 납니다. 그게 자랍니다. 자기 자식처럼 아낍니다. 그 잎사귀를 행여나 벌레가 뜯어먹을까 봐, 행여나 흙이 튀어서 뭔가 잘못 될까 봐, 잎사귀를 그렇게 애지중지 그러다가, 또 뿌리가 약해질까 봐, 손으로 꼭꼭 눌러 주기도 하고, 뿌리가 깊어지고 튼튼해지는 비료를 뿌리기도 하고, 줄기가 튼튼해지는 비료를 뿌리기도 하고, 잎사귀가 무성해지는 비료를 뿌리기도 하고, 물도 대고 또 풀도 뽑아 주고, 애지중지 가꿉니다. 그 뿌리를, 그 줄기를, 그 잎사귀를, 그러나 농부가 그렇게 애지중지 가꾸는 목적은 뿌리에 있는 것도 아니요, 줄기에 있는 것도 아니요, 잎사귀에 있는 것도 아니요, 그 끝에 맺는 열매, 열매를 바라서 그렇게 돌봅니다. 마침내 열매가 영글어서 누렇게 익으면 그 다음에 열매만 다 거두고 불 질러 버립니다. 그 애써 가꾸던 뿌리 아닙니까? 그 애써 가꾸던 줄기 아닙니까? 그 애써 가꾸던 잎사귀 아닙니까?

그러나 목적은 열매를 거두자는 데 있기 때문에 이 열매만 거두면 이젠 목적을 달성했으니 목적을 위한 수단과 방법은 큰 의미가 없습니다. 이 지구에 모든 역사적인 현상, 때로는 사상적인 뿌리가 깊어지는 운동으로써 이 지구의 사상적인 뿌리가 깊어지도록 할 때도 있고, 주권을 확립시켜 모두모두 나가 주권에 튼튼한 그런 지구 분위기가 될 수 있게도 만들고, 잎사귀가 무성한 것과 같이 물질문명이 찬란하든지 과학문명이 찬란하든지 이런 찬란한 잎사귀가 무성하게도 하되, 그 속에 천에 하나 만에 하나 골라 우리 하나님의 아들과 딸, 이삭과 같은 우리를 가꾸자는 데 목적이 있는 것입니다.

과학은 나를 위하여 있는 거요. 교육은 나를 위하여 있는 거요. 경제부흥은 나를 위하여 있는 거요. 하나님의 아들과 딸들로 잘 가꾸자는 데 하나님의 목적이 있는 하나님의 농사, 그 현장이 지구요, 이 우주인 것입니다.

때가 되어 이 이삭을 다 거두어 버리면 마치 가을 벌판에 불질러 버리듯이 과학도 불 질러 버려라, 경제도 불질러 버려라. 또 무슨 기술도 불질러 버려라, 교육도 불질러 버려라, 사상도 불질러 버려라. 그것이 베드로후서 3장 8절 이하에 예언된 말씀인 것입니다.

그러고 보면 곡식밭에 이삭이라는 놈이 "야, 나 때문에 이 밭은 있고, 나 때문에 이 곡식은 자라고, 나 때문에 이 잎사귀는 무성하고, 나 때문에 나 때문에." 거기에 이삭의 긍지와 자부심이 있을 것입니다.

바로, 나와 여러분의 긍지와 자부심이 여기에 있는 것입니다. 이런 의미에서 역사와 나와 관계 속에, 이런 의미에서 우주와 나와의 관계 속에, 나는 그렇게 초라한 나무 잎사귀가 아니요, 적은 개미 큰 개미의 차이가 아니에요. 이것을 돈키호테식의 망상이라고 합시다. 그래도 이렇게 알고 살아가는 것이 얼마나 멋집니까. 사람이 살아가는 데 필요악이라는 것이 있어요. 한 세 가지쯤 내 몸에 해로워도 일곱 가지 유익하면 그 일곱 가지 유익 때문에 세 가지 해로운 것 참아야 하는 필요악이라는 것이 있듯이, 사실이 아니라 손치더라도 이렇게 믿고 알고 살아가면 얼마나 떳떳하고 당당합니까. 그러나 돈키호테식의 망상이 아니라, 오늘날까지 지구를 이만큼 가꾸어 놓은 하나님의 말씀, 이 오늘날 지구의 문명에 밑자리가 되어 있는, 초석이 되어 있는 이 하나님의 말씀이 우리에게 약속해 주고 있는 말씀이니 이것은 망상이 아닙니다. 이것이 그리스도인의 우주관이요, 이것이 그리스도인의 역사관입니다.

우리가 누구입니까? 하늘나라 백성입니다. 우리는 지금 하늘나라 백성으로 교육을 받고 있습니다. 자라가고 있습니다. 자격을 갖추어

가고 있습니다. 서론 부분이 너무 길어져 버렸습니다.

어쨌든 우주의 구성요소, 물질적인 것과 신령적인 요소로써 우주는 구성되어 있습니다. 고린도후서 4장 16절로 18절에 보면, 보이는 것과 보이지 않는 것, 잠깐 있는 것과 영원한 것, 보이는 것은 물질적인 세계요 보이지 않는 것은 신령한 세계요, 잠깐 있는 것은 물질적인 세계요 영원한 것은 신령한 세계, 우주는 통틀어 두 가지 요소로써 이루어져 있습니다.

물질적인 세계는 베드로후서 8장 3절에 가서 다 없어집니다. 마지막에 남는 것은 신령한 세계, 아버지 하나님 계시고, 성자 하나님, 성령 하나님, 그 중에 구원 얻은 나와 여러분이 하늘나라의 백성, 하나님의 아들과 딸 되어 영원 무궁토록 사는 것, 이것이 하나님 나라의 계획인 것입니다. 우리는 하나님 나라 계획, 하나님 나라 건설을 위한 계획의 일환으로서 지금 하늘나라 백성으로서 선택되어 육성받고 있는 우리들의 신분, 분명한 확신 속에서 당당한 삶이 우리에게 있을 수 있기를 바랍니다.

그 다음에 우주통치 2대 법칙, 하나님의 하늘나라 백성을 양성하기 위한 우주를 만들어 놓고 그것을 통치하는데, 두 가지 법칙으로 통치를 하는데 하나는 자연법칙과 하나는 신령법칙입니다.

자연법칙은 물질세계를 다스리는 하나님의 법칙이요. 신령법칙은 신령한 세계를 다스리는 하나님의 법칙인데, 자연세계를 다스리는 자연법칙은 우리 몸으로 비교한다면 배고프면 밥 먹어야 하는 것이 자연법칙이요, 목마르면 물 마셔야 하는 것이 자연법칙이요, 우리가 숨을 쉼으로써 살아가는 것, 이것은 자연법칙입니다. 모든 물질세계는 자연법칙에 순종해야 생존과 번영과 행복이 보장되는 것입니다.

그러나 신령적인 요소는, 우리의 마음이나 우리의 영혼이나 우리의 정신이나 우리의 생명은 신령적인 요소이기 때문에 자연법칙으로 통치되는 것이 아닙니다. 가령, 내 마음속에 굉장한 고민이 있습니다. 밥 잘 먹는다고 그 고민이 풀립니까? 마음에 굉장한 갈등이 있습니다. 잠 실컷 잔다고 그 갈등이 풀립니까? 마음이 그허전해 견딜 수가 없는, 내 정신세계에 어떤 이상이 생겼습니다. 옷 한 벌 잘 입는다고 그것이 풀립니까? 아무리 목사라고 할지라도 마음에 괴로움이 있을 때, 그것이 역시 밥 먹어서 해결되는 것이 아니고, 옷 입어 해결되는 것이 아닙니다.

신령한 요소는 신령한 법칙으로라야, 신령한 법칙과 바른 관계에 서라야 이상적일 수가 있는데, 그 신령한 법칙이 뭐냐? 두 가지가 주어져 있는데, 하나는 양심의 법칙이요, 다른 하나는 말씀의 법칙, 이것은 그 밑에 좀 설명을 더 드리기로 하고.

그 다음에 여기에 다섯째로 내려가서, 신령법칙으로서의 성경에 관해서 얘기를 잠깐 하고 끝맺겠는데, 흔히 성경을 과학자들이 이건 비과학적이요. 성경을 보고서 신화요, 전설이라 그렇게 말을 합니다. 성경은 과연 비과학적이냐? 과학자들이 심판하는 것과 같이 성경이 그렇게 심판을 받아야 하느냐? 그 두 가지를 내가 대변, 변명을 하는데, 성경을 주신 목적은 과학 교과서로 준 것이 아니고, 역사 교과서로 준 게 아니고, 구원의 교과서로 주셨습니다. 우리가 성경을 주신 하나님의 목적에 부합하게 성경을 대해야지, 성경을 딴 각도에서 다루면 그게 오해가 생깁니다.

가령, 내가 미국에 가서 한 20년 있는데, 한날 아버지가 편지를 보냈습니다. 20년 만에 받는 편지를 들고서 '야, 한국의 편지지의 재질이 이렇게 좋은 것 보니 한국의 경제 사정도 굉장히 좋아 졌겠다.' 그럴 수 있지요. 해방 초기, 제가 신학교 다니면서 신문배달을 했는데, 그야말로 말똥 종이에요. 그 신문을 배달하고 나면 손과 몸에 시커멓게 때가 막 오르는 그런 종이를 사용하던 때가 있었습니다. 요즘은 상상도 못하지요. 그러나 그 편지의 종이재질을 보고서 '아, 한국의 경제 사정이 굉장히 좋아졌겠다.' 그럴 수가 있겠지요. 우표를 보고서 '야, 이거야말로 미술적인 가치가 있다. 한국의 인쇄술 국제 수준이다.' 그럴 수 있겠지요. 그리고 편지를 턱 펼쳐 들다가 '이게 필체가 추사의 필체도 아니고, 석봉의 필체도 아니고, 도대체 이 필체가 짬뽕 아니야, 짬뽕.' 그럴 수도 있겠지요. 그럴 수도 있겠지요. 그 문장을 읽어 내려가다 '이건 문법적으로 토시가 잘못 붙었어, 이것은 주격이고, 이것은 소유격이고, 이것이 전부 바꾸어졌고.' 하고 문법을 가지고 심판, 판단할 수 있겠지요. 그럴 수 있겠지요.

그러나 아버지가 한국에 살면서 한국의 경제를 몰라서 경제 얘기를 편지에 안 담았겠는가? 한국에 살면서 한국의 인쇄를 몰라 인쇄 얘기를 안 담았겠는가? 인쇄술의 얘기를 하자는 것이 아니야. 종이야 어떻든, 필체야 어떻든, 아버지가 아들에게 보낸 편지는 경제 얘기를 하자는 것이 아니요, 인쇄술의 얘기를 하자는 것이 아니요, 아버지의 마음을 전달하자는 것인데, 아들이 그 편지를 대하는 데는 종이야 어떻든 인쇄술이야 어떻든 필체가 어떻든 그것이 문제가 아니라, 그 편지 속에서 아버지의 마음을 찾아, 아버지의 사랑을 찾아, 아버지의 위로와 근면과 격려를 찾아, 아버지와의 관계가 더 가까워지는 데 초점을 두고 아버지 편지를 다루어야 되지 않겠는가 그 말이에요.

성경을 주신 목적은 구원의 교과서로 주셔서, 그러기에 구원을 위해 하나님이 별을 몰라 별 이야기를 성경에 안 담았겠는가? 달을 몰라 달 이야기를 성경에 안 담았겠는가? 지구의 연륜을 몰라서 연륜 이야기를 안 담았겠는가? 그건 우리 구원과 상관없는 것이기 때문에 성경에 안 담았을 뿐이라는 것을 첫째로 명심하시고.

둘째로, 어떤 대학교수가 아침 10시가 넘어 출근을 하려고 그러는데, 막내딸 아이가 이웃에 동네 친구들과 같이 모여 대문 밖 담장 밑에서 소꿉장난을 하고 있습니다.

"너는 아빠해라. 나는 엄마할께, 이건 국솥이다, 저것은 밥솥이다, 이것은 안방이다, 저것은 건넌방이다." 하면서 무슨 조개껍질 같은 약병 뚜껑 같은 것을 잔뜩 놓고서 "이것은 밥솥이다, 이것은 국솥이다. 이것은 국이다. 이건 밥이다. 이것은 반찬이다." 하며 놀고 있습니다.

아버지가 턱 나오다가 '애들아! 아인슈타인이 말하기를, 애들아! 뉴턴이 말하기를, 소크라테스가 말하기를', 아버지는 그럴 수 있는 지식이 충분히 있습니다. 그러나 그 아이들은 그런 지식이 없습니다. 그 아이들과 접촉을 하려면 이 아버지는 아이의 경험과 아이의 지식과 아이의 어휘와 아이의 생각들을 재료로 이용할 수밖에 없습니다.

그래서 "얘 이거 국솥 맞지? 이거 밥솥 맞지? 그런데 이게 흙 들어가면 병나, 깨끗하게 해야 돼." 목적은 위생을 교육하자는 것이지, 솥이 아니면서 솥이라 그러고, 밥이 아니면서 밥이라 하고, 국이 아닌데도 국이라 하는 것은 아이들이 그렇게 생각하니 그렇다 하자, 그런데 문제는 더럽게 하면 병이 나니까 이렇게 이렇게 해라, 교육을 할 수 있지 않느냐? 즉, 위생교육에 목적이 있는 것입니다.

베드로가 아는 지식, 오늘의 과학이나 지식과는 다릅니다. 바울이 아는 지식, 오늘의 천문학을 아는 지식과는 다릅니다. 그러니 베드로가 아는 그 지식을 재료로 하고 바울이 아는 그 지식을 재료로 해서 너희 말대로 그렇다 그러자한 것입니다. 그런데 아는 그 지식을 그대로 이용해 거기에다가 구원의 진리를 전해 주었다는 사실을 명심해야 되는 것입니다.

그런 의미에서 우리가 성경을 해석을 할 때 구원의 교과서 이외의 어떤 목적으로 해석을 하려고 그럴 때, 거기에 잘못이 와지는 것입니다. 그래서 구원의 교과서로 주셨으니 성경을 대할 때는 언제나 구원의 교과서라고 하는 차원에서 성경을 대해야 된다는 것, 그 외 다른 것은 다 생략을 합시다. 이 목사, 아무래도 성경을 읽을 때는 우리 인간의 생각으로 이해가 안 되는 것이 너무 많아. 이해가 안 되는 것이 너무 많아.

둘째로, 대답할 것은 하나님은 우리의 이해의 대상이 아니고, 믿음의 대상이라는 것을 지적합니다.

멸치 새끼 한 마리가 태평양에서 헤엄을 치다가 '내가 세상에 태어났다가 그래도 보람있게 한 번 살아야지. 태평양 물이 몇 미터 되는지 내가 한 번 헤아려 봐야 되겠다.' 멸치 새끼 지가 어떻게 태평양을 이해하려고 그래, 이해하는 것이 아니라 믿고 순종해야지. 믿고 순종해야지. 주먹만한 골통을 가지고 하나님을 이해하고 뭐 해석을 하고, 설명을 하고, 천만에, 멸치새끼가 태평양이 몇 리터나 되는지 헤아려 보려고 하는 어리석음과 같은 거예요.

한 가지 더 거기에다 설명을 붙입니다. 저는 어렸을 때 농촌에서 자라났습니다. 아버지가 고구마 농사를 지었습니다. 그래 고구마를 거둬들여 가지고 삶아도 먹고, 구워도 먹고, 더러는 말리기도 하고 그러는데, 예쁘게 생긴 것만 따로 골라 가지고 가마니에다 겨 한 겹 넣고 고구마 한겹 넣고, 또 겨 한겹 넣고 고구마 한겹 넣고 그래 가지고 한 가마니를 만들어, 사랑방에다 갖다 놓습니다. 저건 이 다음에 겨울이나 봄에 우리 주려고 아껴 놓나 보다 그렇게 생각하고 기다리는데 봄날이 왔습니다.

어느 날 아버지가 고구마 가마니를 지고 들로 나갑니다. '어, 우리 안 주고 들로 나가?' 따라나가 봅니다. 아, 글쎄 밭에 골을 파놓고 소거름, 돼지거름을 뿌려 놓고 파리가 윙윙거리는데, 그 고구마를 한

개씩 갖다 소거름, 돼지거름에 쿡쿡 박고 지나갑니다. 나는 뒤따라 가면서, "아버지 바보, 아버지 바보. 이 굶주린 농촌에 한참 배고플 때 왜 이 맛있는 양식을 소거름 돼지거름에 박아. 아버지 바보, 아버지 바보."

내가 틀리지 않았습니다. 내가 틀리지 않았습니다. 그러면 과연 아버지는 바보냐? 시각의 차이입니다. 나는 우선 먹으면 맛있는 양식을 소거름 돼지거름에 박는 것은 바보짓이다. 맞지만, 내가 보는 것은 대통 속으로 보는 것과 같이 좁디좁은 이것만 보는 거예요. 적어도 아버지는 이 봄에서 가을까지를 보는 거예요. 이 토막만 짤라 놓을 때는 아버지가 바보스럽게 보이지만 봄에서 가을이라고 하는 1년을 의중에다 두고 하는 일일 때, 이 순간은 바보 같지만 1년을 계획하고 바라볼 때는 가장 합리적이고 가장 이상적이며 가장 경제적인 아버지의 지혜가 아니던가!

자, 성경을 읽을 때 100년 인생 고작 살아 봤자, 땅덩어리에서 고작 살아 봤자, 서울에서 여기저기 옮겨 살다가 그것으로 끝장나는 인간의 경험과 인간의 좁은 생활, 이 테두리 안에서 영원을 의중에다 두고, 신령한 세계를 의중에다 두고 척척 섭리해서 나아가시는 과정을 우리가 감히 이해할까 보냐? 어찌 감히 우리가 이해할까 보냐?

하나님은 우리의 이해 대상이 아닙니다. 내가 어렸을 때 아버지를 이해하려는 차원에서 아버지를 바보라고 보았습니다. 아버지께서 어련히 아시고 할까 보냐, 기다리고 보고 믿고 따라가다가 가을에 가보면 그래서 그랬구나, 바른 이해가 와지는 것 마찬가지로 우리는 성경을 읽을 때 어떨 때는 이해 못하는 부분이 있습니다만, 어련히 하나님이 아시고 이렇게 섭리하셨을까 보냐, '믿고 따라가 보자.' 믿고 의지하는 것이 우리 신앙이요, 신앙은 이해가 아닙니다. 아는 것이 아닙니다.

그 다음에 셋째로 '이 목사, 아무리 그래도 성경을 읽어보면 세상에 사람이 어떻게 죽었다가 사흘 만에 살아나, 보리떡 다섯 개와 물고기 두 마리가 어떻게 오천 명 양식이 돼? 사람이 어떻게 물 위로 걸어가? 에이 그런 시시한 소리하지 말라.'고 그러지요. 참, 물 위로 걸어가는 법이 있어요. 여러분, 한강을 이렇게 걸어갔다 건너왔다고 하면 얼마나 기분 좋겠어? 얼 때는 아무나 갈 수 있지만, 오른발 빠지기 전에 왼발 들고, 왼발 빠지기 전에 오른발 들고, 오른발 빠지기 전에 왼발 들고 그러면 걸어가게 되는 거예요. 이론은 그래요. 학문이라는 것이 사실과 다른 이론인 경우가 참 많습니다. 된다고 억지를 부리지만 사실은 안 되는 그런 학문적인 이론이 많은데, 과연 그러면 성경에 있는 이적을 어떻게 믿을 수 있느냐?

처음에 내가 미국 갔다가 공부를 마치고 돌아오는데, 그 LA에서 안이숙 여사의 남편이 목회하는 베란도 침례교회에서 집회를 해달라고 해서 집회를 마치고 그 다음에 좌담회가 마련됐는데, 아, 지성 있는 청년들이 나와서 질문을 하는데 그 중의 하나가 성경에 있는 이적을 어떻게 그대로 믿을 수 있느냐? 뭐라고 그럴까요? 그래서 제가 제 경험을 하나 이야기했습니다.

"여러분! 제게 이런 경험이 하나 있는데요. 어느 날 내가 교회사택에서 아침에 조금 늦게 사무실로 나오는데 이상한 걸 보았습니다. 우리 교회는 지금은 안 그렇습니다만, 비가 오면 지붕의 물이 앞마당에 모여 가지고 앞에 마당에 물이 고여 그냥 못처럼 되었다가 물만 빠지면 땅이 축축해집니다. 지렁이라는 놈이 그 땅 속에서 꿈틀거리다가 아, 조금 좋은 세상이 온 것 같거든. 그래 땅 밖으로 소풍을 나왔습니다. 지렁이라는 놈이 잘생긴 몸뚱이를 점잖게, 국회의장감이죠. 그렇게 꿈틀거리면서 소풍을 하다가, 10시가 넘고 11시가 되어가는데, 햇살이 따끈따끈 등을 쬐니까 조금 고통스러워집니다. 아이고, 빨리

가자 이러다가는 화상 걸리겠다, 화상 걸리겠다. 이젠 급히 집으로 돌아가려고 그러는데, 개미라는 놈이 지나가다가 보니까 아주 남산만한 것이 앞을 가로막는데, 꿈틀거리는데 냄새를 맡아 보니 꽤 괜찮거든 이게 뭐야? 보니까 굉장한 것입니다.

그래서 어린 개미가 부랴부랴 집으로 돌아가 '엄마, 엄마, 굉장한 것 봤어.'라고 보고를 합니다. 엄마가 그 보고를 듣고 이것은 신빙성이 없다고 해서 공식 정찰대를 보냈습니다. 개미 정찰대가 나와 가지고 정찰을 하는데 아, 대단한 거물이 꿈틀거리고 있는데, 그놈만 잡아다 놓으면 겨울 동안에 식구는 많지만 양식 걱정은 해결되겠거든요. 그래서 정찰대가 가서 보고를 합니다. 동경 몇 도, 북위 몇 도, 어느 지점에 어떤 물체가 나타났다고 공식보고를 하니까, '공격개시!' 개미 떼가 몰려나오기 시작합니다.

그냥 새까맣게 개미 떼가 줄을 지어 나와 그 지렁이하고 공방전이 벌어지는데 장관입니다. 가다가 옆의 화단에 이렇게 걸터앉아서 한참 들여다보고 앉았다가 나는 그래도 성경적이라, "게으른 자여, 개미에게 가서 배우라." 그랬으니까, 개미편이거든. 한참 보다가 '개미를 좀 도와줘야겠다' 생각이 들어 옆에 있는 썩은 가지 하나를 꺾어 가지고 젓가락을 만들어 지렁이를 집어 이렇게 들어다가 개미 대문간에 갖다 놔줬습니다. 그 대문간은 우리 사택 기둥뿌리 밑이었어요. 아, 개미라는 놈들이 와르르, 그냥 천지개벽이라고 야단입니다. 그러면서 그냥 야단을 치는데, 가만히 귀를 기울이고 들어보니까, '기적이야, 기적이야, 기적이야, 기적이야. 우리 수천 놈이 달라들어도 꼼짝도 안 하던 놈이 삽시간에 우리 대문간에 떨어졌다. 기적이야, 기적이야.' 뭐, 개미가 그렇게 말을 했겠습니까만, 내 나름대로 해석을 그렇게 하는 거지요. 한참 그 소리를 듣고 있다가 껄껄 웃으면서, '야, 개미 새끼들아! 너희 세계에서는 그런 것을 기적이라고 그러느냐? 나는 이 앉은 자리에서 썩은 나뭇가지 하나 꺾어서 젓가락을 만

들어 이렇게 집어서 너희 집 대문간 앞에 놔준 것뿐이란다. 너희 세계는 그런 것을 기적이라 그러느냐?'

물고기 두 마리와 보리떡 다섯 개가 오천 명 양식이 되었다 기적이야, 기적이야! 물 위로 사람이 걸어갔다 기적이야, 기적이야! 사람이 죽었다 사흘 만에 살아났다. 기적이야, 기적이야! 인간들은 개미새끼처럼 기적이라고 고함을 치면서 이런 일이 있을 수 있느냐고 호들갑을 떱니다.

하나님은 껄껄 웃으시면서 없는 가운데서 만물을 만든 나에게 있어 그런 것쯤은 아무 문제도 아니란다, 없는 가운데서 만물을 만든 나에게 그런 것은 아무 문제가 되지 않는다고 대답을 합니다.

성경을 읽을 때 인간의 차원에서 읽지 말아요. 하나님이 하신 일이요, 하나님의 얘기라는 차원에서 우리는 읽어야 됩니다. '히스토리', '역사' 라는 말이 있지요. '히스' 는 '하나님의' 라는 말이에요. '스토리' 는 '이야기' 라는 말이지요. 성경의 모든 기록은 '하나님의 이야기' 예요. 그러기 때문에 알려고 하기보다 믿으라고 주신 책이에요.

자, 오늘 이 로마서 8장 31절 이하 39절까지 내 성경으로서 그리고 이 성경을 통하여 우리는 확신, 우리 공부를 통하여 확신, 구원의 확신, 이 확신의 하나로써 우주와의 관계, 역사와 나와 관계, 나는 역사 안에 나의 존재, 우주 안에 나의 존재, 무의미한 나무 잎사귀 하나가 아니라는 점, 하나님의 영원하신 천국나라 건설을 위한, 하늘 나라 백성 양성의 계획 속에 내가 발탁이 되어 아들로, 하늘나라 백성으로 들림을 받고 있다는 사실, 그 들림에 있어서 우리의 몸은 자연법칙에 순종해야 되듯 신령한 법칙에 순종해야 되고 신령한 법칙은 하나님의 말씀이라는 사실, 말씀을 잘못 해석함으로써 잘못을 저지르지 않도록, 알라고 주신 책이 아니라, 믿으라고 주신 책, 대충 여기까지 말씀드렸습니다.

이제 한 가지 짚고 넘어갈 것은, 인류역사가 시작되어 오늘날까지 오는 어간에 이 지구 인류역사에 가장 크게 영향을 끼친 세 가지가 있습니다. 하나는 로마를 중심으로 하여 일어난 법률과 율법과 정치, 다른 하나는 아덴을 중심으로 일어난 교육과 학문, 그리고 나머지 하나는 예루살렘을 중심으로 일어난 성경과 기독교입니다.

이 세 가지가 인류역사에 가장 크게 공헌을 했습니다. 그 공헌한 것 중에 법률과 정치적인 입장에서는 정말로 원시 로마에서 시작한 법률과 정치가 오늘 이 땅 위에 민주주의 정치로서 가장 이상적인 법이 만들어지고 이상적인 정치가 구현되고 있다고 자랑을 합니다. 그러면서 기독교를 향해서 케케묵은 성경글자 하나도 못 고친 채 그대로 붙들고 앉아 바들바들 떨고 있다고 넌지시 비난을 합니다.

아덴을 중심으로 일어난 교육과 학문도 마찬가지로 원시시대의 그 교육과 학문이 오늘날까지 얼마나 이상적으로 발전하여 인간에게 얼마나 큰 공헌을 하고 오늘 이 지구에 찬란한 문화를 꽃피우고 있지 않느냐고 으쓱거리면서, 역시 정치 법률과 공모를 해서 기독교에 넌지시 비난을 보냅니다. 케케묵은 성경을 붙들고 앉아 가지고 글자 한 자도 못 고치고 바들바들 떨고 있다고 비난을 합니다.

여기에 나는 두 가지 대답을 하고 싶습니다. 법률과 정치가 발전한 것은 사실입니다. 오늘날까지 역사가 흘러오면서 발전하고 아덴에서 시작한 교육과 학문이 발전한 것은 사실입니다. 인간에게 굉장한 공헌을 했습니다. 성경이 발전하지 못한 것도 사실입니다. 글자 하나도 못 고쳤으니까. 여기에 발전이라는 말을 한번 풀이해 봅시다.

애당초 시작할 때 불안전한 것으로 시작된 것은 흘러가는 시간 따라 발전할 수밖에 없습니다. 그러나 애당초 완전한 것으로 시작된 것은 발전이라는 말이 적용되지 않습니다. 현존이라는 말이 있을 뿐입니다.

　율법이나 정치나 교육이나 학문은 불완전한 인간으로 말미암아 시작됐기 때문에 그것은 발전해야만 되고 오늘날까지 발전해 온 것이 사실입니다다만, 성경은 애당초 인간에서부터 시작된 것이 아니고 하나님께서 계시로 주신 하나님의 말씀이기 때문에 발전이라는 말이 적용되지 않습니다. 오직 현존이 있을 뿐입니다.

　그래서 법률이나 정치나 교육이나 학문이 성경의 발전 없음을 비난할 때 우리는 그 소리를 웃으면서 반갑게 받아들입니다. '그렇다. 우리는 발전하는 너희들과 같은 불안전한 것으로써 시작된 것이 아니기 때문에 오직 글자 한 자도 못 고친 채 그대로 지켜 오는 하나님의 계시, 완전한 것으로써 시작된 하나님의 계시는 발전 못함을 자랑한다.'고 나는 답변을 합니다.

　그 다음에 둘째로, 인류에게 영향을 준 것 중에 이제 법률과 정치가 굉장하게, 오늘 그들의 말과 같이 이상적인 정치체제가 구현되고 있다고 자랑을 하고 교육과 학문이 그렇다고 자랑을 합니다. 그러나 정치와 법률 속에, 교육과 학문 속에 밑뿌리가 되어 보이지 않는 곳에서 정치를 키웠고 법률을 키웠고 교육을 키웠고 학문을 키운 것은 성경이라는 점을 부인할 사람은 없을 것입니다.

　한국의 현대문명도 정치적으로 이렇게저렇게 해석을 하겠지만 한국의 오늘의 현대문명도 밑뿌리에 들어가면 불교의 뿌리는 썩어져 고목이 되고 유교의 뿌리는 썩어져 벌써 흙이 됐으나, 성경이 그 뿌리가 되어 오늘 한국의 현대문명을 형성했다는 것을 누가 부인하겠냐 말입니다.

　교육이 들어온 것이라든지 여성의 권리가 강조되어진 것이라든지 애들이 어린이가 된 것이라든지 옛날에는 '애들, 애들' 그러고서 입도 뻥긋 못하던 것이 '어린이'라고 하는 이름으로 바뀌어진 것이 어디에서 왔냐? 이런 것을 내가 다 분석할 여가가 없습니다.

　의료관계라든지, 교육관계라든지, 사회사업관계라든지, 인권문제라든지, 여성문제라든지, 어린이의 지위라든지, 전부가 백년 전 성경이 이 땅에 들어오면서부터 눈을 뜨게 되었고, 오늘의 이만한 문화를 이루어 놓았다는 것을 부인 못할진대, 정치나 교육이나 경제나 학문의 밑에 깔려 있는 성경적인 요소를 몽땅 뽑아 내버린다면 시베리아 저 얼음벌판보다도 앙상하고 살벌한 지구가 되고 말았을 것입니다.

　성경이 없었다면 교육의 페스탈로치와 같은 위대한 인물이 날 수가 없었을 거예요. 성경이 없었다면 문학의 셰익스피어와 같은 위대한 인물 톨스토이, 도스토예프스키와 같은 위대한 인물이 날 수가 없었을 거예요. 음악에서 성경적인 영향을 다 뽑아 버린다면 오늘에 남아 있는 클래식이라고 하는 것은 과연 어떤 음악이었겠는가, 상상도 못할 일입니다.

　그래서 인류에게 끼친 영향 중에 가장 큰 것이 무엇이냐고 그럴 때 표면에 나타난 것은 정치라고 뽐내지만, 표면에 나타난 것은 교육과 학문이라고 뽐내지만, 그 뿌리를 이루고 있는 것은 성경인 것을 부인치 못하는 까닭, 그것은 바로 성경은 하나님의 말씀이요, 인간에게 주어진 신령 법칙이기 때문에, 그 법칙에 바탕을 두는 그곳에 인간으로서 누려야 할 정신세계, 신령적인 세계, 생명의 세계, 영혼의 세계의 꽃이 찬란하게 필 수 있었다는 결론인 것입니다.

　신령법칙으로 성경이 주어졌다는 것, 그래서 우리가 성경을 대할 때에 구원의 교과서로 하나님께서 우리 구원을 위하여 주신 하나님의 말씀이라고 하는 차원에서 성경을 대해야지, 과학 어쩌고, 천문학 어쩌고, 지질학 어쩌고, 역사 어쩌고, 그것은 성경을 잘못 대하는 태도라는 것을 지적했습니다.

성경에 다소간 비과학적인 말이 있는 것은 사실이지만 그것은 하나님께서 베드로에게 계시를 주실 때 베드로의 지식을, 바울에게 계시의 말씀을 부탁할 때 바울의 지식을 그대로 재료로 이용했다고 하는 차원에서 우리는 넉넉히 이해할 수 있을 것입니다.

그리고 이 성경을 대할 때에 이것은 우리가 유한한 인간이기에, 시간적으로도 유한한 인간이요, 능력에 있어서도 유한한 인간이기 때문에, 전능하시고 무한하신 하나님의 기록이기 때문에 우리가 바로 이해하지 못한다고 하는 두 가지 예를 들어서 말씀을 드렸고, 그래서 어제 말씀을 드린 결론으로는 성경은 알라고 주신 책이 아니라 믿으라고 주신 책이라는 것을 말씀드렸습니다. 부디 믿음의 눈으로 말씀을 대하여 하나님이 주시는 복을 누리시길 바랍니다.

성부 하나님의 구원 계획

오늘은 성경에 바탕을 두고 구원문제를 한번 생각해 볼 때에, 성경에 보면 구원은 세 가지로 나누어져 있습니다. 구원의 그 경륜은 세 가지로 분담이 되어 있습니다.

첫째로, '하나님 아버지가 구원을 계획하셨다' 했습니다. 하나님 아버지가 구원을 계획하시고, 그 다음에 '아버지가 해놓은 구원계획을 성자 예수님이 성취하셨다' 했습니다. 그리고 구원 성취해 놓을 것을 개개인에게 적용시키시는 것, 개개인에게 경험시키는 것은 성령님이 맡고 있다고 그렇게 풀이할 수가 있습니다.

하나님은 어제도 말씀드린 대로 불합리한 걸 하나님은 '괜찮다, 괜찮다' 그러시지 못하시는 합리의 하나님입니다. 우주의 모든 합리는 하나님의 합리성을 증명하는 실제 증거인 것입니다.

지구가 시속 천 마일의 속도로 돌아간다고 그러지요. 천 마일의 속도로 돌아가는데 그것이 열두 시간으로 우리가 나누어 낮 12시간, 밤 12시간 해서 24시간으로 계산을 합니다.

만약에 지구가 천 마일로 돌아가는데 낮 12시간, 밤 12시간 그것이 만일 시속 100마일로 돌아간다 그러면 낮이 120시간, 밤이 120시간. 폭양이 내리쬐는 120시간 태양 아래에서 과연 이 지구의 어떤 생물이 생존할 수 있겠는가? 캘리포니아 벌판을 차를 몰고 달리면 한국에서 볼 수 없는 선인장이나 볼품 없는 나무들이 몇 그루 있을 뿐 사막뿐인 것을 봅니다.

아마 지구가 시속 천 마일이 아니라 백 마일로 돈다면 낮시간이

120시간이 되면 오늘과 같은 저 아름다운 산천을 볼 수 없을 거예요. 반대로 밤이 또 120시간이 되면 그 120시간 동안에 식어져 차디차 버린 지구 위에 과연 어떤 생물이 살아 번식할 수가 있겠는가 생각을 해봅니다.

합리의 하나님은 낮 12시간, 밤 12시간 살짝 빛 쬐고 또 살짝 쉬게 만들고, 그러니까 이 지구 위 우리 한국 땅에 얼마나 아름다운 산천의 초목이 있습니까? 이 모든 것이 합리의 하나님의 아름다운 솜씨입니다.

지구와 달과의 거리가 24만 마일, 여기에선 잘 모르시겠지만 부산 앞바다나 제주도 가게 되면 조수현상이나 썰물.밀물이 있지요. 달과 지구와의 거리관계에서 생기는 썰물과 밀물의 현상이 만약에 지구와 달과의 거리가 가령 지금의 24만 마일이 아닌 5만 마일이 됐다고 가정할 때, 지금 24만 마일의 거리에서 지구에 그 달의 인력이 미치는 영향으로 조수현상이 1미터 전후로 올라갔다 내려갔다, 심심찮게 그 썰물과 밀물을 보면서 좋아하는데, 지구와 달과의 거리가 약 5만 마일밖에 안 된다고 하면 그 밀물과 썰물현상은 물이 올라올 때는 한라산 꼭대기를 덮게 될 것이고 내려가게 될 때에는 해발 수백 미터 이하로 내려가게 될 것이니 과연 그렇다면 이 지구는 매일 침례를 받게 되어 과연 이 지구의 어떤 생물이 생존할 수 있겠는가? 그것을 가상할 때 누가 지구와 달과의 거리를 24만 마일로 정했느냐? 합리의 하나님의 솜씨인 것입니다.

이런 것을 생각하려면 지구와 태양과의 거리라든지, 우주 안의 모든 것이 가장 이상적으로 배치가 됐다고 하는 것은 가장 이상적으로 인간을 배려하시고 지구를 배려하시는 하나님의 그 합리적인 합리의 성품이 우주 속에도 구석구석 나타나 있다는 사실입니다.

그래서 프랑스의 파브르와 같은 생물학 교수는 신앙생활을 잘하니까 제자들이 "선생님 같은 대과학자가 왜 하나님 따위는 믿습니까?"

하고 핀잔을 주었습니다. 파브르 교수의 대답이, "내가 하나님을 믿는 것이 아니다."

"아니 주일마다 성경 찬송 끼고 교회 가고 기도하고 찬송하고 성경 읽고 그러는데 하나님 안 믿는다는 말이 무슨 말씀입니까?"

"나는 하나님을 믿는 것이 아니라, 하나님과 같이 산다네. 내 현미경 세계에서 현미경에 비치는 세포의 세계를 들여다보고 있노라면 거기에는 무질서라는 것이 없어, 거기에는 불합리라는 것이 없어, 거기에 혼돈이라는 것이 없어. 눈에 보이는 자연세계에만 질서정연한 것이 아니라, 내 현미경 속에 보이는 그 세포의 세계에 불합리라는 것이 없어, 혼돈이라는 것이 없어, 무질서라는 것이 없어. 우연이라고 그럴 수가 없어. 그 현미경 세계를 들여다보고 있노라면 나는 거기서 하나님을 만난다네. 나는 거기서 하나님과 얘기하면서 내 연구분야에 내가 몰두하고 있다네, 하나님과 하나님을 믿는 정도가 아니라 나는 내 학문의 세계에서 하나님과 같이 산다네." 하고 유명한 대답을 했다는 얘깁니다.

하나님은 합리의 하나님, 이 우주를 통치하시고 영원을 지배하시는 하나님께서 우리의 구원을 계획하실 때에도 무질서하게 그저 아무렇게나 되면 되고 말면 말고 그런 식이 아닙니다. 우리 구원을 계획하실 때도 가장 합리적으로, 이치에 맞지 않는 것을 하나님은 못하십니다. 그래서 구원계획은 하나님이 하시고 그 계획해 놓은 구원을 성취하시는 것은 성자 예수님이 성취하시고, 성취해 놓은 구원에 우리를 불러들여 참여시키는 것은 성령님이 하십니다.

본론으로 들어가서 하나님 아버지의 구원계획이 마치 무엇과 같을까요? 아마 내 경우에는 서문교회를 새로 지을 때 그러했습니다만 외국을 돌아다니면서 교회건물들을 많이 구경을 하고 나 혼자 머릿

속에 '이러이러한 집을 지어야되겠다.' 계획을 다 세워 가지고 그 계획을 설계사와 얘기하고, 그래서 설계도를 그려 내놓았습니다. 계획은 내가 완료했습니다. 둘째로, 연장로님이라고 하는 건축업자를 불러 가지고 설계도를 주면서 이대로 집을 하나 지으라고, 장로님 한 분을 건축위원장으로 세워 가지고 의논을 하면서 교회를 다 지었습니다. 셋째로, 이제는 마지막 헌당예배가 드려지는 날인데, 이제 위원장 장로님이 열쇠를 나에게 딱 주면서, "이제는 이 집으로 들어와 온 교인을 데리고 예배를 드리고 하나님의 뜻을 위하여 사용하십시오."라며 절차를 밟아 온 교인들이 새 성전에 와르르 몰려들어 왔습니다.

그럼 첫째로, 이런 집을 지을 때 머릿속의 계획, 그 계획을 받아서 건축업자가 짓는 것 지어 놓은 다음에 목사가 온 교인들을 데리고 전부 들어와서 예배를 드리는 것 모양으로 하나님의 의중에 구원계획을 다 세웠습니다. 그 다음에 그 계획을 받아서 성자 예수님께서 구원의 집을 다 지었습니다. 구원의 집을 다 지어 놓은 다음에 성령님께서 다니면서 '너 구원의 집에 가자, 너 구원의 집에 가자.' 그렇게 불러들여 이 구원의 집에다 우리를 불러모아 구원에 참여를 시켜 주셨습니다.

그러면 여기서 오늘 본론에 있는 대로 하나님 아버지의 구원계획, 첫째로 구원을 얘기할 때 과연 인간은 구원을 받아야 할 만큼 절망적인 존재냐 하는 문제입니다. 구원이 필요한 인간상, 인간의 모습이 진짜 어떤 거냐 하고 우리가 한번 냉정히 분석을 해보자는 말이에요.

사람을 보는 견해는 두 가지가 있습니다. 하나는 낙관적인 인간관과 다른 하나는 비관적인 인간관입니다. 사람을 낙관적으로 보는 견해와 '사람이 이래서는 안 되겠다'고 비관적으로 보는 견해 두 가지가 있습니다.

　대체로 정치나 경제나 교육은 사람을 낙관적으로 봅니다. 사람이 이렇게 살아가다 보면 점점 정치가 이상화되고 경제체제가 이상화되고 교육이 굉장히 발달을 하고 과학이 아주 극도로 발달을 하면 인간이 가지고 있는 비극이나 불행은 다 해결이 된다, 그래서 강도도 경찰이 잡으려고 그렇게 애쓸 것도 없고 한번 잡혀 오면 약 한 봉지만 먹이면 그냥 강도가 성자가 되어 버리고 경찰 방망이도 필요가 없고 형무소도 필요가 없고 강도를 변화시키는 약장사만 있으면 된다고 하는 정도로 그런 이상적인 세계가 온다, '유토피아'가 온다는 말이지요.

　여기에 두 가지로 지적할 것은, '유토피아'가 온다고 이렇게 말한 것은 어제, 오늘의 얘기가 아닙니다. 옛날 아덴의 학자들이 벌써 유토피아가 이 땅 위에 온다고 꿈을 꾸고 얘기를 했습니다. 그런지 벌써 수천 년이 지났습니다. 과연 이 땅 그 어디에 유토피아가 이루어진 곳이 있냐는 말입니다. 정치가 이상화되고 경제체제가 이상화되고 교육이 극도로 발달을 하면 이상사회가 이루어진다. 글쎄 아직까지 덜 발달해서 그런지는 모르지만 이 땅 위에 어디 구석에도 이상향은 없습니다. 유토피아는 없습니다.

　또 그렇게 발전해 가고, 인간이라는 것이 그냥 그렇게 좋은 방향으로 발전해 가고 있느냐, 그렇지 못하냐를 우리가 한번 냉정히 생각해 보자구요.

　옛날에는 우리 조상들이 살다가 돈이 좀 궁색해 가지고 이웃에 도움이 필요할 때는 이웃에 가서,

　"형님, 내가 일을 시작했는데 경제적으로 좀 어려워서 그러니 도와 줄 수 있으면 좋겠소."

　"뭘 시작했냐?"

"이런 것 저런 것을 시작했습니다."

"어 좋은 일 시작했구나. 갖다 써라." 그것으로 끝나는 거예요. 그때도 나름대로 귀한 돈이지만 그냥 갖다 써라 그것으로 그만인 거예요. 그렇게 얼마쯤 살아오다가, 또 그 다음에는 "그래, 쓰기는 쓰지만 뭐하나 써라." 차용증서를 쓰라고 그런 거예요. 그리고 차용증서를 쓰고서 거래가 오고 가고 했어요. 그리고 일마쯤 살아오다가 "그렇지만 보증인 하나 세워라." 셋째 단계로 '보증인'이라는 것이 들어서기를 시작했어요. 보증인을 세워 가지고 거래를 얼마쯤 하다가 이제 와서는 그것이 아닙니다. "담보물은 뭐 없냐?" 얼마나 야박해져 갑니까? 이것이 잘 되 가는 세상이요? 잘못되어 가는 세상이요? 궁하니까 다급해 담보물을 잡히고 돈을 빌려쓰고 날짜기한에 이행을 못하면 이전 등기 넘어 갑니다. "내 것이다, 나가거라." 이런 야박한 세상, 이것이 글쎄 기계를 쓰는 데는 발전해 가는지도 몰라요. 아는 지식에 있어서는 뭐가 발전해 가는지는 몰라요. 그러나 사람이라고 하는 차원에서 볼 때 이것은 발전이라고 볼 수가 없는 거예요.

옛날에는 봅시다. 저 벌판에 드문드문 농가가 한 채씩 있으면 그때 나름대로 귀한 것은 있었어요. 지금 와서 볼 때는 별거 아니지만 그때 나름대로는 그래도 집 안에 귀한 것이 있을 때도 그냥 자물통이 문에 걸리느냐? 담장이 있냐? 대문이 있냐? 아무것도 없이 그냥 살았어요. 그리고 얼마쯤 살아오다가 뭔가 조금 의심이 나는 것이 생겼는지 문에 이상하게 생긴 자물통 하나 걸기를 시작하더니, 그리고 얼마쯤 살아오다가, 웬걸! 집가에 울타리가 생기더니만, 그리고 좀 얼마 있다가 그 나무로 만든 울타리가 이제는 돌담이 되어 담장이 생기더니만 그 다음에 살짝 그냥 나무를 얽어서 만든 대문이 나무판자 쪽으로 만든 대문으로 바뀌어지더니, 자꾸 자물통이 점점 견고하게 발달을 하고 발전을 합니다. 그러다가 담장 위에 철조망이 걸리더니 철조망만 가지고 안 돼요. 제가 40년 전만 하더라도 보지 못하던 것이 한 30년 전부터 시작된 것이 뭐냐 하면, 철조망 사이에 시퍼런 유리 조각이 박히기를 시작했어요. 이것은 30년 내지 35년 전에는 못 보던 것입니다. 요즈음 보면 철조망 사이에 유리조각이 박혀요. 얼마나 잔인스러워요. 그것만 가지고 안되어서 대문이 점점 커지고 견고해져 그것만 가지고 안 돼. 대문 안에 셰퍼드가 멍멍! '맹견 주의' 이제는 그것만 가지고 안 돼. 또 벨인지 뭔지 하나 달려서 '삐익' 하고 누르면 안에서 뿡하고 그러면, "누구요, 누구요?" "모르는구만" 문전박대. 인간의 모습으로서 발전하는 거라고 봐야 할까요? 뭐가 잘못되어 가고 있어요.

제가 신학교 다닐 때 변홍규 박사가 미국에 갔다가 돌아오면서 "야 내가 이런 일 있었다."고 채플시간에 얘기를 합니다. 투르 대학에서 공부할 때 같이 공부한 독일 친구가 태평양 날아 넘어가면서 지루할 때 읽어보라고 하면서 편지 한 장을 주었다고 그래요. 그래서 비행기 안에서 그 편지를 뜯어보았는데 편지의 내용인즉, 미시간 호수 옆 깊은 숲속에 '세계 원숭이 유엔총회'가 모였는데 남미에서 온 원숭이, 아프리카에서 온 원숭이, 캐나다에서 온 원숭이, 구라파에서 온 원숭이, 꼬리 긴 원숭이, 짧은 원숭이, 앞다리 긴 원숭이, 뒷다리 긴 원숭이, 풍채 좋은 원숭이, 고양이같이 생긴 원숭이, 각양각색의 원숭이가 숲속에 잔뜩 모였는데 풍채 좋은 점잖은 원숭이 하나가 나오더니만 높은 가지에 턱 올라앉아,

"친애하는 동포 여러분, 불원천리 남미에서 여기까지 오시느라고 얼마나 수고가 많았습니까? 저 아프리카에서 오신 우리 친애하는 동포, 그곳의 우리 동포들 다 평안하십니까?" 모조리 안부를 묻고 화기애애한 분위기입니다.

"그런데 오늘 우리가 이렇게 총회로 모인 까닭은, 여러분이 들어

아실는지 모르겠습니다만 다윈이라고 하는 괴상한 동물이 말을 하기를 '우리가 진화해서 자기네가 됐다'고 그럽니다. 이 말을 여러분은 어떻게 해석을 하시렵니까?"

"자, 한번 냉정히 생각해 봅시다. 우리가 진화해서 자기네들이 됐다고 말하는, 소위 인간이라고 하는 그 동물들 얼마나 더럽고 흉악합니까? 자, 우리 신성한 원숭이 사회에 골육상잔이 어디 있습니까? 우리 신성한 원숭이 사회에 노동자 파업이 어디 있습니까? 우리 신성한 원숭이 사회에 뺑소니 운전사가 어디 있습니까? 우리 신성한 원숭이 사회에 어린이 유괴범이 어디 있습니까?

사회악을 하나하나 지적하면서 '이 더러운 인간들이 말하기를 우리가 진화해서 자기네들이 됐다고 그러니 신성한 우리 원숭이 사회에 대하여 이 이상의 더 큰 모독이 있을 수 없어 이런 모욕을 받고 여러분 그냥 지낼 수가 있겠습니까? 일전불사의 각오는 없습니까?' 라고 고함을 치더라는 그런 얘기를 채플시간에 변 박사가 얘기한 것을 지금도 기억하고 있습니다.

그래요. 기계를 쓰는 데는 사람이 동물보다 앞서지만 인간이라고 하는 차원에서 볼 때 동물보다 더 악한 것이 인간이에요. 동물은 본능적으로 악합니다. 그러나 어떤 호랑이, 사자가 사람 잡아먹으려고 1년, 2년을 계획하던가요? 순간적인 충동으로써 사람을 잡아먹을 수는 있지요. 사람은 사람 잡아먹으려고 1년, 2년을 계획하고, 수단과 방법을 가리지 않아요. 칼로 목을 푹 찌르는 것만 죽이는 건가요. 음식으로 죽이려고 그럽니다. 의복으로 죽이려고 그럽니다. 약으로 죽이려고 그럽니다. 내 주머니 채우기 위해서는 무슨 짓이든지 다하는 이 인간은 원숭이들에게 지탄을 받아 마땅하지 않을까요?

가끔 달성공원에 갑니다. 동쪽 언덕에서 서쪽을 바라보면 사람 제일 많이 모인 곳이 어디냐 하면 원숭이 울타리 앞입니다. 가까이 가

보면 그래도 괜찮은데 멀리서 보니까 원숭이가 사람구경을 하는 건지 몰라요. 어찌 보면 원숭이가 '아이고 너희들이 무슨 만물의 영장이라고 같잖은 소리하지 마라. 나는 너희들보다는 훨씬 거룩하단다.' 하고 원숭이가 궁둥이를 툭툭 치면서 사람을 놀리는 것 같아요.

자, 왜 내가 이런 말을 하느냐 하면 정치가 말하는, 교육이 말하는, 경제가 말하는 유토피아는 과연 이 땅 위에 이루어질 것인가? 이렇게 말한 다음 오늘날까지 얼마나 유토피아를 향하여 이 지구가 잘 되어가고 있는가? 아니에요.

정치나 경제나 교육하는 사람들은 낙관적으로 사람을 보지만 이것은 비참 속에 있는 인간을 위로하느라고 하는 소리요, 소망 속에 참으라고 하는 소리지, 실제 그렇게 이루어지지 않는 것이 현실입니다.

그러나 둘째로, 모든 종교는 인간을 비관적으로 봅니다. 불교도 인간은 백팔번뇌의 노예가 되어 이 백팔번뇌에서 해탈을 해야 된다. 그래서 구원의 방법으로 혹은 참선, 이런 불공을 통해 해탈이 되어야 된다고 말합니다. 공자도 유교도 마찬가지로 사람이 이래 가지고는 안 돼, 적어도 사람이 좋아지려면 하루에 세 번씩 반성하면서 개과천선 자꾸자꾸 고쳐 나가야 된다고들 말합니다.

인도의 어떤 종교는 '인간이 이래서는 안 돼, 인간이 이 잘못된 꼴에서 구원을 받으려면 자기 몸을 괴롭혀야 돼.' 그래서 넙적한 방석만한 선인장에 한 10센티미터나 더 되는 침이 삐죽삐죽 나온 걸 땅바닥에다 깔고 그 위에다 드러누워요. 그러면 선인장침이 온몸에 박혀 피를 흘리면서도, 이 몸을 이렇게 괴롭혀야 나에게 있는 좋지 못한 것들이 빠져나가고 내가 거룩해진다며 그런 고행을 하는 종교도 있는 것입니다.

제가 해인사에 갔다가 내려오는 길에 조그마한 불교서점에서 길을 걸으면서 읽으려고 작은 책 한 권을 샀습니다. 책이름은 《비유소송경》이라 적혀 있었습니다. 비유소송경이라. 그래서 그 책장을 넘기니까 첫편에 나오는 이야기가 평소에 내가 듣던 얘기였어요. 그런데 그것이 불교의 경전에 있는 얘기인 줄 제가 그때 처음 알았습니다. 그 이야기 내용은 이러합니다.

인도 벌판에 어떤 사나이가 길을 가다가 성난 코끼리에게 쫓기게 됐네요. 코끼리가 상아를 곤두세우고 키만한 귀를 번쩍 벌려 으르렁거리고 따라오자 이 나그네가 혼비백산이 돼 도망을 가는데 코끼리는 점점 빨리 따라옵니다. 다급해졌어요. 마침 보니까 앞에 큰 나무가 하나 있는데 나무뿌리 밑에 구멍이 뻥 뚫린 굴이 하나 있고 나무뿌리가 쭉 늘어져 있어, '됐구나!' 하고 나무뿌리 줄을 타고 주르르 내려갔습니다. 코끼리는 더 이상 올 수가 없어 굴 어귀에다 대고 으르렁거리고 있습니다. '코끼리를 피했으니 다행이다.' 생각을 하고서 매달려 있는데 팔이 아파서 조금 내려가려고 보니 뱀이 와글와글거려서 내려갈 수도 없고, 올라갈 수도 없고, 조금 옆으로 기댈까 하고 보니까 벌떼들이 집을 지어놓고 왕왕 잔뜩 달라붙어 있어요. 옆으로 기댈 수도 없고 내려갈 수도 없고 올라갈 수도 없고, 그런데 또 보니까 설상가상으로 매달려 있는 나무뿌리에 흰쥐 한 마리가 나와서 갈금갈금 물어뜯고 지나가고, 까만 쥐 한 마리가 나와서 갈금갈금 물어뜯고 지나가는데, 흰쥐는 낮이요, 까만 쥐는 밤이라나요. 이렇게 다급한 상황, 올라갈 수도 없고 내려갈 수도 없고, 기댈 수도 없고 매달려 있을 수도 없는 형편이에요.

그런데 거기 재미나는 말 한마디가, '그런 주제에도 벌이 집을 지어 꿀을 쳐서 꿀방울이 얼굴에 떨어지니까 혀로 그 꿀방울을 핥고 있더라.' 그렇게 묘사를 해놓았어요.

그러고 나서 그 다음 장에 무슨 대답이 나오는가 하는 호기심에 책장을 넘기니까 책 뒷표지밖에 나오는 것이 없어요. 쓸쓸히 이 책을 손에 쥐고 '이것이 불교의 인생관이구나.' 아주 리얼하게 묘사는 잘 되어 있어요. 얼마나 절망적입니까. 묘사돼 있는 그 인생관이 얼마나 절망적이에요. 그러니까 어쩌자는 말이야. 대답은 없어요.

그래서 다른 경전에 보면 '눈을 딱 감아라. 없다, 없다, 부정, 부정. 마지막에 무아에, 자기까지 없는 것으로 부정되어질 적에 비로소 그 현상에서 해탈이 된다. 허상에서 해탈이 된다.' 뭐 그런 얘기가 나오지요. 얼마나 답답하면 '눈감고 잊어버려라. 없다, 없다.' 그러라고 하겠는가. 사실 있는 것을 없다고 한다고 없어지나요?

중학교 동창 아이 둘이 만나서 반갑게 인사를 하는데 하나는 중이 돼 있어요. 서로 앉아서 얘기를 하다가 중보고,

"너 중하면 좋은 거 뭐 있냐?"

"내 말 한번 들어 볼래?"

"뭔데?"

"바닷가로 가다가 저 바다에 배가 떠 있잖아. 내가 지금 저 배를 없앨 수 있다."

"너 이 자식, 중 되더니만 무슨 굉장히 신비로운 힘을 가졌구나. 야! 어떻게 네가 저 바다에 있는 배를 없앨 수 있어?"

"아, 내가 없앨 수 있다."

"그래, 어떻게 하는데? 한번 없애 봐."

"내가 시키는 대로 해라. 없어진다. 저기 배 있지?"

"응, 있어."

"똑똑히 봐라. 배 있지?"

"있어."

"그럼, 눈 딱 감아라. 없지, 없지?"

이것이 불교의 교리 중의 하나예요. '없다 그러면 없어져, 잊어버

려라.' 문제는 모든 종교의 공통점이 '인간은 이래서 안 된다' 입니다. 인간을 낙관적으로 보는 종교는 하나도 없습니다. 자 이렇게 절박한 인간의 상태는 설명했으나 거기에서 구원받는 길에 대한 설명이 없어 씁쓸해요.

나는 거기에서 눈을 감고 우리의 성경의 진리에서 그 대답을 찾습니다. 그런데 저 하늘에서 빨간 줄 하나가 내려옵니다. 이 나그네 앞에 딱 멎습니다. '하나님이 세상을 이처럼 사랑하사 독생자를 주셨으니 누구든지 저를 믿으면 멸망치 않고 영생을 얻는다.' 이 줄을 잡아라. 줄을 잡았습니다. 두르르 올라가 버렸습니다. '코끼리여 굿바이, 뱀이여 굿바이, 벌떼여 굿바이, 흰쥐 검은 쥐여 안녕.' 이것이 하나님 편에서 우리에게 베풀어 주신 구원의 도리입니다. 우리의 구원은, 하나님 편에서 마련해 주기 전에는 우리의 이런 절망적인 모습을 해결할 방법이 없습니다.

하나님 안에 행복이 있었습니다. 그러나 하나님과의 바른 관계가 비뚤어짐으로 말미암아 '하마르티아', 우리가 말한 대로 범죄의 인간은 바른 관계가 깨져 버렸습니다. 범죄한 사람은, 그 죄의 정의는 '하마르티아' 라는 단어를 설명하면서 전 시간에 내가 말씀을 드린 것으로 압니다. 타락의 사람이 되었고, 그 다음에 사망의 사람이 되어 버렸습니다.

한 가지만, 창세기 6장 1절에 보면 "사람이 육체가 된지라." 그래서 하나님이 사람과 함께 하실 수 없게 됐다고 창세기 6장 1절 이하에 말하고 있습니다. 사람이 하나님의 형상대로 지음을 받아 생령일 때에는 하나님과 대화가 되었고, 하나님과 교제가 되었고, 하나님과 같이 즐거워할 수 있었고, 하나님과 같이 행복할 수가 있었으나 하나님과 바른 관계가 깨짐으로 말미암아 사람은 육체가 돼, 고깃덩어리가 되어 버려, 동물이 되어 버려, 영성을 잃어버렸고, 하나님의 형상을 잃어버렸고, 신령한 세계를 잃어버렸어요. 그러니까 사람과 하나님이 대화할 수 없는 관계로 끊어져 버렸다는 것, 이것이 비극, 인간의 비참한 모습인 것입니다.

그것을 그 다음에 셋째 '구원의 정의'에서 다시 설명하기로 하고, 그런 인간을 하나님은 언제 구원을 계획하셨느냐? 구원 계획은 창세 전에, 하늘이 있기 전에, 땅이 있기 이전에, 전 이런 것 참 우리가 해석하기 어려우나 성경은 분명히 그렇게 적고 있습니다. 창세 전에 이 집을 언제 지었느냐? 몇 년 몇 월 며칠 날 착공되어 이 집이 지어졌겠지요. 그러나 이 집이 지어지기 이전에 목사님 머릿속에는 이 집에 대한 계획이 다 있었습니다.

이 집의 차원에서 보게 될 때 이 집이 있기 이전이니까 창세 전에 이 집이 있기 이전에 벌써 목사님의 머릿속에는 이 집에 관한 계획이 다 있었듯이 하늘이 있기 전 땅이 있기 전, 인간역사가 시작되기 전에 하나님의 의중에는 인간 구원을 위한 계획이 다 하나님의 뜻 속에 있었더라는 얘깁니다. 그래서 '영원 전'이라는 말이, '미리'라는 말이 성경에 나오는 것입니다.

셋째로, 구원의 정의, 구원이라는 것이 무엇인가? 여기가 중요한 대목입니다. 구원이라는 것이 무엇이냐? 비유를 들어서 설명을 해봅시다.

애당초 하나님이 사람을 창조하실 때에 하나님의 형상대로 지었다 그랬습니다. 그 하나님의 형상에는 외형적인 형상이 아니라 내적인, 하나님의 신격을 인간 속에 심어 준 것입니다. 그것을 신을 인정하지 않는 사람은 인격이라고 말을 하고 있습니다. 그러나 사실은 인격이 아니라 신격입니다.

신을 인정하지 않는 사람은 인격이라고 말을 하나, 우리 속에 있는 인격적인 요소는 곧 하나님의 성품, 인간에게 주어진 것입니다. 그래서 하나님과 같이 살 수 있도록 관계되어 있습니다.

예를 들어 봅시다. 태아가 있습니다. 태모가 있습니다. 어머님이 있고 어머니 배속에 태아가 자라고 있습니다. 이 태아와 어머니와의 관계는 어머니의 생명이 태아의 생명이고, 어머니의 양식이 태아의 양식이고, 어머니의 호흡이 태아의 호흡이고, 어머니의 피가 태아의 피고, 물론 태아의 속에도 피가 또 생산되기도 하지만 어머니의 피가 태아의 피고, 어머니가 남대문시장에 가면 태아도 남대문시장에 가고, 어머니가 삼각산에 가면 태아도 따라서 삼각산에 가고, 어머니의 활동이 태아의 활동입니다. 한 생명입니다.

이와 같은 관계는 1센티미터 혹은 2센티미터 전후로 되는 탯줄 하나로 연결지어져 있습니다. 이 탯줄 하나로 어머니의 생명이 아이의 생명이요, 어머니의 호흡이 아이의 호흡이요, 어머니의 양식이 아이의 양식이요, 어머니의 피가 아이의 피입니다.

하나님과 사람과의 관계도 흡사 그렇게 지음을 받았습니다. 어린 아이와 어머니 사이에 탯줄 하나가 연결을 지었듯이 하나님과 사람 사이에는 믿음이라고 하는 탯줄, 믿음과 순종이라고 하는 탯줄, 내가 오늘 저녁에 말씀을 드리겠습니다만, 믿음이라는 의미를 우리는 분명히 알아야 됩니다.

믿음이라고 하는 탯줄을 통하여 하나님은 말씀하시고 사람은 아멘 순종하고, 하나님은 말씀하시고 사람은 아멘으로 순종하고, 피의 순환과 같이 믿음과 순종, 믿음과 순종의 탯줄을 통하여 하나님과 사람 사이에 이렇듯 하나님의 영광이 내 영광이요, 하나님의 자유가 내 자유요, 하나님의 생명이 내 생명이요, 하나님의 기쁨이 내 기쁨인 이러한 관계에서 살 수 있도록 하나님은 사람을 창조했습니다. 물과 고기의 관계와 같이, 흙과 초목의 관계와 같이, 대기와 허파 동물과의 관계와 같이 하나님과 사람과의 관계가 그러한 생명관계로 살아갈 수 있도록 창조함을 받은 것이 사람의 본모습입니다. 그런데 이 탯줄이 끊어졌습니다. 그러면 그 태아는 그날부터 죽어서, 썩어 구더기가 생기고 악취가 나고 그렇게 되지요.

하나님과 사람 사이에 이 탯줄과 같은 믿음과 순종, 믿음과 순종의 탯줄이 끊어져 버렸습니다. 그래서 성경은 부패하고 타락한 인간이라고 말을 합니다. 탯줄이 끊어졌습니다. 그 탯줄이라는 것이 무엇이냐? 이제 말씀드리면 믿음과 순종, 그것은 선악과라는 과일로써 상징이 되어 있습니다. 그 선악과라는 과일 그 속에 지독한 독이 있어 먹는 순간에 그냥 독이 온몸에 퍼져 '썩어졌다'라고 보지는 않습니다. 그 선악과라고 하는 과일은 사과였는지 복숭아였는지 배였는지는 모릅니다. 그 과일은 독이 있는 것이 아닙니다. 그 과일로써 상징된 것은 말씀과 순종입니다. 믿음과 순종입니다.

'먹지 말아라' 그것입니다. 먹지 말라고 그러면 안 먹어야지, 문제는 그 과일에 어떤 성분이 독성이 있는 것이 아니라 먹지 말아라 하는 데 의미가 있는 것이고, 안 먹는다고 하는 거기에 의미가 있는 것입니다.

옛날에는 그랬다고 그러지요. 어떤 죄인을 잡아다가 심문을 해보고 죄가 확실히 드러나면 땅에다 동그라미를 이렇게 그려놓고 '이것은 네 감옥이다 이 안에 있어라.' 다리가 없어 발이 없어서 못 나갑니까? 울타리가 높아서 못 나갑니까? 나가지 말라고 그러면 하루 종일 그 안에 서 있다는 것이 옛날의 벌이랍니다. 옛날에는 그렇게 살았어요.

선악과 먹지 말라는 데 의미가 있고 안 먹고 순종하는 데 의미가 있는데, 이것을 그만 먹어 버렸다고 하는 사이에서 하나님을 안 믿었다는 거예요. 의심했다는 거예요. 불순종했다는 거예요. 이 때문에 하나님과의 관계가 끊어진 것입니다.

인격과 인격 사이에 마음이 통하고 피가 통하고, 만나면 헤어지기 싫고 헤어지면 보고 싶고, 또 만나면 그냥 손을 붙잡고 놓기 싫고 그 체온 속에 뭔가 따뜻함을 느끼고 피차 따뜻함이 오고 가고, 네 기쁨이 내 기쁨이고 내 기쁨이 네 기쁨이고, 네 영광이 내 영광이고 내 영광이 네 영광이고, 네 행복이 내 행복이요 내 행복이 네 행복이고, 네가 따로 없고 내가 따로 없고, 내가 너이고 너는 나이고, 자 이와 같은 생명, 인격과 인격 사이에 생명이 통하는 교제, 인격과 인격 사이에 더할 나위 없는 이러한 하나로써의 마음도 하나, 뜻도 하나, 욕심도 하나, 영광도 하나, 그냥 하나가 되는 이 교제, 어떻게 가능할까요? 사랑? 천만에, 사랑은 감정의 장난이 너무 많아. 사랑한다고, 너 없으면 나 죽는다고 그러다가 웬걸, 어느 순간에 이혼한다고 하는 것은 사랑이 아니요, 감정의 장난이요.

과연 인격과 인격 사이에 그런 깊은 교제가 사랑이라는 것으로 가능하냐? 아니요. 나는 압니다. 둘이 서로 믿는 사이라야 네가 나를 100% 믿어 주고 내가 너를 100% 믿어 줄 때 이 믿음 관계가 너와 나 사이에, 아내와 남편 사이에, 남편과 아내 사이에 이 믿음 관계가 물샐틈없이 100%가 아니라 150%, 그저 그런 것이 있는가 모르지만 그렇게 믿음 관계가 결합되어질 때 비로소 그런 인격적인 교제가 가능합니다. 그렇지 않아요?

이렇듯 믿던 사이에 어느 날 와이셔츠를 빨려고 보는데 빨간 루즈가 넥타이에 묻었습니다. 그 믿음에, 100% 믿던 믿음에 1%의 의심이 생깁니다. 의심이 생기면 그것은 불완전한 믿음입니다. 그 의이

1%가 10%가 되고, 10%가 50%가 되고, 의심하다가 그 다음에 오해가 생깁니다. 오해가 오면 파괴가 되는 것입니다.

아담이 하나님을 100% 믿고 하나님이 아담을 100% 믿는 사이에 이러한 하나님 안에 아담, 아담 안에 하나님, 이런 아름다운 세계가 이루어졌으나 사탄의 꾀에 빠져서 하나님을 의심하게 됐습니다. 오해하게 됐습니다. 파괴가 됐습니다. 그래서 하나님과 관계가 끊어졌습니다. 태아와 태모의 탯줄이 끊어져 버렸습니다. 이것이 아담이 하나님 앞에 불신앙과 불순종의 결과로서 인류에게 유전되어진 부패와 타락의 근성입니다. 이것이 인간의 절망적인 상태 원인인 것입니다. 이런 인간에게 하나님 편에서 구원 계획을 하셨습니다.

그럼, 그 구원의 정의가 뭐냐? 이런 인간을 전제로 하고 하나님이 구원을 계획하시는데 구원의 정의가 무엇이냐? 다섯 가지를 말씀드립니다.

첫째로, 새 생명이 주어지는 것입니다. 인간은 부패하고 타락해서 인간을 수선해 가지고 하나님의 표준에 맞는 하늘나라 백성으로 만들어 낼 수가 없습니다. 중생 문제인데 하나님의 역사 섭리의 목적, 하나님이 지구를 끌고 이 인류를 끌고 이 세월을 끌고 어디로 가느냐, 하나님의 섭리, 우주 섭리의 목적은 하나님의 나라 건설입니다.

그 하나님의 나라는 어떤 나라냐? 베드로전서 1장 3절 이하에 내려가 보면 "썩지도 더럽지도 쇠하지도 않는 나라."라고 했습니다. 그 나라의 영토는 신령한 세계, 그 나라의 주권은 하나님, 그 나라의 국민 또한 썩지도 쇠하지도 더럽지도 않는 국민이라야 되겠는데, 아담의 후손에게 썩지도 쇠하지도 더럽지도 않는 어떤 요소도 없습니다.

인간은 샅샅이 뒤지고 뒤져 봐야 그 속에 썩지도 쇠하지도 더럽지도 않는 하늘나라의 국민이 될 만한 성한 구석이 없습니다. 한 20년 타버린 자동차는 폐차 처분해야 합니다. 구석구석이 녹이 나고 뚫어지고 닳아지고 수선해 새차를 만들 수가 없습니다.

마찬가지로 부패하고 타락한 인간을 수선해 가지고 개과천선, 그것은 유교에서 하는 소리고, 인간은 희망이 없어. 그래서 할 수 없이 부패하고 타락한 인간 속에다가 새 생명을 심어, 새 생명을 심어 이것이 구원이라는 것입니다.

그래서 베드로전서 1장 3절 이하에 "찬송하리로다 우리 주 예수 그리스도의 아버지 하나님께서 그 많으신 긍휼대로 예수 그리스도 죽었다가 부활하심으로 말미암아 거듭나게 하사."

자, 이것입니다. 하나님과 사람 사이에 아니 태모와 태아 사이에 끊어진 탯줄을 연결 시키는 것 모양으로 상상컨대 끊어진 탯줄을 연결시키는 것 모양으로, 불신앙과 불순종으로 관계가 끊어졌던 하나님과 사람 사이에 예수 그리스도께서 죽었다가 부활하신 사건으로 말미암아 끊어진 탯줄을 연결시켜 주는 것입니다.

여러분이 지금 이 꽃을 보면서 '야, 정말 이 겨울철에 생화를 누가 꽂았는지, 그 꽂꽂이 기술도 보통이 넘는구나, 참 저 꽃 좋다. 조화가 잘 되어서 정말 참 아름답다.' 이렇게 감상을 하고 앉았겠지요. 이 꽃은 지금 뭐라고 그러는지 압니까? '잔인한 인간들아, 몇 시간의 즐거움을 위하여 나를 생명에서 싹뚝 잘라다가 여기에 갖다 놓고 뭐 어째, 예쁘다고? 나 아름답다고? 그런 소리 마라. 나는 죽어간단다.' 지금 목이 타 죽어 가면서 우리를 원망하고 있습니다. 이 꽃이 통곡하는 소리를 듣고 이 교회 밖에 어떤 뿌리에 지금 피어 오는 꽃이 이 통곡하는 처절한 소리를 듣다가 너무도 불쌍하고 너무나도 가련해, '야 꽃아 너 그렇게도 목이 마르냐?' '말도 못해.' '너 정말 죽어 가는 게 그렇게도 원통하냐?' '말도 못해.' '그러면 내가 붙어 있는 뿌리에서 끊어질게. 네가 와서 내 붙었던 자리에 붙어서 내 대신 너 살아라. 내가 너 대신 죽어 줄게.' 그 이외에는 이 꽃이 살아날 가망이 없습니다.

　아담의 범죄 후손으로서 하나님과 관계가 끊어진 인간에게도 이런 기적이 필요한 것입니다. 사실, 음악이라는 것도 신앙 밖에서의 음악은 발악이나 넋두리나 고달픈 인생의 한숨입니다. 요즈음 무슨 이상한 음악들이, 온몸에 나사 빠진 기계 모양으로 흐느적거리는 그런 음악이라든지, 목에 핏대를 올리고 하나님을 향하여 발악하는 락뮤직이라든지, 이런 것은 모두다 비참한 인간 속에 있는 그 비참한 자기 내적인 세계를 겉으로 노출시키는 발악이요, 넋두리요, 한숨이요, 탄식입니다. 사실 따져보면 우리 찬송 이외에 모든 음악에는 대부분 자기 내면 세계의 고백에 불과합니다. 사랑에 배신당한 자의 넋두리, 사모하는 사랑을 그리워하면서 부르는 넋두리 그런 건 대중가요 아니에요.

　한숨을 쉬고 있는데 거기에 바깥에 있는 꽃이 뿌리에서 떨어져 나가고, 대신 이 꽃을 거기에다 붙여 줌으로써 살아날 수 있다는 것 모양으로 이렇게 고민하고 갈등하는 인간들에게 하나님께서는 저것을 사랑하여 구원의 길을 열어 주어야 되겠는데 어떡할까? 어떡할까? 성자 예수님께서 '내가 하나님과 관계가 끊어지고 그리고 저 인간들 나 대신에 하나님과 바른 관계 맺어 하나님이여 새 생명 저들에게 주시옵소서, 끊어진 탯줄을 연결시켜 주시옵소서' 하고 성자 예수님이 아버지에게 자기를 희생으로 바쳤습니다. 그래서 십자가에서 뭐라고 그랬습니까? "엘리 엘리 라마 사박다니(나의 하나님 나의 하나님, 어찌하여 나를 버리셨나이까?)" 하나님과 생명관계에서 끊어져 나감이 고통스러워 부르짖은 주님의 괴로움의 부르짖음입니다.
　그 떨어져 버림을 당함으로 죄인들이 그 예수님이 붙었던 하나님과 관계자리에서 예수님의 공로 의지하여 예수님의 은혜에 힘입어,

예수님의 십자가의 공로로 하나님과 관계를 회복하도록 열어 주신 것이 십자가의 의미예요.

그래서 예수 죽었다가 부활하신 사건으로 말미암아 그 다음에 하나님과 생명관계가 회복이 되어 우리 속에 새 생명이 심어졌는데, 그것을 가리켜서 중생이라 그랬습니다. '거듭 났다, 하나님의 씨라, 하나님께로 난 자라, 영으로 난 자는 영이라, 새로운 피조물이라.' 이런 새 생명이 주어지는 것이 구원이라는 말 속의 첫째 의미입니다.

둘째로, 새 생명이 주어진 다음에 새로운 신분이 주어졌다. 새로운 신분이라는 것이 뭡니까? 아담의 후손으로서 나는 하나님과 대화가 될 수가 없습니다. 하나님은 영이시요 나는 육체이기 때문에 아무리 인간에게 있는 정신력을 개발하고 높이 고양시킨다고 할지라도 하나님과 대화가 될 수 없는 것이 타락하고 부패한 인간의 모습입니다.

그리고 하나님은 인간을 향하여 본질적으로 인간은 진노와 저주의 자식이라, 하나님은 우리로부터 이 고약한 죄인 우리는, 하나님이 무서워 아담이 하나님을 피해 숨은 그날부터 언제나 신을 무서워하는 본능을 가지고 있습니다.

그래서 우리 복음 이외에 모든 종교에는 제사가 있습니다. 신이 무서워 달래는 의미의 제사가 있습니다. 모든 종교에는 주문이 있습니다. 신이 무서워 그 신에게 해를 입지 않으려고 외우는 주문이 있습니다. 거의 모든 종교에는 부적과 같은 그런 것이 있습니다. 그것은 바로 신에게 해를 안 입기 위한 방어의 수단으로 부적과 같은 걸 만들어 가지고 방에 드나드는 문턱 위에다 붙여 놓기도 하고, 서울 양반들은 안 그러지만 저 대구 촌사람들은 그런 것 많이 있어요. 심지어 몸에다 그걸 지니고 다니기까지 하는 것은 사람의 본능 속에 신이 무서워, 신을 무서워하는, 그래서 제사라든지 주문이라든지 부적이라든지 이런 것은 신을 무서워하는 본능의 표현인 것입니다.

이렇게 사람은 하나님과 관계가 끊어짐으로써 하나님은 무섭고 사람은 하나님 앞에 벌벌 떠는 그 관계, 구원이라는 말은 하나님과 사람 사이의 관계를 회복해 주어 하나님과 대화관계가 이루어지도록 해주는 것입니다.

한번은 장로님 집에 심방을 갔는데 하얀 스페이스가 새끼를 낳아 가지고 복실복실하게 자라는데, 눈이 새까맣고 콧등이 새까맣고 털은 뽀얀 것이 너무너무 귀여워서 쓰다듬어 주었습니다. 그리고 예배를 마치고 집에 왔는데 장로님이 애완용으로 기르라고 한 마리를 보냈어요. 남의 집에 가서 목사는 좋은 것도 좋다 소리를 못해요. 그러다가 뭐 다 보내면 어떡하려고, 그래서 어쨌든 미안해하고 그러면서 또 감사하고, 이 개를 책상 위에다 놓고 어루만지는데 이놈이 어떻게 아양을 떨고하는 게 귀여워서 그냥 그것을 쓰다듬다 시간이 자꾸 가는데, 손등을 핥았다가 볼펜을 물어당겼다가 내 노트 위에 뒹굴었다가 하는데 내 혼이 빠질 지경이에요.

그래서 이름을 '곰'이라고 지어서 '곰아, 이제 조금 너 혼자 놀아라.' 로마서를 공부할 때여서 뒤에 있는 침대 위에다 올려놓고 공부를 한참 하다가 또 보고 싶어 가지고 돌아보니, 아 글쎄 이놈이 남의 침대에다가 오줌을 싸놓았지 뭡니까!

그래서 내가 30센티미터 자를 들고 '요놈아 내가 너를 그렇게 귀여워했는데 너는 고작 그 대접으로 남의 침대에 오줌을 싸? 어디 그럴 수 있어?' 톡톡 때리니까 이것도 자기 귀여워 그러는 줄 알고 드러누워서 데굴데굴, 그러면서 아양을 떠는데 둔치가 막혀요. 말이 통해야지, 말이 통해야지. 개는 개 생명이고 사람은 사람 생명, 생명이 다르기 때문에 의사 소통, 커뮤니케이션이 안 돼요.

마침 그때 로마서를 공부할 때라, '하하 그렇구나. 내가 만일 창조적인 능력이 있다면 저 개 골통을 부수어 내 인격의 Personality, 내 인격의 일부분을 떼어 가지고 골통에다 집어넣고 꼬매 놓으면 겉모양은 개지만 내 인격의 일부분이 그 속에 있기 때문에, 발달된 상태는 아니라도 좋으면 좋다는 말을 알아듣고 나쁘다고 하는 말은 어느 정도 알아들을 수가 있지 않겠는가' 그렇게 생각을 하다가 '어 한이로다 내 능력 없음이여!' 그러고서 공상에서 깨어난 적이 있습니다.

그래요. 아담의 후손과 하나님 사이에는 생명이 달라요. 대화가 안돼요. 그래서 요한계시록 2장, 3장에 내려가면서 소아시아의 일곱 교회에 예수님께서 칭찬도 하다가 위로도 하다가 격려하다가 이렇게 많은 말을 하면서 똑같이 끝에 가서 한 말이 있습니다.

일곱 교회 똑같이 한 말이 있는데 뭐라고 그랬어요? "귀 있는 자는 들을지어다." 소아시아에 살던 교인들은 밀수잡이같이 생긴 이 귀가 다 없고 드문드문 이런 귀가 있는 사람이 있었기에 이 귀가 있는 사람은 들을지어다라고 한 것이 아니고, 귀야 다 있지요. 하나님의 말씀을 들을 수 있는 사람은 들으라는 말이에요. 하나님의 얘기, 귀가 없는 사람은 무슨 말인지 못 알아들어요. 중생의 씨앗이 없는 사람은 못 알아들어요.

새로운 신분이 주어진다는 말은 하나님과 대화할 수 있는 신분이에요. 하나님의 말을 알아들을 수 있는 신분이에요. 하나님의 얘기를 귀담아 들을 수 있는 신분이에요. 이것은 다른 말로 중생이에요. 이것은 새 생명이에요. 새 신분이에요. 새로운 신분이 주어진다. 하나님과 대화할 수 있는 신분, 하나님의 이 얘기를 알아들을 수 있는 신분입니다.

셋째로, 새 자격이 주어집니다. 새 자격, 신분은 일반적으로 주어지는 그런 신분이지만 새 자격이라는 말은 뭘 말하느냐 하면, 이제는 하나님을 향하여 아버지라고 부를 수 있는, 한걸음 더 나아가 '아바 아버지'라고 부를 수 있는 새로운 자격을 말합니다.

바울을 봅시다. 로마서 7장에 그렇게 고민하고 갈등하고 절망하고 허덕이다가 로마서 8장으로 넘어 오면서 성령님과 예수님의 생명의 법칙으로 말미암아 새로운 세계가 자기 속에 턱 이루어지니까, 그 다음에 내려가서 아바 아버지라, 하나님을 향하여 아바 아버지라 부릅니다.

우리가 감히 어떻게 하나님을 향하여 아바 아버지라 부를 수 있습니까? 이것은 예수님이 하나님의 아들이요. 예수님이 하나님을 보고 아버지라고 부르듯이 예수님의 생명이 우리 속에 자리를 잡았기에 그 예수님과 하나님과의 촌수가 부자간이듯이 내 속에 있는 예수 생명도 역시 하나님과 부자간의 관계이기 때문에, 그래서 그 예수 생명의 자격으로 하나님을 향하여, 예수님과 같이 하나님을 향하여 아바 아버지라고 부를 수 있는 새로운 자격이 주어지는 것입니다.

우리가 감히 어떻게 하나님을 아버지라 불러요. 생각을 해봐요. 우리가 어찌 감히 하나님을 아버지라고 불러요. 그 이유나 그 공로나 그 자격은 주님 때문에, 주님 때문에, 주님의 생명이 내 속에서 무럭무럭 자라니, 그 주님의 생명에 지배되어 감격과 감사 속에 하나님을 향하여 아바 아버지라 부를 수 있는 새로운 자격이 주어지는 것입니다.

넷째로는, 새로운 능력이 주어집니다. 아담의 후손, 부패하고 타락한 근성은 하나님의 뜻대로 손가락 하나도 못 놀립니다. 하나님의 뜻대로 못삽니다. 생래적으로 그런 능력이 인간에게는 없습니다.

옛날에 우리 집에 14살 먹은 개가 한 마리 있었습니다. 우리 딸아이하고 같이 우리 집에 들어와 가지고 같이 자라나 14살이 됐는데 이놈의 개는 내 말 한마디도 못 알아듣고 나 위해서 한솥밥을 14년이나 먹었는데도 내 말을 알아듣지를 못해. 그러나 이 어린것은 서너 살 먹으니까 아장아장 걸어다니면서 심부름을 하면서 나를 위해서 일할 줄 알아요. 왜냐하면 우리 딸아이는 내 생명의 분신이기 때문에 개는 생명이 달라. 사람의 뜻대로 살 수 있는 능력이 없어요.

아담의 후손은 제아무리 입산수도를 해도 하나님의 뜻대로 살 수 있는 힘이 없습니다. 능력이 없습니다. 예수 생명이 내 속에 자리를 잡으니 그 생명이 뽀시락뽀시락 자리면서 하나님의 뜻대로 살 수 있는 힘이 되는 것입니다.

그리고 다섯째로, 새로운 소망이 주어지는 것입니다. 아담의 후손으로서의 부패하고 타락한 인간은 살아가더라도 공동묘지, 공동묘지 너머에는 영원한 지옥입니다. 소망이 없습니다. 가고 가는 것 공동묘지까지, 공동묘지 너머에는 영원한 지옥, 그외에는 더 갈 곳이 없는데 여기에 예수 생명이 내 속에 턱 들어와 자리를 잡으니 어제 얘기한 닥터 클리어워터의 말과 같이 '한번 나면 두 번 죽고, 두 번 나면 한번 죽는다' 는 말과 같이 우리 속에 내가 세상에 한번 태어나 그 다음에 또 거듭나 예수 생명을 내 속에 지니게 되니 소망, 공동묘지는 그칠 수밖에 없지만, 지옥의 영원한 죽음이 없는 영원한 생명의 소망 속에 살아가게 되는 이 다섯 가지를 합쳐서 한마디로 구원이라 합니다.

그래서 구원의 정의는 뭐냐? 새로운 생명이 주어지는 거요, 끊어진 탯줄을 이어서 그 다음에 새로운 생명이 주어지는 예수님이 십자가에 죽었다가 부활하심으로 말미암아 끊어진 하나님과 사람과의 관계가 회복되어, 그 다음에 예수님의 생명은 우리의 심령 속에 심어 그 새 생명이 주어지는 것, 그 새 생명이 가진 새로운 신분, 그 새 생명이 가진 새로운 자격, 그 생명이 가지는 새 능력, 그 생명이 가지는 새로운 소망, 이것을 통틀어서 한마디로 구원이라고 합니다.

그러면 넷째로, 이 구원을 어떻게 하나님이 계획하셨느냐? 그 구원 계획의 동기. 에베소서 1장 12절로 13절에 읽어보면 두 가지가 거기에 나타나 있는데 "하나님의 기쁘신 뜻대로" 이 말 속에는 인간의 어떤, 장차 이놈이 훌륭한 놈이 되겠다고 하는 어떤 가능성을 보고서가 아니고, 하나님 앞에 아양을 떨고 하나님께 귀히 되어 가지고 우리 구원을 계획한 것이 아니고 우리가 나기도 전에, 하나님의 의중에 우리 구원을 계획한 것은 하나님의 기쁘신 뜻대로 하나님이 하고 싶어하시는 대로.

장미는 왜 붉으냐? 하나님의 깊으신 뜻대로. 국화는 왜 가을에 피냐? 하나님의 깊으신 뜻대로. 산은 왜 높으냐? 하나님의 깊으신 뜻대로. 물은 왜 아래로 흘러 내려가느냐? 하나님의 깊으신 뜻대로. 바다는 왜 넘실거리느냐? 하나님의 깊으신 뜻대로. 우주의 모든 질서 아름다운 조화는 하나님의 뜻의 산물이듯이 우리 구원도 하나님의 깊으신 뜻이지 다른 이유가 없는 거예요.

자, 여기 봅시다. '약속'이라는 말을 한번 생각해 봅시다. 차를 몰고 길거리에 나서면 푸른 불이 있으면 갑니다. 붉은 불이 있으면 못 갑니다. 왜? 푸른 불에 당기는 무슨 힘이라도 있던가? 붉은 불은 못 오라고 막는 어떤 힘이라도 있던가? 차가 붉은 불을 보면 겁이 나서 못 가느냐? 아닙니다. 아무 이유가 없습니다. 우리 사회 공동의 유익을 위하여 정해 놓은 약속이기 때문입니다. 우리 구원에 관해서 하나님이 우리를 구원을 계획했다고 하는 것은 어떤 이유를 캐지 마라, 하나님이 그렇게 했으니까 그렇게 되는 거예요. 사회적인 약속도 그 의미가 따로 있는 것이 아니라 약속을 했으니 그렇게 되는 거예요. 천 원짜리는 왜 천 원 가치, 만 원짜리는 왜 만 원 가치냐? 그렇게 약속을 했으니까 그 천 원짜리 보잘것없는 종이를 쥐고 천 원을 내가 가졌다고 하는 그 물가, 그 가치를 내가 인정하는 거지요. 다른 이유가 없어요. 종이가 두텁거나, 색깔이 곱거나, 인쇄가 훌륭하거나 그것은 아니에요. 약속이에요.

그 약속과 마찬가지로 우리 구원도 하나님의 깊으신 뜻대로 이렇게 하겠다고 그랬으니까 그렇게 되는 거지, 이유를 따지지 말아요. 이유가 없어요. 하나님의 깊으신 뜻대로 우리의 구원을 계획하셨습니다.

둘째로, 그렇게 계획해 놓은 구원에 내가 또 참여를 하고 보니 내 편에서는 그것이 뭡니까? 천에 하나 만에 하나 내가 어떻게 하나님의 이 깊으신 뜻으로써 세워 놓은 구원계획에 이렇게 참여함을 받았느냐? 내 편에서는 그것이 은혜예요. 하나님 편에서 '내 은혜다' 그러시는 것이 아니에요. 물론 그러실 권리가 없는 것은 아니지만 우리가 그렇게 해석하기보다 은혜라는 말은 내 편에서 감개무량하여 나오는 말이고, 그 은혜의 원인은 하나님이 깊으신 뜻대로 나에게 그 구원을 덮어 씌어 주셨으니까 하나님 편에는 깊으신 뜻, 우리 편에는 은혜입니다.

가령 내가 길을 가다가 어떤 나그네가 추위에 떨고 음식을 못 먹어 허리가 구부러지고 병이 들어 골골거리는데 머지 않아 죽을 것 같습니다. 내가 충분해서 돈 백만 원이나 내가지고 이것 가지고 옷도 해 입고 음식도 사드시고 병원에도 가보고, 어디 방이라도 하나 얻기 위해서는 백만 원 가지고는 안 되니 한 천만 원 주었다 그럽시다. 주는 나는 깊으신 뜻대로 내 깊으신 뜻대로, 받는 그 나그네는 웬 은혜입니까? 은혜가 백골난망입니다.

여기 '은혜' 라는 말에 의미가 있는 거예요. 성경은 깊으신 뜻대로 우리 편에서는 은혜의 품성을 따라 은혜, 은혜의 의미를 칼빈은 참 깊게 다루었습니다. 하나님이 깊으신 뜻이 내게 덮어 씌어지는 것은 모두가 다 은혜입니다.

내 한 생명 이 땅 위에 생존해 있는 것도 하나님의 은혜, 오늘날까지 살아온 과정을 돌아봐도 하나님의 은혜, 한 가정에 주부로서의 내가 누리고 있는 행복과 가지가지 특권도 하나님의 은혜, 좋은 아내의 사랑받으며 가정이 단란한데 사회생활의 피곤을 풀 수 있는 안식처로의 가정도 하나님의 은혜, 귀한 자식들이 티없이 자라는 모습을 볼 때 하나의 은혜, 천번 생각해도 웬 은혜입니까? 만번 생각해도 웬 은혜입니까? 하나님의 사랑이 너무 감격하여 너무너무 감격하여 "하나님의 은혜로 이 쓸데없는 자 왜 구속하여 주는지 난 알 수 없도다." 이것이 바로 구원받은 자의 감격이요, 행복이요, 영광인 것입니다.

어떻게 우리 구원을 계획하셨느냐? 하나님 편에는 깊으신 뜻대로 우리편에는 은혜 풍성함을 따라 우리가 하나님의 아들과 딸이 됐다고 하는, 이 구원에 참여했다고 하는 이 사실을 칼빈은 뭐라고 설명을 했느냐 하면 세 가지를 말했는데, 선행(先行)적인 은혜, 선행(善行)이 아니고 선행적인 은혜, 둘째로는 불가항적인 은혜, 셋째로는 필성의 은혜.

칼빈이 이 은혜를 설명할 때 이 세 가지로 말했는데, 저는 장로교 목사된 것을 참 영광으로 생각합니다. 원래는 감리교 신학을 했고 동창은 감리교에 제일 많습니다. 장로회 신학교에서는 별로 동창이 없습니다. 감리교 신학교에서는 내가 신학을 못 배웠습니다. 그러나 장로회 신학교 와서 비로소 칼빈을 책에서 만나게 되고, 칼빈 사상에 조금 심취가 되어 연구를 하는 동안에 얼마나 내가 장로교의 신학과 교리를 알게 된 걸 다행스럽게 생각하는지 모릅니다.

나는 이렇게 말합니다. 하나님께서 사람을 구원하시려고 구원의 문을 여실 적에 성자 예수님을 보내어 구원을 이루어 주셨습니다. 그 구원의 놀라운 진리를 학문화하기 위해서 바울을 보내 주셨습니다.

바울 다음에 그것을 현대 학문으로 체계화하기 위해서 어거스틴을 보내 주셨습니다. 어거스틴 다음에 보다 더 깊이 있고 광범하게 이것을 집대성하기 위해서 칼빈을 보내 주셨습니다. 예수님과 그 다음에 바울과 어거스틴과 칼빈, 이렇게 연결이 되어집니다. 아직까지 기독교 역사 이래로 칼빈 만한 신앙 가진 경건한 신자가, 경건한 주석가가, 깊이 있는 신학자가 나온 적이 없습니다. 칼빈은 정말 훌륭한 하나님의 사자로서 이 땅에 보냄을 받아 왔습니다. 얼마나 경건하게 살았는지 모릅니다. 그 신학이 얼마나 깊은지 모릅니다. 성경의 도리를 얼마나 깊고 정확하게 해석했는지 모릅니다.

제가 미국의 침례교신학교에서 공부하면서 신학 문제가 나와 토론이 벌어지면 마지막에 신학교수의 대답은 그것입니다. '칼빈은 이렇게 말했다'로 끝나는 것입니다. 그 이상의 더 이론을 캘 수가 없는 것입니다.

우리가 장로교 교인된 것, 자랑스럽게 생각해야 됩니다. 신학의 깊이나 교리의 반듯함, 성경의 바른 해석, 그 중에도 제일 중요하고 칼빈이 강조한 것이 무엇이냐 하면 하나님의 주권이라는 것입니다. 하나님의 주권을 강조한 이 점은 다른 어떠한 신학자에게서 볼 수가 없습니다.

어쨌든 칼빈이 말한 주권의 하나님께서 우리 구원을 계획하셨는데 그 계획은 하나님의 깊으신 뜻대로, 그것이 우리에게 미쳤을 때에는 은혜인데 첫째로 선행적인 은혜, 이것말고 다른 말 한 번 설명을 해 봅시다

요즈음 신혼부부들은 아기가 생기기도 전에 벌써 장난감 사다 놓고 기다리데요. 이름 두개 지어 아들 낳으면 이 이름 하고, 딸 낳으면 저 이름 하고. 그런데 아기가 나기도 전에 속옷 만들어 놓고 겉옷 만

들어 놓고 요 만들어 놓고 이불 만들어 놓고 젖통 사다놓고 오래 오래 살라고 좁쌀 넣어서 팍신팍신하게 좁쌀 넣어 베개 만들어 놓고 기다립니다. 아기가 턱 낳습니다.

아기가 나와서 보니까 하나도 부족할 것이 없고 아쉬울 것이 없습니다. 아기 입장에는 고마워라 우리 어머님의 선행적인 은혜, 내가 나기도 전에 나 필요한 모든 것 다 마련해 주신 선행적인 은혜, 이것이 먼저 '선' 자, 행할 '행' 자, 선행적인 은혜, 내가 나기도 전에 날 구원하시기 위해, 나를 하나님의 아들과 딸 되기 위해 모든 필요한 것 다 마련해 주신 선행적인 은혜입니다.

그 다음에 둘째로는 불가항력적인 은혜, 이 은혜는 내가 거절할래야 거절할 수 없는, 항거할래야 항거할 수 없는 은혜라는 말입니다. 아기가 세상에 나와 보니까 선행적인 은혜로서 필요한 모든 것을 다 마련해 놓고 자라 가는 과정에 어머니가 하나씩 하나씩 내게 다 그 은혜를 덮어 씌워 주는데 속옷도 입히고 겉옷도 입히고 요도 깔아 주고 이불도 덮어주고 베개도 베어 주고 어떨 때는 목욕을 시킵니다. 아 이놈이 목욕을 하는데 그냥 빽빽 웁니다. 얼굴이 파랗게, 입술이 바들바들 떨면서 빽빽 웁니다. 그럴 때 어머니가 "아이고 허리야 힘 빠져, 내가 못하겠다. 너 좋으라고 목욕시키는데 왜 이렇게 발악이야? 그럼 네 마음대로 해라." 목욕탕에다 반쯤 담가 놓고 네 마음대로 해라, 그런 어머니는 없어요. 사랑 때문에 그렇게 못해요. 어머니는 아기와 비교해서 능력이 있기 때문에 그렇게 못해요. 그런데 계속 말 안 들으면 볼기를 딱 때려, "이놈아 가만히 있어라. 너 좋으라고 목욕시키는데 울기는 왜 울어?" 불가항력적이에요. 항거할 수가 없어요. 목욕을 씻겨 가지고 하얀 수건 가지고 물기를 딱 닦고 베이비 파우더를 톡톡 쳐 가지고 그 다음에 속옷 입히고 또 겉옷 입히고 아랫목 따끈따끈한데 요를 깔고 딱 눕히고 베개 베고 포대기 딱 덮어 "자거라." 불가항력적이에요. 거절할래야 거절할 수 없어요.

여러분이여, 오늘까지 우리가 살아온 과정을 돌아보면 모두가 하나님의 불가항력적인 은혜 때문에 여기까지 왔습니다. 나는 분명히 이것을 알아요. 하나님이 나를 내 마음 내키는 대로, 내 자유 의지대로 내버려 두었더라면 나 지금 어떻게 됐을지 모를 사람이에요. 여행 좋아하니까 여행하고 보따리 하나 걸머지고 세계를 돌아다니면서 어느 나무 밑에 가 벌써 굶어죽었을지도 몰라요.

불가항력적인 은혜가 때로는 나를 칩니다. 때로는 나를 어려움에 부닥치게 만듭니다. 때로는 나를 고민스럽게 만듭니다. 찌르는 가시로 고통을 주어 불가항력적인 은혜의 손길로 바울이 잘못 가는 걸 막아내듯이 불가항력적인 은총의 손, 이리 막고 저리 막고 이리 끌고 저리 끌어 여기까지 왔다는 것을, 한번 오늘 돌아가셔서 불가항력적인 은혜라는 말을 씹고 또 씹고 또 씹어 보시기를 바랍니다.

오늘날까지 살아온 것, 하나님의 불가항력적인 은총의 손길은 정말 안 들으면 볼기를 쳐요. 정 말 안 들으면 병상에 눕혀요. 정 말 안 들으면 홀아비 만들고, 과부 만들어요. 정 말 안 들으면 부도나게 만들어요. 물질적인 손해 가지고 영혼을 바로잡자는 것은 하나님의 주판법이에요, 계산법이에요. 인간에게는 물질이나 건강이 그렇게 중요하지만 하나님께서는 물질, 건강 따위 희생시켜서라도 영생 이루기 위한 불가항력적인 은총의 손길, 오늘날까지 불가항력적인 은총의 손길 때문에 여기까지 왔어요.

끝으로 그래서 칼빈은 말하기를 필성의 은혜라. 하나님의 계획은 중단되는 법이 없어요. 하나님의 사랑이 그렇게 못해, 하나님의 능력이 그렇게 못해, 마귀가 그렇게 방해하지 못해, 인간의 고집대로 못 가요. 하나님의 계획은 그대로 끝까지 이루어지고 마는 필승의 은혜입니다. 방해자가 없습니다. 하나님은 변경할 줄을 모르십니다. 영생은 인간의 의지로서 좌우되는 것이 아니고 하나님의 주권으로 결정되는 것이기 때문에 필성의 은혜라는 말로 칼빈은 이 구원의 은혜를 강조하고 있습니다.

성자 하나님의 구원 성취

둘째로 이 계획을 받아 성자 예수님이 구원을 성취하셨는데, 성자의 구원 성취, 구원 성취의 시기, 언제 우리가 구원을 성취했느냐? 우리 구원은 단번에, 십자가 위에서 이루어 놓았습니다.

그러면 구원의 시기는 언제냐? 2천 년 전 구원 성취의 정도는 어느 정도냐? 100%, 우리 구원을 위해 우리가 더할 것이 없습니다. 단번에 십자가의 대속 제물이 되어 우리 구원을 위해 할 일을 우리 주님이 다 해놓으셨습니다. 우리가 새벽기도회 한번 안 빠지는 것이 우리 구원을 더하는 게 아닙니다. 우리가 성경을 부지런히 읽는 것이 우리 구원을 더하는 게 아닙니다. 구원은 이미 다 이루어 놓았는데, 다만 우리가 기도한다, 성경 읽는다, 새벽기도를 한다, 교회 봉사를 한다는 것은 구원을 받아들이는 우리 편의 행위의 일환인 것입니다.

그러면 어떻게 구원을 받느냐? 구원을 받는 과정이라고 표현할 수 있겠고, 어떤 이는 구원받은 자의 반응이라고 표현을 할 수 있을 것입니다.

내가 밖에 나갔다가 돌아왔는데, 우리 집에서 밥상을 차려 아랫목에 놓아두었습니다.

"저녁 안 줘?" 했더니 아랫목에 차려 놓았답니다.

들어가 보니 다 차려져 있는데 국그릇은 빈 그릇이에요.

"아니, 어째서 국그릇은 빈 그릇으로 있어?"라고 하니,

"나도 사람이요, 하루 종일 집안 일로 허리가 아파 죽겠는데 국은 당신이 끓여 잡수셔."라고 합니다.

그런가요? 아니에요. 들어와서 퍼먹으면 되도록 구원의 밥상은 다

차려 놓았어요. 구원의 밥상은 거기에 김치도 있고 찌개도 있고 국도 있고 밥도 있고 빈 그릇이 하나도 없이 다 차려져 있어요. 퍼먹기만 하면 됩니다. 내가 구원에 보탤게 아무것도 없습니다. 그것을 우리가 알아야 돼요.

우리의 신앙생활이란 구원을 보태는 것이 아니라 구원 완성을 위하여 구원을 받아들이는 과정일 수 있고, 구원받은 자의 감사의 표현일 수 있는 겁니다. 구원의 성취의 시기 서기 2천 년 전, 구원 성취의 정도, 완전히 이루었습니다.

구원 성취의 대상, 누구를 위해 구원을 성취했느냐? 유니테리안에서는 온 인류를 위해 구원을 성취했다고도 하고, 구원은 다 받는다고 얘기들을 합니다마는 성경 로마서 5장에 보면 죄인들을 위해 구원의 길을 열어 주셨고, 그 다음 마태복음 1:21에서는 자기 백성, 자기 백성 아닌 사람은 빠지는 거예요. 자기 백성 위하여, 세계 만민이 아니라 세계 만민 중에 하나님이 기쁘신 뜻대로 택한 자, 선택된 자, 여기에 감사가 있는 것입니다. 우리가 어떻게 선택되었느냐?

지난 주일 다른 교회의 제직수련회에 가서 제가 이런 말씀을 드리고 있는데 어떤 신사분이 흐느껴 울기를 시작하는데, 나중에는 주체를 못해 안경을 벗어 놓고서 손수건으로 코를 흥, 흥 풀면서 흐느껴 울고 앉았습니다.

'나 같은 게 어떻게 하나님의 아들과 딸로서 선발이 되었느냐? 내가 누구보다 선한 것도 아니요, 내가 누구보다 더 참된 것도 아니요, 내가 누구보다 더 의로운 것도 아니요, 나에게 아무 남들보다 장점이 없는 나를 어째서 나를 택하셨는가? 어째서 기쁘신 뜻 대로 나를 택하셨느냐? 내가 어떻게 그 기쁘신 뜻에 선택을 받았느냐?' 생각을 할 때 너무 너무 감격을 하여 흐느껴 울 수밖에 없었던 거죠.

구원은 십자가 위에서 완전히 성취되었습니다. 왜 십자가가 필요했느냐? 우리 구원을 위해 왜 꼭 십자가가 필요했느냐?

첫째 하나님의 속성상, 둘째 인간의 죄악의 성질상, 셋째로 율법의 성질상, 예수 그리스도의 희생이 없이는 구원이 우리에게 열릴 수 없었기 때문에 성자 예수님이 자기 희생으로 우리에게 구원을 열어 주셨습니다. 구원 얻은 자와 율법과의 관계는 간단하게 말해 구원을 위해 십계명은 필요하지 않습니다. 구원을 위해 구약은 필요하지 않습니다. 꼭 필요하다면 계몽선생으로 내게 구원이 꼭 필요하다는 것을 지적하는 데는 도움이 될는지 모르나 구원이라는 사건을 내가 받아들이는 데는 십계명이나 구약이 필요하지 않습니다. 그러니 은혜를 받고 보니 너무도 하나님이 좋아, 주님이 너무너무 좋아, 주님의 마음에 맞도록 살고 싶어. 어떻게 사는 것이 하나님의 마음에 맞도록 사는 것일까?

옛날에 하나님께서 하나님의 백성들에게 이렇게 살기를 요구했고, 이렇게 살기를 요구했구나. 아이고 그럼 나도 그렇게 살아야지. 그래서 구약이 필요하고 십계명이 필요한 겁니다. 그래서 구원을 받기 전, 구원의 체험이 있기 전에는 구약이나 십계명에는 전부 억지요, 율법 관계에서는 참 불편한 관계였지만 은혜로 구원을 받고 보니 구약이 이제는 무거운 짐이 아니요, 십계명이 이제는 무거운 짐이 아니라 이제는 열한 번째 계명은 없는가? 12째 계명은 없는가?

저는 이 감정을 이런 말로 표현하면서도 참 하나님께서 이런 생각을 주신 것도 감사해요. 보세요. 열한 번째 계명은 없는가? 열두 번째 계명은 없는가? 이것이 감격의 표현입니다. 십계명이 이제는 무거운 짐이 아니라, 주일을 거룩하게 지키는 것이 무거운 짐이 아니라, 십일조를 바치는 그것이 최상의 표현이 아니라 최하단위예요. 그것 이상, 십계명 지키고 '아이고 허리야 내가 다했다' 가 아닙니다. 십일조라는 것은 가장 기초단위예요. 그 이상, 그것도 하기 싫다면 그것도 관둬. 하나님이 가난해서 우리에게 돈 내놓으라는 것이 아니니까요. 하나님이 가난해서 우리에게 돈 내놓아라는 것 아니에요. 하나님은 돈 없어도 우리가 돈 안 내도 하나님의 일을 하십니다. 못하는 게 아니에요. 다만 우리가 하나님 앞에 예물을 바치는 것은 얼마나 하나님 사랑하는가 그것 보기 위해, 하나님의 은혜를 얼마나 가슴 깊이 뜨겁게 느끼고 있는가? 그것 보기 위해 내 앞에 올 때 빈손 들고 오지 말라고 한 것입니다. 다만 감사의 표현이요, 하나님을 사랑하는 마음의 표현이요, 하나님께 더 가까이 나아가기 원하는 간절한 마음의 표현이지 복 받기 위한 것도 아니고요. 더 억지 의무 가지고는 힘이 없는 겁니다. 감사의 표현이 되어야 합니다.

예수님의 죽으심의 본질에 대해서는 성경구절을 찾아보면 예수님의 죽으심은 육체의 죽으심이며 동시에 영적인 죽으심이라는 의미도 여기에 포함되어 있습니다. 영적인 죽음이라는 말, 여기에 오해가 있을까 봐 설명을 하고서 지나갑시다.

한때에 오종덕 목사님이라고 고려파의 많은 존경을 받고 성경을 깊이 연구하시는 분이 예수님이 영적으로 죽었다고 얘기해서 이론적 시비의 과제가 된 적이 있습니다. 칼빈도 예수님의 죽음이 육적인 동시에 영적인 죽음이라고 설명을 하는데, 기독교 강요의 상당히 긴 페이지를 할애해서 영적인 죽음의 의미를 설명하고 있습니다.

그 의미가 뭐냐? 죽음이라는 단어를 먼저 알아야 돼요. 성경 처음에 나오는 죽음이라는 단어는 몸뚱이가 죽어서 송장이 되는 것을 말하는 게 아닙니다. 몸뚱이가 죽어서 송장이 되는 것은 흙으로 돌아가리라는 말로 표현되어 있습니다. 그러면 선악과를 먹는 날 정녕 죽으리라는 말은 이 몸뚱이가 죽는다는 말이 아니에요. 몸뚱이가 죽는다면 아담이 선악과를 먹는 때에 콱 하고 죽어야 될 텐데 안 죽었으니까. 그러면 선악과를 먹는 날 네가 정녕 죽으리라는 말은 뭐냐 하면 영적인 죽음, 하나님과의 생명 관계가 끊어진다는 것을 의미합니다. 그래서 성경에는 자주 자주 이스라엘 백성이 살아서 건강하게 길거리를 활보하지만 하나님은 송장이라, 해골이라고 했습니다. 분명히 송장이라, 해골이라. 예수님도 회칠한 무덤이라 했습니다. 그건 무엇을 의미하느냐 하면 몸뚱이가 죽어 송장이 되는 것을 말하는 게 아니라 하나님과 떨어진 영혼의 상태가 죽음이라는 말로 쓰고 있습니다.

그 죽음이란 하나님과의 관계가 끊어지는 것을 의미합니다. 그러면 하나님과의 관계가 끊어지는 걸 의미하는데, 그렇다면 예수님이 하나님과의 관계가 끊어졌느냐? 안 끊어졌느냐? 십자가에서 뭐라고 했습니까? '엘리 엘리 라마 사박다니' '어찌하여 나를 버리셨나이까?' 하나님과의 생명 관계에서 내던짐을 당하고 그 던짐을 당한 빈 자리에 우리 인간이 가서 달라붙어 하나님과의 생명 관계가 연결되어지기 위해서는 예수님이 일시 버림을 당할 수밖에 없다는 것, 그것이 바로 영적인 죽음을 의미하는 것이라고 칼빈은 역설을 하고 있고, 또 성경의 진리를 그렇게 설명하고 있는 겁니다. 그래서 예수님의 죽음은 육체의 죽음인 동시에 영적인 영의 죽음이요, 대속의 죽음이요, 화목의 죽음이라고 말씀드립니다.

그 다음에 구원한다고 했으니, 무엇에서 구원하느냐? 죄에서 구원하고, 율법의 멍에에서 구원하고, 악한 세상에서 구원하고 악령의 세력에서 구원하고, 죽음의 세력에서 구원하십니다. 여기서 감명 깊은 이야기를 하나 합니다.

1913년 시카고 뒷골목의 텍스트로트라는 카바레에서 아주 미인 마담이 온몸을 칼로 벌집 쑤시듯이 난자를 당해 죽은 엽기적인 살인사건이 벌어졌습니다. 이 살인사건을 시카고 경찰에서 보고를 받고 마침내 용의자로 헨리 스펜서라는 사람을 잡았습니다.

휘튼에 새로 형무소를 지어, 아주 견고한 새 형무소에 이 깡패 두

목 헨리 스펜서를 가두었습니다. 이 스펜서의 기록을 보면 아버지가 누군지, 어머니가 누군지, 진짜 이름이 무언지, 나이가 몇 살인지, 생일은 언제인지, 아는 사람이 없고, 그 얼굴에 고상한 웃음을 본 사람이 없고, 그 입에 고상한 말 한마디 들어 본 사람이 없을 정도로 악마의 화신이라는 별명이 붙을 정도였습니다. 아주 악한 사람, 그렇기 때문에 재판장에 가서도 증거를 찾거나 변론할 기회도 안 주어지고 다짜고짜 사형판결을 합니다. 이때 헨리 스펜서는 포승에 묶여 있으니까 어찌할 방법이 없어서 발로 의자를 차고 책상을 차고 법정에서 소란을 피웠습니다.

그 다음날 신문에 '영혼 없는 사나이'라는 제목으로 헨리 스펜서의 경력을 실어 놓았는데 이 신문이 휘튼시의 라라 이벤디라는 여사의 집에 배달되었는데, 남편은 아침을 먹고 출근을 하려 하고 아들이 옆에 앉았는데, 라라 이벤디라는 여사가 신문을 읽던 중 헨리 스펜서의 인간적인 불쌍한 이야기, 어머니도 없고, 아버지도 없다는 이야기를 보았습니다. 그 얘기를 듣던 이벤디 여사의 아들 하나가,

"엄마, 엄마, 헨리가 그렇게 나빠진 것은 엄마의 사랑을 받지 못해서 그랬을 거야."라며 참견을 합니다. 이 말을 들은 라라 이벤디 여사는 가슴이 뭉클해지면서 그 불쌍한 영혼에 대한 책임감 같은 것을 느끼게 되었습니다. 그래서 설거지를 마치고서 휘튼 형무소 소장을 찾아가서 헨리 스펜서에게 면회를 신청했습니다.

그 형무소 소장이 깜짝 놀라서,

"아니 당신이 왜 헨리 스펜서를 만나려고 합니까?"

그러자 라라 이벤디 여사는 오늘 아침 식사를 하면서 이런저런 일이 있었다고 대답했습니다. 형무소장은 그것은 영혼이 있는 사람에게 해당하는 얘기지, 영혼이 없는 사람에게는 안 통한다고 면회를 거절합니다. 사정사정해서 간수 하나를 옆에 세우고 가서 감방 앞 3미터쯤 떨어진 곳에 의자를 갖다 놓고 대화를 하라고 합니다.

간수가 옆에서 지켰습니다. 눈을 껌뻑거리며 괜찮냐고, 조심하라고 말합니다. 그러자 이벤디 여사는 의자를 창살 옆에 갖다 놓고서 창살 사이로 손을 내밀면서, "Hello!"라고 인사를 청했습니다.

헨리 스펜서는 지금까지 그렇게 우아하고 고상하고 미소를 지으면서 친절하게 악수를 청하는 귀부인을 만난 적이 없습니다. 헨리로서는 눈이 둥그렇게 되었습니다. 아이라는 놈도 악과 맞서야 악이 발동하지, 누가 모기 잡으려고 야구방망이를 휘두르겠냐 말입니다. 그래서 헨리도 눈이 둥그래져서 누구냐고 묻습니다. 이야기가 벌어지기 시작합니다.

라라 이벤디 여사가 인정에다 호소하는 거예요. 얼마나 외로운 인생을 살았느냐고? 그렇지 않아도 흑인에다가 어머니도 아버지도 모르고 얼마나 외로운 인생을 살았느냐고 이야기를 한참 하는데 헨리가 고개를 푹 숙입니다. 때를 놓칠세라,

"사람의 사랑이란 언제나 유한한 것, 완전한 것이 못되지만 참 완전한 사랑이 있는데 하나님이 세상을 이처럼 사랑하사 독생자를 주셨으니 누구든지 저를 믿으면 멸망치 않고 영생을 얻는다고, 사람은 죽으면 끝이 나는 몸뚱이가 전부가 아니고, 속에 영혼이 있고 영혼의 세계가 따로 있는데, 그 영혼의 세계는 하나님의 사랑과 관계되지 않으면 그 영혼의 세계에서 복락을 누릴 수 없다"고 얘기합니다.

그러니까 헨리가, "그럼 나도 그런 사랑받을 수 있습니까?"라고 묻습니다.

"그럼, 받고말고."

때를 놓칠세라 십자가의 한편 달린 강도 얘기를 연결해서 잘 설명을 합니다. 간수가 와서 시간이 되었으니 가야 된다고 합니다. 그리하여 이제 헤어지는데 어린아이가 젖을 먹다가 중간에 젖을 떼는 것처럼 헨리도 아쉬워하고 이벤디 여사도 아쉬워하며 떨어지기가 싫습니다.

헨리가 이벤디 여사에게, "미안하지만 다시 한 번 와주시겠습니까?" 부탁을 합니다. 간수가 그 말을 들었습니다. 이 일을 형무소 소장에게 보고하자 형무소장이 "어, 그럼 영혼 없는 사나이는 아닌데." 라고 합니다. 이건 수기인데요.

그래서 그 다음날부터 매일같이 출근입니다. 감방 앞에 가 창살을 사이에 두고 헨리와 이벤디 여사는 매일같이 성경 이야기를 합니다. 같이 기도를 합니다. 찬송을 가르칩니다. 얼마 있지 않아 찬송을 배워서 '인애하신 구세주여 내 말 들으사 죄인 오라 하실 때에 날 부르소서.' 굵직한 흑인의 저음으로써 우렁차게 찬송을 부르는데 휘튼 형무소가 들썩들썩 거릴 지경입니다.

그 다음에 '헨리 감방의 기적'이라는 이름으로 신문에 기사가 나갔습니다. 그러자 휘튼 시내에 있는 교회의 성가찬양대원들이 앞다투어 헨리의 감방을 방문하고 찬양으로 위로해 주려고 지원하여 매일 찬양이 끊어질 여가가 없습니다.

얼마 후에 어떤 목사님 한 분이 오셔서 신앙문답을 하고 창살을 중간에 두고 세례를 베풀었습니다. 세례를 받는 날 헨리가 통곡을 하며 후회를 합니다.

"나 같은 놈, 나 같은 놈, 불쌍한 나 같은 놈, 하나님의 아들 되게 해주시니 주여 감사합니다. 십자가의 은혜 때문에 내가 영원한 것을 찾았습니다." 통곡을 하는 이 장면이 또 신문에 나갔습니다.

휘튼 시내에 화제거리가 됩니다. 그러자 감방문은 열리고, 라라 이벤디 여사가 감방안으로 들어갑니다. 옆에 앉아서 '엄마, 헨리야' 하며, 모자의 인연을 나누면서 신앙의 이야기를 깊이깊이 나눕니다. 찬송과 기도 속에 위로와 격려가 되어지는 아름다운 장면입니다.

그런 어느 날 편지 한 장이 헨리의 감방으로 날아왔습니다. 이벤디 여사가 보니까 6월 18일날 사형집행을 한다는 사형집행통고입니다. 엄마 이벤디 여사가 그걸 보고 혹시 헨리가 이것을 보고 또다시 발작

을 하면 어떡하나 걱정을 하고 있습니다. 그때 헨리가,

"엄마 그것 나줘. 나 그것 뭔지 알아."

헨리가 그걸 보더니, "아직도 28일이나 남았구나. 지루하다. 빨리 아버지께 가고 싶다."

사형집행날을 손꼽아 기다릴 정도로 사람이 달라졌습니다. 이 소문이 또 신문에 나왔습니다. 그러자 휘튼 시내의 변호사협회에서 헨리 스펜서 사건을 상고하는 모든 절차를 우리가 담당한다며 헨리를 살리자는 운동이 일어납니다. 그리고 어느 날 편지 두통이 날아왔는데 집행 무기연기, 또 하나는 변호사협회의 서류인데 사인을 하라는 서류가 들어왔습니다.

라라 이벤디 여사가 너무 좋아하고 있는데, 헨리가 "사인 안해, 내가 이 세상에서 엄마외에 사랑을 받아 본 적이 없는데, 하루라도 빨리 아버지께 가고 싶어."

그리고 그 서류가 그대로 나가니까 어쩔 수 없이 11월 며칠에 사형이 확정되고 집행 날이 하루하루 다가옵니다. 그 동안의 형무소에는 찬양대의 찬송 소리가 끊어지지 않고, 헨리 스펜서의 독창 소리가 끊어지지 않고 형무소의 화제거리가 되었는데, 내일이면 집행 날이 되었습니다.

밤에 이벤디 여사가 혼자 헨리를 두고 가지 못해 주저하니까 헨리가, "빨리 가, 빨리 가. 동생들 기다리니까 빨리 가." "내가 너 혼자 두고서 어딜 가겠니?"

"내가 왜 혼자 있어, 우리 주님 나와 함께 하고 있는데 이 세상에서 머물 마지막 밤인데, 이 밤 우리 주님에게서 위로받으며 편안하게 지낼 거야."라고 얘기합니다. "정말이냐고?" "응 걱정하지 마. 내일 만나" 이벤디 여사가 집으로 갔다가 아침이 되어 다시 돌아오니까 헨리가 잠을 자는데 편안하게, 마치 어린애가 자는 것처럼 편안하게 자고 있는 모습, 이걸 깨우기가 뭐 해 감방 밖에서 서성거리는데 헨리

가 잠을 깨고 일어나니 간수가 문을 열어 줘서 마지막으로 모자가 만 났습니다. 기도하고, 성경이야기 나누고, 찬송 부르고, 그도 울고, 이 벤디 여사도 울고, 감격에 우는 동시에 애석함에 우는 동시에 섭섭함 에 울며 찬송을 부르는데, 커다란 보자기가 하나 왔습니다. 별로 기 분이 안 좋은데, 이벤디 여사가 풀어 보니 죄수가 사형장에 나갈 때 입는 옷입니다. 기분이 별로 안 좋아서 다시 보자기를 끌러 한쪽에다 가 밀어 놓는데 헨리가,

"엄마 나줘, 그것 뭔지 나도 알아."

그래서 주니가 헨리가 그 보자기를 풀어서 옷을 툭툭 치면서, "엄 마, 이것 뭔지 알아? 이것 우리 아버지 만나러 갈 때 입는 예복이야. 나는 결혼을 안 해서 예복입고 결혼식장에 서 보지 못했어. 마지막으 로 우리 아버지 만나러 갈 때 입는 예복이야."

빙그레 웃으면서 바라보는데 이벤디 여사는 훌쩍훌쩍 울 수밖에 없었습니다.

그러고 나서 기도를 하고 마지막 시간을 준비하고 있는데 저 뒤에 서 '땅', '땅', 못박는 소리가 들립니다.

요즘이야 사형집행도 간단하잖아요. 덜커덕하면 끝나는데, 그때에 는 광장에다가 돛대를 메고 나무를 걸치고 나무에 올가미를 달아서 발판을 만드는데 못박는 소리가 땅땅 들립니다. 이벤디 여사는 그 소 리를 들으면서 생각을 하니까 기분이 안 좋습니다. 그런데 헨리가 갑 자기, "엄마, 저 소리가 무슨 소린지 알아?"

이벤디 여사는 가슴이 답답해서 말을 못하는데 헨리는, "엄마, 저 소리는 우리 아버지가 빨리 나 오라고 부르는 소리야."

사형집행 시간이 다가갈 때에 세례를 베풀었던 목사님이 오셔서 성찬예식을 거행하는데, 이 굵직한 흑인의 목소리로 왕왕 울면서, "하나님 감사합니다. 땅에 소망, 절망적일 때에 하나님과 관계를 맺 고 영원한 소망 빛나게 해주시니 감사합니다."

감개무량해 눈물 바다로 성찬예식을 마치자 사형을 집행하기 위해 간수가 와서 나오라는 겁니다.

그때 당시에는 집행자리에는 여자는 못 가는 자리였기 때문에 라라 이벤디 여사의 수기는 여기에서 끝나고, 그 다음에는 그 형무소에 근무하는 남편이 썼는데 그날 집행장에는 휘튼 시내에 있는 유지들이 다 모였다는 겁니다.

헨리 스펜서가 사형대에 높이 올랐습니다.

"마지막으로 할 말은 없는가?"

"예, 친애하는 시민 여러분, 영광스러운 이 나라의 시민으로 태어나 말썽만 부리고, 여러분에게 걱정만 지우고 가게 되어서 대단히 죄송합니다. 저는 저 나름대로 그럴 수밖에 없었습니다. 이해해 주시고 양해해 주시기 바랍니다. 둘째로 내가 텍스트로트라는 카바레에서 미인 마담이 죽기 전까지 술 마시며 같이 놀기는 했지만 죽이지는 않았습니다. 나에게 이러한 해명의 기회를 주지 않아 너무 원통해 사형선고를 내릴 때 발작을 부려 여러분에게 미안합니다. 그러나 내가 어머니를 만나 구주 예수님의 은혜를 알고, 아버지 하나님의 사랑을 알고, 내게 주어진 약속된 나라를 믿음으로 받아들이게 된 뒤에는 내가 이 세상에 하루도 더 있기 싫어 이 말을 하지 않았습니다. 내가 이제 세상을 떠나가면서 이것만은 밝히고 갑니다. 텍스트로트 카바레의 마담을 내가 죽이지 않았습니다."

그때 법이 그럴 수밖에 없었던지 듣던 사람이 모두들 '와' 하고 탄성만 지를 뿐입니다.

그리고 헨리는, "여호와는 나의 목자시니 내가 부족함이 없으리로다"라며 낭랑한 목소리로 시편 23편을 암송하고 사형장의 이슬로 사라졌다는 이 수기, 읽을 때마다 누가, 무엇이, 영혼 없는 사나이를 이렇게 변화시켜 놓았던가? 누가 그 절망, 악마의 화신인 헨리 스펜서를 구원하였느냐? 목탁 소리에 그런 힘이 있을까? 사서삼경에 그런 힘이 있을까? 여러분, 이 땅의 어떤 종교도 이와 같은 기적을 가져오지 못합니다. 이것이 예수님의 구원의 힘이요, 이것이 복음의 힘이요, 이것이 성령님의 역사요, 성령의 능력입니다. 내가 비록 절망적인 존재라 할지라도 헨리 스펜서를 그렇게 구원해 놓으신 그 구원의 복음의 세력은 오늘도 우리에게 그렇게 약속하실 줄로 믿으시기를 바랍니다. 그래서 성자 예수님은 하나님의 구원계획을 받아 구원을 성취해 주신 것입니다.

성령 하나님의 구원 적용

이렇게 이 천년 전 십자가 위에서 완전 무결하게 이루어 놓은 구원을 이 천년 후 오늘 여기에 사는 우리에게 어떻게 그 구원이 내 것으로 받아들여질 수 있느냐? 인간의 모든 능력과 인간의 모든 재능을 모두 동원한다 할지라도 한번 생각을 할 수 있겠지요. 그때를 한번 이렇게 추상적으로 그려볼 수 있겠지요. 그렇게 생각하고 그때를 이렇게 그려 보다보면, 그것이 자꾸 되풀이되면 관념 같은 것이 하나 생겨서 거짓말도 백 번만 하면 참말같이 들린대요. 그래서 공산당 수법이 그런 거예요. 교회 드나들면서 매일 그런 말만 들으니까 '아 그런, 어떤 그런가 보다' 하는 관념 같은 것이 생기는 것이지요. 그러면 기독교의 신앙은 회고, 반성, 상상, 그 다음에 생긴 관념이냐? 아닙니다.

베드로의 오순절 사건 이전과 이후를 비교해 보면 오순절 사건 이전에는 알아도 그것이 생활에 실천능력이 되리만큼 그런 강력한 힘은 아니었습니다. 신앙고백을 했어도 그 다음에 3번이나 맹세하고 저주하고 모른다고 부인하는데까지 떨어질 수밖에 없었습니다. 오순절 사건 이후에 그는 완전히 달라졌습니다. 그 달라진 중간의 분수령은 성령님의 역사, 그것이 분기점이 된 것입니다.

어떤 말로 말하면, 자 어머니 아버지가 내게 고마운 어른이라고 하는 건 나이 15, 16, 17, 18살 먹으면서 머릿속에서 다 압니다. 언제나 나 때문에 그렇게 희생해 주셨고, 언제 나 때문에 그렇게 고생해 주셨고, 언제 나 때문에 그냥 나에게 사랑을 베풀어 주셨고 참 고마운

분이다. 천하에 우리 부모 같은 사람은 없다는 것을 머리로는 압니다. 그러나 머리로 아는 것 가지고는 효자가 될 수 있는 충격적인 어떤 원동력이 되지는 못합니다. 그렇기 때문에 머리로는 알면서도 어머니 속을 썩이고 또 머리로는 알면서도 아버지께 반항하고 그러고 살다가 어느 날 머리에 아는 그것이 가슴으로 와닿는 날이 옵니다. 평소에 보던 어머니의 얼굴인데 오늘따라 새삼스레 주름살이 가득합니다. '우리 어머니 언제 저렇게 늙었어. 내가 너무 속을 썩여 저렇게 됐나 보다.' 머리로 알던 어머니의 희생과 고마움이 가슴에 와서 콱 닿습니다. 아버지의 고마움, 아버지의 날 위한 희생을 머리로 알던 것이 가슴에 콱 와닿을 때 그것은 실천을 가져오고 효자가 되지 않고는 못 베기는 원동력이 되는 것입니다.

그렇죠. 머리로 알던 것이 가슴에 와닿을 때, 그러면 오순절 이전에는 예수님에 관하여 베드로 머리로 아는 상태라고 그렇게 평을 한번 해보면 그것이 오순절 성령의 사건으로 가슴에 콱 와닿아 완전히 새 삶으로 변해서, 구원 얻은 확신의 사람으로 변해, 3년 동안 따라다녀도 몰랐던 구원의 은혜를, 십자가 앞에서 십자가의 의미를 몰랐던 그가 사명이 뭔지 몰랐던 그가, 오순절 사건 다음에 당장 확신의 사람이 되어 십자가의 의미를 알게되고, 구원의 도리를 알게 되고, 부활의 의미를 알게 되고, 자기의 사명이 뭔지를 알고 거리로 뛰쳐나간 것이, 3년 신학 공부한 뒤가 아닙니다. 단 며칠 만에 길거리로 뛰쳐나가 '이 바리새인들아 너희들이 하나님의 아들을 죽였다' 고 정죄를 할 만큼 달라진 원동력은 어디서 온 거냐? 성령님의 역사, 성령님의 역사입니다.

우리 신앙에 성령 없이는 아무것도 못하는 거예요. 성경도 영감으로 주신 하나님의 말씀이기 때문에 영어 모르는 사람이 영어문자를 못 읽듯이 영감으로 주신 하나님의 말씀, 성령님의 조명 없이는 못 읽어. 문자야 읽지. 역사적인 사건이야. '어 그랬구나, 저랬구나' 알지. 그러나 문자 속에 담겨 있는 하나님의 음성은 못 들어요.

성경에 담겨 있는, 역사적인 사건 속에 담겨 있는 오늘의 하나님의 음성은 못 들어. 그것은 바로 영감으로 주어진 성경이기 때문에 성령님의 조명하심이 우리에게 역사할 때만이 성경 속에서 문자 속에서 하나님의 뜻을 읽을 수 있고 하나님의 음성을 들을 수 있는 겁니다. 성령 없이는 아무것도 못합니다.

하나님은 합리의 하나님이기 때문에 이런 약점을 가진 인간을 아시는 하나님께서는 성령님을 보내 2천년 전의 예수님을 오늘에 만날 수 있도록, 골고다 언덕의 사건을 오늘의 사건으로 재현을 시켜 그 십자가와 관계를 맺어, 그 예수님과 관계를 맺어, 구원을 내 것으로 받아들일 수 있도록 베풀어 주신 하나님의 섭리. 할렐루야! 감사한 일이 아닐 수가 없습니다. 성령 없이는 아무것도 못합니다.

그래서 성령님의 체험 역사. 이 시대는 성령의 시대, 교회의 시대는 성령의 시대, 오순절 사건 이후로 성령님이 여기에 충만하게 와서 역사를 하고 계시는데 그 성령님께 기회를 드릴 때에 그 성령님이 내 속에 오셔서 마치 내가 코를 벌렁벌렁거리고 숨을 쉬면 대기가 속에 드나들면서 내 생명이, 내 생존이 계속되는 것 모양으로 내게 성령님이 기회를 드릴 때 성령님이 내 속에 자유자재 새롭게 역사할 때, 인간의 생각 이상으로, 인간의 어떤 지각 이상의 세계를 염원하면서 살아가는 세계, 그것이 신앙인의 세계예요.

그래서 그것을 절차로 분류를 해서 따져 보면 그 성령님이 개인 속에 어떻게 역사를 하느냐?

조직신학의 순서를 조금 바꾸어서, 학교에서 배우는 순서를 조금 바꾸어서 우리 이해의 도움이 되기 위해서, 첫째로 우리 속에 중생시키십니다.

구원의 정의를 말하면서 구원이라는 게 뭐냐? 새 생명이 주어지는 것입니다. 베드로전서 1장 3절 이하에 본문을 인용을 했습니다. 다시 말하여 그 중생, 새 생명이 심어지는 것 그것을 성경에는 뭐라고 그러냐면 "거듭난다. 새 창조라. 하나님의 성품에 참여한다. 하나님께로 난 자라. 하나님의 씨라." 이렇게 다섯 가지로 대충 중생이라는 사건을 설aud하고 있습니다. 중생했냐, 못했냐? 끝에 가서 또 비유를 들어 말씀드리기로 하고.

중생의 필요? 왜 우리는 중생의 씨앗을, 중생의 생명을 가져야 되느냐? 거듭 말씀을 드립니다. 하나님의 역사섭리 우주섭리의 목적은 하늘나라 건설입니다. 그 하늘나라는 어떤 나라냐? 썩지도 쇠하지도 더럽지도 않는 나라? 그 썩지도 쇠하지도 더럽지도 않는 나라에 국민 또한 썩지도 쇠하지도 더럽지도 않는 국민이라야 그 나라 국민의 자격이 있습니다.

아담의 후손으로서는 썩지도 쇠하지도 더럽지도 않는 것이 없습니다. 다 썩고 쇠하고 더러운 것입니다. 그래서 썩지도 쇠하지도 더럽지도 않는 예수 생명을 우리 속에 나누어 심어, 그것을 가꾸어 썩지도 쇠하지도 더럽지도 않는 하늘나라 국민 만들기 위해서는 중생이라는 절차를 안 밟을 수가 없어요. 그래서 예수님께서 거듭나지 아니하면 하늘나라에 들어가기는커녕 하늘나라를 보지도 못한다고 딱 잘라 말했습니다.

"영으로 난 자는 영이요, 육으로 난 자는 육이라"고 말씀했습니다. 이 하늘나라 계획에 맞추어 그 하늘나라 국민 양성에 이와 같은 자격이 아니면 국민이 될 수 없겠기에 중생이라는 방법으로 하늘나라의 백성을 양성하자는 데 중생의 필요가 있는 것입니다.

그럼, 누가 중생시키느냐? 성경에 보게 되면 '말씀으로 중생한다. 성령으로 중생한다. 하나님께서 중생시킨다.' 이 세 가지는 같이 하나입니다. 하나님께서 우리가 말씀을 상고할 때 성령을 통하여 우리 속에 중생이라는 사건을 일으켜 주시는데 중생은 내가 세상에 내 마음대로 태어나지 못하듯이 세상에 누가 '내가 세상에 태어나야지, 태어나야지.' 생각을 하고 스스로 출생을 선택해? 그렇게 세상에 태어난 사람이 누가 있어? 우스꽝스럽게. 내 출생이 내 마음대로 결정되지 못 하듯이 중생도 내 마음대로 중생, 중생 노력한다고 중생해지는 것이 아니고, 산에 가서 산기도, 40일 금식기도, 철야기도 많이 한다고 중생하는 게 아니고, 중생은 하나님께서 말씀을 통하여 성령으로 우리에게 일으키는 새로운 창조사역인 것입니다. 새로운 창조사역이에요. 그래서 누가 중생을 시키시느냐? 하나님께서 성령으로, 말씀으로 중생시키십니다.

그럼, 중생의 시기는 언제냐? 간단하게 대답하면 아무도 모릅니다. 내가 출생한 것 누가 아는 사람 있어요. 엄마가 "너 몇 월 며칠 몇 시에 출생했다." 그러니까 알지. 내가 출생할 때 '어어 내가 세상에 나는구나.' 그렇게 아는 사람 누가 있어요? 중생도 아무도 몰라요. 그런데 앞에서 닥터 클리어워터 얘기를 했습니다만 생일 두 번씩 해서 육체로 난 날하고 중생한 날 하고 그래서 생일 두 번씩 하기도 합니다만, 우리 신학적인 입장에서 그것을 전적으로 부정하거나 그렇지는 않지만, 그러나 중생의 날짜는 아무나 몰라요. 나도 중생의 날짜를 말하라면, 1945년 11월 8일, 굴 속에서 과거의 나는 끝장나고 이성헌이로 새 출발하는 1945년 11월 8일 새벽시간이 내 중생의 날이라고 말할 수는 있습니다만, 그러나 신학적으로 그것은 중생의 결과고 언제 그렇게 될 수 있는 씨앗이, 내가 모르지만 벌써 내 속에 심어져 있었다는 것이 칼빈주의의 입장인 것입니다. 중생의 시기는 아무도 모릅니다.

그리고 둘째로는 중생의 시기는 사람 따라 일정하지 않습니다. 날 적부터 중생한 사람, 뱃속에 있을 때 중생한 사람, 세상에 태어나서 중생한 사람. 중생은 하나님의 주권으로 결정하는 사건이기 때문에 일정하지 않은 것만은 짐작할 수 있어요.

예레미야와 같은 "복중에 짓기 전에 너를 택했다. 내가 또 복중에서 너를 구별했다." 또 사울은 언제 중생했겠는가? 또 십자가의 강도는 언제 중생했겠는가? 우리가 그 시기를 몇 살 먹어 중생한다. 몇 년 신앙생활에 중생한다. 시기는 일정하지 않다는 결론을 내릴 수 있겠지요.

셋째로는 중생은 그 시기도 모르고 날짜도 모르고 일정하지 않지만 증거는 확실합니다. 바람이 임의로 불매 눈에 보이지 않지만 나무가 흔들리는 걸 보아서 '어, 어느 바람이 불고 어느 속도로 부는구나.' 증거는 분명합니다. 중생의 증거는 분명합니다.

내가 미네아폴리스에서 공부할 때에 대학생 국제대회가 한번 열렸습니다. 큰 강단에 모였는데, 그날 따라 세계 각국에서 온 사람들이 각각 자기 민속의복을 입고 나왔습니다. 얼굴 생긴 것도 검고 희고 누렇고 거무튀튀하고 그냥 그런 사람들이 옷을 입었는데도 별의별 모양의 옷을 입고 머리에도 별 모양으로 장식을 하고 나왔는데, 무슨 꽃밭 같아요. 국제 대학생들이 많이 모였는데, 저 아프리카에서 온 시커멓게 생긴 사람이 이상한 옷을 입고 머리에 이상한 것을 쓰고서 탁 나서더니만, "여러분 우리가 어디서 왔느냐가 문제가 아닙니다. 그 어디로 가느냐가 문제입니다."

아, 그 말이 어떻게 멋진지! 얼굴은 거무튀튀한 것이 볼 모양은 없는데 그 속에서 어쩌면 그런 아름다운 말을 하는지, 어디서 왔느냐가 문제가 아닙니다. 더러는 남미에서 왔겠고, 더러는 아프리카에서 왔겠고, 더러는 검은 나라에서 왔겠고, 더러는 흰 나라에서 왔겠고, 그러나 어디서 왔느냐가 문제가 아닙니다. 우리가 어디로 가느냐가 문제입니다. 다 한 곳으로 가기를 바랍니다. 예수님의 십자가의 공로로 구원 얻어 우리 다 한곳으로 가기를 바랍니다.

그러는데 어떻게 멋진지! 거기에 앉은 모든 사람이 다 공감. 모두가 아멘! 왜 중생한 사람들은 서로가 통하는 데가 있어요. 중생한 증거가 있는 거에요. 한국의 개를 미국에 갔다 놓으니까요, 영어도 안 배웠는데 개끼리 얘기를 하거든요. 한 생명은 통하는 데가 있는 거예요. 중생한 생명은 통하는 데가 있습니다.

한번은 기차를 타고 가다가 나도 모르는 사이에 휘파람을 불었습니다. '저 높은 곳을 향하여 날마다 나아갑니다.' 하고 아, 글쎄 사람들 많이 있는 데에서 나도 모르게 휘파람을 불었죠. 한참 휘파람을 불다가 저 뒤에 또 휘파람으로 화답을 하는 소리가 들려요. 그때 내가 깜짝 놀라서 아이구 내가 휘파람을 불었구나. 그러고서 멋있지요. 한참 뒤에 누군가 젊은 청년 하나가 오더니 힐끔힐끔 나를 보더니만, "아까 휘파람 불었죠?" "그랬소. 그럼 당신이 화답했소?" "그렇습니다."

마침 빈자리가 있어 옆에 앉았는데 생전 처음 보는 사람인데도 주고받는 이야기가 가슴이 통합니다. 가슴이 통합니다. 왜? 같은 중생한 사람이 만났으니까. 중생한 사람은 대화가 통하고, 중생한 사람은 서로 행동이 같아요. 왜 그렇죠? 증거가 같으니까요. 증거가 나타나요. 검은 사람이나 흰 사람이나 누런 사람이나 회색 사람이나 거무튀튀한 사람이나 모두가 중생한 사람은 같은 예수 생명으로 중생했기 때문에 똑같은, 서로 통함이 있어요. 생전 처음 만나도 마음이 통하고 친척보다도 골육보다도 더 가깝게 대화가 되어지는 이런 증거, 이것이 중생의 증거입니다.

그 다음에 이렇게 중생한 다음에 둘째 단계로 부르십니다. 하나님이 택하신 자를 부르시고 부르신 자를 의롭다 하시고 의롭다 하신 자를 거룩케 하십니다. 로마서 8장에 그렇게 되어 있죠. 여기에 부르신다. 누구를 부르시느냐?. 성부가 부르신다. 성자가 부르신다. 성령이 부르신다. 부르시는 방법은, 양심을 통하여 부르신다. 자연을 통하여 부르신다. 그 다음에 역사를 통하여 부르신다. 말씀을 통하여 부르신다. 전도를 통하여 부르신다.

우리가 전도하는 것은 하나님의 택한 사람을 하나님 대신에 입노릇 하는 겁니다. 전도할 때에 여러분 어렵게 생각하지 마세요. 보세요. "성령이 너희에게 임하시면 너희가 권능을 얻고 예루살렘과 온 유다와 사마리아와 땅 끝까지 이르러 내 증인이 되리라." 증인이라는 것을 바로 해석하시기 바랍니다. 증인이라는 것은 뭐냐 하면 사실 이렇다고 말하고 떠나가면 그걸로 끝나는 거예요. 증인은 재판하는 사람이 아니에요. 말만 하고 그 사명 끝나는 거예요. 전도도 증인이에요. 그 사람이 받거나 안 받거나 말만 하고 떠나면 그것은 내 사명 다하는 거예요. 그 사람이 예수 믿어 학습받고 세례받고 그래야 꼭 내 전도가 성공이라고 생각하지 말아요. 입을 벌려 내가 전도만 했으면 그것은 성공이요. 입 안 벌리고 전도 안 했으면 그것은 실패예요. 이것이 증인이 하는 일입니다. 시비 종지부를 가지는 건 법관들이 할 일이고 증인은 증언만 하고 떠나가면 되는 거예요.

왜 이런 소리를 하느냐 하면요, 제가 신학교에서 설교학을 가르치는데, 내가 다한 것은 아니고 신학교에서는 1년 동안은 설교이론을 가르치고 또 1년 동안은 실습을 시키는데 실습을 시킬 때에는 그 신학생이 어떤 성경 본문을 가지고 설교를 하나 잘 만들어 가지고 한 7분 동안 시간을 주어서 학생들이 앞에서 설교를 실습합니다. 그러면 내가 그 설교를 들어 보고 뭐가 잘못됐다, 뭐가 잘못됐다 신랄하게 평을 하고, 자세 하나 비뚤어진 것도 책망하고 지적을 합니다.

제가 미국에서 설교학을 배울 땐데 미국 학생들이 설교할 때 자꾸 강대상을 비딱하게 짚고서 설교를 하는 거예요. 멕도날드라고 하는 교수가 그러면 안 된다고 바른 자세로 서서 자연스럽게 하라고 가르치나 그 버릇을 안 고칩니다. 어느 날 역시 설교 실습시간인데 어느 학생이 나와서 설교를 하려고 준비를 하고 나서는데 손을 이렇게 짚다가 '악' 하고 고함을 지릅니다. 왜 그러나 보니까, 하도 말을 안 들으니까 압핀을 거꾸로 스카치테이프에 거꾸로 붙여서 여기다가 잔뜩 박아 놓았습니다. 그것도 모르고 꽉 짚다가 손바닥이 딱 찔리니까 '으악' 하고 고함을 질러요.

이렇게 신경을 써가면서 설교학을 가르치는데, 목사님들 설교가 뭐 그냥 거미줄 나오듯이 술술 나오는 걸로 그렇게 쉽게 생각하면 안 돼요. 설교 속에 설교자의 기름, 피, 땀 모든 생명이 엉키어 한편의 설교가 된다는 걸 여러분이 이해해 주시면 좋겠습니다.

어째든 설교 연습을 시키는데 한 명이 본문을 가지고 설교를 하나 잘 준비를 했습니다. 한번 실습을 해보고 연습을 해보고 교수 앞에 가야 되겠는데 연습을 해볼 만한 데가 없습니다. 학교에서 살다 보니 여기도 학생이고 저기도 학생이고 어디 조용한 데가 없어요. 아이고 이 다음 시간에는 내가 설교를 해야 되겠는데 어떡할까. 마침 이 전도사님이 교회를 봉사하는데 버스를 타고 한 두 시간, 또다시 버스에서 내려서 한 시간 반쯤 무인지경을 걸어 산 넘어 등 넘어 촌 교회 봉사하러 가는데 버스에서 내려 무인지경을 걸어가는데 계곡을 지나가는데 계곡 가에 이제 수수밭이 누렇게 익어 가지고 고개를 푹 숙이고 있는 모습이 마치 말씀을 기다리는 겸손한 심령같이 보입니다.

'됐다, 됐다.' 하고 밭머리의 굵직한 바위에 올라서서 "사랑하는 성도들이여!" 하며 한참 설교를 열심히 합니다. 보는 사람 듣는 사람 없으니까 신바람 나는 대로 그냥 마구 열심히 설교를 하는데 밭에서 머리가 하나 쑥 올라옵니다. 그러니 이 전도사님이 부끄럽고 미안하고 죄송해서 그냥 쏜살같이 도망가 버렸어요.

세월이 지난 뒤에 어느 날, 이제 목사가 되어서 목사안수를 받고 어느 교회에 가서 주일날 설교를 하다가 우연히 무슨 말을 하던 중 내가 그런 일이 있었다고 설교 예화로 얘기를 하는데 그 교회 회계집사가 눈이 둥그래지면서 웃기 시작하는데 웃다가웃다가 배꼽을 쥐고 얼굴이 시뻘겋게 달아오르도록 웃는데, '이상하다 저 회계집사 오늘 따라 왜 저래 웃어?' 설교를 다 마쳤는데도 다른 사람 다 나가는데 문간에 인사를 하는데 이 회계집사는 안 나오고 끝까지 앉아 있다가 맨 뒤에 나오면서,

"그때, 그 사람이 목사님이었구먼요."

"그것이 무슨 소립니까?"

"그때 밭에서 쑥 올라오던 머리는 접니다. 무인지경 밭에서 손질을 하고 있는데 어디서 쩌렁쩌렁 소리가 나는데 전부 내 소리지 뭡니까? 어쩌면 내 속을 그렇게 시시콜콜하게 들여다보는지 이것은 사람이 아니고 신선이다, 생각이 들어서 도대체 신선이란 것이 어떻게 생겼나 보자 하고 머리를 쑥 들었더니만 새까만 뒤통수밖에 안 뵈데요. 그리고 난 뒤에 혼자 그 밭에 있는데 그 소리가 내 속에서 전부 되살아나는데 쟁쟁 울리면서 되살아나는데, 야 이것은 정말 귀신 소리같구나. 이게 뭔지, 왜 내 속에서 잊어버릴 수도 없고 왜 자꾸 되살아날까? 그래 가까이 있는 교회에 가서 물었어요. 그게 계기가 돼 신앙생활을 시작하고 여기에 이사를 와 가지고 내가 회계집사가 되어서 교회 봉사를 하는데 그때 그 사람이 목사님이었구만요."

왜 이 말을 하는가 하면 그 사람은 듣는 사람이 있거나 말거나 전하고 가버렸어요. 전해 놓은 그 말씀이 내 마음속에서 어떻게 작용을

하느냐? 그건 성령님의 역사요, 우리가 할 게 아니에요. 나도 여기서 전하고 가면 그만이에요. 성령님께서 내가 전한 말씀을 가지고 여러분 속에 어떻게 역사하시느냐? 그건 성령님의 권한이지, 내 권한 아니거든요. 성령님의 권한이에요.

전도도 똑같아요. 최봉석 목사님이 그랬다고 해요. 시집가는 색시 탄 가마차에 문을 활짝 열고 '예수 믿고 천당' 그러고 지나갔다 그래요. 듣거나 말거나 해버리고 지나가는 것 그 전도가 성공이에요. 안 하면 실패예요. 그래서 우리가 전도하는 것은 하나님의 입을 대신해 하나님의 택한 백성을 부르는 거예요. 불러 놓으면 그 다음에 듣고 안 듣는 것은 성령님의 작용이니까 가볍게 생각하고, 가다가 누구 만나거든 요즘은 인권을 강조하는 시대라 조금 인정적인 말로 다정스럽고 또 그 심령을 사랑하는 모성애와 같은 그런 애정을 가지고 부드럽게 복음을 담아 전하면, 성령님이 그 말을 가지고 밤에 잠자리에 누웠는데도 '이상하다 오늘 그 이상한 분이 내게 한말 이상하다.' 자꾸 그 말이 밀가루 서 말에 누룩 넣은 모양으로 부글부글 괴기를 시작하는 거예요. 성령님이 그렇게 괴게 만들 때 항복하고 나오는 그런 실례, 헨리 스펜서의 경우도 그와 비슷하죠.

누가 부르시느냐? 하나님이 부르시고. 부르신다. 이제 부르심에 대해서 어떻게 부르시느냐? 양심을 통하여, 혹은 자연을 통하여 역사를 통하여 혹은 말씀을 통하여 부르신다는 것을 말씀드렸고, 그래서 부르시는데 아무나 못 듣는다. 그렇게 부르시는 음성도 아무나 못 들어요. 중생이라는 씨앗이 있는 사람만이 그 말씀을 받아들일 수 있지 중생이 없는 사람은 못 알아들어요.

다음 넷째로, 이렇게 부르시면 부르심에 대해서 '예' 하고 대답이 있어야 되지 않겠어요. 믿음이라는 것은 바로 하나님의 부르심에 대한 내 영혼의 대답인 것입니다. 반응이에요. 하나님의 부르심에 대한 대답이라고 그렇게 설명을 할 수 있겠는데, 사람이 살아가는데는 아는 것으로 살아가는 것보다 믿는 것으로 살아가는 것이 훨씬 더 많고 또 그것이 더 절대적으로, 우리 삶에 절대적인 조건이 되는 것입니다. 아는 것으로 사는 것보다 믿는 것으로 산다. 자 한번 봅시다.

미국에 있을 때 한번은 이발소에 갔는데, 이발사가 어떻게 험상궂게 생겼는데 나보다도 훨씬 더 징그럽게 생겼어요. 그런데 이 양반이 한국에 군인으로 왔다가 간 사람이에요. 한국에 대해서 인상이 굉장히 나쁜 사람이에요. 내가 한국 사람인 줄 알고 그냥 뭐 별 소리를 다 지껄이는데 차츰차츰 머리를 깎다가 마지막 면도시간이 됐는데 면도칼이 여기 왔다가 갔다가 하네요. 내가 만일 그 사람을 못 믿는다면 "미안하지만 면도는 안 할렵니다." 그래야 될 거예요. 그러나 그래도 거기 턱 누워서 면도를 하는데도 잠이 올 정도로 평안한 것은 일종의 믿음이에요.

또 어떤 외국 사람의 음식점에서 누가 뭐 음식 먹다가 남은 거 씻어서 저 지붕 위에 말려 가지고 그 다음에 다시 그것으로 볶음밥을 해서 판다고 신문에 보도됐어요. 만약에 우리가 중국식당에 가서 짬뽕이나 우동을 한 그릇 시켜 놓았습니다. 자, 그것을 들여다보다가, '이놈이 먹다가 남은 것으로 만든 건가? 아니면 이 속에 대장균은 없는가?' 그러면 못 먹어요. 그걸 먹으려면 할 수 없이 화학 실험실에 가서 '이것 좀 한번 봐주십시오.' 그러고 와서 대장균이 없는 것을 확인한 다음에 먹어야 될 거요. 그런다면 평생 가야 남의 식당에서 음식을 못 사먹을 거예요. 그러나 후루룩후루룩 잘 먹거든요. 이것도 일종의 믿음이에요.

교통사고가 요즘 얼마나 많습니까? 내가 대구에서 서울 올라오려고 고속버스를 탔는데 '이 고속버스 정비가 잘 됐나, 안 됐나?' 내가 그걸 못 믿는다면 미안하지만 이 고속버스보다 내 생명이 더 중하니까 정비 잘 되었는지 잘못 되어 있는지 점검을 해봐야 되겠는데, '정비소 끌고 갑시다.' 확인한 다음에 타려면 평생 고속버스 못 탈 거예요.

또 운전기사 뒤에 앉아서 '서세 집안에서 내외간에 싸우고 기분이 나빠 지금 마음이 막 부글부글 할 텐데 정신이 분산되어 있으면 운전 잘못할 위험성도 있는데, 그거야 망치로 머리를 똑똑 두드려 보고 알 수 있는 것도 아니고 어떻게 합니까. 미안하지만 나 따라 정신병원에 좀 같이 가봅시다.' 그러면 평생 가야 사회생활 못하는 거예요.

차도 못 타고 음식도 못 먹고 농부가 씨앗도 못 뿌리고 뭐를 해요. 그러나 믿음이라고 하는 것 때문에 그런 것 아랑곳없이 사회생활 해 나가는 것입니다. 알고서 하는 것이 아니라 믿음으로 하는 것이 인생의 70%, 80%는 됩니다. 사람과 사람 사이도 이 믿음 관계로 우리 사회생활이라는 것이 이루어지는 거예요.

이 믿음. 그래서 일반적으로 우리 기독교 신앙이라는 것은 다른 것이 아니에요. 그런 믿음의 일종이에요. 하나님을 그렇게 믿는 거예요. 근데 어느 시간도 말씀드린 대로 한국 사람은 이 믿음이 어려워요. 불교적인 영향과 유교적인 영향 때문입니다.

길을 가다가 어제도 그런 비슷한 것을 했습니다만, 유럽 여행을 하다가 어떤 불쌍한 사람을 하나 만났습니다. 아주 불쌍한 사람, 추위에 떨고 배가 고파 허리가 찌푸려지고 병이 들어 바들바들 떨고 있는데 그대로 놔두면 죽겠습니다. 주머니를 털어 한 천 불을 내가지고, 내가 주머니에 있는 것 이거뿐이니까 가지고 가서 어떻게 병원에도 가보고 치료도 하고 옷도 사 입고 그리고 음식도 해먹고 살길을 찾으라고 내가 줬다고 해봅시다. 그 사람이 나를 쳐다보다가 놀란 눈으로

"Surely? Thank you." 그러고 받습니다.

그러나 반대로 한국 사람이 똑같은 그런 경우를 만나 가령 돈 천만 원이나 천만원 너무 많다. 나한테 그만한 돈은 없으니까, 한 백만 원을 주면서 "이것 가지세요. 안 그러면 죽으니까 가서 살길을 찾으세요"라고 탁 주면 빤히 쳐다보다가 "공짜로요?"

유럽 사람은 "Surely? Thank you." 그러고 받고, 한국 사람의 반응은 "공짜로요? 왜 그러느냐?" 유교적인, 불교적인 영향이 없는 유럽 사람들은 공짜로요, 하는 그런 관념이 없습니다. 사람의 말을 액면 그대로 믿고 "감사합니다. 정말입니까? 감사합니다." 그러고 받지만 한국 사람의 관념 속에는 불교적인 유교적인 것이 너무너무 의식구조 속에 깊게 뿌리박고 있기 때문에 '공짜는 없다. 도덕적으로 선량해야 복을 받고 공덕을 쌓아야 어떤 도움을 받는다. 공짜는 없다.' 이런 의식구조가 형성되어 있어요. 내가 그런 돈을 줄 때 '공짜로요?' 이런 반응이 나와요.

그래서 믿음으로 구원 얻는다는 말이 공짜로 구원 얻는다는 말인 것을 못 알아먹어요. 그래서 믿음이라는 것을 도덕으로, 믿음이라는 것을 공적으로, 믿음이라는 것을 어떤 업을 쌓아 가지고 보응을 받을 줄 아니, 한국 교회의 믿음이란 여기에 문제가 있는 거예요.

믿음은 도덕이 아니고 윤리가 아니고 공로가 아니고 그저 받아들이는 것이라고 말씀을 드렸습니다. 우리가 살아가는 데 믿음이라는 게 얼마나 높은 비중을 차지하고 있는 것과 마찬가지로 하나님을 그렇게 믿는 거예요. 신용하는 거예요. 신용하는 것입니다.

내가 백만 원짜리 수표를 쥐고 앉으면 백만 원을 가진 사람으로서 마음이 그저 든든하고 또 어깨가 떡 벌어지고 목에 힘이 떡 쥐어지는 모양으로, 아무것도 아니지만 약속으로, 이것이 백만 원이라고 하는 약속 때문에 내가 그 수표 가지고도, 내가 백만 원을 가진 자로서 그렇게 당당한 것 모양으로 우리가 하나님의 말씀의 약속을 붙잡아 그 약속 붙잡고 '허허.' 하는 것, 그게 믿음이에요.

믿음 다음에는 뭐가 오느냐? 회개가 오는 것입니다. 회개에 대해서는 이미 누차 말씀드렸는데 절뚝절뚝 저는 다리를 회개하라는 말이냐? 부러진 다리를 회개하라는 말이냐? 유교나 불교에서는 절뚝절뚝 저는 것을 회개하라고 그러지만 성경은 절 수밖에 없이 부러진 다리를 회개하라는 데 성경과 일반 도덕과의 회개의 차이가 있는 것입니다.

죄인이기 때문에 죄를 짓는 그 죄인을 회개하라는 말이지, 죄를 지었기 때문에 죄인이라는 그 죄를 회개하라는 말이 아닙니다. 우리의 본질적인 모습이, 바울이 뭘 그리 잘못해서 죄인의 괴수라고, 뭘 잘못해서 죄인의 괴수라고 그랬겠습니까? 죄인의 괴수라는 말은 하나님 앞에 자기의 상태, 하나님 앞에 자기의 모습을 영의 눈을 뜨고 투시하면서 고백하는 고백이 바로 이 죄인의 괴수라는 말이 회개로 나타나는 것이죠.

회개 다음에는 뭐가 오느냐? 하면 하나님 편에서 '괜찮다.' 어제 저녁에 그랬죠. 회개하는 사람에게 하나님 편에서 "네가 천사가 됐다."는 말이 아니에요. "네가 신이 됐다."는 말이 아니에요. "그렇지만 내가 괜찮게 봐준다." 그 말입니다. '칭의' 라는 말은 괜찮게 봐준다. 하나님이 괜찮게 봐준다는 말을 액면 그대로 받아들일 때 '아이고 좋아라. 나는 깡팬데 하나님이 괜찮다 그러니 아이고 좋아라. 나는 창녀인데 하나님이 괜찮다 그러니 아이고 좋아라. 나는 십자가의 강도인데 하나님이 괜찮다 그러니 아이고 좋아라.'

신이 되어서 감격이 아니라, 천사가 되어서 감격이 아니라, 하나님이 괜찮다 그래 준 것이 감격이 되니까 그 감격이 나로 하여금 차츰

차츰 양털과 같이, 희어지는 눈과 같이 인정을 해주는 그 인정이 내 가슴에 와닿을 때, '괜찮다'는 하나님의 선언이 내 가슴에 와 닿을 때, 너무너무 고맙고 감사해, 고맙고 감사한 그것이 어떤 원동력이 되어가지고 눈과 같이 흰 것이, 양털과 같이 희어지는, 점점 의로워지고 거룩해지는 대로 발전해 갈 수 있는 출발점이 되는 것입니다.

구원 얻은 자의 보증과 증거

그럼 결론적으로 드리고 싶은 말씀은 구원 얻은 사람도 범죄 하느냐? 안 하느냐? 이 죄 문제 가지고 결론을 맺도록 하겠습니다. 구원 얻은 사람도 범죄 하느냐, 안 하느냐?

첫째, 내가 말씀을 드릴 것은 죄 문제에 대해서 너무 신경 쓰지 말아라. 애당초 우리가 천사로 하나님의 사랑받은 것도 아니요, 애당초 우리가 신이기 때문에 하나님의 사랑받은 것도 아니요. 하나님의 사랑과 긍휼 때문에 우리가 하나님의 아들과 딸이 됐으니 '하나님이 괜찮다' 하시는데, 왜 찔찔 울어. '하나님이 괜찮다' 하는데 왜 밤잠 이루지 못하고 고민해? '하나님이 괜찮다' 하는 그 음성을 들어야 돼요. 그래서 다른 말로 말하면 죄에 대해서 너무 신경 쓰지 말아라. 한국 교회에 대단한 잘못이 있습니다.

언젠가 신학교에서 학생들에게 서울 시내에 있는 교회의 모든 주보를 모아 오라고 했습니다. 그 학생들이 돌아다니면서 약 400여 교회의 주보를 모아왔습니다. 나는 그 주보를 펴놓고 두 종류로 분류를 했습니다. 복음적인 설교, 윤리적인 설교, 믿음의 설교, 행위에 관한 설교들 등등 몇 종류로 나눠놓았는데 그 400교회 중에서 복음에 관한 설교는 30%, 행위에 관한 설교는 70%, 여기에 잘못이 있어요. 우리가 신약을 읽어보면 신약성경에 강조된 부분은 복음 70%, 거기에 따르는 윤리문제가 30% 미만, 이것이 한국 교회에서는 뒤집어져 복음은 30%, 죄 문제는 70%로 교인들을 들볶아 놓으니 교인들이 전부 죄 문제에 대하여 노이로제가 걸려 있어요. 그래서 언젠가는 한국 강단을 고발한다고 하는 논문을 한참 써내려 가다가 그때 한참 비주류라고 그래서 실컷 두드려 맞고 있을 때이기 때문에 이것도 신문에 냈다가는 되게 한번 얻어맞겠구나 싶어서 그냥 접어 넣어 놓고 말았습니다만 한국 교회 대단한 잘못이 여기에 있습니다.

여기에 의사가 두 분 계시는데 환자가 한 명 와서 10분 동안 진찰할 시간을 주었습니다. 한 의사는 그 환자를 앞에다 앉혀 놓고 10분 동안 진찰을 하는데 7분 동안은 이 병은 죽어요 죽어. 7분 동안은 이 병 증세에 대해서 겁을 주고 얘기를 하고, 그렇지만 아마 이렇게 하면 나을 것입니다. 3분 동안 얘기하는 동안에 그 환자는 7분 동안의 협박공갈 때문에 정신적으로 그냥 압도가 되고 용기를 다 잊어버리고 3분 동안 치료하면 된다고 하는 이야기는 그에게 잘 전달이 안 되는 거예요. 벌써 정신적으로 병에 진 거예요.

그러나 지혜 있는 의사는 10분을 주었는데 3분 동안 이 병세는 이렇게 조심 안 하다가 걸린 거예요. 그렇지만 이것은 이렇게 하면 낫습니다. 7분 동안 치료에 관한 얘기를 합니다. 이 사람은 그 7분 동안 치료에 관한 얘기를 들으면서 '아, 희망이 있구나. 내가 병을 이길 수 있구나' 하는 마음의 자세가, 벌써 고침을 받을 수 있는 자세가 되었기 때문에 약을 주는 대로 효과를 받는 거예요. 약을 먹는 대로 효과를 받는 거예요.

한국 교회는 지혜 없는 의사와 같이 7분 동안 죄를 지적하고 복음은 3분 동안밖에 얘기 안 하고 있는 이 잘못을 저지르고 있어요. 그래서 나는 역설적으로 죄에 대하여 신경 쓰지 말아라. 그 죄에 대해 신경 쓰지 말아라. 왜냐하면 죄, 그럴 여가가 있거든 십자가 은총에 몰두되어라. 어두운 것 싫거든 불 켜버려라. 우는 것 싫거든 웃어 버려라. 시험 걱정되거든 시험할 걱정될 여가가 있거든 공부해 버려라. 공부해 버리면 시험 문제는 저절로 해결되는 것이 아니냐. 웃어 버리면 우는 것은 저절로 해결되는 것이 아니냐. 불 켜버리면 어두운 것은 저절로 해결돼 버리는 것이 아니냐. 십자가 은총에 몰두되어 버려라. 죄는 저절로 해결돼 버리는 것이 아니냐. 아멘. 이것이 복음입니다. 한국 교회는 분명히 뭔가 잘못되어 있습니다.

몇 년 전에 서울시내 큰 교회에 가서 부흥회를 했습니다. 마지막 날 내 숙소에 여전도회 임원들 여러 사람이 찾아와 가지고 얘기를 합니다.

"목사님, 작년 한해 동안 우리들은 벌벌 떨었습니다."

"작년에 날씨가 그렇게 추웠소, 발발 떨게?"

"아니, 그런 말이 아니고. 누구라고 밝히지는 않지만 우리 교회 와서 부흥회를 했는데 새벽에도 낮에도 저녁에도 앉아도 걸리고, 서도 걸리고, 눈만 떠도 걸리고, 입만 벙긋해도 걸리고, 그냥 어떻게 행위 문제를 강조를 해가지고 얽어매는지. 그래서 행여나 그게 걸릴까 봐 조심조심 살다가 보니 발발 떨면서 살았는데 그 결과 더 거룩해진 것도 없고, 그 결과 더 하나님 앞에 영적으로 성숙해진 것도 없고, 그런데 금년에 목사님 정말 우리에게 자유를 주었습니다. 울기 싫거든 웃어 버려라. 이제 웃을랍니다. 어둠이 싫거든 불 켜버려라. 이제 우리 불 켜며 살랍니다. 죄 생각 말고 십자가 은총에 몰두되어 버려라. 그래요 십자가 은총에 몰두돼 버려야 돼요."

거기에 저절로 죄 문제가 내게 어디 자리잡을 때가 있어야 자리잡지. 여러분 이미 우리 좋은 목사님 은혜로운 교회 말씀 바탕 위에 있는 교회, 내가 이 소리는 잔소리가 되는지는 모르겠습니다만 바라기는 30%의 행위 문제, 70%의 복음, 여러분 신앙생활에서 언제나 이 비중을 무시하지 말고 또 죄 문제에 대하여 신경 쓰지 말고, 내가 신이 못됐다고 해서 자포자기하지 말고, 천사가 못됐다고 해서 열등감 과소평가하지 말고, '주여 어떡합니까, 아버지여 어떡합니까?' 의지해 버려요. 십자가 의지해 버려요. 하나님의 사랑 의지해 버려요. 은총 의지해 버려요. 그러면 죄라는 문제는 저절로 해결이 되는 겁니다.

어거스틴의 말과 같이 죄가 무엇이냐? 마치 건강에 부족한 것이 병이듯이 건강만 해지면 병은 저절로 떨어지는 것이 아니냐? 하나님의 사랑과 십자가 은총에 몰두돼버리면 죄 문제는 저절로 해결되는 것이 아니냐? 어거스틴의 죄 설명이 그런 것입니다. 그래서 죄에 대해서 너무 신경 쓰지 말아라. 차라리 십자가 은총에 몰두돼 버려라. 이렇게 내가 강조를 합니다.

그 다음 둘째로, 구원 얻은 사람도 죄 짓느냐 안 짓느냐? 짓습니다. 범죄합니다. 베드로가 잘못된 것이 구원 전입니까, 구원 후입니까? 구원 후입니다. 로마서 7장에 바울의 고민이 다메섹 도상 경험 이전입니까, 이후입니까?. 이후입니다. 다메섹 도상의 주님의 부름을 받아 고백을 하고 복음을 증거하려고 일시나마 나섰던 그 다음에 차츰차츰 성숙해 가는 과정에 그와 같은 부족이 있었습니다. 그러나 점점 자라 감에 따라서 내게 있어서 어지간한 죄는, 그까짓 것은 짓밟고 전진할 수 있는 것이라는 것을 밑에 가서 설명을 드리기로 하겠습니다.

그런데 죄에는 두 종류가 있는데 하나는 용서받을 수 있는 죄이고, 다른 하나는 용서 못 받을 죄입니다. 우리의 사회적이나 윤리적인 죄는 용서 못 받을 죄는 아닙니다. 그렇다고 해서 맘먹고 지으라는 말은 아니지요. 짓고 싶으면 지어 봐요. 하나님이 그냥 안 놔둡니다. 하나님의 택한 아들과 딸들이 범죄하고 싶다고 맘대로 거들거리고 범죄해 봐요. 그렇게 되지를 않고 못된 짓 할려고 하면 한 대 후려갈깁니다. '이놈의 자식, 어디 촐랑거리고 까불어. 내 아들이 그런 꼴이 어디 있어.' 하나님이 한 대 후려갈기면 찔찔 울면서 아버지 다신 안 그럴게요. 돌아서는 거지요.

용서 못 받을 죄가 있습니다. 그것은 우리가 잘 아는 대로 마태복음 12장 32절, 히브리서 10장 26~29절, 요한1서 5장 16~17절. 이것은 뭐냐? 성령을 거역하는, 성자의 보혈 공로를 근본적으로 부정하는 이런 죄는 사망에 이르는 죄라, 용서 못 받을 죄입니다.

택한 백성은 제 아무리 개망나니라도 엄마의 피가 내 속에 흐르고 아버지의 피가 내 속에 흐르는 핏줄은 자기가 부정 못합니다. 너무너무 뭐한 개구쟁이가 술에 취해 가지고 정신이 없으면 아버지도 아니다, 엄마도 아니다, 그렇지만 사실은, '저 사람 내 엄마 아니다, 저 사람 내 아버지가 아니다' 라고 말하는 그 속에는 더 진하게 저 사람이 내 아버지인데 내가 왜 이래. 저 사람이 내 어머니인데 내가 왜 이래. 어머니 아니라 아버지도 아니라고 하는 아우성치는 그 속에는 더 진하게 '저 사람이 아버지인데 내가 왜 이 꼴이냐?' 하는 피나는 부르짖음이 있는 거예요.

근본적으로 내 아버지 아들 사이의 핏줄이 끊어질 수는 없습니다. 탕자가 아버지와 같이는 못 있어도 핏줄이 끊어진 것은 아닙니다. 구원 얻은 사람은 그 구원의 핏줄이 끊어질 만한 죄는 못 짓습니다. 짓도록 놔두지를 않습니다.

하나님께서 그것이 성경의 도리라고 하십니다.

그래서 로마서 8장 31절에서 39절까지 "누가 우리를 그리스도의 사랑에서 끊으리요?" 그 다음 쭉 내려가서 "환난이나 기근이나 적신이나" 그 밑에 내려가 "천사들이나 권세자들이나 오늘 일이나 장래 일이나 무엇이든지 하나님 외에는 이 사랑에서 끊을 수 없다"는 말은 뭐냐? 하나님과 우리 사이에 맺어진 이 구원의 핏줄은 절대로 끊겨지는 법이 없어요. 그게 끊겨질 만한 죄를 짓도록 내버려 두지 않는다는 말입니다.

자, 그러면 요한1서 3장 9절을 어떻게 해석하느냐? 누가 한번 요한1서 3장 9절을 읽어 봐 주세요. 요한1서 3장 9절 "하나님께로 난 자마다 죄를 짓지 아니하나니 이는 하나님의 씨가 그 속에 있음이요." 그랬단 말이에요. 그러면 "구원 얻은 사람도 죄를 짓는다"고 그랬는데 "이 목사 그러면 요한1서 3장 9절엔 하나님께로서 난자마다 죄를 짓지 않는다 그랬는데 그것은 상충되는 말 아니냐?" 자, 봅시다.

"하나님께로 난 자마다" 누굽니까? 아까 내가 누누이 말씀드린 대로 아담의 계통으로서 내가 100%를 차지하고 있는 거기에 하나님께로서 난 자가 중생, 하나님의 씨, 하나님께로 난 자가 우리 속에 중생의 씨앗으로 심어집니다. 중생의 씨앗으로 심어진 요것이 하나님께로 난 자요, 이것은 죄를 못 짓습니다. 죄는 그 껍데기, 아담의 세력이 죄를 짓는 것입니다. 이것을 분명히 알아야죠. 아담의 계통, 이게 죄를 짓는 거지. 하나님께로 난 자 예수 생명을 나눠받은 새 창조, 거듭난 자, 이건 죄를 못 짓는 거예요. 요한1서 3장 9절은 바로 그것을 의미합니다.

그래서 이 하나님께로서 난 자가 점점 자라도록 베드로전서 2장 1절 이하에 "모든 악독과 모든 궤휼과 외식과 시기와 모든 비방하는 말을 버리고 갓난 아이들 같이 순전하고 신령한 젖을 사모하라 이는 이로 말미암아 너희로 구원에 이르도록 자라게 하려 함이라"고 그랬습니다. 그러니까 구원 얻은 사람도 성숙과정에 있어서 하나님께로 난 자가 30%밖에 안 되고 아담에게 난 자가 70%가 될 때에는 거짓말도 하고 혈기도 부리고 그저 그렇게 실수가 많아요.

그러나 이것이 점점 자라면 하나님께로 난 자가 90%로 자라고, 이것이 10%밖에 안 되면 어지간히 감정상한다고 돈 몇 푼 가지고 그렇게 유치한 죄 안 지어요. 그러나 안심은 못해요. 그래서 바울이 '두렵고 떨림으로 구원을 이룬다. 요 10%밖에 안 되는 아담의 세력이 언제 일어날지 모르니까 두렵고 떨림으로 구원을 이룬다.' 내가 나를 쳐서 복종한다. '요 10%밖에 안 되는 놈이라도 요놈이 행세를 할까 봐 요놈아 죽어라 요놈아 죽어라.' 쳐서 복종시킨다는 말이 바로 그런 의미인 것입니다. 자, 말을 맺읍시다.

결론적으로, 나는 과연 구원 얻었나, 못 얻었나? 내가 중생했나 못했나? 구원 얻었고 중생 했다면 내 생활에 왜 아직도 죄된 것이 자꾸 되풀이되고 있는가? 자, 이런 문제에 대해서 예를 한번 들어봅시다.

마지막 결론으로 비유를 하나 듭니다. 여기에 나침반이 있습니다. 두 개가 있는데 색깔도 똑같고 크기도 똑같고 겉모양은 조금도 다를 것이 없습니다. 똑같습니다만 하나는 진짜 나침반, 하나는 모조입니다. 모양만 그렇게 만들었지 나침반은 아닙니다. 이 두 개를 비교합니다.

나침반은 일정한 자기 방향이 있습니다. 크거나 작거나, 김씨가 가지거나 박씨가 가지거나 일정한 자기 방향이 있습니다. 남쪽을 가리키는 자기 방향이 있습니다. 나침반이 아닌 것은 일정한 방향이 없습니다. 겉모양은 똑같아도 일정한 방향이 없습니다.

둘째로, 비록 일정한 방향은 있을지라도 겉에서 쥔 손이 흔드는 이 흔드는 힘에 따라 바늘이 흔들흔들 제자리를 못 지키고 따라 돌아갑니다. 바깥에서 흔드는 힘이 세면 따라 돌아가지만, 눈에는 안 보이지만 나침반은 자기가 가지고 있는 자기 방향을 지키려하는 힘만큼 안 따라 돌아가려고 저항합니다. 안 따라 돌아가려고 저항을 합니다.

없느냐로 구원 얻은 사람이냐 중생한 사람이냐, 아니냐? 판단할 수 있는 둘째 기준입니다.

셋째로는, 바깥의 문제가 다 멎습니다. 바깥에서 흔드는 문제가 다 멎고 끝이 나면 바들바들 떨면서 하나님께로 돌아와 회개의 무릎을 꿇고 발발 떨면서 '아버지여 내가 힘이 약해, 내가 너무 가난해, 내가 너무 질병에 시달려, 내가 너무 안 믿는 직장에서, 내가 너무 안 믿는 가정에서 시달려 이러다저러다 왔습니다. 아버지여 감당치 못할 시험 내게 없게 하소서.' 하고 회개의 무릎을 꿇고 제 방향으로 돌아와 발발 떨면서 하나님과 바른 관계를 다시 정립하는 법입니다.
그러나 구원 얻지 못한 사람, 중생하지 못한 사람은 그게 방향이 없으니까 그 문제가 해결되더라도 동에 머물면 동에 좋고 서에 머물면 서에 좋고 회개라는 것이 없습니다.

자, 이것으로 나는 이번 사흘 동안의 성경 강해를 끝내겠습니다. 내가 구원 얻은 사람인가, 중생한 사람인가 아닌가, 방향이 있나 없나, 내 생활에 하나님께 대한 내 마음의 방향이 어느 정도인가를 더듬어 보시기를 바랍니다. 또 둘째로 환경 따라 이리저리 시달리면서 저항이 있나 없나. '이래서는 안 되는데, 이래서는 안 되는데.' 하면서 애타는 심정이 있나 없나? 있으면 그것은 구원 얻은 사람이요, 중생한 사람의 애타는 심정입니다. 그리고 그 다음에 어려운 문제가 다 해결되면 하나님 앞으로 돌아와 회개의 무릎을 꿇고 고백하면서 하나님과 더 강하게 가까워지고, 하나님께 대한 방향이 더 성숙되기를 소원하는 애타는 회개기도가 있느냐? 구원 얻은 증거요, 중생한 증거입니다.
이 자리에서 우리 모두 어떤 위치에 있는지를 반성해 보시고 끝으로 나침반은 기계이기 때문에 방향력이 일정하만 구원 얻은 사람의 방향력은 점점 자랍니다. 점점 자랍니다. 90%로 자랍니다. 99%로 자라 100%까지는 못 가더라도 그렇게 자라면 어지간히 흔들어 서는 안 돌아갑니다. 어지간히 속상한 일 만나도 화 안 냅니다. 어지간히 모욕을 당해도 그것 때문에 발끈하지 않습니다. 어지간히 어려운 일 당해서 주일을 범하거나 그렇게 하지 않습니다.

여러분은 빨리 자라기를 바랍니다. 성숙한 하나님의 아들과 딸이 되어 구원 얻은 하나님의 아들과 딸의 방향력이 강하여 흔들리지 않고 제 방향을 꿋꿋이 지키면서 점점 성숙해 구원의 완성 그날까지 성숙해 가실 수 있기를 축원합니다.